Harriet A. Jacobs

Incidents in the Life of a Slave Girl, Written by Herself

明石書店

ハリエット・ジェイコブズ自伝

女・奴隷制・アメリカ

ハリエット・ジェイコブズ 著
小林憲二 編訳

Henry Louis Gates, Jr. が編纂し全体の序文を書いている *The Classic Slave Narratives*（NY: Mentor, 1987）所収のものと、William Loren Katz がまとめた *Flight from the Evil: Six Slave Narratives*（NJ: Africa World Press, 1994）所収のものと、Yuval Taylor が編纂し解説を書き、Charles Johnson が端書きを寄せている *I Was Born a Slave*, Vol.II 1849-1866（Chicago: Lawrence Hill Books, 1999）所収のものだけである。あとの五つの版は、主要に著者名をめぐって何らかのかたちで手が加えられている。

　まず、百十二年の空白期間を経て刊行された Walter Teller の新しい序文付きの版（NY: Harcourt Brace & Co., 1973）だが、ここで目につくのはタイトル・ページに編者の L. Maria Child と並んで、著者として Linda Brent の名が堂々と使われていることである。もちろん、編纂者はその序文の中で Linda Brent という名が仮名であり「正当な理由」からそのような措置をとったという編者 Child の言葉を強調するとともに本名を明らかにしているが、それは「Harriet Brent Jacobs」と誤記されている。それだけでなく、Jacobs の生年が「一八一八年」（実際は一八一三年）となっているのに加えて、彼女が逃亡したのは「二十七歳」（実際は二十二歳）のときのこととされ「後年の彼女の生活については何も知られていない」と注記している。

　Jean Fagan Yellin の編纂した版（Cambridge: Harvard UP, 1987）は、こうした決定的な誤りを正し、著者 Harriet A. Jacobs の執筆事情の証拠[*注1]とともに、彼女が『自伝』の中で仮名のまま登場させている他の人物の所在や出来事の事実関係なども裏付けできるような資料を付している。それだけでなく、編纂者の Yellin は新しく書き足した自らの「序文」の中で、著者の Jacobs が十九世紀アメリカ文学の「因習性」を乗り越え、「アメリカのロマンス性や女性像について新しいパースペクティブを与える本を創造した少数のアメリカ黒人女性の一人」[*注2]だとの評価も行っている。ただし、原著とこの版の間の違いは、Harriet A. Jacobs という著者の本名を表に出すとともに、編纂者たる Yellin が自らを元の編者 L. Maria Child 以上の地位に押し上げてしまっていることである。さらに、この版の注では、Jacobs の実父が Daniel のままになっていて、Elijah への訂正がまだ行われていない。[*注3]とはいえ、Jacobs の『自伝』ということで言えば、Yellin 編纂のこのハーバード版が定本だというのは、もはや揺るがすことのできぬ事実だろう。

Yellin 編纂の版の他にも、Valerie Smith 編纂の版（NY: Oxford UP, 1988）が出版されている。この版も著者の本名を表に出すとともに、編纂者としての Valerie Smith が編者たる L. Maria Child を押しのけているが、編纂者の手になる「前書き」を除けば、Yellin のハーバード版のような資料的価値や伝記的発掘はない。

なお、二〇〇〇年になって二冊の大衆流布版が立て続けに刊行され、店頭に出回るようになった。そのうちの一冊目は、Myrlie Evers-Williams が前書きを寄せている版（NY: Signet Classic, 2000）だが、著者名を「Harriet Jacobs writing as Linda Brent」としている点が目新しい。もう一冊は、Nell Irvin Painter が前書きを付した上に、Harriet の弟 John S. Jacobs がものした “A True Tale of Slavery” を収録している版（NY: Penguin Books, 2000）で、ハーバード版と異なった注解も付け加えられている。

最後に、原著の部分抜粋を行っている四つの『アンソロジー』のことにふれておく。最も古いものは Mary Helen Washington が編纂した *Invented Lives*（NY: Doubleday, 1987）だが、収録されている十人の黒人作家のうち冒頭を飾るのが Harriet Jacobs で、ここには『自伝』のうちの九章分（5〜7、10〜

11、14～16、41の各章）が採録されている。他に *The Norton Anthology of American Literature*（NY: W. W. Norton & Co., 1995）が六章分（1、7、10、14、21、41の各章）を、また *The Norton Anthology of African American Literature*（NY: W. W. Norton & Co., 1997）が十一章分（1、2、5、10、14、17、21、29、39～41の各章）を、さらに *The Heath Anthology of American Literature*, Third Edition（Boston: Houghton Mifflin Co., 1998）が六章分（1、6、10、16、21、41の各章）をそれぞれ部分採録している。

＊注1――著者であるハリエット・ジェイコブズの執筆事情や出版事情を端的に証拠だてる資料としては、著者が親しい友人に宛てた手紙や、編者から著者宛てに送られた手紙などが多数現存しており、これらの資料はニューヨーク州のロチェスター大学の図書館を中心に何カ所かの公共性の強い施設で保管されている。以下に訳出する手紙は、そうしたものの代表例である。

一八五七年六月二十一日付のハリエット・ジェイコブズからエイミー・ポストに宛てた手紙

親愛なるわが友へ。私の手紙に対するやさしい心のこもったご返事を、すぐにお送りいただき感謝の念でいっぱいです。でも、私のほうは、少しも考える時間がありません。満足するには、直接お会いしてお話ししたいのですが、それがかなわぬ以上は、紙の上でできるだけ自分の気持ちを説明する努力をすることにします。

親愛なるわが友、私は奴隷制下での私自身の人生についてありのままに正確に語ろうと懸命に努力してきました。私がキリスト教徒の精神でそれをなそうとしていたことは、神様がご存知です。もっとはっきり書いたほうがいいと思えるようなことがあるのは、私にも分かっています。女性にとっては自分の受けたひどい虐待を親しい友人にそっと語り聞かせるほうが、世間の人に読んでもらおうと自分の傷を書き記すより楽なのです。奴隷の母親が同情を買おうと喜びいさんで話している、そう世間の人びとが信じるかもしれないと思えることを除いて、私は何も省きませんでした。私は自分のために何かを求めているわけではありません。ただ、女として、私があなた方の憐れみに価するのか、それとも軽蔑に価するのか、それを判断してもらおうと私自身をあなた方の前に置いただけなのです。私には目的がもうひとつあります。それは、私が貧しい奴隷の母として、あなた方と向き合うことです。でも、それは私が人から聞いたことをあなた方に語るためではなく、私が実際に見たことや苦しんだことをお話しするためです。その結果、もし何らかの同情を寄せるべきだとしたら、どうかそれは、まだ鎖に繋がれたままでいる何千、何万という奴隷の母たちに寄せてあげてください。彼女たちは、かつて私が苦しんだ以上の苦しみに今も耐えているのです。また、どうか彼女らの無力な子供たちが、いま私の子供たちが味わっているのと同じ自由を味わえるよう、力を貸してあげてください。

この本の推薦文〔補遺Ⅰに収録〕のことですが、あなたは真実の源たる私の口から話を聞いているのですから、何であれ私に関することで、あなたが最善だと考えたことを述べてみてください。あなたがさらに必要と思われる質問があれば、遠慮なく尋ねてくださって結構です。私の子供たちの父親については、すべてをあなたにお話ししておいたと思います。ただ、多分、あの頃の彼が連邦議会議員だったということはお話ししていなかったかもしれません。このことはすべて本の中に書いておきました。思いますに、私たちが知り合って、あなたの家族の一員として私が長いあいだ一緒に暮らしていたあたりから始められるのが、最もよいのではないでしょうか。それから、あなたが奴隷制下の私の人生を本にまとめてみたらどうかと勧めてくださったこと、さらに原稿に取り組んでいる間もずっと私は仕事をしなければならなかったということなども、述べておいてください。ただし、本の中で私はウィリスという名前を一切使っていませんので、私がどこで働いていたかということは公表しないでください。また、私が何の仕事もせずに暮らしてきたとか、金儲けのために私がこの本を書いたのだといった印象は、人に与えたくありません。とはいえ、親切なわが友よ、どんなことであれ、私はあなたを制限しません。なぜなら、何を言うべきかに関しては、私よりあなたのほうがよくご存知だからです。あなたに推薦文を書いていただけると考えただけで、私はただもう幸せです。

＊注2——*Incidents in the Life of a Slave Girl*, ed. Jean Fagan Yellin（Cambridge: Harvard UP, 1987）, p. xxxiii.
＊注3——Jean Fagan Yellin, "Harriet Jacobs's Family History," *American Literature*（December 1994）, pp. 765-767. なお、Jean Fagan Yellin 編纂のハーバード版は二〇〇〇年に増補改訂版を出し、そこで父親の名前の訂正を行うとともに、John S. Jacobs の奴隷体験記 "A True Tale of Slavery"（1861）の収録も行っている。

〈翻訳にあたって〉

原著でイタリック体やブロックキャピタル体で表示されている個所は、本書では傍点（、、、）を付して明示した。注に関しては、Jean Fagan Yellin 編纂のハーバード版を中心に、Nell Irvin Painter 編纂の版なども参照しつつ、編訳者の責任で取捨選択して巻末に付した。本文中の〔 〕内は編訳者の注である。なお、年代誌、参考文献一覧、登場人物対照表、家系図などは、編訳者が読者の便宜のために作成した。

ハリエット・ジェイコブズ自伝

——女・奴隷制・アメリカ

◆

目次

ハリエット・ジェイコブズ自伝

ある奴隷娘の生涯で起こった出来事

資料

ハリエット・ジェイコブズ復権——序にかえて

1　多文化主義の観点から見た「発掘」と「受容」

まず初めに、アメリカ文化の変遷と受容の歴史を物語る二つのエピソードを手短かに紹介しておきたい。ひとつ目は、二十世紀への曲がり角たる一九〇〇年に出版された『シスター・キャリー』について。この本は、アメリカ自然主義文学の第一人者と目されているセオドア・ドライサーの処女作で、アメリカ中西部の田舎娘が大都会に出てきて、二人の男と次々に同棲生活を送りながら、最後に自らの力でニューヨークの舞台で成功するまでを描いたものである。若い女が結婚もせずに男と肉体関係を結びながら、なおかつ社会的に成功するというこの作品のテーマは、当時から見ればまことにけしからぬもので、お上品な伝統に背く「道徳への挑戦」と受けとめられた。おかげで、この作品の出版は難航した。とりわけ、公序良俗にうるさい出版元の社長夫人に反対され、発禁処分に近い自主規制の対象となって、大した部数もさばけぬうちに闇に埋もれさせられたということになっている。だが、いまやアメリカ文学史の常識だが、『シスター・キャリー』といえば『アメリカの悲劇』とならぶドライサーの代表作であり、アメリカ文学の「キャノン（規範）」の一画を形成している。

次にウィリアム・フォークナーについて。彼の文名に関しては今さら述べる必要もないと思うが、このアメリカ文学を代表する「ノーベル賞作家」にもまた改めて「発掘」されなければならなかった過去があったという事実は、案外世間から忘れ去られてしまっているかもしれない。だが、たとえば『フォークナーと私』を書いた同時代の文芸評論家マルカム・カウリーによれば、二つの詩集と十一の長篇小説と四つの短編集を出版していた第二次世界大戦末期の頃のフォークナーの実情は、次のようなものだったという。

「彼の十七冊の書物は事実上絶版同様になってしまい、なおもそのままの状態が続く形勢にあった。一般読者からの需要がまったくなかったからである。文学の株式取引所におけるフォークナーの相場について、いったいだれが語りえただろうか。一九四四年には、彼の名前は上場されてさえいなかったのだ」。だが、その後カウリー自身が編纂した『ヴァイキング・ポータブル・フォークナー』という一冊にまとまったフォークナー作品集の出版上梓を経て、モダニズムの文学観に基づくフォークナーの再評価が行なわれて以降、いまやアメリカ文学はフォークナー抜きに語りえないといった状況さえ呈している。

さてそこで、いよいよ本題となるわけだが、ここに訳出した『ハリエット・ジェイコブズ自伝――ある奴隷娘の生涯で起こった出来事』（一八六一年）の出版とその後の評価に関しても、ドライサーやフォークナーの作品と同列に論じたくなるような「発掘」と「受容」のドラマが隠されている。いや、それどころか、こうしたアメリカ文学の「巨匠」ないしは「キャノン」がそれぞれ二十世紀初頭とその半ばに発掘され、おのおのの評価を確固たるものにしてきたのと同様、おそらくまさに二十一世紀への曲がり角にある現代という多文化主義の時代状況だからこそ、逃亡奴隷の過去をもつ十九世紀の黒人女性ハリエット・ジェイコブズのこの本が、今のアメリカで幾つもの出版社から同時に刊行され、かつまた主要に大学の必読文献リストなどを通じて、作品としても非常に高い評価を受けるようになってきたのだと思う。

話を単純化して言えば、一九九九年から二〇〇〇年にかけてのこの時期に、アメリカ合衆国のどの大学でもよいから任意に選んで出向いていき、アメリカ文学、アフリカン・アメリカン研究、女性学ないしはフェミニズム研究といったコースやそれに関連した授業に顔を出すと仮定しよう。まず十中八九の確率で言えることだが、全米のどの地域のどの大学でもこれらのコースや授業の中のどれかひとつで、ジェイコブズのこの『自伝』が授業案内で触れられなかったり、必読文献リストに加えられていないということは考えにくい。たとえば、私は一九九九年の十一月から十二月にかけて、ハーバード大学やブラウン大学を含めて、ニューイングランドや中西部に点在する十指に及ぶ大学を訪問する機会をえたが、十九世紀のアメリカ文化を取り扱いながら、ハリエット・ジェイコブズに言及する講座がひとつもない大学というのはまず皆無だったと報告しておきたい。

具体例として、メーン州にあるホーソーンなどの母校として知られるボウドイン大学の英文科の履修案内の中から、「アメリカン・ルネッサンス」と題された授業案内の大要をここに書き写しておこう。

「担当：コヴィエロ助教授。一九九九年度前期開講科目。南北戦争前の時期に異常なほど活況を呈したアメリカの著作を考察する。この授業の主要な関心は、これらのテキストが提示するさまざまな『アメリカ』像にある。取り上げる作家は、エマソン、ポー、ダグラス、ホーソーン、ジェイコブズ、メルヴィル、ストウ、ディッキンスン、そしてホイットマン」

この授業案内で注意をひくのは、単に既存の有名作家や詩人たちと並んでジェイコブズの名前が挙げられているということだけではない。一八五〇年代のいわゆる「アメリカン・ルネッサンス」が、ストウ夫人とフレデリック・ダグラスとハリエット・ジェイコブズを結ぶ線によって多元化され、言うなれば「人種・ジェンダー・階級」という多文化主義的な観点から把捉し直されようとしていることも大いに注目にあたいする。

2 文学アンソロジーにみる「アメリカ文学」の変容

さて次に、アメリカ文学の「現状」を端的に物語るもうひとつの資料も提出しておこう。アメリカの大学では長年当たり前のことと見なされているのだが、最近は日本の大学の英米文学科でも文学史や文学概論の授業のための教科書として、各年代の代表的な原典を厳選吟味して収録した文学アンソロジーが採用されるようになってきた。その中の代表的なもののひとつが、『ノートン版アンソロジー：アメリカ文学編』である。総頁数二千七百余、収録作家・詩人の総数百数十名という高額で大部なこのアンソロジーの購入を義務づけられている英米文学科の学生諸君に、私はいつも同情を禁じえないでいるが、教師の立場からすればこの一冊で「アメリカ文学」の〈ほぼ全貌〉が長篇の抜粋や短編を中心に教示しうるのだから、便利といえばこの上もなく便利だと言わなければならない。文学の規範化とか固定的な見方とかに大いに異を唱えてきた私も、このアンソロジーが初版以来何回かにわたってさまざまな差し替えや訂正を行いながら、絶えずその時の文学研究の現状を最高度のレベルで反映させようと努力している様子に接して、何年か前から宗旨替えをしてそれなりに調法がっている。

それはそれとして、ジェイコブズとの関連でいま私が注目したいのは、『ノートン版アンソロジー』の編集方針が指し示す最近の「アメリカ文学」の変容ぶりである。たとえば、一九八九年の第三版と一九九五年の第四版とを取り上げて見比べたとき、その両者の違いのひとつが、ジェイコブズの伝記の部分抜粋（六章分二十頁）を掲載しているかいないかだということは、ちょっと注意深い人なら簡単に見て取ることができるだろう。だが、ことはそれだけにとどまらない。私流にさらに付言するとすれば、すでに第三版で黒人奴隷だった『アメリカの奴隷フレデリック・ダグラスの人生の物語』（五章分三十二頁）と感傷小説の第一人者と目されるストウ夫人の『アンクル・トムの小屋』（一章分九頁）の部分抜粋を行い、さらに第四版でジェイコブズを追加したことからして、「エマソン、ソロー、ホーソーン、メルヴィル、ホイットマン」だけを重視してきた従来の「アメリカン・ルネッサンス」観を脱却する努力をしている限りで、この『ノートン版アンソロジー』が「西欧の白人男性作家中心のモダニズム文学観」を訂正する方向に傾きかかっているかに見えることにも大いに注意を向けておきたい。とはいえ、モダニズム一辺倒のこれまでの文学観を自己点検しながら、文学や文化の境界線領域を大胆に押し広げようとする勢力はまだまだ少数派にとどまっているのも事実である。私がアメリカ合衆国で観察しえた範囲内から言って、ハリエット・ジェイコブズの「発掘」と新たな「受容」の動きは、やっとアカデミズムの枠を突き破りはじめたばかりといったところだろう。

その端的な証拠として、アメリカ最大の学会である「全米英文学会（MLA）」の『研究書誌（Bibliography）』を繙《ひもと》いてみると、一九六九年から一九八〇年までに限ってみた場合、ジェイコブズの『自伝』に言及している研究論文はひとつもないという事実が判明する。だが、一九八一年から一九九九年までの時期へ視野を拡大してみると、八〇年代前半から毎年何本かの論文がジェイコブズに言及するようになってきただけでなく、ジーン・ファガン・イェリンがジェイコブズの手紙三十数点の所在を突きとめ、さまざまな確証資料とともに懇切丁寧な解説的前文を書いたハーバード版を出版（一九八七年）した翌年の一九八八年を皮切りに、九〇年代にはいると毎年平均して十編以上の論文がジェイコブズの『自伝』を取り上げて論究していることがわかる。これは学会登録の会員の書いた論文中心にみた場合のことで、その間に書かれ世に上梓された十冊以上の研究書の存在があるのも忘れることはできない（さらに、これは未確認情報だが、二〇〇〇年初夏に届いたジーン・ファガン・イェリンからの私信によれば、合衆国の大学でジェイコブズを取り上げて正規に受理された博士論文の数は、すでに九〇本以上にのぼっているとのことである）。

そうした論文や研究書の所在については、この本の巻末に付した「参考文献一覧」で詳しく紹介することにするが、十九世紀アメリカの奴隷制をその身に刻印されてなお生き延びることのできたハリエット・ジェイコブズという女性の存在とその伝記の「発掘」にあたっては、先に触れたジーン・ファガン・イェリン以外にも、一九四六年に博士論文で草分け的な『奴隷体験記——アメリカ史におけるその位置』を書き、一九八八年にやっとそれを一冊の本として出版することのできた研究者マリオン・ウィルソン・スターリングとか、南北戦争前の奴隷体験記の発展史に着眼した研究書『証言する奴隷制——南北戦争前の奴隷体験記の発展』（一九七九年）を書いたフランシス・スミス・フォスターとか、いち早くアフリカン・アメリカンの伝記研究に着手した『自由の話をする——アフロ・アメリカンによる自伝の最初の世紀』（一九八六年）のウィリアム・アンドリューズとか、さらには『アフロ・アメリカンの語りにおける自己発見と権威』（一九八七年）を世に問いかけたヴァレリ・スミスといった人びとの存在と学問的貢献も忘れるべきではないだろう。

3　内容の真実性や作者の信憑性が疑いの対象となる

だが、たかだかここ十数年余のことでしかないジェイコブズ研究の隆盛ぶりはひとまず措いて、いまはひとつの歴史的事実としてこのテキストがこれまでどんなふうに「受容」されてきたかに的を絞って、そこに現出してくるアメリカ文化に関わる幾つかの問題点を検討してみたい。その点でまず何よりも「特異なこと」として目を引くのは、イェリン編纂のハーバード版『自伝』が刊行された際にニューヨーク・タイムズ紙上に書評を書いたヘンリー・ルイス・ゲイツ・ジュニアも述べていたように、この作品の作者が本当にハリエット・ジェイコブズその人なのかどうかということを、前後百二十年間にわたって、ほとんどの人たちが「疑いと論争の対象」にしてきたということではないだろうか。その意味で言えば、この作品は執筆当初から評価の確定した現代にいたるまで、形式や内容などあらゆる面でアメリカ合衆国における「黒人女性の文学的伝統の象徴」になっていたと言っても過言ではないと思う。というのも、この作品の取り扱いと同様に、アメリカの「黒人女性」は二重、三重に周縁化され、経済的、政治的、社会的にだけでなく、文化的にも絶えず脇に押しやられるといった過去を担わされてきたからである。

たとえば、奴隷制の過酷さと自由への渇望を記録した「奴隷体験記」の書き手ということで言った場合、そのほとんどが元奴隷の男性たちだというのはほぼ常識化している。アフリカン・アメリカンの伝記研究に長年携わってきたウィリアム・アンドリューズによれば、南北戦争終了直後の一八六六年の時点では、わずか四人の黒人女性の「奴隷体験記」しか知られていなかったというし、また一説では、現存するすべての奴隷体験記のうち、実際に女性の手で書かれたものはわずか十六点だとも言われている。男性が圧倒的に多い逃亡奴隷数の男女比率とか、識字率の男女差などの客観的な条件や、書くことにまつわる幾つもの現実的な困難さを考えれば、実際に女性の書き手の数が少ないというのもそれはそれでうなずけなくもない。しかし、そうしたこととともに、いやそれ以上に問題なのは、ハリエット・ジェイコブズのように、たとえ書いてもそれが一向に認められないどころか、内容の「真実性」や作者の「信憑性」までもが疑われてしまう場合があったということである。しかも、その理由がヘイゼル・カービーの鋭敏な指摘に見られるように、女性特有の「出来事」を書いたせいだったり、あるいは性的表現にまつわる女性の韜晦《とうかい》を旨とする「戦略」のためだったとしたならば、こうした事柄を一体どのように考えていったらよいのだろうか。

その点で、『奴隷の共同体』（一九七二年）の巻末付録「資料に関する批評的エッセー」の中で、ハリエット・ジェイコブズの作品を「信用ができない」と一方的に裁断した黒人史の学問的権威ジョン・ブラッシンゲイムの次のような分析にこだわっておくのもまた意味あることかもしれない。

「リディア・マリア・チャイルドはハリエット・ジェイコブズの原稿の編集にあたって〈主に無駄を省くことと話の順序を入れ替えるぐらいのこと〉しかしなかったと主張しているが、この作品は信用ができない。まず第一に、『ある奴隷娘の生涯で起こった出来事』（一八六一年）はあまりにも辻褄が合いすぎている。あまりにも多くの主要人物たちが、何年も離れて暮らしていたあとで好都合に再会したりする。次に、この話はあまりにもメロドラマティックでありすぎる。白黒混交（ミシジェネーション）と残酷さ、凌辱された美徳、報われることのない恋、そしてプランテーション所有者の好色ぶりなどがまさしく毎ページに現出する。美徳の持ち主ハリエットは、夫が子をはらませた混血の奴隷女のすべてに目を光らせていなければならない惨めな女主人のことを、同情の目でながめやる。彼女は奴隷所有者たる彼女の主人の淫らな要求に屈しないで、別の白人男性との間に二人の子供をもうける。そして、逃亡し、祖母の家の屋根裏に七年間身を潜めていたあとで、ついにニューヨークへの脱出に成功する。その間、彼女の白人の愛人は自分が子供たちの父親だということを認め、子供たちの自由を購入し、連邦議会の議員に選出されたりする。結末は、すべての人がそれ以後幸福に暮らす」

ここに示された要約が、自らの論点に引きつけ過ぎて粗略な感の否めないものとはいえ、著者のブラッシンゲイムが故意に意地悪な目つきでジェイコブズの作品を見ていたわけでないのはまずもって間違いがない。なぜなら、彼がここで試みているような読み方は、二十世紀の黒人文学を形づくってきた一流の文学者たちのほとんどが共有して持っていた観点だと言ってよく、たとえば一九四一年に黒人文学の画期的なアンソロジー『ニグロ・キャラバン』を中心的に編纂した著名な詩人スターリング・ブラウンや、『偉大なる奴隷体験記』(一九六九年)を編集した作家かつ詩人として有名なアーナ・ボンタンも、表現に濃淡の差はあれ同様の認識を示しているからである。それゆえ、黒人女性までもが無批判にこの見方を踏襲し、たとえば一九七〇年代から八〇年代にかけて、最も先鋭な意識をもつ「ブラック・フェミニスト」と見なされていたバーバラ・スミスやグローリア・ハルといった人たちでさえ、一九八二年に出版された黒人女性研究の書『でも私たちの中にも勇敢な人たちがいる』の中で、ジェイコブズの自伝に関して次のように述べている。「この作品の中のロマンティックだったり、リアリスティックだったりするさまざまな要素には興味を引かれるが、多くの人々によってこの作品は〈紛《まが》い物〉の体験記だと見なされている」。これが、ジェイコブズの作品に対するつい十数年前までの世間の通り相場だったのである。

4 ストウ夫人とジェイコブズの不幸な関係

なぜそんなことが、アメリカの歴史と文化の中に起きてしまったのだろうか。ジェイコブズの実在の手紙や、関係者の財産目録あるいは資産の売買証明書、果ては彼女の女主人の遺書や父親の死亡届などさまざまな公文書や古文書を積み上げていくことで、まぎれもなく「ジェイコブズ本人が作者である」ことを証明し、それとともにリディア・マリア・チャイルドの「編者としての役割」を明確に立証してみせたジーン・ファガン・イェリンは、この作品を「仮名で書かれてはいるが、確固とした実証性の裏付けをもった自伝」と呼んでいる。そうなのだ。この作品が長年にわたり〈紛い物〉だとみなされてきた理由の一端は、ジェイコブズが「自ら」生涯の出来事を語りながら、それを「リンダ・ブレント」という仮名で発表したり、あるいはそうした出来事をわざわざ「絶対に真実だ」と強調しなければならないというその「異常さ」にあるのは確かだ。言うなれば、現実の中に巣くってい る「異常さ」が当時の人びとの抱く物語的な「異常さ」と交錯し、そこにさまざまな認識と解釈上の錯綜をもたらすことになってしまったのだ。そのことの証左は、ストウ夫人とジェイコブズとの間で交わされたというある種の衝突、つまりジェイコブズの経験した「異常な出来事」の公表をめぐって、両者間に発生したという行き違いの中にも露呈している。一方が小説的な想像力の生み出した「異常さ」の確証を実人生に求めていたとすれば、他方は実人生の「異常さ」が日常化している〈奇妙な制度〉に対する一般的な了解の仕方を手探りしていた。

ことの起こりは、ジェイコブズの奴隷時代の「出来事」のもつ意味と価値の重さに気づいたクエーカー教徒の友人エイミー・ポストが、「人びとを眠りから呼び覚ま」そうと考えて、一八五〇年代の初め、ジェイコブズにその「辛い経験」をまとめて出版するよう勧めたところに発する。正規の教育を受けていないことや、自分の文才に自信のないことなども相まって、ジェイコブズは「すべての真実」を語ることにためらいを示す。しかし、雇い主のウィリス夫人の助言などもあって、ジェイコブズは当時一躍売れっ子作家となった『アンクル・トムの小屋』のストウ夫人なら、自分を理解し何らかの手助けをしてくれるかもしれないと考えるようになる。自分に成り代わり、「アンクル・トム」

ハリエット・ジェイコブズ（1894年）

ハリエット・ビーチャー・ストウ
(『アンクル・トムの小屋』執筆当時)

リディア・マリア・チャイルド
(1860年代)

エイミー・ポスト
(1860年代初頭)

が体現していた以上の奴隷制の「真実」を訴えてもらうことができれば、これに勝る幸せはない。もしそれがストウ夫人の英国への旅行計画ですぐに実現の運びとならなくとも、せめて二十歳になった娘のルイザ・マティルダを「南部奴隷の正当な代表」として英国へ連れていってもらい、英国の反奴隷制運動に関わらせることができれば、それはそれで双方にとって計り知れぬ利益をもたらす。かくて、ジェイコブズの側からストウ夫人へ何回もの手紙攻勢が仕掛けられることになるのだが、ストウ夫人のほうの反応は一向にはかばかしいものとはならない。それも無理からぬところで、ストウ夫人の側からすれば、ジェイコブズの利用価値は、その実人生の「異常さ」が自分の作りだした小説的な「異常さ」の証拠を提供してくれることであり、決してその逆ではなかったからである。つまり、一方があくまで普遍を求めていたとしたら、他方が求めていたものはたかだか個別の例証でしかなかったのである。

しかし、二人にまつわるこまかい事情を知らない人のために、事柄をここでもう少し具体的に語り直しておく必要があるかもしれない。一八五二年に刊行された小説『アンクル・トムの小屋』の中には、混血の女奴隷キャシーが残虐無比な農園主サイモン・レグリーの魔の手を逃れて、年若い女奴隷エメリンとともに屋根裏へ隠れ潜み、サイモン・レグリーに復讐を企むというストーリーが描かれている。言わば、ストウ夫人にしてみれば、逃亡して七年近くも屋根裏に隠れ潜んで暮らしていたという、女奴隷ハリエット・ジェイコブズの生涯で起こった出来事そのものが、小説の中の登場人物たるキャシーという存在とその出来事を逆証明してくれることになると思えたのである。これはストウ夫人にとって、願ってもないことだった。というのも、この時期のストウ夫人は、一方での作品の大成功とともに、他方では奴隷制擁護論者を中心とする『アンクル・トムの小屋』への熾烈な攻撃の的にさらされており、何とかして実証的な『アンクル・トムの小屋への鍵』（一八五三年）を書き上げなければならないと考えていたのだから。つまり、この段階のストウ夫人にとっては、奴隷制の「異常さ」を身をもって体験した生き証人がいるという事実のみが重要であって、その生き証人の「出来事」がはらむ普遍的な「女の性と母の愛」という問題は一向に眼中にはいってこなかったわけである。ましてルイザ・マティルダを英国に連れていき、イギリス人に立ち混ざって生活させるなどということは、「この階級の人びと」に不当な「優遇措置と恩顧」を与えるだけに見えたことだろう。かくして、両者の考えは平行線のまま最終的には決裂し、これ以後両者がお互いの人生で相見《まみ》えるということは二度となかったという。

ストウ夫人の伝記作者ジョーン・ヘドリックは、この二人の関係についてジェイコブズに肩入れしながら次のように述べている。「もしストウが単に女のもつ矛盾を小手先で扱うだけでなく、その中に深く分け入ることができていれば、あるいはもし彼女が女たちの遠回しな私的会話の壁や、他人事めかして話す及び腰のやり口を乗り越えて、自分の中にもある女の声を見出していれば、あらゆる点で家父長制の最底辺にいる一人の黒人女性に対して、あんなふうに高圧的な態度にでる必要はなかっただろう」

この段階の二人の不幸な関係に対する注釈としては、聞くに値する適切な評言だと思う。

5　人種とジェンダーをめぐる中心と周縁の葛藤

ところで、ジェイコブズという「特異な」存在を歴史の闇に埋没させ、彼女の「奴隷体験記」を〈紛い物〉に見させてきた最大の理由としては、出来事の内容とそれを語る形式とが大いにかけ離れていたからだというのが、近年の多くの研究者の通説になっている。私に即して言い直せば「人種とジェンダー」にまつわる典型と例外、ないしは中心と周縁の葛藤ということになろうか。どういうことか。言うなれば「奴隷体験記」の典型とは「英雄的な男の奴隷」が語る物語のことであって、そこには一定のパターンがあるというのである。たとえば、フランシス・スミス・フォスターの論文「抵抗する『出来事』」によれば、それは次のようになる。「この語りの通常のパターンは、まず奴隷制に固有の残虐さと退廃ぶりを具体的にさし示し、次に語り手が年齢を重ねるにつれて、奴隷制という形態やその条件が決して不可避でもなければ廃棄不能でもないということを個人的に発見していく。そして、この天啓のような発見に引き続いて、典型的な奴隷の語り手は密かに逃亡の計画をたて、都合のよいときに単独で行動にうってでるが、『北極星』に導かれて自由へ至ろうとするその決意は固い。自由の地に到着すると、この元奴隷は自分で新しい名前をつけ、仕事を得て結婚し、それ以後は幸せな新しい生活を始める。この段階で、通常の奴隷体験記は幕を閉じる」

こうした語りの代表が、一八四五年に出版された『アメリカの奴隷フレデリック・ダグラスの人生の物語』（以下『フレデリック・ダグラスの人生の物語』と略記する）ということになるのだが、確かにダグラスとジェイコブズがそれぞれに行った逃亡と、それにまつわる生き方を語る二人の物語の間には大きな隔りがある。ダグラスの伝記的事実としては、逃亡に際してボルティモア在住の自由黒人で後にダグラス夫人となるアンナ・マレーという女性が、精神的にも財政的にもダグラスを大いに支え、彼女の存在なくしてはダグラスの逃亡も不可能だったという事実は今ではよく知られている。しかし出版された『フレデリック・ダグラスの人生の物語』を読む限りでは、あくまで彼が単独で決断し単身で決行したとの印象だけが強く残る。またダグラスの場合には、自由の希求と北部への脱出行は密接不可分の関係にあり、両者の結びつきにはほとんど裏表がない。したがって逃亡に際しても、また逃亡後も、南部での生活のしがらみは彼の上にその影を落とさない。いや、いささか単純化のきらいはあるものの、『フレデリック・ダグラスの人生の物語』に見られる時間の流れということで言えば、語り手の意識は絶えず未来を目指していて、現在は時間の経過に従ってひたすら過去へと溶暗していく一方だと言い切ってしまうことさえできる。

たとえば、八歳で初めてボルティモアに向けて旅立ったときの次のような描写は、そうしたダグラスの姿を端的なかたちで指し示していると思う。「私はいささかの後悔の念も抱かず、また未来の幸せを大いに夢見ながら家をあとにした。（中略）船が出るとすぐに私は船尾に歩いていき、これが見納めであってくれればよいという気持ちをこめて、ロイド大佐のプランテーションに目をやった。それから縦帆船の舳先《へさき》にたち、手近のものや背後のものにではなく、むしろ遥か遠くにあるものに自分の興味を集中させながら、その日の残りの時間を過ごした」（『フレデリック・ダグラスの人生の物語』第五章）。子供の頃のダグラスのこの時間意識は、最終章の最後の文章に登場する長じた後のダグラスの時間意識とそのままぴったりと符合している。一八四一年に開催されたナンタケットでの反奴隷制大会の席上、大勢の白人の聴衆を前に「気乗り薄で」演説をし始めたという数年前の自分から、わずか一瞬で一八四五年の現時点の自分へと移行していく語り手ダグラスの眼差しは、ひたすら前だけを向いており、自らの人生の先行きに関してはいささかの揺るぎもみせることがない。「私は話し出してほんの数瞬の後にかなり自由な感じになり、話したいと望んだことをかなり気楽な調子で口にしていた。その時から現在まで私は反奴隷制の運動に関わってきたが、私がどの程度成功しているか、またどの程度専念しているかというようなことについては、私の仕事をよく知っている人たちに決めていただくことにしよう」(第十一章)。こうして幕を下ろす語りは、徹頭徹尾「フレデリック・ダグラス」という新たに変身し終えた男の物語となっており、南部にいた頃の彼が「フレデリック・ベイリー」という母親譲りの名前を使っていたという単純な事実すら、もはや多くの読者の念頭からは消え去っている。

これに対してジェイコブズのほうは、祖母や子供たちを中心とする自らの家族関係のしがらみに最後までとらわれ続ける。したがって、その逃亡の経緯は時間的にも空間的にも何段階かに枝分かれし、それぞれの段階で何人もの白人や黒人たちの援助をあおぐこととなる。その意味で言えば、単独の英雄的な逃避行にはほど遠いさまざまな人間関係の中での逃亡であり、七年近くに及ぶ身動きひとつままならぬ屋根裏での生活も、女性であり母であるがゆえに引き受けなければならなかったやむを得ざる選択であったと言うべきだろう。さらに、満を持して逃げ込んだはずの北部ですら、ジェイコブズにとっては決して自由と安息の地と言えるようなものではなかった。いや、それどころか、南部の旧敵たちはいつまでも「蛇のごとく」執念深く彼女の様子をうかがい続け、決して単純に遠い過去へと消え去ることがない。

それにもかかわらず、彼女は「ついに自由」を手にした物語の幕切れにおいて「やさしい老いた祖母」を思い出しつつ、辛い「過去」の中にさえ一定の「慰め」を見出している。「私が奴隷という身分で過ごしたみじめな年月を思い出すことは、さまざまな意味で私にとって辛いことでした。できれば、喜んでそれらを忘れてしまいたいのです。しかし、過去を思い出すことがまったく慰めのないことかと言えば、必ずしもそうではありません。なぜなら、気の滅入るような思い出とともに、やさしい老いた祖母の心温まる思い出が、暗く荒れた海の上にぽっかりと浮かぶ明るいふわふわした雲のように蘇ってくるからです」(第41章)

このように見てきたとき、ジェイコブズの語る物語が規格はずれの例外として、歴史と社会の周縁で細々と生き長らえてこなければならなかったというのも、けだし当然だったのかもしれない。

6　女であり母である奴隷にとっての逃亡と自由

だが、女であり母である奴隷の逃亡記を、典型としての男性奴隷の逃亡記と異なっているという理由から、「ロマンティックな」紛い物に仕立て上げ、百年以上もの間、社会の片隅に放置しておくという文化も、また異常と言えば異常である。そうした文化をつくりだしたアメリカ社会の根底には、周縁や異質なものを切り捨てて一向に構わないと断じるヨーロッパ系白人男性中心の発想があったし、また物質的な豊かさと生活の簡便さを文明の進歩と見なす近代化万能主義と、そこに基礎をおく貧者や働く者への情け容赦ない資本主義的な収奪の構造があった。そして最後に、いまなお世界中に行き渡っていることだが、法と権力と財力を掌握したもののみが真とされ善とされ美とされる勝者や強者にすり寄る文明史観ないしは人間観が横たわっている。ハリエット・ジェイコブズのように社会の底辺にあって無視され続け、単に黒人奴隷として搾取されていただけでなく、産む性としても抑圧・虐待されてきた人間の物語など、そもそもの初めからこの世で受け入れられるはずもなかったのである。彼女の語る物語はのっけから例外的な食わせものと考えられ、何かにつけてその真意を疑われるか、さもなければ「技巧的な作り話」とか「曖昧模糊とした話」だとして批判されるにすぎなかったのである。

その端的な証拠がジェイコブズの逃亡と自由の関係だが、ダグラス型の逃亡が典型と見なされている限り、ジェイコブズの逃亡は逃亡とすら呼べない代物かもしれないのである。なぜならば、ジェイコブズの場合はダグラスと違って、第一義的に自らの自由を勝ち取るべく奴隷制のくびきを脱して、何がなんでも北部をめざすという意識がなかったからである。加えて、最初の段階のジェイコブズにとって、自らの自由と逃亡は第二義的なものでしかなく、ある意味では自分の「いたいけな子供たち」の自由を獲得するための手段なのである。そのことは、初めて彼女が自分の逃亡のことを口にし、その可能性を手探りし始めた頃の叙述から明確に見てとることができる。このときの彼女は、再三に及ぶ「フリント先生（実在の医師ノーコムの仮名）」からの肉体関係の要求を拒み、イーデントンから六マイル離れた農園に送り込まれている。そこにいるかぎり、子供たちに会おうとすれば夜間に人目を忍んでイーデントンの町まで通わなければならないわけだが、その往復の道すがら彼女は逃亡の方法について次のようなことを考えていたという。「私は町へのこの侘びしい十二マイルを、何度も何度も往復した。途中はずっと、私と子供たちの逃亡の方法について考えをめぐらしていた。私の友人たちはあらゆる努力を傾けて、うまく私たちを購入する方法を考え出そうとしていたが、彼らの計画はことごとく失敗に終わった。フリント先生は疑い深く、私たちを掴んだ手は緩めないよう決心していた。もし私一人だったら、私は逃亡することができたかもしれない。しかし、私が自由を求めたのは、私自身のためというより、むしろ私のいたいけな子供たちのためだった。自由獲得で手にする恩恵は掛替えのないものだったかもしれないが、子供たちを奴隷状態のままにしておいて、その代償で自分の自由を手にするつもりはなかった」（第16章）

つまり、ジェイコブズの場合には、自由獲得の方法としては力づくの「逃亡」と金銭による「購入」の二通りがあり、「逃亡」が具体的な問題として彼女の前に立ちあらわれてくるのは、フリント先生の頑なな意思に阻まれて「購入」の手だてがほぼなくなったときのことなのである。これにあたっては、彼女の敬愛する祖母や死んだ父が「逃亡」より「購入」の方法を絶えず優先させていたということも大きかったのだろう。さらに、ジェイコブズが止むをえず逃亡を意識したときでさえ、彼女は「自分」のことともに、いやそれ以上に、二人の「幼い子供」の自由獲得を優先するという母たる者の立場を貫こうとする。したがって、自分の自由はあくまで二義的なものと見なし、必要に応じては子供のためにその自由を「犠牲」に供したり、あるいは「手段」として便宜的に扱うことも厭わない気でいる。また、子供の自由に関しても、彼らが奴隷であることから生じる緊急避難的な「救出」と、奴隷の身から人間性を最終的に回復する「解放」とではレベルが異なり、ここでもジェイコブズはそれなりの手続きを踏みながら慎重に時間を使って事柄に対処することを要求されている。

そして、いま「フリント先生」が子供をダシとしてなおも執拗に関係を迫ってきたとき、奴隷の母たるジェイコブズは、相手の意図を挫きつつ子供たちを「救出する手段」として「逃亡」の方法が利用できると考えるようになるわけである。

たとえば、このことに関連して、ジェイコブズは自分の目論見を次のように説明している。「私の立てた計画というのは、私が友人の家に身を隠し、探索が打ち切られるまでの二、三週間、そこに留まっているというものだった。私の希望的観測では、こうなるはずだった。まず先生は気落ちするだろう、次に私がいなくなれば元も子も失ったうえに、私の子供たちが行方不明者ということになるかもしれないので、それを恐れて先生は私たちを売ることに同意するだろう。そうすれば、あの人が私たちを買うのは分かり切ったことだった」（第16章）

ここで暗示されている「あの人」とは、十六歳のジェイコブズが「フリント先生」の性的迫害を逃れるため自ら進んで身をまかせた「サンズ氏（後の連邦議会議員ソーヤーの仮名）」という未婚の白人男性で、やさしくて教育もある彼女の「子供たちの父親」だというのは歴然としている。言うなれば、この段階で彼女が当てにしている自由獲得の方途は「フリント先生」が母子ともどもその身柄を「サンズ氏」に譲り渡すという金銭的「購入」の方法であり、自らの「逃亡」はそうした「購入」を促すための便宜的かつ一時的な策略だったわけである。

7　便宜的な逃亡から不退転の逃亡へ

少なくともこの策略は表向きはまんまと成功する。なぜならば「フリント先生」は逃亡したジェイコブズを捕獲すべく、辻ごとに手配書を貼ったり、報奨金つきの新聞広告を出したり、あるいはジェイコブズをおびき寄せるために「ウィリアム（実弟ジョン・S・ジェイコブズの仮名）」や彼女の幼い子供たちを牢獄に閉じこめたり、さらにはわざわざ自らニューヨークに出向いていって探索したりというかたちで多大の出費を重ね続け、挙げ句の果てに金銭的に行き詰まって、ジェイコブズの思惑通り、彼女の弟と二人の子供を「サンズ氏」の息のかかった者の手に売り渡すことになるからである。

かくて「フリント先生」の魔の手をかろうじて脱した子供たちが、愛情に満ちた祖母の「居心地のよい小さな家」でまた生活できるようになるわけだが、その知らせを受けとったとき、友人の家に隠れ潜んでいたジェイコブズはその喜びを次のように謳いあげる。「私にとっては喜びと感謝のときだった。子供のころ以来初めて、私は本当の幸せの味を噛みしめていた。私は老先生の脅迫の言葉を耳にしたが、それにはもう私を悩ませてきたこれまでの力はなかった。私の人生に覆いかぶさってきた一番の暗雲が、取り除かれたのだ。たとえ奴隷制が私に対して何をしようと、もはや子供たちに手枷足枷をはめることはできなかった。たとえ私は犠牲になっても、私の子供たちは救われた。私の心が、単純しごくに、彼らの未来に待ち受けているはずの幸せを丸ごと信じたとしても、私にとってそれはそれで結構なことだった。いつの時代でも、疑うことより信じることのほうがずっといいのだか

ら」（第19章）

だが、本当のところ、この策略によってもたらされる実質的な成果は、それほど大きなものとは言えなかった。というのも、フリント先生は「気落ちする」どころか、逃亡したジェイコブズへの所有権の確保に一層の意欲を見せ、自分の生きているかぎりジェイコブズは自分の奴隷だし、たとえ自分が死んだとしても自分の子供たちの奴隷であり続けるだろうと公言してはばからなかったからである。結局、ジェイコブズ本人に即して言えば「子供たちの父親」であるとともに自分の「愛人」でもあるサンズ氏が、彼女をフリント先生から「購入」する可能性はますます狭まっていき、それと反比例して、友人たちの家に隠れ潜む彼女を追う「血に飢えた猟犬ども」の探索の手はますます厳しさを加え、あわやというところまで彼女を追いつめるようになっていくのである。さらに、頼みとする当のサンズ氏自身が「彼を過大に信用するな」という祖母の言葉通り、母親である自分と違って「子供たちがすべてではない」という男の危うさと身勝手さを見せ始める。

しかし、翻って考えてみるに、ジェイコブズの場合は、逃亡に伴うこうした現実的な困難や障害に一つひとつ具体的なかたちで直面することを通して、それまでの彼女の中にあった一定の甘さや幻想性を払拭することができていったのではなかろうか。あるいは、作中のジェイコブズ自身の表現を使うならば「女としての誇り」と「母親ならではの愛」の力を自覚しつつ、主要にはフリント先生が象徴する「権力と法」に守られた「悪魔のような奴隷制」に対して、断固たる意思と知恵を発揮するようになっていったと言い直してもよい。そして、さらにそこに繋げて言うとすれば、女であり母であるジェイコブズの人間としての内面的な成長の時期は、たかだか「二、三週間」のつもりで臨んだはずの便宜的な逃亡を「自由か、しからずんば死か」という不退転の逃亡へと変貌させていくプロセスとも重なりあっていたように思う。というのは、「自由か、しからずんば死か」というパトリック・ヘンリーの標語をもじった表現が作中でこれみよがしに何度か書き記されるようになるのは、逃亡が始まるこの時期に集中しているからである。つまり、この時期のジェイコブズは、身近に迫った探索の手をあわやと言うところで逃れてあわてて飛び込んだ薮の中で、今度は毒蛇に噛まれて瀕死の重傷を負いブードゥーの医術で危うく一命を取りとめたり、あるいは彼女を誘い出す手段として牢獄に入れられていた幼い娘が病気でフリント先生のところにかつぎこまれながら、かえってフリント先生の家を嫌って泣き続け、再度牢獄に戻されるまでは泣き止まなかったといった類の出来事を次々に経験するはめに追い込まれている。言うなれば、奴隷の母の身で逃亡し続けることの厳しさを一つひとつ具体的に思い知らされていた時期だといっていいだろう。そこで、この時期の自分に即して、最初から不退転の覚悟で逃亡したのだという自己意識の切り換えをはかるとともに、そうした切り換えをいまになって行わざるをえない自分の人間的な甘さを自戒する意味もこめて、次のような表現を多用したのではなかろうか。「この危険な企てを始めたとき、何が起ころうと後戻りはしないと、私は決心していた。『私に自由を、さもなくば死を』が私のモットーだった」（第18章）

8　不利な条件を逆手にとる逆転の発想

実際に逃亡したときから約二十年後の一八五〇年代初めに、人の勧めもあって自らの体験記を綴り始めたジェイコブズの意識の中で、このジャンルの典型として一八四五年に発行され四九年までに既に第七版を数えていたというダグラスの奴隷体験記がなんらの影響も及ぼさなかったなどと言えば、それはまったくの偽りということになるだろう。弟ジョン・S・ジェイコブズともども、彼らがダグラスと具体的に親交のあった事実はすでに確証ずみである。それだけでなく、ジェイコブズが自分のテキストの中で論じたり指摘したりしている「奴隷と盗み」とか「奴隷の歌（スレイヴ・ソング）」などに関するくだりには、明らかにダグラスとの類縁関係が読みとれる。その点では、「自由か死か」という表現についても、同じことが言えると思う。

だが、一方で、同じようにパトリック・ヘンリー流の標語に基づく不退転の逃亡を決意し、それを実行にうつしたと言っても、ダグラスとジェイコブズの間では実際のところいろいろな点で大きな違いがあるのも事実である。誰しもがすぐ気づく違いのひとつは、ダグラスが単独で一直線に北部を目指したのに対し、ジェイコブズのほうは逃亡後もほぼ七年間、奴隷制の南部にとどまり続けていたということだろう。しかも、彼女が身を潜めていた場所というのは、祖母の家に付属する物置の天上裏、つまり「長さ九フィート、幅七フィート、高さは最も高い所で三フィートしかない」空間で、頭上を覆う片流れ屋根の傾斜が急なあまり「寝ながら向きを変えようとすると必ず屋根にぶつかる」ようなところであった。そのうえ、そこには光も射さなければ、新鮮な空気の流通もなく、動くときは「這い回る」より仕方がなかったという。とにかく、人間が生活するにあたって物理的には最悪の部類に属する場所だと言ってよいだろう。それなのに、ジェイコブズはそこに「一八三五年八月から四二年六月まで」の約七年間、自ら進んで閉じこもり続けていたというのである。なぜそんなことをしたのか。もちろん、その理由は、ひとつには幼い子供たちの成長を身近で見守っていてやりたかったからであり、もうひとつには自分の自由と重ねて彼らの自由を最終的なかたちで手にいれたかったからである。まさに、母ならではの不自由であり、そのための試練だったと言ってよい。

しかし、ここでいま私がとりわけ注目しておきたいのは、その際にジェイコブズが引き受けざるをえなかった肉体の苦痛とか、それらに耐えきった彼女の精神力や忍耐力のすごさといった問題ではない。もちろん、それもジェイコブズの「異常さ」を際立たせる重要な一面かもしれないが、それ以上にダグラスなどの男性作家との対比でぜひ指摘する必要があると思えるのは、彼女がこうした不利な条件や困難な立場を逆手にとって、かえってそれらを自分に有利な条件や強力な武器へと転化させていく逆転の発想の持ち主だったという事実である。

たとえば、先の劣悪そのものの屋根裏の隠れ家だが、大工道具の錐《きり》一本の発見で、ジェイコブズはその住み家を子供のための自由獲得の作戦指令室に仕立てあげてみせるだけでなく、狡猾なフリント先生との「だまし合い」の熾烈《しれつ》な前線基地にもしてしまう。無から有を生ぜしめる、弱者ならではの生き残り策と言ったところか。最近はジェイコブズのこうした面に注目して、アフリカ的フォークロアの「トリックスター」的な要素を指摘する研究者もいるが、私としてはそこまで言えるかどうかはともかくとして、ジェイコブズにそうした面のあることだけはぜひ見ておきたい。

さて、そこで事の具体化ということになるわけだが、「何ともおぞましい穴倉」に入れられながらも、最初は何とか健気に耐えていたジェイコブズがたまたま、屋根裏を改造するにあたって叔父の置き忘れていったらしい一本の錐を見出したことで状況は一変する。まず、その偶然の発見をきっかけに、無手勝流で闘う以外に術のなかったジェイコブズの頭の中で必然的な啓示が呼び起こされる。次に、一本の錐が壁に穴を穿つための強力な武器に変化し、彼女の惨めで真っ暗だった隠れ家に文字通り一筋の「光明」が導き入れられることとなる。そのあたりの経緯を、ジェイコブズは作中で次のように描いている。「私は立った姿勢のままでは動けなかったが、運動のためにその住み家を四つん這いで這い回った。そんなある日、何かに頭をぶつけた。それは錐《きり》だった。（略）あるすばらしい考えが頭に浮かんできた。私は独りごちた。『さあ、これで明かりが得られる。さあ、これで子供たちを目にすることができる。』（略）私は横に一列ずつ穴を開けて三列にし、さらにその列の間にもどんどん穴をあけていった。こうやって長さ一インチ、幅一インチのひとつの穴を穿《うが》つことに成功した。私は深更までその穴のそばに座り、そこからふわーと入り込んでくる空気の香りを楽しんだ。朝がきて、私は子供たちを待ち構えていた。だが、通りに最初に見えたのはフリント先生だった」（第21章）。

このとき、ジェイコブズが思わずぞっとしたであろうことは想像に難くない。なぜなら、この世で最もおぞましく、それゆえこの世で最もお目にかかりたくないと考えていた当の相手に、陰鬱な暗闇を脱し終えてやれやれと思ったその瞬間、またもやお目にかかることになってしまったのだから。しかし、いまや彼女は敵から姿を見られることなしに敵を見るという、相手の心理の裏をかく奇襲戦や情報合戦ということにかけては、またとない絶好の立場に身をおくこととなったのである。このときも、覗き穴から一方的に相手の姿を確認できたのは、ジェイコブズのほうだけだった。

9　奴隷制の犠牲者たちのもつ「断固たる意思と知恵」

その意味で言えば、この「覗き穴」に基づく逆転の発想が、これ以後のジェイコブズに今までにない積極性と、生きていくうえでの自信のようなものを植え付けることになったのは、まず間違いがない。そこで次に、その証拠となるエピソードに注目し、その点を少し見ておくことにしようと思う。

屋根裏の隠れ家に移り住んで間もなくのことだった。ある日ジェイコブズは、フリント先生が「ニューヨークにいるはずの彼女」を捕まえるべくあたふたとイーデントンの船着き場に急ぐ姿を、屋根裏の覗き穴から目撃することとなる。そのときに彼女が感じたはずの満足感は、読む者の胸にも手応え確かなものとして伝わってくる。言ってみれば、このときのジェイコブズの心境は、がせネタに基づいて、相手の兎への奇襲のことばかり考えて先を急ぐ狼を、安全な高みに立って見下ろしている当の兎といったところだろうか。「彼が汽船のほうへ歩いていく様子が、穴から見えた。たとえ一時にしろ、私たちのあいだを何マイルもの陸と海が隔てているというのは、気持ちの安らぐことだった。さらにまた、私が自由州にいると彼が信じこんでいるのを知ることは、それにも増して愉快だった」（第21章）

この一件はもちろんこれで終わらない。さらにこれに続けてジェイコブズは、当然手ぶらで戻るはめとなったフリント先生の姿を、先生と息子ベニーとの会話まじりの場面のなかに再現してみせる。まずベニーが、門前を通りかかったフリント先生に、自分の母親を連れて帰るはずではなかったのか、自分も長いあいだ会っていないのでぜひ母親に会いたいものだと声をかける。すると、フリント先生は「すさまじい形相で地団駄踏む」と、幼い子供相手に本気で向かっ腹をたてて怒鳴り散らすというわけである。他方、ジェイコブズのほうは、通りに面した屋根裏の覗き穴から、その一部始終を二人に気づかれることなく見下ろしていたのだから、さぞや痛快な思いがしたであろう。

いや、指摘すべきことはもっとある。この場面を描きながら、ジェイコブズはフリント先生のことを、「短気な老人」という幾分揶揄《やゆ》したところのある表現で呼び換えている。私の気づいた範囲内では、それまでの彼女はフリント先生を呼ぶにあたっては「悪党」とか「無頼漢」とか「迫害者」とか、どちらかと言えば加害者と被害者あるいは強者と弱者の関係を連想させる言い方で呼んでいたように思う。それが「短気な老人」という表現を用いたこの時期を境に、その後は「老いた偽善者」とか「老いぼれ狐」とかまるで相手の性格や本性を暴露するような蔑称まがいの呼称を使うようになるのだから、明らかにジェイコブズの中に一定の変化が生じたと見なしてよいと思う。そうしたジェイコブズの変化をさして、先に私は彼女のなかの「積極性」とか「自信」のあらわれと言っておいたのだが、そうした変化にもとづくジェイコブズの反撃の姿勢が誰の目にもはっきりと見えてくるのは、彼女とフリント先生のあいだで闘われた「だまし合い」競争の中においてかもしれない。そこには、奴隷体験記の典型的なヒーローたるダグラスが奴隷調教師コーヴィーと闘った「力と力の直接対決」とはまったく異なった次元にいる女奴隷ジェイコブズの「弱さと背中合わせとなったしたたかな抵抗ぶり」がいかんなく発揮されているからである。

さて、そこでジェイコブズの敵対者たるフリント先生にここでもっと詳しく触れておく必要があると思うのだが、最初は吝嗇《りんしょく》な美食家で色と欲に首まで浸った偽善的な奴隷所有者とみえていたこの人物が、さらに蛇のような執念深さをもつとともに、何かにつけて人を欺く策士めいたところのある人物だということが次第に分かってくる。というのは、とりわけジェイコブズの逃亡後は、折にふれて祖母や叔父をトリックにかけて怯えさせ、ジェイコブズの居所を聞き出そうとしたり、甘言を弄して自発的にその身柄を出頭させようと躍起となって画策し続けるからである。もちろん、ジェイコブズのほうは、彼がそうした「狡い性格」であることは端から承知しているので、彼が一方的に仕掛けてくる「罠」に乗るようなことはない。そして次第に、彼女のほうでも「狡さに対してはこちらも狡さで対抗しよう」と決意するようになっていく。

具体的には、狡猾なフリント先生を向こうにまわして、自分が「自由州にいる」と固く信じこませておくために、まず先生と祖母宛ての手紙を二通作成し、人手を煩わせてそれらをわざわざニューヨークへ運び、そこから投函してイーデントンにいる先生のところへ届くようにと画策するわけである。その結果、フリント先生は祖母宛ての手紙を同封した「ボストン在住のジェイコブズ」の手紙を「ニューヨークから」受け取ることになるのだが、彼のほうでも一計を案じジェイコブズの書いた祖母宛ての手紙の中身をそっくり「自分で書いたもの」とすり替え、それを皆の前で祖母に向かって読み聞かせる。そこには、ジェイコブズが逃亡という「早まったこと」をして後悔し、できることならば「南部へ戻りたい」と思っているし、それがかなわずとも、せめて「子供たちと一緒にいたい」ので、叔父のフィリップと相談して何とかしてほしいといった内容のことがしたためられていた。さらに、手のこんだことの好きな先生は、ジェイコブズが本当に手紙どおりの場所に住んでいるかどうかを問い合わせるために、ボストン市長宛てに手紙を出したという秘密を「ふと漏らし」して、祖母の臆病風をかきたてたりする。

ざっと整理すればこんなところだろうか。要するに、ここで見ておきたいポイントは、それまで〈無力な存在〉としてひたすら〈忍従する〉一方だった〈犠牲者〉たちには、実は「断固たる意思と知恵」が潜んでおり、自分たちに特有の方法で奴隷制という「圧倒的な力の機構」に闘いを挑んでいた事実があったということである。その端的な例証がジェイコブズの「出来事」の中に如実なかたちで描かれているわけだが、彼女は臆病風にとりつかれた祖母に向かって「心配する必要がない」と言って励ましていただけではない。フリント先生のすべての動きを読んだうえで、そのいかさまぶりをまるで「喜劇のように」面白がって楽しんだりもしている。後にフリント夫人はそうした彼女をさして「ずる賢い性悪な女」と呼んだりするが、そこにも自信をもって積極的に抵抗する奴隷女性へと変貌した、ジェイコブズという存在の面目躍如たるところが窺えるのではないだろうか。

10 性と奴隷制について「語られたこと」と「語られなかったこと」

ところで、ジェイコブズの物語る「出来事」が、ダグラスたち男性の書いた奴隷体験記と最も違っているところと言えば、多くの研究者たちが一様に指摘しているように、それは著者ジェイコブズが女性の立場から正面きって「性と奴隷制」の問題を扱っていることだと言ってよいだろう。その点を最後にまとめて考えようと思って、今まであえて触れずにきたのだが、原著の編者リディア・マリア・チャイルドが、わざわざ「前書き」の中で読者の注意を喚起して「この聡明でひどく傷つけられた女性の体験は、ある人びとが微妙な問題だと言い、また別の人びとが公にはなじまいと言っているような種類の問題だ」とはいえ、奴隷制の「この特異な側面」に人びとは進んでメスを入れ、その「ベールを剥がす」必要があると説いている以上、私としてもここにいたって最早口を濁して手を拱いているというわけにはいかないと思う。

一九六〇年代「愛のコンミューン」とか「性の革命」とかが声高に叫ばれた時期に青春時代を過ごし、その後の女性研究やフェミニスト批評の動向にもそれなりに関心を払ってきた一人として、私が「性」を文字通り「微妙」だとか「公になじまない」などと考えるはずがないのは当然である。しかし、十九世紀前半のアメリカ奴隷制との関係で性の問題を見ていこうとしたとき、日本文化圏に生息している男の一人として、少なくとも表面的には、彼我の置かれている経済的・社会的・文化的条件の違いの大きさに何回もたじろぐ思いがしたことだけはまず正直に告白しておきたい。しかし、反面で、そこには「愛と抑圧」とか「家族と自由」とか「個と全体」といった現代の私たちがいまなお否応なく直面している普遍的な問題が含まれていることも事実である。いや、それだけでなく、西洋近代が本源的な資本蓄積をなす過程でさまざまに隠蔽し、言い繕ってきた「人種・ジェンダー・階級」にまつわる今日的な問題も横たわっている。さらに、ジェイコブズ自身が自分を取り巻くさまざまな人間関係の中で、意識的に沈黙したり、思わず言い淀んだり、また仮面をかぶったり、代理機能を使うことによって初めて口にし得たと思われるようなテキスト構成上の刺激的な問題もたくさん隠されている。

その意味で「性」を中心にジェイコブズの「出来事」と向かい合い、そこに立ちあらわれてくる問題を具体的な文脈の中で読み解いていくという作業は、まことにチャレンジングで面白いことだと言えるのだが、それだけに自らの内なる無意識の偏見とか、あるいは歴史的・文化的に醸成されてきたイデオロギー色の強い概念操作に足を掬われることのないよう自戒しつつ、用意周到の態勢で臨まなければいけないと思う。さもないと男である私は、一方での盲目性と他方での特権性の上にあぐらをかいて、浅薄であるとともに押しつけにもなりかねない読み方に終始しながら、それでいてしたり顔にこれでよしなどと嘯《うそぶ》くことにもなりかねない。百五十年を閲《けみ》して、やっといま人前にその姿を見せはじめた「奴隷女性の性」というのは、それほどまでに実態の定かならぬところのある対象だというべきだろう。あるいは、長年の歴史の瘴気の中で、さまざまに誤解されたり勝手に代弁されてきたというべきか。

というのは、これまでも「性と奴隷制」については多くのことが語られてきてはいるのだが、それは当事者以外の黒人男性の観点から書かれたものが多く、そこで描出される女性たちは一方的な〈性の犠牲者〉か不幸な〈声なき忍従者〉かそれとも残酷な制度にひたすら押し潰されるだけの〈無力な存在〉として扱われることが多かった。しかも、そうした際の語りの主眼点は、当の被害者たる女性たちの心情に置かれるというよりも、そうした哀れな母や妻や姉妹を守ってやることのできない無力な「男」たる父や夫や兄弟の無念さのほうに置かれていたというのが、今ではほぼ定説となっている。つまり、歴史的に言えば、好むと好まざるとにかかわらず、黒人女性たちは大筋において男性によって代弁されてきたと言ってよいのである。

しかし、だからと言って、男性的な観点のすべてがいけないかといえば決してそんなことはないのであって、たとえばダグラスのように、明らかにジェイコブズに直接に影響を与えていると思えるような基本認識をきちんと提示している場合もあるのだから、ことは厄介である。ここでの私の議論も、まずは、そのあたりから具体的なかたちで出発することにしようと思う。そこで、ダグラスの「性と奴隷制」に関する卓越した認識ということになるわけだが、それが出てくるのは〈影の薄い〉自分の母の思い出との関連で、自分の父が誰であるかという噂について語りながら、ダグラスが次のような分析を行っている個所である。「私の主人が私の父だという噂は、本当かもしれないし、嘘かもしれない。本当にしろ、嘘にしろ、そんなことは私にとってはどうでもよかったが、うんざりするほどおぞましいことに、奴隷女の生んだ子はいかなる場合もその母親の身分を引き継ぐという、奴隷所有者たちが規定し、法律で制定した事実そのものはそのまま残る。また、そのようにすることで、明々白々に、奴隷所有者の性欲がかきたてられ、その邪《よこしま》な欲望の充足が快楽をもたらすとともに金儲けにもなっているのである。というのは、この狡猾な取り決めのおかげで、少なからぬ数において、奴隷所有者が奴隷に対して主人であると同時に父親でもあるという二重の関係が確立しているからである」(『フレデリック・ダグラスの人生の物語』第一章)

色(「性」)と欲(「経済」)の結びついた奴隷制の基本性格に関して、ダグラスが行ってみせたこの分析は、ジェイコブズのテキストの中にそっくりそのまま再現されていると言っていい。たとえば、ジェイコブズは第二子の誕生に際して、彼女の主人が脅迫めかして「子供の売却」を口にした折、次のように書き記す。「彼の脅しは私の心を責めさいなんだ。私も知っていたことだが、法律は彼に子供を売却する力を与えていた。というのは、奴隷所有者たちはずる賢くも『子供はその父親ではなく母親の身分に準ずる』と法律に規定し、性欲と金銭欲が矛盾しないよう配慮してきていたからである」（第14章）。おそらく、この他にもジェイコブズはダグラスから多くのことを学んでいると思う。先に挙げておいた「盗み」や「歌」や「不退転の逃亡」なども含めて、奴隷制のもつ欺瞞性（宗教や祝日のからくり）や残虐無比な実情（所有者や監督による奴隷殺害）など、ジェイコブズがダグラスに倣《なら》って自分のテキストを作り上げていった例証を拾い上げようと思えばもっと可能かもしれない。その程度にまで「奴隷制が男たちにとってひどいもの」であったという実情をジェイコブズは確かに書いている。

しかし、生身の女としてジェイコブズは、ダグラスの語っていた以上のことを語らなければならなかったし、また事実、語ろうと努力していたとも言うべきだろう。なぜならば、「奴隷制は女にとって男以上にひどいものだった」のだから。その性にまつわる虐待ぶりは、単に抽象的なレベルの認識で済ましていることのできない具体性をもっているし、それだけに当事者でなければ分からない痛みとか、それにまつわる数々の思いなどもその肉体に刻まれている。そうした女の生は「日常的な死」を生きるに等しく、彼女たちが毎日受けている「ひどすぎる虐待」は耳にするのもためらわれるほどのものである。

だが一方ではまた、そうした女の体験はあからさまに人に向かって口にしうるといったようなものでもなかった。耐え難きを耐え、忍び難きを忍んで、何も語らないまま死んでいった場合のほうが、実際は多かったのではなかろうか。まして、それを文章に書いて公表するとなれば、その書き手の心理的かつ物理的な障害が並大抵でなかっただろうことは想像に難くない。つまり、ジェイコブズがエイミー・ポスト宛ての私信の中で書いていたように、女性には「自分の受けたひどい虐待を親しい友人にそっと語り聞かせるほうが、世間の人に読んでもらおうと自分の傷を書き記すより楽」な面があるのは確かなのだから。

そうした意味において、ジェイコブズの「性と奴隷制」の記録は、「語りえぬもの」を内に含みつつ、何とかしてその「すべての真実」を語ろうと努力した「告解の書」といった趣をもっている。「語られたこと」とともに「語られなかったこと」、あるいは書き言葉となって表に流出してきたものとその行間に留まり続けたもの、さらには語り手が言い淀んだり沈黙を守ったりしてきたもの、言わばそうしたものの総体がジェイコブズの「語り」の内実を形作っていたと見るべきだろう。それだけにまた、ある種の人びとから大いに曲解され、痛くもない腹を探られたり、見当違いの非難を浴びせかけられたりした場合があったのも事実である。

11　奴隷制下の女性たちへの性的暴力のすさまじさ

ジェイコブズの「性の告解」に関連して、たとえば主著『プランテーションの生活の内側から』（一九八八年）とか、またシャリ・ベンストック編纂の二冊の論文集への寄稿論文などを通して、ジェイコブズの「嘘」を言い募り、ジェイコブズへの見当違いの批評を繰り返してきた一人が、歴史学の領域で比較的早くから論陣を張っているエリザベス・フォックス・ジェノヴェーズだろう。彼女はジェイコブズの生き方に見られる前向きな姿勢を評価し、反奴隷制運動に寄与しようとするその意図は真剣だったし、その話も「大筋では真実であった」と述べている。しかし、ジェイコブズの書いた本は「潤色され」ているだけでなく、たとえば「彼女の潜伏期間とか、潜伏場所のサイズとか、主人からの手紙の数々といった詳細はまったくありそうもない」ことなのだから、その話は「事実というより、巧みに創られた文章表現、つまり創作ないしは教訓話として読むべきだ」と主張する。

とりわけ、フォックス・ジェノヴェーズがこれみよがしに強調したがっているのは、ジェイコブズが「ひとつの大きな嘘」の上に立って自らの意思を貫き、何とか自我の確立を行おうとしていたとする点である。つまり、彼女によれば、作品中に「リンダ・ブレント」名で登場するジェイコブズが、「その奴隷の主人からの性的関係の強要を現実にすり抜けたなどというのは、どう見ても信用の限界を越えている」というのである。さらに、この点ではベル・フックスも同様の意見の持ち主であり、彼女との個人的な会話の中で、「この語りの核心にある沈黙が、主人によるリンダ・ブレントのレイプにベールを投げかけている」と、彼女の論点に賛成する発言を行ったという注記まで付している。

だが、思うに、ここでの問題は、フリント先生の「性的迫害（現代的な意味でのレイプを含む）」が実際にどのようなものだったのか、それが「焼け焦がすような言葉」のレベルに留まっていたのか、それとも「暴力的な性行為」を伴っていたのかどうかというような点を、事実に即してつまびらかにするということではないはずである。フリント先生が現代的な意味で実際にジェイコブズを「レイプしたことがある」かどうかについては、「ある」とも言えるし「ない」とも言える。著者のジェイコブズは、そうした具体的な性行為に関しては一切ふれずにやり過ごしている。だが、そうであるのはフリント先生との関係においてだけでなく、彼女が「自分のしたことを承知していた」と語り、男女の仲となって二人の子供までもうけたサンズ氏との関係でも同じである。つまり、ジェイコブズが具体的な性行為について語ろうとしないのは、そこにレイプがあったか否かということとは無関係に、性行為の具体性は大っぴらに口にしないようにしていた当時の慣習に従ったまでのことだろう。しかし、それにもかかわらず、少なくともフリント先生の場合には、その意図と行為が「奴隷制」と直結する「女性の性への凌辱」だという事実は、過たずはっきりと読者に伝わってくる。なぜか。それは、ジェイコブズがたとえば次のような表現で、フリント先生の意図を余すところなく明確に指し示しているからである。「彼によれば、私という存在は、どんなことでも彼の命じたとおりに従うよう作られた、彼のためのものだった。彼がそう語ったとき、自分は彼の意思に絶対的に服従する奴隷でしかないということが、自分のかぼそい腕の無力さをかつてないほど実感させた」（第4章）。ここで言われている「どんなことでも」という表現の中に、強制猥褻たる現代的なレイプを含むあらゆる性行為が暗示されているのは、誰の目にも明らかだろう。

また、次のような表現もある。「いつも女主人やその子供たちに仕えていれば、小さな子供でさえ十二歳になる前から、なぜ女主人が奴隷たちのなかのこれこれの奴隷を嫌っているのかが分かってくる。その子の母親が、嫌われたうちの一人だということだってありうる。嫉妬深い感情の激発を耳にすれば、何が原因かを理解せずにはすまない。彼女は早くから不道徳な事柄に通じるだろう。ほどなく、主人の足音が聞こえると、自分自身が震えるようになる。否応なしに、自分が子供でないことに気づかせられる」（第5章）。ここに描出されている「十二歳」の奴隷の少女がジェイコブズその人であり、彼女はその年に実際〈初潮〉をむかえ、自分は「もはや子供とはいえない」という事実を意識しながら、たとえば〈夜中に〉聞こえてくる主人の足音に〈ベッド〉の中で「震え」たことがあったかどうかといったような個人的詮索は今はどうでもよい。問題は、そうした類の生活が奴隷たるジェイコブズの生きていた現実であり、そこに込められた切実さによって、奴隷制下の女性たちに加えられていた性的暴力のすさまじさに思いをいたすことだろう。なぜならば、そのためにこそ、ジェイコブズは自らの「出来事」を人前にさらしているのだから。

それなのに、ジェイコブズの〈初潮〉の時期がいつかとか、この年頃に何回かは〈夜中〉にフリント先生にレイプされたことがあるはずだなどと考えたりするのは、自分の夫とジェイコブズとの性的関係を案じて疑心暗鬼にかられるフリント夫人と同列の品性であり、まさに〈下種の勘ぐり〉の域を出ない。そんなことばかりしていると、たとえばフリント夫人のように自己の妄想の虜となり、ひたすら堂々巡りを繰り返した挙げ句にフリント先生に言いくるめられて、ジェイコブズが「嘘の誓いをした」という想定のもとに、加害者のフリント先生ではなくかえって被害者のジェイコブズのあら探しをして、彼女のほうを「喜んで」断罪するということにもなりかねない。それこそ、南部奴隷制の権化とも言うべきフリント先生のような人間にとっては、思う壺と言うべきだろう。なぜならば、「十一人の奴隷たちの父」でもあったというフリント先生が享受する「奴隷制の秘密」というのは、一方での南部白人女性たちの〈道徳観念の麻痺〉に基づく奴隷女性への筋違いの糾弾や、諦念と背中合わせの〈暗黙の了解〉、そしてまた他方の黒人奴隷たちの側での、残虐な暴力によって強制された沈黙や怯懦などに守られて存続することが許されていたのだから。

12　南部白人女性たちに刻印されている「呪い」

そこで、次に南部白人女性の置かれている「忌まわしい」状況に照明を当てるべく、たとえばフリント夫人とジェイコブズとの関係に目を向けてみたい。まず、フリント夫人に対するジェイコブズの感情だが、実のところ、そこにはまことに複雑なものがあったと言わざるをえない。というのは、フリント先生を間に挟んで否応なく対立させられ、その嫉妬と怒りの対象になったとはいえ、個人的にはジェイコブズはフリント夫人のことを一向に「悪く受け取っていなかったし、また悪く受け取りたいとも思って」いなかったからである。それどころか、ある面ではフリント夫人に「同情していた」し、もし彼女からの「やさしい一言」がありさえすれば、自分は「彼女の足下にひれ伏した」ことだろうとまで述べている。だが、そうしたジェイコブズの秘められた願望は現実のものとはならなかった。なぜか。主要な理由は、フリント夫人が自らを「殉教者に仕立て」あげて自らを憐れむことに忙しく、「不幸で無力な奴隷の置かれている屈辱的で惨めな状況には、思いをいたすことはできなかった」からである。

しかし、奴隷であり一方的な被害者のはずのジェイコブズのほうは、奴隷所有者の妻たるフリント夫人の置かれた心理状況を、たとえば次のようにかなり正確に把握していたということができるだろう。「彼女の精神は洗練されているとは言えなかったし、感情のコントロールも下手だった。私は彼女の嫉妬の対象であり、その結果、必然的に憎悪の対象にもなっていた。そうした状況を考えれば、彼女からやさしさや信頼を期待することは無理だった。でも、彼女を非難するつもりはなかった。同じような環境に置かれれば、他の女性も、奴隷所有者の妻たちと同じことを感じるのだ」(第6章)。ある意味で言えば、同じ女性としてジェイコブズは下から上に向かって同情と救いの手を差し伸べようとさえしていたのだ。しかし、あいだに立つフリント先生は絶えず奴隷と家族の者たちとの仲を裂き、そのことを通じて周りにいる家族のすべてを自らの道連れないしは共犯者じみたものへと仕立て上げていく。

たとえば、ジェイコブズの報ずるところによれば、フリント先生のような奴隷所有者の息子たちが、男であることの特権において少年の頃から周りの「薄汚いもの」に感化されて堕落していくのは当り前だが、それだけでなく、「彼らの娘たちも決して安全ではない」という。というのは、南部奴隷所有者の白人の娘たちは幼い頃から、父と母とが女奴隷をめぐって言い争うのを耳にしているからである。当然、彼女らの好奇心は掻き立てられ、おのずとその原因を知ったり、あるいは自分たちに付き添っている若い奴隷の娘たちからさまざまな噂やことの真相を告げ知らされる。さらに、彼女たちは女奴隷というものが「どんなことでも」自分たちの父親の意に逆らえないのを見知っている。その結果、今度は彼女たちが「男の奴隷に同じ権威をふるう」ことがある。そうした実例のひとつを、ジェイコブズは次のようなかたちで報告している。

「私自身、そうした家の主人を見たことがある。彼は恥辱で頭を上げられないでいた。というのも、近所中に知れわたっていたことだが、彼の娘が彼の農園の最も卑しい奴隷を選んで、彼の初孫の父親にしてしまったからである。彼女は自分と対等の人間とか、父親の使用人でももっと知性のある男とかに言い寄ろうとはしなかった。発覚をあまり恐れずに自分の権力がふるえる、最も残忍な仕打ちを受けてきた男を、彼女は選んだのだ。彼女の父親は怒りで半狂乱となり、目障りなその黒人の男に復讐しようとした。しかし、娘のほうはそうした嵐が来ることを予見していて、黒人の男に自由証明書を与え、州外へと逃がしていた」(第9章)

こうした事例を通して、ジェイコブズは南部奴隷制社会に住む白人女性たちが決して幸せとは言えないばかりか、奴隷制のもたらす「呪い」を、黒人とは違った次元でその身に刻印されていると指摘する。たとえば、先に引用した文章とのつながりにおいて、彼女は次のように書き記している。「私は自分の見聞してきたことから、奴隷制が黒人ばかりでなく、白人にも呪いとなっていることを証言できます。奴隷制は白人の父親たちを残虐で好色にさせ、息子たちを無法で淫らにさせ、娘たちを堕落させ、妻たちを惨めにさせます」

これは、夫が奴隷の女性たちに生ませた子供を農園の豚なみに「売り物になる財産」と見立てて、彼らをできるだけ早く奴隷商人の手に渡し、自分の目に見えないところへ追い払おうとする、厚顔無恥で残酷な奴隷の女主人にのみ言えることではない。同じことが、善良でやさしく信心深い南部女性の身にも起こるのである。ジェイコブズはそういう「慈悲深い奴隷所有者」たるある女性の話も物語っている。

ジェイコブズの物語るその若い女性は、両親の死後、一人の女とその子供六人を奴隷として遺産相続する。彼女はその奴隷たちに汚れのない人生を送るように教えるとともに、自らがお手本となって本物の信仰心と勤勉さの美徳をうえつける。ところが、その若い女主人は金目当ての結婚しか考えていなかった一人の男に、報われることのない愛を抱き続けていた。そのうち、彼女の金持ちの叔父さんが死に莫大な遺産が彼女の手に入ると、それまで彼女に見向きもしなかったその男が彼女との結婚に同意する。

その結果、何が起こるか。奴隷の女の子供六人のうち、上の二人の男の子は深南部のジョージアに売り飛ばされ、主人に仕えるには幼すぎる女の子一人は不幸な母親の手元に残されるが、あとの三人の女の子たちは主人の農園に連れていかれる。ほどなくして、一番上の女の子が母親となる。善良で敬虔な女主人は、その赤ん坊の顔を見て苦い涙を流す。彼女があれほど熱心に説き聞かせてきた純潔の教えを踏みにじったのは、明らかに自分の夫だったのだ。その娘は主人との間に、二番目の子供をもうける。その後、主人はその娘と自分の子供たちを、自分の弟に売り渡す。その娘は弟のために二人の子供を生み、再び売られる。二番目の女の子は、気が狂ってしまう。彼女に強いられた人生が、彼女を狂気に駆り立てたのだ。三番目の女の子は、五人の娘の母親となる。その四番目の子供が生まれる前に、善良でやさしくて信心深い南部の女主人は死ぬ。これがジェイコブズの語る「南部白人女性」たちの物語である。

13　強制された沈黙と怯懦に対する根源的な挑戦

ところで、色と欲まみれのフリント先生のような男たちの南部奴隷制を他方で支えている、黒人奴隷たちの強制された沈黙と怯懦についてはどうだろうか。この点は、今さらことごとしく言うほどのこともないと思うが、フリント先生その人に直接関わる出来事として、ジェイコブズが身近で見聞することとなったある「恐ろしい懲罰」についてはここで述べておく必要があると思う。

その「恐ろしい懲罰」の行われたのは、ジェイコブズがフリント先生の家に連れてこられ、一緒に住むようになって二、三週間が過ぎた頃のことだった。農園で働いていた奴隷の一人が、フリント先生の命令で町に呼ばれ、家の作業小屋で続けざまに何百回もの殴打を浴びるということが起こる。その男の哀切な呻き声や「ああ、ご主人様、どうかお止めくだせえ」という声は、その後何カ月間もジェイコブズの耳に鳴り響いて消え去ることがなかったという。問題は、その懲罰の原因である。それについては、さまざまな憶測が流れたが、結局はその奴隷が自分の妻と言い争い、妻の生んだ子供の父親はフリント先生だと名指しして責めたてたからだということになる。その哀れな男はその後も生き延びて、相変わらず自分の妻との言い争いを続けていた。すると、フリント先生は彼らを二人とも奴隷商人に売り渡してしまう。奴隷商人の手に渡されようとしたとき、母親がフリント先生に向かって「大事にするとの約束」を反故にしたと言ってなじると、フリント先生のほうは「お前はあまりにおしゃべりが過ぎた」と罵倒する。言うなれば、奴隷女性の「子供の父親」が誰であるかを口外するのは、奴隷にとって「犯罪」だということを彼女が忘れていたというのである。

こうしたいわゆる「公然の秘密」というものは、奴隷制に伴う剥き出しの暴力によってまるで一種の不文律のような影響力を持ち、奴隷たちは仲間うちで囁き交わす以外には、こうしたことをいっさい口外しないようにしていた。いや、ジェイコブズの周りでは、事態はもっとひどかったと言うべきか。たとえば、彼女の伝えるところによると、多くの黒人奴隷の男たちは「鞭で残忍な扱いを受けすぎたあまり、主人が自分の妻や娘に好き勝手に手を出してきても、こそこそと逃げ出す」（第8章）有り様だった。言わば、彼らは「拷問の鞭」によって、彼らの内なる「男らしさ」をすっかり奪い取られてしまっているというのだ。また、母親のほうも、自分の子供が主人や奴隷監督にどれほどぶちのめされても、「その精神は鞭ですっかり打ち砕かれてしまっていたので、抗議する勇気もなしにただそばに立って」（第16章）見ているだけだったという。

これがジェイコブズの身をおく奴隷制の現状であり、その中で「もはや子供といえない」年齢のジェイコブズが、フリント先生からあからさまな「性的迫害」を受けることになるのだが、彼女は最初から最後まで徹底してフリント先生拒否の姿勢を貫く。少なくとも、彼女の意識の中においては、この「白髪頭の悪党」の意に屈する気など毛頭なかったと言ってよいだろう。そして、最終的に、その断固たる拒否の姿勢は、たとえば次のようなかたちで、誤りなく読者の前に提示される。「私は主人をひどく忌み嫌っていた。彼は私の青春の期待をくじき、私の人生を荒野にしてきた。そんな主人との長い闘いの末に、主人が遂に私という犠牲者を足下に踏みつけにするなどということは、絶対に許せなかった」（第10章）

この決意の核心にあるものは、単に〈純潔を守る〉とか〈操をたてる〉とかいうような性道徳に関わる問題ではなかったと思う。もちろん、それもあるだろうが、そうしたこととともに、いやそれ以上に、黒人女性を白人男性の性欲と物欲の「対象」へと転化するアメリカ奴隷制そのものの全面的拒否、ないしはそれへの根源的挑戦、それがまさしくジェイコブズの問題にしようとしていたことではなかっただろうか。つまり、見方を変えて言えば、フリント先生が残虐な暴力と法の力を後ろ盾に迫ってきていたものは、肉体的な性の凌辱ということだけでなく、ジェイコブズという黒人かつ女性の奴隷に、「何よりも力を愛する」白人男性たる自分の意思と欲望を全面的に受け入れさせ、その世界と生き方をそっくりそのまま容認させるということであった。とすれば、フリント先生の性的欲求をはねつけるということは、ジェイコブズにとっては人間としての自らの生を基本的なかたちで回復する行為であるとともに、フリント先生のような存在とその生き方を全面的に否定することをも意味していた。

もちろん、この時期のジェイコブズが、そうしたことを明確に意識して、行動したというのではない。しかし、たとえば『自伝を書く黒人女性たち』の中でジョーン・ブラクストンが巧みに説明してみせたように、黒人女性たちが「口答え」を含むアフリカの伝統的な女たちの「抵抗の形式たる機知や狡猾さや言葉の言い合い」など、自らに備わるすべての武器を駆使して、懸命に抵抗し反撃を繰り返していたというのは紛れもない事実である。だが、所詮はまさしく蟷螂《とうろう》の斧とでも言うべきか、もうこれ以上はどうしようもないといったところまで追いつめられていく。その結果、最終的にジェイコブズはどうしたか。その時の自分の心境を、彼女は次のように書き記す。「私は彼を打ち負かすためなら、何でもするつもりだった。私に何ができるか。私は考えに考え続け、最後に絶望して、奈落の底に飛び込んだ」（第10章）。ここでジェイコブズの言う「奈落の底」とは、一体何のことか。有り体に言えば、フリント先生と同じ町に住む同じ白人の奴隷所有者だが、「教養のある、弁舌さわやかな紳士」で独身の若い弁護士サンズ氏に自ら進んで身をまかせ、彼の子供を胎内に宿すということであった。

14 〈死よりも生きて自由を〉――新しい女性像の模索

だが、それにしても、忌み嫌う男から一方的に肉体関係を迫られ、切羽詰まった挙げ句の選択が、別の男との肉体関係だったとはどういうことなのだろうか。奴隷の女性であるジェイコブズにとって、そこにどのような積極的な意味が見出せるというのか。十九世紀の読者ならずとも、誰でもこう問いただしたくなるのは当たり前だろう。この疑問に対して、ジェイコブズは、自分の本を手にするであろう十九世紀前半のアメリカ合衆国の読者層、とりわけ北部に住み反奴隷制運動に理解を示すと同時に「感傷小説」などを愛好する中流階級の白人女性たちを意識しながら、おおむね次の四点からなる自己弁明を行っている。

まず、一点目としては、若い独身の白人で、しかも社会的に地位ある男性から大いに慰められ、少なからぬ関心を寄せられることは、「十五歳の哀れな奴隷娘」にとっては「虚栄心をくすぐられたり、優しさを心から感謝する」気にさせられるところがあったというのである。

次に、自分の主人でない男性の興味の対象となることは、奴隷にとっては「自らを誇りに思い、気持ちを揺さぶられる」ところがあるし、そのうえ「ただ優しさと愛情で縛るだけで、それ以外にあなたを縛らない愛人を持つというのは、どこか自由に通ずるものがある」という点が強調される。

さらに、三点目としては、フリント先生への反逆の手段、ないしは直接的な「報復」たりうるということが、たとえば次のような言い方で指し示される。「私が他の男性に好意を寄せているのが分かると、フリント先生はこの上なく怒った。それを知っていただけに、そうすることは多少なりとも圧制者に打ち勝つことになると思った」

最後に、ジェイコブズの側にひとつの利害計算があったことも正直に打ち明けている。その利害計算とは、三点目と絡んで出てくることだが、ジェイコブズの見込みでは、今度はフリント先生が腹いせのあまり彼女を売りに出して、彼女に仕返しをするだろうとの計算だった。そうすれば、サンズ氏が必ず彼女を購入すると彼女は信じていたわけである。

以上、この四点の自己弁明に基づいて、ジェイコブズは慎重にことを運び、愛する祖母への心のわだかまりを持ちつつも、周囲の誰にもことの真相を知らせることなく沈黙を守り通し、最後の最後になってフリント先生に自分が「母親になる」事実をぶちまける。その瞬間のフリント先生の驚きと、その直後に彼女を捉えた別種の「屈辱感」について、ジェイコブズは次のように語っている。

「彼は立ったまま驚きで口もきけずに、私をじっと見ていた。それから、一言も言わずに立ち去った。私の考えでは、彼に勝利すれば幸せな気分になるはずだった。しかし、いまや真相が表に出て、私の親族がそのことを知らされるはめになってしまった。私の気持ちは惨めだった。私の親族は卑しい境遇にあるとはいえ、私の身持ちがいいことを誇りに思っていた。いまや、どうやって彼らの顔をまともに見ることができるのか。私の自尊心は消え去った！　私は奴隷だったが、貞淑でいようと固く心に決めていたのだ。『嵐が来るならやって来い！　私は死んでもそれに立ち向かう』。そう、私は言い続けてきた。そして、いま私は手ひどい屈辱感にぶちのめされていた！」（第10章）

ジェイコブズ自身は事前にそうなると予想すらしなかったことだが、このときの彼女の心を支配したのは、この時代の女性の道徳意識とりわけ「本当の女らしさ」との対応で、今の自分がその基準から すっかり外れた存在に成り下がってしまったとの思い、しかも後悔の念ばかりが先に立つ反省だったろう。「結婚までは純潔を守る」とか「結婚後は貞淑で夫に操をたてる」といった道徳観が、十九世紀前半のアメリカ社会で、中流階級の白人女性を中心に確立された「性の規範意識」つまり「本当の女らしさ礼賛」から派生したものであることは、すでに多くの論者の指摘しているとおりである。その指摘の上に立って言えば、五十歳までは奴隷だったがその後自由を獲得し、南部イーデントンで自由黒人としてパン屋を営みながら自立した生活をしてきたジェイコブズの祖母その人が、このアメリカ中流階級の白人女性を中心に確立されてきた「性の規範意識」の持ち主だった。

ジェイコブズがサンズ氏と性的関係を持ち、あまつさえ妊娠したと知ったとき、祖母は身持ちのよかったジェイコブズの母と比べて、純潔を守りきれなかった孫娘のジェイコブズに対して「今のお前の姿を見るくらいなら、死んでいてくれたほうがましだった」と言う。そして、貞淑さのシンボルである母の結婚指輪をジェイコブズの指から抜き取ると、厳しい口調で勘当を言い渡す。この祖母の意識を一面で染め上げていたものが、〈純潔は死んでも守るもの〉とする「本当の女らしさ礼賛」のイデオロギーであるのは間違いがない。

もちろん、自ら奴隷だった過去を持ち、今なお奴隷制下で苦しんでいる多くの家族を抱える祖母の生活意識が、そっくりそのまま中流階級の白人女性たちの生活意識と重なるはずはない。というのも、祖母の過去には、娘を侮辱したということで「実弾入りのピストル」を持って、ある白人男を追いかけまわしたといったその気性の激しさを十分に指し示すエピソードが残されているし、また屋根裏に隠れ潜むことになったジェイコブズのために、保安官や奴隷狩りの目を欺くトリックを使うエピソードなどもこれから先に書かれたりするのだから。しかし、その反面で、神の摂理を信じ、絶えず「御心のままに」と唱え続けるその敬虔さと、女としての性意識の面において、奴隷制下のイーデントンで日常的に多くの白人女性たちに囲まれて生活していたというジェイコブズの祖母が、アメリカ主流の生き方とその「女性」イデオロギーに染まっていたというのも、またひとつの偽らざる事実なのだ。

こうした自らの「やさしい老いた祖母」の意識や、その背後で社会の「地の塩」を自任しながら私的家庭領域をつかさどる中流階級の白人女性たちの倫理観や生き方を向こうにまわして、ジェイコブズが「純潔」に代わって「奴隷制」を「死」と対置させ、〈奴隷でいるよりむしろ死を選ぶ〉という「不退転の逃亡」に身を託し、ついには「覗き穴」に基づく「逆転の発想」を身につけていった経緯については、先に詳しく検討しておいたとおりである。しかし、そうした非人間的な奴隷制への抵抗の道は、他方でまた〈死よりも生きて自由を〉という黒人女性ならではの独自の生き方と、新しい女性像模索の道とも重なり合っている。最後に見ておくべきは、その点であろう。

15 「結婚」で終わる感傷小説に対して「自由」で終わる奴隷体験記

『アフロ・アメリカンの語りにおける自己発見と権威』を書いたヴァレリ・スミスは、一九八七年のジーン・ファガン・イェリン編纂のハーバード版と相前後してオックスフォード版の『ハリエット・ジェイコブズ自伝』を編纂しているが、その「前書き」の中で次のように述べている。「もし奴隷体験記の男性中心的な文脈がジェイコブズを見えない存在にしてきたとすれば、感傷小説の中流階級的な倫理上の想定がジェイコブズを周縁的な存在に仕立て上げてきた」。これは簡潔にしてきわめて正鵠を射た見方だと思う。というのも、ジェイコブズが「奴隷女性の性」を正面から取り上げるにあたって、当時の女性読者のために感傷小説の語り口を借用しようとしながら、結局は奴隷女性が抱える現実の重さの故に十九世紀的な感傷小説の枠内に留まりきれず、独自の批評眼に支えられた新しい女性像の模索に踏み出すことになるからである。それは他面で言えば、ジェイコブズの物語を感傷小説の軌道の外へと解き放つこととなり、彼女の語りの復権のために実に百数十年の歳月を必要としたということを意味する。では、ジェイコブズの物語は、実際に感傷小説とどのような点でずれていき、どんなふうに独自の観点を打ち出すことになったのだろうか。

　そこに論点を移すにあたって、まずは、感傷小説との関係で誰しもが注目する、幕切れ間近の次のようなジェイコブズの表現を見ておこう。「読者の皆さん、私の話は結婚という通常の形で終わるのではなしに、自由とともに終わります。私と子供たちはいま自由です！　私たちは北部の白人と同じ程度に、奴隷所有者の支配から自由です。私の考えでは、北部の白人並みというのは大したことを言ったことになりませんが、私の境遇に照らせば、巨大な進歩を達成したことになります。とはいえ、私の人生の夢はまだ実現されていません。私は子供たちと一緒に自分自身の家の中に座を占めているわけではありません。どんなに粗末でも、私は自分のものだと言える炉辺を切望しています。私自身のためというより、子供たちのためにそれがほしいのです」（第41章）

　次に今度は、感傷小説の枠組みに即して、その典型的なパターンも見ておく必要があるだろう。まずパターンの前半だが、典型的な感傷小説では、身分の卑しい結婚前の若い女が身分の高い独身の男から性的に誘惑されて、不義の子を身ごもりながら捨てられて悲嘆にくれるというストーリーが展開される。そして後半へ移り、女のほうがその後は操正しく健気に生き抜く姿が描きだされる。一方、身分の高い男の方はそうした女の気高い生き方に心打たれてすっかり改心し、最終的に身分の低い女と結婚してめでたく幕を閉じるという次第になるわけである。

ジェイコブズの生涯の前半が、社会的に身分の高いサンズ氏と肉体関係を持ち、子供を身ごもりながらも彼と結びつくことができず、祖母を筆頭に世間の非難を浴びるという点だけに注目すれば、感傷小説のパターンが彼女のケースに適用できないこともないかに見える。しかし、もちろん、そのためにはジェイコブズが単に身分が卑しいというだけでなく、もともとサンズ氏との結婚など不可能な奴隷だったという大前提を棚上げにしてかからなければならない。さらに、相手のサンズ氏がフリント先生と異なって、ジェイコブズの相手にふさわしい男性的な好ましさを持っていることなども強調される必要がある。その点では、ジェイコブズとサンズ氏の間に生まれた子供が一人でなく二人であるという事実に鑑みても、両者の関係は数年間にわたってある程度密接なかたちで継続していたと想定せざるをえず、両者双方にそうした関係を可能にさせる人間的な要素があったと見るのが自然であろう。

ところが、ジェイコブズとサンズ氏の関係を仔細に検討してみると、先に挙げておいた自己弁明の中の「独身」の項目を除いて、彼がジェイコブズにふさわしい「愛人」たる人間だという要素があまり見当たらないのである。あるいは、その点に関してはジェイコブズが口を濁すか、黙して語らずといった態度に終始していると言わざるをえないのである。その端的な例証ということで言えば、第一子ベニーの誕生から第二子エレンの誕生までの両者の関係だが、実際のところそれがどのようなものだったのか読者にはいっさい知らされることがない。この関係の主導権はどちらがもっていたのか、両者はどこでどんなふうに逢瀬《おうせ》を重ねていたのか、さらにそれはどのくらいの期間にわたりどの程度の頻度だったのか等々「下種の勘ぐり」に近いことかもしれないが、私の問いただしたいことはいくつもあるのに、ジェイコブズはそうしたことに関して何の情報も与えてくれない。

いや、そもそもサンズ氏なる人間が本当にジェイコブズにふさわしい人間だったのかどうかも、先入観抜きでよくよく考えてみると次第にあやしくなってくる。思春期の娘が老人に近い権力者から性的迫害を受けているのを知り、見るに見かねた身分ある独身男性が、本当に何の下心もなく単なる人間的な親切心から相談に乗ってやっていただけなのだろうかというような、それなりの推測が可能とはいえ、ジェイコブズが黙して語ろうとしないことまでいま問題にしようというのではない。私としては、作品の中に描かれているいくつかの手がかりをもとに、常識の線に沿ってサンズ氏の人間性を考え直してみたいというだけのことである。

手がかりはいくつもある。まず第一に見ておきたいのは、サンズ氏が「父親」としてジェイコブズの二人の子供にどう対応していたのかということだが、姓の使用の問題も含めて彼の対応は極めて曖昧かつ無責任なものだったと言わざるをえないだろう。まさに、奴隷制の「母親条項」そのままに、子育てや家庭にまつわる厄介事のいっさいは「女」に押しつけ、自分は仕事にかまけながら、好きなように「女」に会っていたはずである。さらに、自分と「女」やその「子供たち」との間の関係は基本的にすべてを「金」で片づけ、そこに介在してくる血縁性に関しては、できるだけ表沙汰にならないように配慮している様子が見え隠れする。そうしたことの一端は、たとえば子供たちの購入の際に、次のようなかたちで、その名義人としてジェイコブズの祖母の名前を使っていたことからも窺い知れる。「私の子供たちの購入にあたって、サンズ氏は売買証書を彼女（祖母）の名前で作らせていた。代金を払ったのは彼だとの推測はなされていたが、その確証は一度もされたことがなかった。南部では、身分のある人にたくさんの黒人の子供がいることは、少しも不名誉ではなかった。しかし、その人が黒人の子供を自由にする目的で金を払ったことが分かると、その行為は彼らの『奇妙な制度』を危うくするものとみなされ、評判を落とすことになるのである」（第34章）

このことからだけでも分かると思うが、「奴隷所有者」たるサンズ氏は決して奴隷制解体論者などではなく、その反対の大っぴらな奴隷制擁護論者である。もちろん、フリント先生のようなことはないとしても、サンズ氏の奴隷たるジェイコブズの弟ジョンが彼のもとから逃亡した折、そのジョンを「恩知らず」と非難したりしたその言動などから推しても、せいぜいが温情主義的なところのある南部紳士といった存在だろう。

その線に沿ってさらに言うとすれば、社会的にあらゆる点で自らと隔たったジェイコブズに対して、彼が既存の境界線領域を越えて手を差し伸べるタイプの人間でないことは、たとえばジェイコブズが逃亡した直後に、二人が町で擦れ違うシーンの中によく表れているのではなかろうか。このときのジェイコブズは、イーデントン近くの「蛇の湿地帯」から祖母の家の屋根裏に隠れ場所を移す途中で「水兵の服を着て、顔を炭で黒く塗って」いた。しかし、いくら「男」に変装していたとはいえ、二人の子供までもうけた仲の女がわざわざ近くまで来て「腕に軽く触れた」というのに、まるで気づかずにやり過ごすなどということがあるものだろうか。このシーンによって浮き彫りにされているのは、文化装置としての「南部白人男性」という枠の中に浸りきったサンズ氏が精神的盲目性の虜になって、そこから一歩も出られないでいる姿として私の目には映じる。

もしこの見方が正しいとすれば、後年成長した娘のエレン（ジェイコブズの実の娘ルイザ・マティルダの仮名）が、「父親」としてのサンズ氏に対して自分のほうからその親子関係をきっぱりと否定してみせたのも無理はない。作品の終わり近くで、エレンに向かってジェイコブズが進んでサンズ氏とのことを打ち明けようとしたとき、そのジェイコブズの口を押さえてエレンは次のように言う。「あたしという人間はあたしの父さんにとって何物でもないし、あたしの父さんもあたしにとっては何物でもないの。あたしが愛しているのは母さんだけよ。あたしはワシントンで父さんと五カ月間一緒にいたけど、父さんは一度もあたしを愛してくれたことはなかったわ。父さんは幼いファニーに話しかけるみたいに、あたしに話しかけたことなどなかった」（第39章）

エレンがここに描きだしているものは、サンズ氏という同一の白人男性を父親に持ちながら、母が黒人奴隷であるかそれとも自由な白人女性であるかに応じて、まったく違った扱いを受けているエレンとファニーという「人種」の異なる「姉妹」の絵柄である。この絵柄は、この本の始めのほうでジェイコブズが取り上げている「二人の美しい少女たち」の姿に正確に対応している。仲良く一緒に遊ぶその二人は、かつて他人事としてジェイコブズに目撃された。そのとき、ジェイコブズはその二人のことを次のように語っていた。「一人は綺麗な白人の子供で、もう一人は彼女の奴隷であるとともに、彼女の姉妹でもあった。二人が抱き合っているのを目にし、二人の楽しそうな笑い声を耳にしたとき、私は悲しい気持ちになって、この美しい光景から目をそむけた。私の目には、幼い奴隷少女の心に避けがたく覆いかぶさるはずの未来の暗い影が見えていた。彼女の笑い声が、すぐにため息に変わるのが分かっていた。綺麗な子供はさらに綺麗な女性へと成長していくはずだった」(第5章)

母たるジェイコブズが、自らの生涯をかけて実現をはかろうとしていたのは、ここに描出されている「二人の美しい少女たち」によって暗示されている未来を阻止することだった。あるいは、できうるならば、奴隷の母たる自分のもとに生まれてきた二人の子供たちの自由と幸せを確保することだったた。だからこそ、彼女の物語は「結婚」ではなく「自由」とともに終わらなければならなかったのである。

16 複眼の思想が紡ぎ出す〈ありうべき女性像〉

しかし、先にみておいた通り、そうでなければならないにもかかわらず、最後の最後にきて、ジェイコブズは念願の「自由」を手にすることができたと感嘆符つきで語りながら、なおすぐそこに繋げて、「私の人生の夢はまだ実現されていない」と書き記す。これは一体どういうことなのだろうか。恐らく、ジェイコブズがそこで言おうとしていることは、表裏あわせて少なくとも二つあると私は解釈している。

ひとつは、文字どおり「自分のものだと言える炉辺」があり「子供たちと一緒に」暮らせる「家庭」を、まだ彼女が手にしえていないという現状の確認である。つまり、個人的には「巨大な進歩」を達成したとはいえ、雇い主であり恩人であるブルース夫人の金で購われた自由は「北部の白人並み」でしかなく、単に自分たちが「奴隷所有者の支配から自由」になっただけのことだというのである。こうした思いの背後にあって、ジェイコブズを激しく衝き動かしているものは、さまざまなレベルにおける北部に対する批判意識だろう。たとえば、北部の黒人差別の現実は厳しく、たとえ南部奴隷制のくびきを脱して逃れてきても、北部でジェイコブズのような黒人女性が、その細腕ひとつで子供たちと幸せな家庭を築きあげていくには、社会的にも経済的にもまだまだ解決しなければならない問題が山積していた。

いや、事態はそれどころではなかったと言うべきかもしれない。「五〇年の妥協」の産物である「第二次逃亡奴隷法」に縛られたいまの北部は、残念ながらとても「自由の府」と呼べるような代物ではなく「民主政体」からほど遠いものへと変貌してしまった。その代表が現在のニューヨークだということで、新法の最初の犠牲者となった「逃亡奴隷ハムリン」を南部の奴隷所有者に引き渡したときのニューヨークの様子を、ジェイコブズは次のように描写している。「これが黒人に対する恐怖支配の始まりだった。大都会ニューヨークは自らの喧騒の渦の中を突き進んでいて『貧しい人びとの短くて簡単な年代記』などに注意を払っていなかった。しかし、上流社会の人びとがメトロポリタン劇場で、スウェーデンからやって来た歌姫ジェニー・リンドの心に響く声を聞いていたとき、シオン教会では、助けを求める苦悩の中で情け容赦なく狩りたてられる黒人たちの心に響く声が、神に向かって上げられていた」（第40章）

一八五〇年という歴史的節目にあるニューヨークに関する描写としては、実に生き生きとして奥行きのある構図になっていると思う。ここには時代の証言者たらんとする透徹した記録精神と、錯雑する人間的現実を見据えるしたたかな認識者の眼差しとが併存している。したがって、文章の絵柄そのものも「メトロポリタン劇場」と「シオン教会」、「上流社会の人びと」と「情け容赦なく狩りたてられる黒人たち」という対照的な二重の焦点をもちつつ、それでいて「心に響く声」(the thrilling voice [s])という意味を多重化した同一表現で、緊張感ある統一へ向かうように構成されている。ここに定立されたものこそ、黒人かつ女性の奴隷としてこれまでにない奴隷体験記を綴り、その中で自分のものだと言える新しい女性像を追求すべく、「表現者」ジェイコブズが必死の思いで会得した〈複眼の思想〉ではないだろうか。

この複眼の思想に支えられたジェイコブズの批評眼は、それまでにもたとえば万人の祝う「新年」を奴隷の「特別な悲しみ」の日と捉えたり(第3章)、「クリスマスの祝い」を「ジョン・カノウスの仮装行列」と二重写しに重ねて描く(第22章)といったように、〈女と奴隷制とアメリカ〉をテーマとするこの本のいろいろな場面から、いくつも拾い出してくることができると思うが、私の気づいた範囲内でもうひとつだけ印象的な具体例を紹介しておきたい。

その場面でジェイコブズが語ろうとしているのは「北部の旅行者」の薄っぺらな観察眼と、南部奴隷制を隠蔽する欺瞞的な「家父長制」と、その両者を結合するアメリカ的な「感傷性」のすべてをひとつの画面に収めたうえで、なおかつその背後から確実に炙《あぶ》り出されてくる「もうひとつの物語」のことである。言うなれば、冷徹でしたたかな批評眼で現実を鋭く切り裂く一方、他方では貶められ顧みられることのない黒人女性による無言の自己主張と言ったところだろうか。

だが、そこでジェイコブズが浮かび上がらせようとしているのは、自分自身のことというより、無私の精神で陰日なたなくジェイコブズや他の家族のみんなを励まし導いてきた伯母ナンシーのことである。彼女はジェイコブズ同様、フリント家の奴隷として長年奉仕させられ「乳姉妹」であるフリント夫人に成り代わって家政一般に携わってきた。とりわけフリント夫人にとっては、ナンシーがいなくては日も夜もあけず、絶えず身の回りにいるべき存在で、たとえばフリント夫人の妊娠中は寝室のドアの外で寝て、よろず面倒をみてもらわなければならなかった。つまり、一日中働きづめのうえに、夜は夜でフリント夫人やその子供たちの乳母役を仰せつかるのだが、それが立て続けに何年間も続くところとなっていた。おかげで、ナンシーのほうは「六回も早産で自分の子供を死なせて」しまい、フリント先生にさえ、もはや「彼女には生きた子供の出産は不可能だろう」と言われる始末だった。

その彼女が、隠れ潜む姪のジェイコブズの身を案じつつ、働きづめのすえに憔悴して「奴隷だった七十三歳の母」より早く死ぬこととなる。そして、彼女の葬式が執り行われるわけだが、それにあたってフリント夫人のまず考えたことは「老いて疲れきった自分の召使いの遺体を自分の間近に埋葬すれば、奴隷所有者と奴隷の間に存在した愛の美しい証になる」ということだった。もちろん、これはジェイコブズの祖母の意向と大きく隔たったもので、教会の牧師を通して丁重に断りの言葉が述べられる。次の問題はナンシーの埋葬費用だが、これについてもジェイコブズの叔父つまりナンシーの弟がそのすべてを自分たちで負担したいと申し出る。もちろん、フリント夫人を始めとしてフリント家の側に異存のありようはずがない。かくて、簡素とはいえ大勢の黒人たちが参列して、ナンシーの遺体はその永眠する場所へ無事に納められる。フリント夫人も「一滴の涙を流し」て馬車へ戻りつつ「見事に自分の義務を果たした」と考える。

ここまでが奴隷女性ナンシーとその女主人フリント夫人との関係のあらましだといってよいと思うが、そのナンシーの葬儀に関連して、最後にジェイコブズは次のような注釈を付け加えている。「奴隷たちはこれをものすごく立派な葬儀だと語り合った。北部の旅行者がその場に通り合わせたら、身分の低い死者に対するこの敬意の証を『家父長制』の麗しい特徴、つまり奴隷所有者とその召使いとのあいだで交わされた愛の感動的な証拠として描写したかもしれない。心やさしいフリント夫人は、目にハンカチをあててその印象の総仕上げをしたかもしれない。私たちだったなら、その北部の旅行者にもうひとつの物語を語ることができる」（第28章）。これに続けてジェイコブズは、貧しい年老いた奴隷の母がいかに苦労して息子の自由を買い取ったか、そして次にその息子が自分の姉のために、「北部旅行者」が見誤って「主人を大いに褒め称えるもととなった葬儀」の費用をどう捻出したか、さらに死者たる奴隷の身内の一人の若い女が「何年間も生きながら墓に閉じ込められ」たような生活を強いられているといった内容からなる「もうひとつの物語」を語ってみせる。これこそ、黒人女性ならではの複眼の思想に支えられた新しい女性像模索の一里塚ではないだろうか。

そして、そこに繋げてさらに言うとすれば、その総決算が『ハリエット・ジェイコブズ自伝』という、これまでにない奴隷女性の体験記となって結実していくわけだが、先に見ておいたとおり、それにもかかわらず、作者ジェイコブズは「私の人生の夢はまだ実現されていません」と書き記す。なぜか。二つあると言ったその理由に対する私のもうひとつの解釈によれば、ジェイコブズの物語るその自伝が、たとえば長年にわたる彼女とサンズ氏との関係に見られるように、その体験のすべてを語りえず、沈黙や空隙や言い紛らわしを否応なしに含み込まざるをえないからである。あるいは、祖母や北部白人女性たちの信奉する「本当の女らしさ礼賛」に表れた倫理観や生き方を、歯に衣着せず批判することができず、せいぜいのところ「奴隷女性を他の女性と同じ基準で裁断してはいけない」（第10章）とたしなめたり、「憂いなき女たちよ、起きて、わが声を聞け。安んじている娘たちよ　わが言葉に耳を傾けよ」といったこの本の題辞に見られるような聖書の文句に代弁させたり、さまざまな比喩や婉曲話法などに頼らなければならなかったからである。

つまり、ジェイコブズ特有の〈複眼の思想〉に支えられて、沈黙や欠如のない〈ありうべき女性像〉を、彼女が何不自由なく紡ぎ出すには、時代状況もそこに住む人間たちの感性も、そして何よりアメリカ合衆国という国そのものがまだ熟しきっていなかったのだと思う。ジェイコブズという「奴隷娘」が体験したずっしりと重い「出来事」と、それによって形づくられた人柄を十分に賞味し、評価するまでには、実に百数十年という年月が必要とされた所以である。

ハリエット・ジェイコブズ自伝

ある奴隷娘の生涯で起こった出来事

「北部の人びとは奴隷制のことを少しも分かっていない。彼らが考えるのは、それがただ永遠に続く拘束だということだけだ。彼らは、奴隷制という言葉に含まれる堕落の深さが、どれほどか知らない。もし彼らがその度合いを知れば、そんなに恐ろしい制度を打ち倒すまで、その努力を絶対にやめないだろう」

ノースカロライナ州出身のある女性[1]

「憂いなき女たちよ、起きて、わが声を聞け。
安んじている娘たちよ　わが言葉に耳を傾けよ」

旧約聖書「イザヤ書」第三二章第九節[2]

著者の序文

読者の皆さん、私がこれから述べる話は決して架空の物語ではありません。波乱に満ちた私の経験のいくつかは、きっと皆さんには信じがたいことのように見えるかもしれませんが、それでも絶対に真実です。奴隷制のもたらした悪行の数々には、いささかの誇張もありません。むしろ逆に、私の描写など事実には遠く及びません。私は場所の名前を伏せ、人びとには仮名を使いました。そうしたのは、自分のために秘密を保持しておきたかったからではなく、同じ経路を辿って逃げようとする他の人びとにとって、そのほうが親切で思いやりがあると考えたからです。

私が願っていたのは、自分の引き受けたこの仕事に対して、自分にもっと才能があればどんなによかったかということです。しかし、私の置かれていた境遇に免じて、いろいろ足りないところのあるのを、読者の皆さんは許してくださるものと確信しています。私は奴隷制のもとに生まれ、その中で育ちました。そして、二十七年間というもの、奴隷州に留まっていました。北部に来てからも、自分の生活を支え子供たちに教育を施すために、一所懸命働かなければなりませんでした。そのため、子供時代の不足を補って自分を鍛え直すという余裕はほとんどありませんでした。加えて、以下に書いたものも、乳母という仕事に追われながら、その合間の時間を盗んで不規則なかたちで仕上げていかざるをえませんでした(1)。

私が初めてフィラデルフィアに着いたとき、ペイン主教様[2]は私に、これまでの人生のことをまとめて出版してみたらどうかと勧めてくださいましたが、私は彼に、そんなことをする能力などまるでないと答えました。その頃よりは、精神的にいくらか増しになっているのでしょうが、自分の能力に関しては今でも同じ意見を抱いています。しかし、私がこれを書こうと思い立った動機に免じて、他の場合なら生意気に見えるかもしれないことも許していただけると信じています。私は自分自身に関心を引きつけようとして、自分の経験を書いてみたわけではありません。まったくその逆です。自分の過去の出来事については、沈黙を守っていたほうがずっと気楽だと思います。また、私は自分の被った苦難のために、人の同情を買おうという気もありません。ただ、私が心から願っていることは、まだ奴隷の状態にあって、私のなめた苦難を今なお味わっている二百万人の南部女性の境遇に対して、北部の女性たちの鋭敏な意識を目覚めさせることです。その南部女性の大半は、私の苦難よりはるかにひどい苦しみを味わっています。私の望みは、自由州の人びとに奴隷制が実際にどのようなものかを知ってもらうために、私より才能のある書き手の証言に私の証言を重ねていくことです。あの忌まわしい奴隷制の巣窟が、いかに深く、いかに暗く、いかに汚れきっているかということは、経験した者にしか理解できません。不完全なものとはいえ、虐げられているわが同胞のためを思ってなしたこの私の試みに、願わくば神が祝福を賜わらんことを！

リンダ・ブレント

編者の前書き

私はこの自伝の著者を個人的に知っている。[1] 彼女の話しぶりや振る舞いは、人間的に信頼を寄せることのできるものである。過去十七年間、彼女はそのほとんどの期間をニューヨーク州在住のある著名な家族と生活をともにし、見事な働きぶりでその家族から大いに尊重されてきた。この事実だけで、他に何がなくても、彼女の人柄を保証するには十分である。彼女の語るいくつかの出来事は、小説以上に非現実的に見えるかもしれないが、彼女を知っている人びとは、その真実性を疑う気になれないと私は確信している。

彼女からの要望で、私は原稿の編集を行ったが、私のなした変更と言えば、主に無駄を省き話の順序を入れ替えるぐらいのことであった。[2] 私は出来事そのものに何の付け加えも行っていないし、彼女の非常に適切な表現の趣旨も変えなかった。僅かな例外は別として、考え方とか言葉づかいはともに彼女自身のものである。冗長な部分を少しは削ったものの、それ以外には、自分の話を物語る彼女の生き生きとしてドラマティックな語り口に、変更を加える理由など少しもなかった。私はここに出てくる人びとの名前や地名を知っている。しかし、正当な理由でそれらは表に出していない。

奴隷制下で育った女性がこれほど見事に書くことができるという事実は、当然の驚きを招くだろう。しかし、状況が分かれば納得できるはずである。まず第一に、彼女は生まれながらにすぐれた感性の持ち主だった。第二に、彼女が十二歳まで一緒に住んでいた女主人のやさしさと思いやりがある。女主人は、友人として彼女に読み書きを教えた。第三に、北部に来て以来、彼女はとても恵まれた環境に身を置いていた。彼女が幸せになるのを友人として願い、彼女に自己研鑽の機会を喜んで与えようとした知性ある人びとと、彼女はしばしば親しい交わりを結ぶことができた。

私がここに書かれたものを公に供すれば、多くの人びとが私を無作法だと言って非難するであろうことは十分に承知している。なぜならば、この聡明でひどく傷つけられた女性の経験は、ある人びとが微妙な問題だと言い、また別の人びとが公にはなじまないと言っているような種類の問題だからである。奴隷制下におけるこの特異な側面は、通常ベールで覆い隠されてきた。しかし、人びとはその極悪非道な実情を知る義務がある。私は自ら進んでそのベールを剥がし、その実情を公表する責任を負いたいと思っている。奴隷制のもとにいる私の姉妹たちのために、私はあえてそれを行いたい。彼女たちはあまりにもひどすぎる虐待を受けている。そのひどさは、耳にするのもためらわれるほどである。北部の良心的で思慮深い女性たちが、あらゆる可能な機会をとらえて奴隷制の問題に道徳的な影響力を及ぼすことこそ自分たちの義務だと感ずるようになるのを願いつつ、私はそれを行いたい。この話を読むすべての男性が、自分が阻止する力を持っている限り、奴隷制からの逃亡者を一人として、腐敗と残虐さのはびこるあのおぞましい住み家へ送り返して苦しませはしないと神の前で厳かに誓うことを願いつつ、私はそれを行いたい。

L・マリア・チャイルド

登場人物対照表

作品中の名前（仮名）	本　名
リンダ・ブレント	ハリエット・ジェイコブズ
祖母（あるいは、マーサおば）	モリー・ホーンニブロー（ハリエットの祖母）
叔父フィリップ	マーク・ラムジー（モリーの上の息子、ハリエットの叔父）
伯母ナンシー	ベティ（モリーの娘、ハリエットの伯母）
叔父ベンジャミン	ジョセフ（モリーの下の息子）
ウィリアム	ジョン・S・ジェイコブズ（ハリエットの弟）
ベニー	ジョセフ・ジェイコブズ（ハリエットの息子）
エレン	ルイザ・マティルダ・ジェイコブズ（ハリエットの娘）
ミス・ファニー	ハンナ・プリチャード
フリント先生	医師ジェームズ・ノーコム
フリント夫人	メアリー・マティルダ・ホーンニブロー・ノーコム（医師ノーコム夫人）
フリント氏（先生の息子）	ジェームズ・ノーコム・ジュニア
エミリー・フリント嬢（結婚後はダッジ夫人）	メアリー・マティルダ・ノーコム（医師ノーコムの娘、結婚後はダニエル・メスモア夫人）
サンズ氏	サミュエル・トレッドウェル・ソーヤー
ホッブズ夫妻	ジェームズ・アイアデル・トレッドウェルとメアリー・ボナー・ブラウント・トレッドウェル（ソーヤーのいとこ）
ソーン氏	ジョセフ・ブラウント（トレッドウェル夫人の兄）
ブルース氏	ナサニエル・パーカー・ウィリス（文人）
ブルース夫人	メアリー・ステイス・ウィリス
赤児のメアリー	イモゲン・ウィリス
第二のブルース夫人	コーネリア・グリネル・ウィリス

家系図

黒人のホーンニブロー家

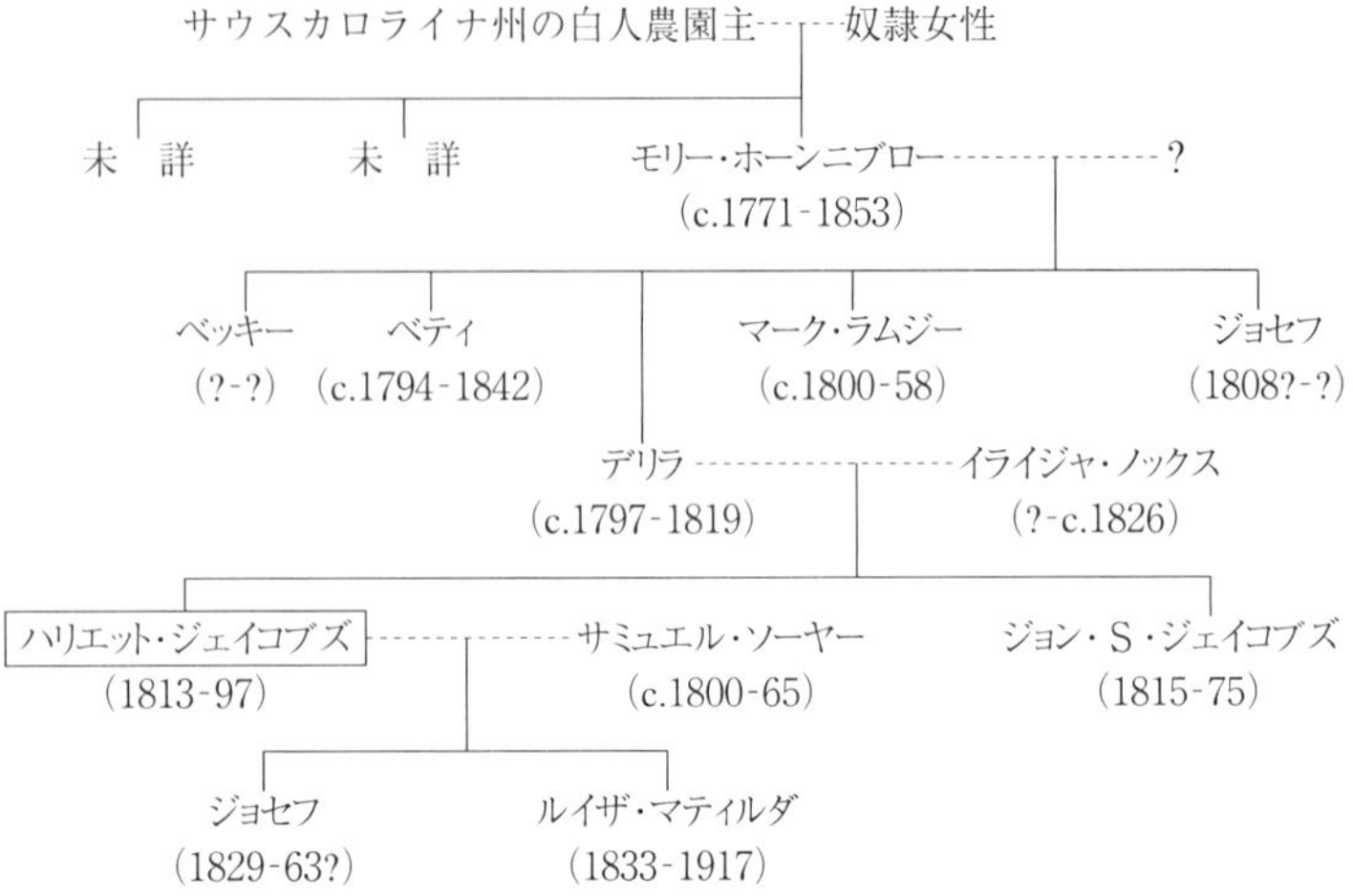
サウスカロライナ州の白人農園主
奴隷女性
未　詳
未　詳
モリー・ホーンニブロー
(c.1771-1853)
?
ベッキー
(?-?)
ベティ
(c.1794-1842)
マーク・ラムジー
(c.1800-58)
ジョセフ
(1808?-?)
デリラ
(c.1797-1819)
イライジャ・ノックス
(?-c.1826)
ハリエット・ジェイコブズ
(1813-97)
サミュエル・ソーヤー
(c.1800-65)
ジョン・S・ジェイコブズ
(1815-75)
ジョセフ
(1829-63?)
ルイザ・マティルダ
(1833-1917)

白人のホーンニブロー家

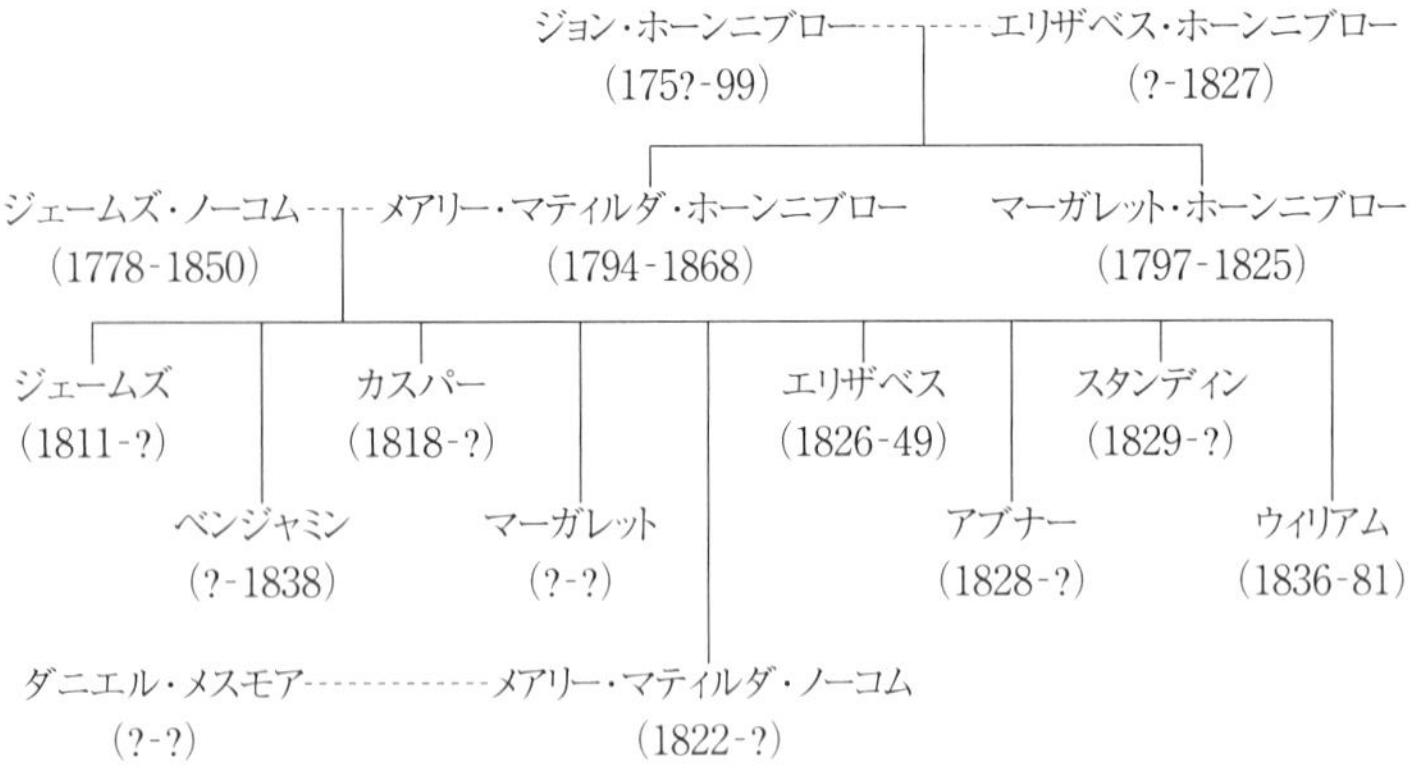
ジョン・ホーンニブロー
(175?-99)
エリザベス・ホーンニブロー
(?-1827)
ジェームズ・ノーコム
(1778-1850)
メアリー・マティルダ・ホーンニブロー
(1794-1868)
マーガレット・ホーンニブロー
(1797-1825)
ジェームズ
(1811-?)
カスパー
(1818-?)
エリザベス
(1826-49)
スタンディン
(1829-?)
ベンジャミン
(?-1838)
マーガレット
(?-?)
アブナー
(1828-?)
ウィリアム
(1836-81)
ダニエル・メスモア
(?-?)
メアリー・マティルダ・ノーコム
(1822-?)

第1章 子供時代

私は奴隷に生まれた。しかし、六年間の幸せな子供時代が過ぎるまで、自分が奴隷だということは知らずにいた。私の父[1]は大工だった。頭の良い腕のたつ大工とみなされていたので、普通でない並はずれた建物を建てるようなときには、遠方からも大工の棟梁になってくれと頼まれた。年二百ドルを女主人に納めたうえに、生活費は自分もちという条件で、彼は大工仕事で働き、自分のことは自分で処理してもよいという許しを得ていた。彼の最大の願いは、子供たちを買い取ることだった。しかし、苦労して稼いだ金をそのために何回差し出しても、彼の願いは実現しなかった。肌の色ということで言えば、私の両親はうすい黄褐色で、ムラトーと呼ばれる混血だった。二人は一緒に住み、居心地のよい家庭を築いていた。家族全員が奴隷だったのだが、親の愛情にしっかりと守られていた私は、自分が一個の商品であり、安全に育てるため親に委託されていただけで、いつでも彼らの手から取り上げられかねないなどということは夢にも考えなかった。私にはウィリアム[2]という二歳年下の弟が一人いた。彼は利発でやさしい子だった。母方の祖母[3]も、私にとっては大事な人で、いろいろな面で非凡な女性だった。彼女はサウスカロライナ州の白人農園主の娘だった。その農園主は、死に際して、彼女たちの親戚のいるセント・オーガスティンへ行けるだけの金を与えて、彼女の母親と三人の子供を自由にした。それはアメリカ独立戦争の最中のことだった。彼女らは旅の途中で捕らえられ、連れ戻され、おのおの別の買い手に売り飛ばされた[4]。祖母はよくこの話を私にしてくれたが、私は細かな点まですべてを覚えているわけではない。祖母が捕らえられ、ある大きなホテル経営者[5]に売られたとき、彼女はまだ幼い少女だった。彼女が自分の子供時代はとてもひどかったと口にするのを、私はしょっちゅう耳にしてきた。しかし、彼女が成長するにつれ、非常に頭が良いうえにとても忠実だということが分かったので、彼女の主人夫妻は、これほど価値のある財産は大事に扱ったほうが得策だと思うようになった。彼女は料理、子育て、縫い物などあらゆる仕事をこなして、その家になくてはならない存在になっていった。とりわけ料理は皆から大いに称賛された。彼女の焼くおいしいクラッカーは近所でも評判で、大勢の人がそれを手に入れようとした。そうした需要が殺到した結果、彼女は家事を全部やり終えた夜間に、クラッカーを焼かしてもらいたいと女主人に願い出た。儲けから自分と子供たちの衣服代をまかなうという条件で、彼女は許可を得た。その約束にもとづいて、一日中懸命に女主人に尽くしてから、彼女は年長の子供二人に助けられながら、真夜中のクラッカー作りを始めた[6]。商売は利益が上がった。彼女は儲けを毎年少しずつ貯めていった。その蓄えが、子供たちを買い取る資金になるはずだった。主人が死ぬと、財産は相続人たちのあいだで分割された。残された夫人[7]は遺産としてホテルを相続し、営業を続けた。私の祖母は奴隷として奉仕すべく、女主人のもとに残された。しかし、祖母の子供たちは、主人の子供たちのあいだで分割された。祖母には五人の子供があったが、それぞれの相続人が一ドル一セントにいたるまで平等な分け前にあずかるべく、一番年若いベンジャミン[8]が売られることになった。彼は私とは年齢があまり違わなかったので、叔父さんというよりむしろ兄さんという感じだった。賢くて目鼻立ちの整った若者で、ほとんど白人みたいに色が白かった。というのも、彼はアングロサクソン系の血をひく祖母の肌の色を受け継いでいたからである。ほんの十歳という年齢にもかかわらず、七百二十ドルという金額が彼のために支払われた。彼の売却は、祖母にはひどい打撃だった。しかし、彼女は生まれつきの楽天家だったので、子供のうちの何人かを買い取る日がくることを信じて、再度気力を振り絞って働き続けた。そして、三百ドルという金額を蓄えた。ある日、女主人が、すぐに返却するという約束で、それを貸して欲しいと頼み込んできた。読者の皆さんは多分ご存知でしょうが、奴隷とのあいだで交わした約束とか文書には、法的に何らの拘束力もありません。南部の法律では、奴隷はそれ自身が財産であり、自らはどんな財産も持つことができません。祖母が苦労して稼いだ金を女主人に貸したとき、彼女はひとえに女主人の信義を信じ込んでいたのです。奴隷に対する奴隷所有者の信義を！

　この善良な祖母から、私はたくさんの慰めを与えられた。弟ウィリアムと私は、商売用のクラッカーやケーキや砂糖漬けの果物をよく分けてもらった。私たちがもう子供でなくなってからも、大事な局面で大いに助けられた。

　これが私の幼少期の環境だが、それはめったにないほど恵まれたものだった。私が六歳のとき、母[9]が死んだ。そのとき初めて、周りの人々の話から、私は自分が奴隷であることを知った。私の母の女主人は私の祖母の女主人の娘だった。彼女は母と乳姉妹で、二人とも祖母の乳で育てられた。実際は生後三カ月で母のほうが乳離れさせられたのだが、それは女主人の赤ちゃんが十分栄養をとれるようにするためだった。彼女たち二人は子供のころは一緒に遊び、長じて一人前の女性になると、私の母は色の白い乳姉妹の最も忠実な召使いとなった。母の臨終の際に、女主人は母の子供たちにはどんな苦労もさせないと約束し、生きているあいだはその言葉を守った。人々は皆、死んだ母のことを好意的に語っていた。事実、母は名目上は奴隷だったが、本質は気高くて女らしい女だった。私は母の死を嘆き悲しみ、幼な心にこれからは誰が私と弟の面倒をみてくれるのかと案じていた。すると、私のこれからの家は、母の女主人の家だと告げられた。それは私にとって幸せなことだった。苛酷でいやな仕事は何も課されなかった。女主人はとてもやさしく扱ってくれたので、私はいつも彼女の言いつけに喜んで従った。また、子供なりに一所懸命彼女のために働けるというのが誇りだった。まるで自由に生まれた白人の子供みたいに、心に何の気兼ねもなく、何時間も彼女の傍らに座って縫い物に打ち込んだりした。彼女は私が飽きてきたと判断すると、私を外に出し、走ったり飛んだりさせた。私は遠くまで跳んで行って、苺や花を取ってきて彼女の部屋を飾りたてた。あの頃は幸せな日々だった――あまりに幸せすぎて、とても長続きしそうにないと思われた。奴隷の子供というものは、明日のことなどを思い煩ったりはしない。しかし、案じていたとおり、奴隷に生まれついた人間に確実に起こる、あの忌まわしい運命が待ち受けていた。

　私は間もなく十二歳になろうとしていた。そのとき、やさしい女主人が病気に罹《かか》って死んでしまった[10]。頬が青ざめ、目が生気を失っていくのを見たとき、彼女が生きのびてくれるよう私は心の中で必死に祈った！　私は彼女を愛していた。なぜなら、彼女は私にとってほとんど母も同然だったからである。私の祈りはかなえられなかった。彼女は死んで、教会の小さな墓地に埋葬された。私は来る日も来る日も、彼女の墓のうえに涙を流した。

私は祖母のところに送られて一週間を過ごした。いまや自分の将来を考え始められる年齢になっていた。あの人たちは私のことをどうするつもりなのだろう、と何度も何度も自問した。故人となってしまった女主人ほどやさしい人に、私がまためぐり合うことはないと痛切に感じた。彼女は母の死の間際に、母の子供たちに決して苦労はさせないと約束していた。そのことを思い出したり、私に示してくれた愛情の証拠の数々を想起したりしたとき、彼女が私を自由の身にしてくれたかもしれないという抑えがたい希望がふくらんできた。私の友人たちはそうに違いないとほとんど信じ込んでいた。彼らは、私の母の愛情と誠実な奉公のことを思えば、必ず彼女がそうするだろうと考えた。だが、ああ！　誠実だった奴隷の思い出が、その奴隷の子供を競売にかけずに済ますほどの力など持っていないのは、誰でもが知っていることなのだ。

　短い気がかりな期間が過ぎて、女主人の遺言状[11]が読みあげられた。私たちに知らされたのは、彼女が私を彼女の姉の娘、つまりたった五歳の子供の手に譲渡すると遺言していたことだった。こうして、私たちの望みは潰《つい》えさった。私の女主人は、「隣人を自分のように愛しなさい[12]」とか、「人にしてもらいたいと思うことは何でもあなたがたも人にしなさい[13]」といった聖書の言葉を教えてくれたことがあった。しかし、私は彼女の奴隷だった。彼女は私のことを、彼女の隣人とは考えていなかったのだと思う。自分の記憶の中から、この一つの大きな不正を消し去るためなら、私は多くの代価を支払ってもよいと考えている。子供の頃の私は女主人を愛していた。彼女とともに暮らした幸せな日々を振り返ると、この不当な仕打ちをあまり恨みがましく考えないようにしたいのだ。彼女と一緒に暮らしていた頃、彼女は私に読み書きを教えてくれた。そんな特権は奴隷の身にめったに起こることではないのだから、それだけでも私は彼女の思い出を大事にしようと思っている。

女主人が所有していた奴隷の数は、ごくわずかだった。しかし、彼女が死ぬと、奴隷たちは彼女の親戚に分け与えられた。奴隷のうちの五人は私の祖母の子供たちで、女主人の母親の子供たちと同じ乳を分かち合って育っていた。二代にわたる所有者への長い誠実な奉公にもかかわらず、祖母の子供の誰一人として、競売にかけられずにすんだものはいなかった。奴隷所有者たちの目から見れば、これら人間の姿をした機械は、彼らの植える綿や飼育する馬以上のものではありえないのである。

第2章
新しい主人夫妻

私の女主人の姉と結婚していたのは、近所の町医者フリント先生[1]だった。だから、今や私は彼ら夫妻の幼い娘の持ち物ということになった。その新しい家へ移る準備をするにあたって、私の心に不満がなかったというだけではなかった。私の不運にさらに追い打ちをかけたのは、弟のウィリアムが同じ家族に買われたという事実だった[2]。

生まれながらの性格から言っても、また腕の立つ職人として仕事をやってきた点から言っても、私の父は、奴隷のあいだに通常行きわたっている以上に自由人の感覚を持っていた。弟は向こう気の強い少年だったし、またそういった父の影響下で育てられたので、幼い頃からご主人様とか奥様とかいう呼び名をひどく嫌っていた。ある日、彼の父親と、彼の女主人の二人が、同時に彼に来るように命じたことがあった。彼はどちらの命令に自分が従うべきか分からず、ためらっていた。最終的には、女主人のところへ行く決断をした。私の父がそのことで彼をとがめると、彼は「いっぺんに二人が呼んだので、最初にどっちへ行くべきなのか、僕には分からなかったんだ」と言った。

「お前は俺の息子なんだ。俺が呼んだら、たとえ火の中水の中をくぐらなくちゃならなくとも、すぐに来るべきだ」と、私たちの父は答えた。

かわいそうなウィリアム！　生まれて初めて、いま彼は、ご主人様に従う訓練を受けさせられるはめになったのだ。祖母が私たちを元気づけようと、希望に満ちた言葉をかけてくれた。その言葉は純朴な若者の心に響きわたった。

新しい家に入ってみると、私たちは冷ややかな顔つき、冷ややかな言葉、冷ややかな扱いに直面した。夜がきて、私たちはほっとした。狭いベッドの上で、私は嘆き悲しみ、涙を流した。とても孤独で寂しかった。

新しい家に住み始めてほぼ一年が経過したとき、私の大切な幼な友だちが死んで埋葬された。一人っ子だった子供の棺に土がかけられたとき、その子の母親のすすり泣く声が聞こえた。私は墓のそばから離れ、まだ自分には愛する者が残されていることに感謝した。祖母の姿が目に入った。「リンダ、いっしょにおいで」と祖母が言った。その声の調子から、何か悲しいことが起こったのが分かった。祖母は私を人々から離れたところに連れていき、それから次のように言った。「いいかい、お前、父さんが死んだよ」。死んだって！　どうしてそんなことが信じられよう？　父の死はあまりに突然だった。私は彼が病気だということさえ知らなかった。私は祖母と一緒に実家に帰った。私の心は神の意に逆らっていた。神は私から母と父と女主人と友達を奪ってしまった。善良な祖母は私を慰めようとして、次のように言った。「神様のなさることは、誰にも分からない。ご親切にも、やがて来る苦しみの日々を体験せずにすむよう彼らを召されたのかもしれないのだよ」。その後、何年も経ってから、私はよくこの言葉の意味を考えた。祖母は自分に許される限り、孫たちの母代わりになると約束してくれた。彼女の愛情に力づけられて、私は主人の家に戻った。翌朝、父の家に行くのが許されると思っていた。だが、その夜のパーティのために奥さまの家を飾り立てるよう、花を取りにいけと言いつけられた。自分の父親の遺体が一マイル〔約一・六キロメートル〕と離れていないところに横たわっているというのに、その日一日じゅう、私は花を集めそれで花綱飾りを作って過ごした。だからと言って、それが私の主人たちに何だと言うのだろう？　私の父は、単なる一個の財産でしかなかった。しかも、彼らの考えでは、父はその子供たちに自分たちが人間だと感じるよう教え、その子供たちを甘やかしてきている。そんなことを奴隷が教えるのは、冒瀆《ぼうとく》だった。奴隷として僭越であり、主人たちには危険だった。

翌日、私は父の遺体の後につき従って、いとしい母の墓の傍らに立てられたみすぼらしい墓に行った。そこにいたのは、父の価値を知っている人々、彼の思い出を大事にしている人々だった。

私の住む家は、前にも増して陰鬱に感じられた。幼い奴隷の子供たちの笑い声が、耳障りで無慈悲に響いた。他人の喜びの声をそんなふうに感じるなんて、心が狭かった。弟は憂鬱げな顔つきで動き回っていた。私は何とか彼を慰めたかったので、次のように言った。「勇気を出すのよ、ウィリアム。いつかは良い日が来るわ」

「姉さんはそんなこと言うけど、何も分かっちゃいないんだ。いいかい、リンダ、僕たちはずっとここにいなくちゃならないんだ。決して自由になんかなれやしないよ」と彼は答えた。

私のほうは、自分たちがどんどん大きく、そして強くなっていけば、すぐに自分たちの時間を賃貸ししてもらって、自分たちの自由を買い取るお金を稼ぐことができると主張した。ウィリアムのほうは、それを口にするのは簡単だが、実行に移すのは簡単ではないと言い、さらに、自分の自由を買う気はないと言い切った。私たちはこの問題について毎日議論を交わした。

フリント先生の家では、奴隷の食事にはほとんど関心が払われなかった。食事どきに、奴隷が食べ物のかけらでも得られれば、それは大いに結構なことだった。この点で、私自身は少しも困らなかった。というのも、いろいろな用足しで出かけた折に、私は祖母の家の前を通ったからで、そこにはいつも私のために何かが用意されていた。そこで道草を食っていると罰を与えるぞと、私はよく脅かされた。そのため、私の手間を取らせないよう、朝ご飯や夕ご飯用に何かを持って、門の所によく祖母が立っていた。精神的にも物質的にも私が元気づけられたのは、まったく彼女のおかげだった。私の乏しい衣類の調達も、ひとえに彼女の尽力のたまものだった。冬になるとフリント夫人が与えてくれたぼろ着の洋服のことを、はっきりと覚えている。私はそれがどんなに嫌だったことか！　それは奴隷制の象徴の一つだった。

こんなふうに、苦労して得た稼ぎから祖母が私を養う手助けをしてくれた一方で、彼女が女主人に貸した三百ドルは返してもらえなかった。彼女の女主人が死んだとき、義理の息子のフリント先生がその遺言執行人に指名された。祖母が彼に三百ドルの返済を求めると、遺産では借金の返済ができないだけでなく、法律もその支払いを禁じていると彼は言った。しかし、その金で購入した銀の大燭台を彼が自分のものとして保持することを、法律は一向に禁じなかった。私が思うに、その大燭台は、この家族の中で、代々受け継がれることになるのだろう。

祖母の女主人は、いつも、自分が死んだら祖母を自由の身にすると約束していた。人の噂では、遺言の中で女主人は約束を守っていたとのことである。しかし、遺産の清算がなされたとき、フリント先生が忠実な老召使いに言ったことは、現状では彼女を競売にかけねばならないということであった。[3]

指定された日に、「黒んぼや馬その他の公売」を内外に宣伝するいつも通りの広告が貼り出された。フリント先生は祖母を訪ね、彼女を競売に付してその気持ちを傷つけるのは気が進まないから、内々で売買をしたいと申し出た。祖母には彼の偽善的な態度の意味はお見通しだった。彼が自ら演じなければならない役割を恥じているのが、よく分かっていた。祖母はとても気性の激しい女だった。女主人が彼女を解放しようと思っていたのに、彼が自分を売りに出すほどさもしいのであれば、世間にそのことを知らせてやる必要があると彼女は決意した。長いあいだ、彼女はたくさんの家庭にクラッカーやジャムなどを供給してきていた。「マーサおば」と呼ばれ、みんなが彼女をよく知っていた。彼女のことを分かっている人は、誰でも彼女の頭の良さや、善良な性格に敬意を払っていた。女主人の家族に長いあいだ忠実に仕えてきたことや、彼女を自由にするつもりだった女主人の意思のことも広く知られていた。競売の日がやってくると、彼女は奴隷たちの間に席を占め、最初の掛け声とともに競り台の上に跳び乗った。「ひどい！　まったく、ひどい！　マーサおば、誰があんたを売ろうというのか。そんなとこに立つんじゃない！　そこはお前さんの場所じゃない」。そういう声があちこちから上がった。一言もしゃべらずに、彼女は冷静に自分の運命を待っていた。誰も彼女に競り値をつけなかった。最後に、あるか細い声が「五十ドル」と言った。それは、亡き女主人の妹で、七十歳になる独身女性の口から発せられたものだった。彼女は四十年間祖母と同じ屋根の下で暮らしていた。祖母がどれほど忠実に所有者たちに仕えてきたか、祖母の権利がいかに手ひどく蹂躙されてきたかを、彼女は承知していた。だから、彼女は祖母を守る決意を固めていた。競売人はもっと高い値段がつけられるのを待っていた。だが、彼女の意思は尊重された。誰も彼女より高い値段をつけなかった。彼女は読むことも書くこともできなかったので、売買契約書の作成にあたっては、十字を書いて署名した。しかし、彼女は人間的な好意あふれる大きな心の持ち主だった。そういうとき、出来事の結末はどうなるか。彼女は古いなじみの召使いに自由を与えた(4)。

そのとき、私の祖母はちょうど五十歳だった。それ以降、刻苦精励の何年間かが過ぎ去っていった。そしていま、弟と私が、彼女のお金を騙し取ったうえに、彼女の自由まで騙し取ろうと企てた、その当の男の奴隷となっていた。ナンシーおば(5)と呼ばれた母の姉妹の一人も、彼の家の奴隷だった。私に対して、親切でやさしい伯母だった。彼女は家政を取り仕切ったり、女主人の部屋付き女中として働いていた。実際のところ、彼女がいなくては何事も始まらなかった。

フリント夫人は、多くの南部女性と同様、活動力という点ではまったく不十分だった。家政を陣頭指揮する力などまるでなかった。しかし、ある女性が鞭打たれ、その一打ちごとに血がしたたり落ちるのを、安楽椅子に座って見ていられるほど神経は図太かった。彼女は教会メンバーで聖餐式にあずかっていても、キリスト者らしい気持ちは持っていないようだった。もし聖餐式の日曜日の夕食が、決まった時間に供されなかったりすると、彼女は台所に陣取って、夕食が皿に盛られるのを待ち、料理に使った鍋や釜に唾を吐きかけた。こうすることで、料理人とその子供たちが、肉汁の残りや鍋底のもので乏しい食事を補うのを妨げてしまうのだ。奴隷たちは、彼女が与えようと思ったもの以外に、食べ物を何か手に入れることはできなかった。食材は一日に三回ずつ、何ポンド何オンスまで計量して与えられた。奴隷たちが彼女の樽の小麦粉でパンを作って食べるチャンスなど、一度もありえなかったと請け合える。一クウォート〔約一キログラム〕の粉から何枚のビスケットが焼けるか、それらがどのくらいの大きさになるか、彼女はそうしたことを正確に知っていた。(6)

フリント先生は美食家だった。料理女は彼のテーブルに夕食を出すとき、いつも戦々恐々としていた。というのも、料理が彼の口に合わなかったりした場合、彼は料理女を鞭打つよう命じるか、自分の面前で、それを口一杯ほおばって食べるよう強要したからである。この腹をすかせた哀れな生き物は、料理を食べることには異議をさしはさまなかったかもしれない。しかし、主人が料理をその喉奥まで窒息するほど詰め込むのには、異議を唱えていた。

彼らは愛玩用の犬を飼っており、それがこの家の厄介の種だった。料理女は、この犬のために、インディアン風のトウモロコシ粥を作るように命じられた。犬は食べるのをいやがった。首ねっこを押さえられて、粥の上に頭をもってこられたとき、犬は口から唾の泡を容器に垂れ流した。数分後に犬は死んだ。フリント先生が入ってきて、粥がちゃんと料理されていなかったから、犬が食べようとしなかったのだと言った。彼は料理女を呼びつけ、粥を食べろと命じた。彼の考えでは、その女の胃袋は犬の胃袋より頑丈だった。しかし、その後の彼女の苦しみ方からいって、彼が間違っていたことが証明された。この哀れな女は、主人夫妻の数々の残虐行為を耐え忍ばなければならなかった。ある時などは、まる一昼夜、彼女の乳飲み子から引き離されて監禁されたりした。

私がこの家に来て二、三週間たったころ、農園で働いていた奴隷の一人が主人の命令で町に連れてこられた。着いたときはほとんど夜になっていた。フリント先生の命令で、彼は作業小屋へ連れていかれ、足がやっと地面に届くか届かないかのようにして、梁《はり》から吊り下げられた。そんな状態で、彼は、フリント先生がお茶を飲み終わるまで待たされていた。その夜のことを、私は決して忘れることがないだろう。それまでの私の人生にあっては、何百回もの殴打が続けざまに人間に振り下ろされるのを耳にしたことなどなかった。彼の哀切な呻き声や「ああ、ご主人様、どうかお止めくだせえ」という声が、その後何カ月間も私の耳で鳴り響いた。この恐ろしい懲罰の原因については、さまざまな憶測が流れた。ある人々は、彼がトウモロコシを盗んだから主人に咎《とが》められたのだと言った。別の人々は、その奴隷が奴隷監督の前で自分の妻と言い争い、彼女の子供の父親は自分たちのご主人様だと責めたてたことが原因だと言った。彼ら二人の肌は黒かったが、子供の肌はとても白かった。

翌朝、私は作業小屋へ行ってみた。すると、鞭はまだ血で濡れたままだったし、床板には血糊がべっとりついていた。哀れな男は生き延びて、相変わらず妻との言い争いを続けた。二、三カ月後、フリント先生は彼ら二人を奴隷商人に引き渡した。この罪深い男は彼らの代価をポケットに入れただけでなく、彼らの姿が目の前から消え、その声が耳に届かなくなったことにご満悦だった。奴隷商人の手に渡されようとしたとき、母親が「私を大事にするって約束したではありませんか」と言った。それに対して、「お前はあまりにおしゃべりが過ぎた、この糞ったれめが！」と、彼のほうは答えた。子供の父親が誰であるか口外するのが、奴隷にとって犯罪であるのを彼女は忘れていたのだ。

こういった類のことが起こった場合、迫害は主人以外の人間からもやってくる。かつて私の見たことだが、ほとんど白人に近い子供を産んだ後、すぐに息を引き取っていったある奴隷の娘がいた。激しい苦悶の中で、娘は叫んだ。「ああ、神様、どうか私をお召しくださいませ！」

その傍らには彼女の女主人が立ち、人間の衣をまとった悪鬼さながらに、彼女を嘲っていた。「苦しいかい、ええ、お前？　私はうれしいよ。お前には、当然の報いだ。もっと苦しむがいい」。女主人はそう叫んだ。

娘の母親が言った。「ありがたいことに、赤ん坊は死んだ。このかわいそうな娘も、すぐに天国に召されるだろう」

「天国だって！」と、女主人が言い返した。「こんな女や合いの子のために、天国なんてあるもんか」

哀れな母親は、すすり泣きながら顔をそむけた。瀕死の娘がか細い声で母親を呼んだ。母親が娘の上に身をかがめたとき、次のような言葉が私の耳に届いた。「そんなに悲しまないで、お母さん。神様はすべてをご存知よ。あの方は私にお慈悲をくださるわ」

その後、娘の苦しみ方がひどくなると、女主人はそこに留まっていられなくなった。しかし、部屋を出て行こうとしたとき、その口元には嘲りの笑みが浮かんでいた。七人の子供たちがこの女主人を母と呼んでいた。哀れな黒人女は、たった一人の子供しかもてなかった。そのわが子がさらなる人生の苦しみを経験せずに、天に召されつつあるのを神に感謝しているとき、母親はわが子の目が死んで閉じるのを見た。

第3章 奴隷の正月

フリント先生は、町に一軒の立派な邸宅と、いくつかの農場と、約五十人の奴隷を所有していた。[1]ほかに、一年契約でたくさんの奴隷を雇っていた。

南部では、奴隷の雇用契約は一月一日に行われる。[2]二日に、奴隷たちは新しい主人のところへ行くことになっている。農場での彼らの労働は、トウモロコシと綿が収穫され積み上げが行われるまでである。それから、二日の休日が彼らに与えられる。木の下で彼らにご馳走をふるまう主人もいる。それが終わると、彼らはクリスマス・イブまで働く。この間に彼らへの重大な告発がなければ、彼らには四日か五日の休日が与えられる。四日にするか五日にするかは、主人ないしは監督がどちらを適当と思うかによる。そして、大晦日の夜がやってくる。彼らは自分のなけなしの全財産、いやもっと正確に言うならば、なけなしのガラクタを掻き集めると、気をもみながら夜明けを待つ。指定の時間に地面は男たち、女たち、子供たちでごったがえす。彼らは、犯罪者のように、運命の宣告を聞こうと待ち構えているのだ。奴隷たちは、自分のいる周囲四十マイル以内で、どの主人が一番人間味にあふれており、どの主人が一番残酷かをよく知っている。

その日に、誰が奴隷に十分な衣類や食べ物を与えているかは簡単に分かる。というのも、その人間は、大勢の奴隷の群れに取り囲まれて、次のように懇願されているからである。「お願えです、旦那さま、今年はおらを雇ってくだせえ。おら本当に一所懸命働きますよ、旦那さま」

もし奴隷が新しい主人と一緒に行くのを嫌がると、行くのに同意し、年の途中で逃げ出さないと約束するまで、鞭打たれたり牢屋にぶち込まれたりする。その奴隷が、無理やり強要された約束など破って当然と考え、その気持ちを翻そうものなら、捕まえられたときはひどい目に遭わされる！　血が足元に流れるまで鞭打たれた上で、その硬直した手足につながれた鎖を引きずりながら、何日も何日も畑に出なければならない！

もし彼が次の年まで生きていれば、雇用更新の場に臨む機会も与えられないまま、同じ男に再び雇われることとなるだろう。こうして、契約雇用の奴隷たちの配分が終わると、次に、売買用の奴隷たちが呼び出される。

ああ、幸せで自由な身の女性読者の皆さん、あなた方の正月と、かわいそうな奴隷女の正月とを比べてみてください！　あなた方にとって、正月は楽しいときです、その日の光は幸福に満ちています。いたるところで、あなた方はあたたかく祝福され、たくさんの贈り物をもらいます。疎遠だった人々も、この時期には心をやわらげ、閉ざしていた口を開けて「新年おめでとう」と呼び返します。子供たちは可愛らしい贈り物を手にしてやってくると、ばら色の唇でキスを求めます。彼らはあなた方のものであり、死の手以外に彼らをあなた方から奪うことはできません。

しかし、奴隷の母にとって正月の元旦は、特別な悲しみとともにやってきます。彼女は自分の小屋の冷たい床に座り、わが子たちをじっと見守り続けています。彼らは全員翌朝には、自分から引き離されるかもしれないのです。しばしば、彼女は夜の明ける前に、自分と子供たちが死んでしまうことさえ願います。彼女は無知な生き物かもしれません。子供のときから残忍な扱いを強いてきたシステムによって、卑しめられてきました。でも、彼女には、母親の本能があります。母親の苦悩を感じとることができます。

こうした奴隷売買が行われたある日、私は七人の子供の先頭に立って競り台へ上がった一人の母親を目撃することとなった。彼女は子供たちのうちの何人かが、自分のもとから連れ去られるはめになるのは知っていた。しかし、連中は全員を連れ去ってしまった。子供たちのほうは、ある奴隷商人に売られ、母親のほうは、彼女と同じ町に住むある男によって購入された。夜もこないうちに、子供たちのすべては、遠くへ連れられて行った。母親は子供たちの行き先を教えてほしいと奴隷商人に頼んだが、彼は教えるのを拒んだ。一人ずつ、最も高い値のつくところならどこへでも売るつもりでいるのだから、どうして彼に教えることができるのか。私はその母親を町の通りで見かけた。彼女のすさんでやつれた顔は、今でも私の心に残っている。彼女は苦悩の表情を浮かべ、両手を振り絞りながら叫んだ。「行ってしまった！　みんな行ってしまった！　なぜ神様はわたしを殺してくださらないのだ？」　私には彼女を慰める言葉がなかった。このような例証は毎日、いや毎時間起こっていることなのである。

奴隷所有者たちは、この制度特有の方法を用いて、労働で疲弊しきった老奴隷たちを処分する。私の知っているある年老いた女性は、七十年のあいだ忠実に主人に仕えてきた。彼女は、過酷な労働と病気がたたって、ほとんど足腰が立たなくなってしまった。彼女の所有者はアラバマ州に引っ越して行った。しかし、年老いた黒人女性は後に残され、二十ドルの代価を出す人なら誰にでもということで、売りに出された。

第4章 人間らしく感じようとした奴隷

私がフリント先生の家にきてから二年が過ぎた。この間、私は経験による知識はたくさん得たが、それ以外の知識を得る機会はほとんど与えられなかった。

私の祖母は、孤児になった孫たちに対して、精いっぱい母親代わりをつとめてくれた。忍耐とゆるみない勤勉のおかげで、彼女はいまや居心地のよい小さな家庭の女主人だった[1]。生活に必要なものはすべて揃っていた。もし彼女の子供たちがこれらを一緒に分かち合えたら、彼女はどんなに幸せだっただろう。彼女のもとには、たった三人の子供たちと二人の孫しか残っていなかった。その全員が奴隷だった。そんな彼女が最も心をくだいたのは、いまの生活が神様の思し召しだと私たちに感じさせることだった。神様は私たちをこのような境遇に置くのがふさわしいと思われた。たとえそれがいかに辛く見えようと、足るを知るべくお祈りしなければならない、そう彼女は私たちに説いた。

これは、自分の子供を自分のものだと言えなかった一人の母親の説く、見事なまでの神への帰依だった。しかし、私と、彼女の下の息子ベンジャミンは、それを受け入れられなかった。私たちが彼女みたいになるほうがずっと神の思し召しに適っているというのは、得心のいく話だった。私たちも祖母のような家庭が持ちたかった。そこには、いつでも、私たちの苦しみを癒してくれるものがあった。彼女はとても愛情に富み、人の気持ちを理解してくれた！　いつでも笑顔で私たちを迎え入れ、辛抱強く私たちの悲しみに耳を傾けてくれた。彼女はすごく希望に満ちた話し方をするので、気づかぬうちに暗雲は陽光に変わっていった。そこにはどっしりした大きなオーブンがあり、町の人々のためにパンやおいしいものが焼かれていた。そこではいつでも、とびきりおいしいものが私たちのことを待っていてくれるというのも分かっていた。

　しかし、ああ！　この古いオーブンの魅力でさえ、私たちを自分たちの過酷な運命に甘んじさせることはできなかった。今やベンジャミンは、頑丈でしなやかな体つきをした、背の高いハンサムな若者に育っていた。奴隷としては、勇敢で図太い精神の持ち主だった。弟ウィリアムもいまは十二歳だったが、七歳の少年のときに持ったご主人様という言葉への嫌悪感を、相変わらず持ち続けていた。彼は何ごとであれ私に打ち明けた。悩み事が生じると、私のところへやってきた。特にある一つのことが、私の記憶に残っている。それは、すばらしい春の朝のことだった。太陽の光があちこちで踊っていた。それに気づいたとき、私には、その美しさも私の悲しみをあざ笑っているかのように思われた。というのは、私の主人が刺すような、焼け焦がすような言葉を投げつけて立ち去っていったばかりだったからである。その言葉は、炎となって私の耳や脳を傷つけた。彼は落ち着かずに、絶えず獲物をあさる悪辣な性格の持ち主で、昼夜の別なく、誰か貪《むさぼ》り食える者がいないかとうろつきまわっていた。[2]本当に唾棄《だき》すべき男だった！　いつの日か彼が地上を歩いているとき、大地が口を開けて彼を呑み込み、この世からその忌まわしい存在を消し去ってくれたら、私はどんなにうれしいだろうと思った。

に！

もし私にとって純粋で心温まる場所があるとすれば、それはベンジャミンともう一人の人物の心の中だと私は信じていた。このもう一人の人物を、私は少女の初恋の熱い思いを込めて愛した。主人はそれを知り、あらゆる手段で私をみじめな気持ちにさせようとした。彼は肉体的な懲罰こそ加えなかったものの、人間が考えつくかぎりのけち臭い非道なやり方を駆使した。

初めての罰のことを私は記憶している。それは二月のことだった。祖母が私の古靴を取り上げ、代わりに新しい靴をくれたのだ。私にはそれが必要だった。というのは、雪が数インチ〔一インチは約二・五センチ〕も積もり、なおも降り続けていたからである。私がフリント夫人の部屋を通ったとき、新しい靴がキーキー音を立て、彼女の繊細な神経を苛立たせた。彼女は私に声をかけ、何がそんなにひどい音を立てているのかと聞いた。私は自分の新しい靴が原因だと答えた。「そんな靴は脱ぎなさい。それをまた履いたら、火の中に投げ込んでしまうよ」と、彼女は言った。

私は靴を脱ぎ、靴下も脱いだ。そのあとで、彼女が私を長い道のりの使いに出した。雪の中を歩いていったとき、私の裸足は刺すように痛んだ。その晩、私の声はとてもえがらっぽかった。明日は病気になり、たぶん死ぬだろうと考えながら、私はベッドに向かった。目覚めて悲しかったのは、私がまったく元気になっていたことだ！

もし私が死んだり、病気でしばらく引きこもったりすれば、私を「悪がき」と呼んで嫌っていたことから、女主人は良心の呵責に苦しむだろうと想像した。私がこんな突拍子もない想像にふけったのは、彼女のことをまるで知らなかったからである。

フリント先生は、ときどき、非常に高い値段で私を買いたいとの申し出を受けることがあった。しかし、彼はいつも「あの子はわしのものじゃない。わしの娘のものだ。わしにはあの子を売る権利はない」と言っていた。答としては申し分なし、正直な人でいらっしゃる！　私の幼い女主人はまだ子供で、彼女からはどんな保護も受けることはできなかった。私は彼女を愛し、彼女も私の愛情に応えてくれた。かつて彼女の父親が、彼女は私になついていると、それとなく口外するのを聞いたことがある。夫人のほうは、直ちに、それは恐怖のなせるワザよ、と答えていた。これは私の心に、不快な疑いを植えつけた。あの子供は感じもしないことを、感じたふりをしたのだろうか。それとも、彼女がわずかな愛情を私に抱いたことで、母親が嫉妬したのだろうか。私は後者だと結論をくだした。「間違いなく、幼い子供というものは、正直だ」。そう私は、自分で自分に言い聞かせた。

ある日の午後、私は縫い物をしながら座っていたが、いつになく気持ちが塞いでいた。女主人が私にひとつの罪をなすりつけたのだ。私はまったく身に覚えがないと主張した。しかし、人を見下したように口を曲げている彼女の様子から、私が嘘をついていると思い込んでいるのは明らかだった。

神はどのような賢明な配慮から、このような茨の道を私に歩ませているのか、これからまだもっと暗い日々が私を待ち受けているのだろうか、私は思案に暮れていた。そんなふうに考えながら座っていたとき、ドアが静かに開き、ウィリアムが入ってきた。「ウィリアム、どうしたの。今度は何が起こったの」と、私は聞いた。

「ああ、リンダ、ベンジャミンと彼のご主人様とが、ひどいことになっちゃったよ！」と、彼が言った。

私が最初に思ったのは、ベンジャミンが殺されたということだった。「怖がらなくても大丈夫だよ、リンダ、すべてを話してあげるから」と、ウィリアムは言った。

話の中身はこうだった。ベンジャミンの主人が彼を呼びにやったのだが、彼はすぐ命令に従わなかった。彼が行ったとき、主人は腹をたてて鞭で打ち始めた。彼は抵抗した。主人と奴隷は取っ組みあい、最後に主人が投げ飛ばされた(5)。ベンジャミンには、身震いしなければならない理由があったというのは、彼が地面に投げつけたのは、町で最も金持ちの男の一人だったから。私は結果がどうなるか、気をもみながら待っていた。

その夜、私はそっと祖母の家に行った。ベンジャミンも、人目を忍んで主人の家からそこに来ていた。祖母は田舎に住む昔の友達のところへ、二、三日の予定で出かけていた。

「お前たちにさよならを言いにきた。俺は出て行くつもりだ」とベンジャミンが言った。

私は、どこへ行くのかと聞いた。

「北部だよ」と彼は答えた。

私は彼が本気かどうかを確かめようと、彼にじっと目をそそいだ。彼の固く結んだ口元から、これは本気だと思った。私は行かないでくれと頼んだが、彼は私の言葉を意に介さなかった。彼は自分はもう子供じゃない、自分をつないでいるくびきが日に日に耐え難くなってきたと言った。彼は自分の主人に手を上げ、その結果、公衆の面前で鞭打たれることになっていた(6)。私は彼に、知らない人々の間で味わう貧乏や困難のことを思い出させた。捕まえられ、連れ戻されるかもしれないとも言った。それは考えただけでも恐ろしいことだった。

彼はいらだってきて、自由に伴う貧乏や困難のほうが、奴隷制のもとでの自分たちの境遇よりずっとましではないかと私に問いただした。「リンダ」と彼は続けた。「ここでは俺たちは犬だ。俺たちはぞんざいに扱われ、まったくみじめな家畜のようなものだ。いやだ、俺はとどまるつもりはない。連中が連れ戻せるものなら、連れ戻せばいい。どうせ死ぬのは、一回だけだ」

彼は正しかった。でも、彼を失うことは辛かった。「行けばいいでしょ。きっと、あんたの母さんの胸は、張り裂けるわ」。そう私は言った。

この言葉が口から出た途端に、私は後悔していた。

「リンダ、どうしてそんな言い方ができるんだ？　かわいそうな母さん！　母さんにはやさしくしてやってくれ、リンダ。従姉のファニー[7]、あんたにも頼んだよ」と彼は言った。その夜の彼の言い方は、いまだかつて聞いたことのないものだった。

従姉のファニーというのは、何年も私たちと一緒に住んでいた身内だった。

別れの挨拶が取り交わされた。彼はたくさんの愛情あふれる行為で、私たちに慕われてきた。その聡明でやさしい若者が、私たちの前から姿を消していった。

彼の逃亡の仕方を説明する必要はないだろう。ただ次のことだけは言っておこう。激しい嵐が船を襲ったとき、彼はニューヨークへ向かう途中だった。船長は一番近い港に寄港しなければならなくなったと言った。それを聞いて、ベンジャミンは危険を察知した。故郷に近い港のどこにでも、自分の手配書が出回っているのを知っていたからである。彼の不安げな様子が船長の注意を引いた。彼らは港に入った。港で船長は手配書に目をやった。ベンジャミンは人相書きにぴったりだったので、船長は彼を捕まえて鎖につないだ。嵐が通り過ぎてから、彼らはニューヨークへ向かった。港に着く前に、ベンジャミンは何とか鎖をはずし、それを船外に投げ捨てた。彼は船から逃げ出したが、追跡され、捕らえられ、彼の主人のもとに連れ戻された。

祖母が帰宅して、末の息子の逃亡を知ったとき、彼女はひどく悲しんだ。しかし、持ち前の敬虔な気持ちから「これも神様の思し召しだ」と言った。彼女は毎朝、何か息子についての知らせがなかったかどうか問い合わせた。確かに、知らせはあった。ベンジャミンの主人は、自分の奴隷の逮捕を告げ知らせる手紙に大喜びだった。

その日のことはまるで昨日のことのように、よく覚えている。彼が鎖につながれ、通りを牢獄へ引っ張って行かれるのを私は目にした。彼の顔はぞっとするほど青かったが、断固たる決意にみなぎっていた。彼はあらかじめ船の水夫の一人に、母の家に行って、自分の前に現れるなと言ってくれるよう頼んでいた。母の苦悶するさまを見たら、自分を抑えきれなくなるというのである。祖母は彼の姿を見ずにいられなかったので、出かけていった。しかし、息子が取り乱すといけないので、言われたとおりに彼女は人込みの中に紛れ込んでいた。

私たちは、彼に会いに行くのを許されていなかった。しかし、看守は私たちの長年の知り合いだったし、心のやさしい人だった。彼は真夜中に牢獄の扉を開け、祖母と私が変装して中へ入れるようにしてくれた。私たちが監房の中に入ったとき、シーンとして物音ひとつ聞こえなかった。「ベンジャミン、ベンジャミン！」と、祖母が小声で呼んだ。返事はなかった。「ベンジャミン！」と、祖母がもう一度ためらいがちに声を出した。じゃらじゃらという鎖の音がした。月がちょうど上ったところで、窓の横木からぼんやりした光が差し込んできた。私たちはひざまずき、ベンジャミンの冷たい手を取った。私たちは一言もしゃべらなかった。すすり泣きの声がした。ベンジャミンの固く閉ざした唇が開いた。なぜなら、母親が彼の首を抱いて泣いていたからである。あの悲しい夜のことは、今でもありありと甦ってくる！　母と息子は共に語らい合った。息子は母に与えた苦しみの許しを求めた。母のほうは、許すようなことは何もない、自由を求めることを咎めることはできない、と言った。息子は、捕獲された際に一時手を振り払えたので、川に飛び込もうとしたが、母のことを思ってとどまったと話した。母は神様のことも考えてみたかと聞いた。月の光の中で、私は息子の顔に猛々しい表情が浮かぶのを見たと思った。息子は答えた。「いや、俺は神のことなど考えなかったよ。人間が獣のように追われるとき、神や天国があるなんてことは忘れてしまう。猟犬から逃れようとあがいているときには、何もかも忘れてしまうものなんだ」

「そんな言い方をしてはいけないよ、ベンジャミン」と母は言った。「神様を信じ、謙虚な気持ちをもつことだ、ねえ、お前。そうすれば、お前のご主人も許してくださるだろう」

「何の許しを得ようって言うんだい、母さん？　俺のことを、犬のように扱わないための許しかい？　いやだね！　もう奴になんぞ、頭を下げるつもりはない。俺は、今までずっと、奴のためにただ働きをしてきたんだ。その結果が、鞭打ちと投獄という報酬だ。俺は死ぬまでここにいるよ。さもなければ、奴が俺を売るまでね」

哀れな母親は、彼の言葉を聞いて身震いした。彼もそのことに気づいたようだった。というのは、次に彼が話し出したとき、その声は前より落ち着きを取り戻していたから。「母さん、俺のことで気をもむのはやめてよ。俺なんか、それに値しないさ」と彼は言った。「俺に少しでも母さんみたいな寛容さがあったらなあ。母さんは、何でも辛抱強く耐えている。まるで平気の平座みたいにね。俺も、そうできたらいいと思うよ」

祖母は彼に、自分だっていつもそうだったわけではないと語った。昔は、彼のようだった。でも、耐え難い困難に見舞われたとき、自分には寄りかかる腕がなかったので、神様の名を呼ぶようになった。すると、神様は重荷を軽くしてくれた。祖母はそんなふうに語り続けた。そして、彼にも同じようにしてくれと懇願した。

私たちは長く居すぎたので、急いで牢獄から出なければならなかった。

ベンジャミンが牢獄に入れられて三週間たったとき、祖母は彼の主人に彼のことをとりなしに行った。主人は心を動かされなかった。主人によれば、ベンジャミンは他の奴隷たちの見せしめになるべきだというのである。おとなしくなるか、一ドルでもよいから、値がついて売れるまで、彼を牢獄に入れたままにしておくと言った。しかし、その後、主人の気持ちは少しやわらいだ。ベンジャミンの鎖は取りはずされ、私たちの訪問も許された。

彼の食事はひどく粗末なものだったので、私たちは看守にちょっとしたぜいたく品を付け届けして、できるだけ頻繁に温かい夕食を彼のもとに運んだ。

三カ月が過ぎ去ったが、釈放の見通しはなかった。また、彼の買い手も現れなかった。ある日のこと、彼が歌ったり笑ったりしているのが、ひとに聞かれてしまった。この不謹慎な行為は主人に報告された。すると、主人は再び彼を鎖につなぐよう監督に命じた。今度は彼は、汚らしいぼろを着た他の囚人たちと一緒の部屋に閉じ込められた。ベンジャミンは他の囚人たちのそばに鎖でつながれたので、すぐに虱にたかられてしまった。彼は鎖を外そうといろいろ試み、何とか外すことに成功した。彼はその鎖を窓の横木越しに手渡し、それを主人の所に持っていき、彼が虱にたかられていると伝えるように頼んだ。

この大胆不敵な行動の罰として、彼はもっと重い鎖に繋がれた。私たちの訪問も禁止されてしまった。

祖母は新しい着替えを、彼のところへ送り続けた。古い洋服は焼き払われた。私たちが牢獄で彼に会った最後の夜、彼の母親は、主人にここに来てもらい、許しを乞えと彼に懇願した。どんなに説得しても、またどんなに筋道立てて論じても、彼の気持ちを変えることはできなかった。彼は平然と答えた。「俺は、奴に一泡ふかせる時を待っているんだ」

彼の鎖の音はもの悲しく響いた。

さらに三カ月が過ぎ、ベンジャミンは牢獄の壁を離れた。彼を愛していた私たちが待っていたのは、最後に長々しい別れの言葉を言うためだったのだ。ある奴隷商人が、彼を購入した。読者の皆さんは、十歳の彼の売却価格について私がした話を、覚えておいででしょう。今の彼は二十歳を過ぎているのに、三百ドルの売り値だった。主人は自分の利益を度外視していた。長い監禁生活で、彼の顔色はすっかり青白くなり、身体はとてもやせていた。しかも、奴隷商人はある程度彼の性格に関する情報を得ていた。それは奴隷にふさわしいとは、とても思われなかった。この顔立ちのよい若者が、女の子だったらいくらでも金をはずむんだがね、と彼は言った。私たちは、ベンジャミンが女の子でなかったことを神に感謝した。

もしもあなたが、手首を鉄の鎖で縛られようとしているわが子にすがりつく、そんな母親の姿を見るようなことがあれば、またあなたが、胸も張り裂けそうな彼女の呻き声に耳傾けるようなことがあれば、あるいはあなたが、空しく哀れみを乞いつつ周りの人々の顔に血走った目をさまよわせる、そんな彼女の姿を見るようなことがあれば、さらにまたあなたが、私の見たような光景を目撃するようなことがあれば、あなたは声を張り上げて言うでしょう、奴隷制は実に忌わしい！　と。

一番のお気に入りだった末っ子のベンジャミンが、永久に行ってしまった！　祖母にはそのことが実感できなかった。彼女はベンジャミンを買うことができるかどうか確かめたくて、一度奴隷商人と会っていた。奴隷商人は、州外に出るまで彼を売らないという念書を手渡しているので、それは不可能だと彼女に告げた。ニューオーリーンズに着くまではベンジャミンを売らないと、彼は約束していたのだ。

たくましい腕と変わることのない神への信頼の念に支えられて、祖母は愛の作業にとりかかり始めた。ベンジャミンを自由の身にしなければならない。たとえそれが実現できたとしても、母と子が一緒になれないだろうということは、彼女にも分かっていた。しかし、犠牲的精神はすべてを乗り越えていく。夜も昼も彼女は働いた。奴隷商人が彼女に示す値段は、実際に奴隷商人が支払ったものの三倍にもなるだろう。でも、彼女は希望を失わなかった。

彼女は弁護士を雇って、ニューオーリーンズ在住の、ある知り合いの紳士宛てに手紙を書いてもらった。彼女の願いは、ベンジャミンを助けるべく、その紳士に奔走してもらうことだった。彼は快くそれを引き受けてくれた。彼がベンジャミンに会い、自分の来た目的を伝えると、ベンジャミンは彼に感謝した。しかし、ベンジャミンは、奴隷商人に購入の申し出をする前に、もうしばらく様子をみていたいと言った。奴隷商人がベンジャミンに高値を付けようとして、いつも失敗しているのを、ベンジャミンは知っていたのだ。そのことがベンジャミンを勇気づけ、自らの手で自由を獲得する努力を再開しようという気にさせていた。そんなわけで、ある朝、まだ夜明けも遠いうちに、ベンジャミンの姿はどこにもいなくなっていた。彼はボルティモアを目指して、青い波の上を疾走していた。

生涯でただ一度、その顔の色の白さが彼を助けるのに役立った。そうでなければ、法律が徹底的に運用されることとなり、人々は、そんなに白い顔の持ち主が奴隷だなんて思いもしなかった。そうでなければ、このものは奴隷制へと連れ戻されていただろう。最も明るい空は、最も暗い雲によく覆われることがある。ベンジャミンは病気に罹り、ボルティモアに三週間も滞在しなければならなくなった。彼の体力はなかなか戻らなかった。旅を続けたいとあせる気持ちが、その回復を遅らせているような気がした。新鮮な空気もなく、また運動もせずに、どうやって体力をつけることができるだろうか。彼は思い切って、ちょっとした散歩をすることにした。裏道を選んだ。そうすれば、知り合いに会わず安全だと思えたからである。ところが、ある声が呼びかけてきた。「やあ、お前はベンじゃないか！　こんな所で何をしているんだい？」

彼の最初の衝動は、逃げることだった。しかし、足が震えて一歩も動けなかった。彼は振り向いて、敵と向き合った。すると、見よ、そこに立っていたのは、かつての主人の隣人だった！　最早これまでだと、彼は観念した。しかし、そうではなかった。その人は奇跡だった。彼はたくさんの奴隷を所有していたが、人間の心という神秘的な時計に耳をかさない男ではなかった[8]。心がカチカチと時を刻む音は、稀に奴隷所有者の胸にも聞こえるのだ。

「ベン、お前は病気だね」と、彼は言った。「なんともまあ、幽霊みたいじゃないか。私に出くわしたんで、ちょっとびっくりしたんだろう。心配しなくてもいいよ、ベン。私はお前の邪魔などする気はない。お前は本当にひどい目に会っていたからな。私に構わず、好きなところへ行くがいい。しかし、言っておくが、この厄介な場所はすぐ離れたほうがいいよ。というのは、私たちの町から何人もの人がここには来ているからね」。彼はニューヨークまでの一番近くて、一番安全な道筋を教えたあとで、さらに付け加えて言った。「お前に会ったことを、お前の母親に伝えてやるよ。それじゃ、達者でな、ベン」

ベンジャミンは感謝の気持ちでいっぱいになりながら、その場を立ち去った。自分が憎んでいた町にも、こんな宝石みたいな人がいたというのが驚きだった。この宝石のような人には、もっと美しい背景がふさわしかった。

この紳士は北部生まれの人間だったが、南部の女性と結婚していた。私たちの町に戻ってきたとき、彼は私の祖母に、彼女の息子に会って、自分が手助けした話をした。

ベンジャミンは無事ニューヨークに着き、さらに北へ行くための十分な体力がつくまで、そこに留まることにした。ちょうどその頃、祖母の手元に残っていた唯一の息子[9]が、彼の女主人の所用を果たすため、船でニューヨークに来ていた。神様の思し召しで、二人の兄弟は出会えた。お分かりでしょうが、それは確かに幸せな出会いだった。「やあ、フィリップ。とうとうここへやって来れたよ」とベンジャミンが言った。それから彼は、自分が自由の土地を目前にほとんど死にそうになったことや、どれほど生きて自由な空気を一息でも吸いたいと願ったかというようなことを語った。彼には今や人生が貴重なものになったので、とても簡単には死ねないとも語った。かつて牢獄に入っていたときは、生命など大切でなかった。一度は、死の誘惑にも駆られたことがあった。しかし、何かが、自分でも分からない何かが、彼をおしとどめた。多分、それは恐怖だったのだろう。信心深いと公言する人々が、自殺した者には天国はないと言っていたのを、彼は聞いたことがあった。この地上の人生がとても辛かったので、あの世で同じことは続いてほしくなかった。彼は叫んだ。「俺がいま死んだら、ありがたいことに、俺は自由な人間として死ぬのだ！」

　彼は私の叔父フィリップに、南部に帰らないでここに居て、故郷の家族を買うだけの金を稼ぐまで、一緒に働こうと提案した。彼の兄のほうは、苦しんでいる母親を自分までもが見捨てたら、彼女は死んでしまうと言った。彼女は自分の家を抵当に入れたりして、ベンジャミンを買う金を何とか無理算段して工面した。[10]ベンジャミンには、自らを買ってもらうつもりはないのか。

「ない、絶対にない！」と、彼は答えた。「フィリップ、奴らの手の届かないはるか遠くに来ているというのに、この俺が奴らにびた一文でもくれてやると思うのかい。断じて否だ！　また、この俺が、母さんをあの年で、家から追い出すような真似をすると思っているのかい。二度と会えないというのに、母さんが苦労して稼いだ金を、そっくり俺のために使わせるとでも思っているのかい。だって、子供たちが一人でも奴隷でいる限り、母さんは南部にとどまっているからね。本当にやさしい母さん！　フィリップ、あんたを買えって、母さんに言ってくれ。あんたはずっと母さんの心の支えだったが、俺は迷惑ばかりかけてきた。それからリンダだ、かわいそうなリンダ。彼女はいったいどうなるんだろう？　フィリップ、彼女が奴らにどんな人生を送らされているか、あんたには分からないよ。彼女は俺に少し話してくれた。あの老いぼれのフリントが死んでしまうか、もっとましな人間になってほしいものだ。俺が牢屋にいたとき、俺を許して家に連れ戻すよう俺の主人に頼み込んで欲しいかって、奴が彼女に聞いたそうだ。彼女は、そんな必要はない、ベンは戻ることを望んでいないって、奴に言った。すると、奴は怒り狂い、俺たち二人はそっくりだと言ったという話だ。俺は自分の主人だってあの男の半分も軽蔑しなかった。俺の主人よりひどい奴隷所有者はたくさんいる。でも、どんなことがあっても、フリントという男の奴隷にだけはなりたくない」

ベンジャミンは病気だったとき、必要な出費をまかなうために、自分の衣類のほとんどを手放していた。しかし、私たちの別れに際して、私がその胸に付けてあげた小さな襟留めのピンだけは手放さなかった。それは私が持っていたもののなかで、最も貴重なものだった。それを身に付けること以上に、価値あることなどないと私は思っていた。彼はまだそれを持っていた。

兄のフィリップは弟のベンジャミンに着るものを分け与えただけでなく、持っていた金も渡した。彼らは目に涙を浮かべて、別れを告げた。ベンジャミンが離れていこうとしたとき、彼は次のように言った。「フィリップ、これで俺は血のつながった者たち全部と、別れることになるんだね」。その通りとなった。私たちは、二度と彼から消息を聞くことはなかった。

叔父のフィリップは町に戻ってきた。家に入るや、彼が最初に口にしたのは、「母さん、ベンジャミンは自由になったよ！　おれはニューヨークで彼に会ったんだ」という言葉だった。彼女はあっけにとられて、彼を見つめたまま立っていた。「母さん、信じないのかい」。そう言いながら、彼はやさしく彼女の肩に手を置いた。彼女は両手を上げ、叫び出した。「神様に栄えあれ！　神様に感謝しよう」。彼女はひざまずくと、心をこめて祈った。その後で、フィリップは腰をおろし、ベンジャミンの口にした言葉を一言一句そのまま繰り返すはめとなる。彼はすべてを彼女に語ったが、彼女の最愛の息子が病気で、青ざめていたことだけは語らなかった。彼のために何もしてやれないのに、なぜ彼女を心配させる必要があるというのか。

この勇気ある老婦人は、自分の子供たちを何人でもよいから救出しようと、なおも懸命に働き続けた。その後しばらくして、彼女はフィリップを買うことに成功した。彼女は八百ドルを支払い、彼の自由を保証する大切な書類を持って帰宅した。その夜、幸せな母と息子は炉辺を囲んで一緒に座り、いかに互いを誇らしく思っているかということや、さらにまた、長年白人の面倒をみてきたように、黒人が自分の面倒をみることができる[11]のをどう世間に示すかということなどを話しあった。私たちみんなの結論は、こうだった。「好きこのんで奴隷のままでいたい者は、奴隷のままにさせておけ」

第5章 少女時代の試練

フリント先生の家族に仕えていた初めのうちの何年間かは、私も先生の家の子供たちと一緒になって自由にふるまっていた。それで当然だと思ってはいたものの、私にはそれがありがたかったので、自分の義務を誠実に果たして、その親切に報いようとこころがけた。しかし、私はいまや十五歳となり、奴隷の少女としては、生涯の悲しい時期にさしかかっていた。主人が、耳元でけがらわしい言葉を囁き始めたのだ。私は若かったとはいえ、それらの言葉の意味を知らずにはすまされなかった。私はそうした言葉を無視し、軽蔑しようとした。主人の年齢や私の側の幼さ、さらにはその振る舞いが私の祖母に報告されるかもしれないという懸念などから、主人はそんな私の態度を長いあいだ我慢していた。彼はずる賢い男で、自分の目的を遂げようと、さまざまな手段に訴えた。あるときは嵐のような恐ろしいやり方で、獲物を震え上がらせた。また、あるときは、必ずなびいてくるはずと考えて、やさしい態度をとったりした。どちらかと言えば、私としては、震え上がるだけにせよ、彼が荒々しい気分でいるほうがよかった。彼はあらゆる力を傾けて、祖母が長年にわたって教え込んだ純潔観を打ち破ろうとした。下劣な人間だけが考えつくような不潔なイメージで、私の若い心を満たそうとした。私は嫌悪と憎悪の念を抱きながら、彼のそばから離れていった。しかし、彼は私の主人だった。

私は彼と同じ屋根の下に住むように強制されていた。そこでは、私より四十歳も年上の男が[1]、日々私の眼前で最も神聖な自然の掟を破っていた。彼によれば、私は彼の所有物だから、どんなことでも彼の意思に従わなければならないというのだ。私は心の中でその卑劣な横暴さにむかついていた。だが、どこに助けを求めることができただろうか。その点では、奴隷の少女が黒檀のような黒さであろうと、女主人と同じような白さであろうと、同じだった。いずれの場合でも、辱めや暴力あるいは死からさえ、彼女を保護する法律はひとつもない[2]。こうしたことすべては、人間の姿をした悪魔どもが行うのだ。無力な犠牲者を守るべき女主人は、彼女に対して嫉妬と怒りの感情しか抱かない。奴隷制のうみだす堕落、不正、悪徳の数々は、とても私の筆の力の及ぶところではない。その現実は、読者の皆さんの理解を超えている。もしあなた方が、非道な隷属に苦しむ何百万もの無力な人々の真実を半分でも信じたなら、北部のあなた方は、奴隷制のくびきをきつくする手助けなどしなかったはずである。南部では、訓練された猟犬や最下層の白人たちが、奴隷の主人たちのために行う卑劣で残酷な仕事を、あなた方が、あなた方ご自身の土地で、奴隷の主人たちのために行うなんてことは、確実に拒否したはずである[3]。

どんなところでも、歳月がたてば、すべての人は罪や悲しみでいっぱいになる。しかし、奴隷制においては、人生のまさに曙で罪や悲しみの影に覆われる。いつも女主人やその子供たちに仕えていれば、小さな子供でさえ十二歳になる前から、なぜ女主人が奴隷たちのなかのこれこれの奴隷を嫌っているのかが分かってくる。その子の母親が、嫌われたうちの一人だということだってありうる。嫉妬深い感情の激発を耳にすれば、何が原因かを理解せずにはすまない。彼女は早くから不道徳な事柄に通じるだろう。ほどなく、主人の足音が聞こえると、自分自身が震えるようになる。否応なしに、自分がもう子供でないことに気づかせられる。もし彼女が神から美しさを授かっていれば、彼女の呪いはさらに大きくなる。それは白人女性の場合には賛美の対象でも、奴隷女性の場合には、堕落を加速させるだけなのだ。奴隷制によって残忍な仕打ちを受け過ぎたあまり、屈辱的な状況を実感できなくなる人がいるのを、私は知っている。しかし、多くの奴隷たちは、とても痛烈に屈辱を感じ、思い出したくないと考えている。私が自分の受けた非道にいかに苦しんだか、また今でもその思い出にいかに心を痛めているかを伝えるのは不可能だ。私が振り向くと必ずそこに主人がいて、私は彼の所有物だということを思い出させ、私を何としてでも意のままにすると、天地にかけて誓った。休みなく続く一日の労苦を終えて、新鮮な空気を吸おうと外に出ても、彼の足音が追いかけてきた。私が母の墓にひざまずいていても、そこにさえ彼の黒い影が落ちた。自然が私に与えてくれた明るい心も、悲しい予感で暗いものになっていった。主人の家の他の奴隷たちも、この変化に気づいた。彼らの多くは私に同情してくれたが、誰もそのわけを聞こうとしなかった。聞く必要がなかった。彼らはこの家の罪深い行為のことを、知りすぎるほど知っていた。また、それを口にすれば、必ず罰せられるということにも気づいていた。

私は誰かに打ち明けたいと思った。もし祖母の誠実な胸に顔をうずめ、困難のすべてを話すことができたら、私は他に何も欲しくなかった。しかし、フリント先生は、私が静かに黙っていなければ、私を殺すと断言した。それに、祖母は何より大切な人だったが、私は彼女を愛すると同時に恐れてもいた。ほとんど畏怖に近い敬意の念をもって、いつも私は彼女を見上げてきた。私はまだまだ幼かったし、祖母が特にこうした問題に厳格なのを知っていたので、こんな汚らわしいことを彼女に聞かせるのが恥ずかしかった。しかも、彼女は気概ある女性だった。通常の振る舞いはすごくもの静かだったが、いったん憤怒を掻き立てられると、それを鎮めるのは容易でなかった。昔、自分の娘の一人を侮辱したからといって、実弾入りのピストルを持って、白人の男のあとを追っていったと言われている[4]。私は激しい憤りの結果が恐かった。誇りと恐怖の両方から、私は沈黙した。しかし、祖母に打ち明けもせず、また彼女の油断のない見張りや詰問さえはぐらかしはしたものの、近所に祖母がいるということ自体が、私をある程度守ってくれた。かつての彼女は奴隷でも、フリント先生には彼女が怖かった。彼は彼女の痛烈な非難を恐れていた。しかも、彼女は多くの人々に知られ、贔屓《ひいき》にされていた。彼は自分の悪行が、みんなに知られるのを望まなかった。遠く離れた農園でなく、住民が互いのことを知っている、そんなに大きすぎない町に住んでいたのが、私の幸運だった。奴隷を所有しているような社会の規則や慣習はひどいものだったが、それでもなお専門的な職業人としての医者は、品位ある外観を保つことが賢明だと考えられていた。

　ああ、あの男が私に与えた恐怖と悲しみの昼と夜！　読者の皆さん、奴隷制のもとで私が受けた苦しみをありのままあなた方に伝えるのは、私に対する同情を引き出すためではありません。いまだに奴隷の状態におかれ、私がかつて経験した苦しみを今なお味わっている私の姉妹のために、あなた方の心に同情の火を灯すためなのです。

　私はかつて二人の美しい少女が一緒に遊んでいるのを見たことがある。一人は綺麗な白人の子供で、もう一人は彼女の奴隷であるとともに、彼女の姉妹でもあった。二人が抱き合っているのを目にし、二人の楽しそうな笑い声を耳にしたとき、私は悲しい気持ちになって、この美しい光景から目をそむけた。私の目には、幼い奴隷少女の心に避けがたく覆いかぶさるはずの未来の暗い影が見えていた。彼女の笑い声が、すぐにため息に変わるのが分かっていた。綺麗な子供はさらに綺麗な女性へと成長していくはずだった。少女から女性へと至る彼女の道には、花が咲き乱れ、さんさんと陽の光がふりそそいでいた。彼女の人生は、ほとんど一日たりとも、雲に覆われたことがなかった。だから、彼女の幸福な婚礼の朝も、陽の光が昇っていった。

彼女の子供時代の幼い遊び友達だった奴隷の妹のほうは、この間の歳月、どうであったか。彼女もまたとても美しかった。しかし、愛情に満ちた花々や陽の光は、彼女とは無縁だった。虐げられた彼女の人種が無理やり飲まされる罪と恥辱と不幸の杯、それを彼女はなめていた。

こういった事柄を目にしながら、北部の自由な男と女である読者の皆さん方は、なぜ沈黙を守っておいでなのですか。なぜあなた方は、正義を主張するとき、口ごもったりするのですか。私にもっと才能があったらと、本当に願わずにはいられません！　しかし、私の胸はいっぱいでも、私のペンの力はいかにも弱い！　私たちのために弁じたててくれる、高潔な男性や女性がいます。彼らは、自らを救うことのできない人々に、手を貸そうと頑張っています。その人たちに、神様の祝福がありますように！　神様、彼らに前進する力と勇気をお与えください！　あらゆるところで人類の進歩のために力を尽くしている人々に、神様の祝福がありますように！

第6章
嫉妬深い女主人

私の考えでは、自分の子供には、アメリカの奴隷として最も甘やかされた存在でいるより、アイルランドの半分餓死しそうな貧しい子供でいてもらうほうが一万倍もいい(1)。道徳的にだらしのない主人と嫉妬深いその夫人と一緒に暮らすより、墓の中で永遠の安らぎをうるまで、一生農園で汗水流して働くほうを私は選びたい。刑務所の中の極悪犯の暮らしのほうが、もっと好ましいと言える。彼は罪を悔い、誤った自分の生き方をやめ、安らぎを見出すかもしれない。しかし、主人の愛顧をえた奴隷の場合には、そうはいかない。自分は自分だとの誇りをもつことすら、許されない。彼女が貞淑であろうとすることは、ひとつの犯罪と見なされるのだ。

フリント夫人は私の生まれる前から、自分の夫のような性格をどう扱ったらよいかを心得ていた。彼女はこの知識を活かして、奴隷の中の年若いものや無垢なものの相談役になったり、彼女たちを守ってやることができたはずである。だが、彼女には、奴隷たちに同情する気は少しもなかった。奴隷たちは、いつも彼女の疑惑と敵意の対象だった。彼女は絶えず夫に目を光らせていたが、彼のほうはそれをうまくかわす術を身につけていた。言葉で伝えられない場合があると、彼はそれを身振りで示した。聴覚や言語機能に障害のある人たちの施設ですら考えつかないような身振りを、彼は考案した。私のほうはそういった彼の合図を無視して、彼が何を言いたいのか分からない振りをした。そんなふうに愚かさを装ったために、私はたくさんの悪態や脅しを浴びた。ある日、彼は私が書き方の練習をしている現場に出くわした。[2] まったく気にいらないと言わんばかりに、彼はまゆをひそめた。しかし、私の素養が高まることは、彼の胸中にある計画に便利だという結論に達したのだろう。すぐに、私の手にメモがこっそりと入れられるようになった。「私は読めません、旦那様」と言って、私はそれらを突き返した。「読めないだって?」と、彼は答えた。「それなら、わしが読んでやろう」。読み終わると、彼はいつも「分かったか」と聞いてきた。ときどき彼はティールームが暑すぎるといって、夕食をベランダの小さなテーブルに用意させた。ご機嫌そのものといった笑顔を浮かべて、彼はそこに座ると、私にそばに立って蝿を追うよう命じた。一口食べるごとに休みをとって、ゆっくりと食べていた。彼はその休みの時間を使って、私が愚かにも投げ捨てている幸せがどういうものかと語ったり、頑《かたく》なに彼を拒絶していると最後には罰を受けることになるぞと脅したりした。私相手に発揮してきた自らの自制心を大いに誇ったり、その彼の忍耐にも限度があると言ったりした。家で彼が私に話しかける機会を、私がうまく避けるようになると、彼は用事にかこつけて私を病院のオフィスに呼びつけた。そこに行ったときには、彼が私に聞かせたがっている言葉に否応なく耳を傾けざるをえなかった。ときどき、私はあからさまに彼への軽蔑の念を口にしたので、彼はひどく怒った。なぜ彼が私を殴らないのか、私には不思議だった。彼の置かれた状況からすれば、寛容であるほうが賢明な方策だと考えたのだろう。しかし、事態は日に日に悪化していった。私は捨て鉢な気持ちになり、祖母に保護を求めずにはいられない、またそうするつもりだと彼に伝えた。彼のほうは、もし私が祖母に訴えれば、私を殺すかもっとひどい目にあわせると脅した。奇妙なことを言うようだが、私は少しも絶望していなかった。生まれつき楽天的な性格だったし、何のかの言っても、結局は彼の魔手から逃れられるという希望をいつも持っていた。過去に生きた貧しくて単純な多くの奴隷たちと同じように、私は自分の暗い運命には、ある喜びの糸が織り込まれていると信じていた。

私は十六歳という年齢に達した。私の存在がフリント夫人に耐えがたいのは、日々明らかになっていった。彼女と夫との間では、しばしば、とげとげしい言葉が交わされた。彼は自分で私を罰したことはなかったし、他の誰にも私を罰するのを許さなかった。その点が彼女にはとても不満だった。だから、腹立ちまぎれに私に浴びせかける悪態は、この上ないすさまじさだったが、彼女にはまだ足りなかった。とはいえ、そんな調子で彼女にひどく嫌われていても、私は彼女に同情していた。その同情は、彼女の人生を幸せにする義務のある夫の同情よりはるかに大きかった。私は彼女のことを悪く受け取っていなかったし、また悪く受け取りたいとも思わなかった。彼女のやさしい一言があれば、私は彼女の足下にひれ伏したことだろう。

先生と夫人のあいだのいさかいは、何度も繰り返された。その挙げ句、彼は当時四歳の末娘[3]を自分の部屋に連れていき、そこで寝かせるとみんなに宣言した。子供が起きたときすぐ手近なところにいるように、召使いが一人同じ部屋に寝る必要があった。私がその任務に選ばれ、どういう目的でそう取り決められたかが伝えられた。これまで、日中はできるだけ人目のある場にいるようにして、私は主人をうまく避けることができていた。もっとも、主人のほうはたびたびカミソリを私の喉にあて、そのやり方を変えるよう迫ってきていたのだが。夜は伯母[4]のそばで寝た。そこでなら、私は安心できた。彼は非常に慎重だったので、その部屋までは入ってこなかった。彼女は年をとっていたし、長いあいだこの家で暮らしていた。さらに、結婚している男として、また知的職業に携わる人間として、彼にはある程度の体面を保つ必要があった。だが、彼は絶対に自分の目的の邪魔は取り除こうと決めていた。彼の考えに従えば、この計画は自分に疑惑を招くことがなかった。年老いた伯母のそばで寝て、私がうまく避難場所をせしめていたのを、彼は十分承知していた。そこで、彼は私からその避難場所を奪おうと決めたのだ。最初の夜、先生は子供を自分の部屋に一人で寝かせた。翌朝、私は乳母として次の夜から所定の位置につくよう命じられた。ある種の神の摂理が、私に好意的に作用してくれた。その日のうちに、この新しい手筈は、フリント夫人の聞き及ぶところとなった。嵐がやってきた。私はそれが荒れ狂っていると聞いて喜んだ。

しばらくすると、夫人が部屋に来るよう私を呼びつけた。彼女の最初の質問は、こうだった。「お前は、先生の部屋で寝ることになったのを知っているね」

「はい、存じております、奥様」

「誰がお前にそう言ったの」

「ご主人様です」

「お前は、わたしが尋ねる質問に、全部正直に答えてくれるかい」

「はい、答えます、奥様」

「お前がわたしに許してもらいたいのなら、いいかい、ちゃんと言うんだよ。お前は、わたしが咎めだてしていることに対して、潔白なんだね」

「潔白です」

彼女は私に聖書を渡し、次のように言った。「胸に手を置き、この聖なる本に口づけをし、神の前で、わたしに本当のことを言うと誓いなさい」

私は要求された通りの宣誓を行った。そうすることに対して、私は何のやましさもなかった。

「お前は神かけて、自分が潔白だと証言したんだよ」と、彼女は言った。「もしお前が嘘をついていれば、地獄堕ちだよ！　さあ、この腰掛に座って、わたしの顔をまっすぐ見て、ご主人様とお前とのあいだに起ったことを全部話しなさい」

私は彼女の命令通りにした。私が話を進めていくにつれ、しばしば彼女の顔色は変わった。彼女は泣いたり、時には、呻き声を出したりした。彼女がとても悲しそうな声で話したので、私の心はその悲しみに動かされた。私の目に涙が出てきた。しかし、そうした彼女の感情の動きも、怒りと傷つけられた誇りからきていたのを、私はすぐに見てとった。結婚の誓いが汚され、自らの尊厳が傷つけられたと感じてはいるものの、彼女は自分の夫の裏切りによる哀れな犠牲者には、何の憐れみも抱いてはいなかった。彼女は自分を殉教者に仕立てて自ら憐れんでいたが、不幸で無力な奴隷の置かれている屈辱的で惨めな状況には、思いをいたすことはできなかった。

それでも、多分、彼女は少しは私に同情してくれたのだと思う。というのは、私に対する喚問が終わったとき、彼女はやさしく話しかけ、私のことを守ると約束した。私がその言葉を信用できれば、そう請け合われたことで、非常な慰めを受けたはずである。しかし、奴隷制下の経験から、私は不信感に満ちていた。彼女の精神は洗練されているとは言えなかったし、感情のコントロールも下手だった。私は彼女の嫉妬の対象であり、その結果、必然的に憎悪の対象にもなっていた。そうした状況を考えれば、彼女からやさしさや信頼を期待することはできなかった。でも、彼女を非難するつもりはなかった。同じような環境に置かれれば、他の女性たちも、奴隷所有者の妻と同じことを感じるのだ。彼女の癇癪の炎は小さな火花から火がついたのだが、今やその炎は盛んになってしまったので、先生も自分のもくろんだことを諦めざるをえなくなった。

私は自分がたいまつに火をつけてしまったことを知っていた。そのことで、あとになって自分が苦しむことも予期していた。しかし、タイミングよく救ってくれた女主人を、私はとても有り難いと思っていたので、そのことは大して気にはならなかった。この段階でまず彼女がなしたことは、自分の寝室の隣に私を寝かせたことだった。そこでの私は、彼女にとって特に慰めになるという意味でなしに、特別な関心の対象だった。なぜなら、彼女は私を見張るために、しょっちゅう眠れない夜を過ごしていたからである。ときどき、はっとして目を覚ますと、彼女が私の身体の上に覆いかぶさっていた。また、別の時などは、まるで彼女の夫が話しかけているかのように私の耳に囁《ささや》きかけ、私がどんな応答をするか聞こうとした。そんな時、私がびっくりして目を覚ますと、彼女は逃げるように立ち去った。そして翌朝彼女は、私が寝言を言っていたと言い、誰と話していたのかと問いただした。最後には、私のほうが自分の命の心配をするようになった。私の命は、これまでも、しばしば脅威の的にさらされてきた。でも、真夜中に目を覚ますと、嫉妬に狂った女があなたの上に覆いかぶさっていたら、どんなに薄気味悪いか、私が説明しなくとも想像していただけるでしょう。その経験は確かに恐ろしいものだった。だが、恐ろしいということで言えば、もっとひどい恐怖を私は味わった。

夫人は深夜の見張りにうんざりしてきた。見張っていても、満足な結果は得られなかった。彼女は戦術を変えた。今度は、私の面前で主人の犯罪を告発するという手に出た。訴えの張本人として、彼女は私の名前を挙げた。だが、本当に驚いたことに、彼は次のように答えた。「わしには、そんなことは信じられない。しかし、彼女が認めたというのなら、わしの名をあげる気になったほど、彼女はお前さんに苦しめられたんだろう」。彼の名をあげる気になるほど、苦しめられたですって！　蛇《じゃ》の道はヘビとは、よく言ったものだ！　私には、このような偽りの主張をする彼の目的が、よく分かっていた。それは、夫人に保護を求めても何にもならないし、今でも彼が力の拠り所のすべてを握っているということを、私に示すためだった。私はフリント夫人に同情した。彼女は二度目の夫人であり、夫よりずっと若かった。それに引き換え、白髪頭の悪党のほうは、夫人よりもっと賢くもっと善良な女性の忍耐力さえ打ち負かしかねなかった。彼女は完全に裏をかかれ、どうしたらよいか分からなかった。今や彼女は、私が嘘の誓いをしたという想定に立って、喜んで私を鞭打たせたことだろう。だが、前にも述べたように、先生は私の鞭打ちを誰にも許さなかった。この年老いた罪人は狡猾だった。鞭に訴えれば、さまざまな悪評につながり、子供や孫たちに自分の悪名を伝えることになる。すべての住民がお互いを見知っているというような町に住んだことを、私はいつもありがたいと思っていた！　もし私が人里離れた農園や、密集した都市の人込みの中に紛れて生活していたとしたら、今日こうして生きてはいないだろう。

奴隷制の秘密は、異端審問の秘密と同じように表にあらわれない。私の知る限りでも、私の主人は十一人の奴隷の父親だった。しかし、母親たちは、誰が子供の父親かあえて語ったりしただろうか。

他の奴隷たちも、自分たちの間で囁き交わす以外に、そのことをあえてほのめかしたりしただろうか。いや、それは絶対にしなかった！　そんなことをしたら、恐ろしい結果になるのを、彼らは分かりすぎるほど分かっていた。

　私の祖母は疑念を掻き立てられるような事に出合うと、それを見過ごしてしまうことができなかった。彼女は私のことを心配し、私を買うための方策をいろいろと試みた。しかし、変わることのない答えが、いつも繰り返されるだけだった。「リンダはわしのものではない。彼女はわしの娘のものだ。わしには彼女を売る法的権利はない」。なんと筋目正しい人であることか！　彼は良心的すぎて、私を売れないというのだ。しかし、娘の所有物として自分が管理する無力な若い娘に対してもっと重大な過ちを犯すことは、平気でやれた。この迫害者はときどき私に、自分を売ってほしいかと尋ねた。今のような人生を送っているくらいなら、誰のところでもいいから、むしろ売られたいと私は答えた。そんな時、彼は傷心しきった人の態度をとり、私を恩知らずと責めた。「わしはお前をこの家に入れてやり、わしの子供たちの遊び相手にしてやらなかったか」と、彼はよく口にした。「わしがお前を黒人みたいに扱ったことがあるか。わしはお前が罰せられるのを決して許さなかった。たとえ、お前の奥様のご機嫌を損じてもな。それなのに、これがわしの受ける報いか。お前は恩知らずな娘だ！」。それに対して、私はこう答えた。彼には、私を罰から庇う彼なりの理由がある。彼流のそのやり方ゆえに、女主人は私を憎み、私をひどい目にあわせたのだと。そこでもし私が泣いたりすると、彼はこんなふうに言った。「かわいそうに！　泣くんじゃない！　泣くんじゃない！　お前と奥様との仲を取り持ってやるからな。ただし、わしはわしのやり方でやるぞ。お前はかわいそうだが、考えが足りない！　お前には、何が自分のためになるかが、分かっていないない。わしはお前を大事にする。お前を立派な女にしてやるからな。さあ、行って、わしがお前に約束したことを考えてごらん」

私はそのことについて考えた。

読者の皆さん、私は南部の家庭の想像図を描いているのではありません。私は偽りのない事実を、あなた方に語っているのです。それなのに、奴隷制という野獣の手から、その犠牲者たちが逃げてきても、北部の人間は血に飢えた猟犬の役割を果たし、哀れな逃亡者を「死者の骨やあらゆる汚れで満ちている」(5)檻の中へと狩りたて、追い返すことに同意している。それだけではない。彼らは自分たちの娘を、喜んで奴隷所有者たちと結婚させる。いや、むしろ、それを誇りさえする。哀れな娘たちは、太陽の輝く気候風土のことや、一年中幸せな家庭を影で覆う花咲く蔓などについて、ロマンティックな考えを持っている。どんな幻滅が、行く手に彼女たちを待ち受けていることか！　若い妻はすぐに、自分の幸せをその手にゆだねた夫が、結婚の誓いなど一顧だにしていないことに気づく。さまざまな肌あいの子供たちが、白人の自分の子供たちと一緒に遊んでいる。彼女には、その子供たちはこの家で夫を父として生まれたということが、よく分かっている。花咲く家庭に嫉妬と憎しみが入り込み、美しかった家庭も荒れ放題になっていく。

南部女性の場合、ある男がたくさんの子供奴隷の父親であることを知りながら、しばしばその男と結婚する。彼女たちはそのことで思い悩まない。彼女たちはそういった子供たちを、農園の豚と同じような売り物になる財産と見なしている。彼らをできるだけ早く奴隷商人の手に渡し、自分の目に見えないところへ追い払うことで、彼らにその事実を思い知らせる。だが、例外もある。そうした立派な例外のことを、私は喜んで伝えたい。

私の知っている二人の南部の妻たちは、自分たちの夫を説得し、彼らと「親子の関係」にある奴隷たちの解放を求め、それを認めさせた。妻たちの人格のたぐいまれな高潔さを前にして、夫たちは赤面した。彼女たちはただ彼らに、なすべき義務を果たすよう忠告しただけだが、それが彼らの尊敬をかちえさせ、彼らに自分たちの行為をもっと立派にしたいと思わせたのである。秘め事はなくなり、信頼の念が不信の念にとって代わった。

このひどい制度は、白人女性の間でさえ、恐ろしいほど道徳意識の低下をもたらしているが、道徳意識は完全に消え去ったわけではない。私は南部女性たちがある男性を評して、次のように言うのを聞いたことがある。「彼はあの子供奴隷たちの父親であることを不名誉だと思わないだけでなく、自分が彼らのご主人様と呼ばれるのも恥ずかしいとは思っていないのです。私はきっぱりと断言します。こういったことは、品位ある社会で決して許されることではありません！」

第7章 恋人

いったいなぜ奴隷は恋をするのだろう？　なぜ心の蔓《つる》は、暴力的な手でいつ引き離されるとも分からない対象に、絡まりつくのか。別離が死に神の手で起こるとき、敬虔な魂はあきらめながら、頭を垂れて言う。「私の願いどおりではなく、御心のままに行われるのだ、ああ、神様！(1)」しかし、人間の無慈悲な手で打撃が加えられるときには、いかに悲惨な結果になろうと、服従することは難しい。若い頃の私は、こんなふうには考えなかった。若者は若者である。私は恋をした。そして、自分を取り巻いている暗雲もいつか陽の目をみるはずだという望みを抱いた。私は忘れていたのだ。私の生まれた土地では、闇が濃すぎて光も通らないということを。その土地では、

「笑っても歓喜とならず、考えても心の働きとみなされない。
言葉は理解されず、人々は人間とみなされない。
そこでは、泣き叫べば罵られ、悲鳴をあげればぶちのめされる、
それぞれが自分の地獄で責め苛まれている(2)」

近所に、若い黒人の大工がいた。彼は自由の身に生まれた。私たちは子供時代からよく知っており、その後もよく一緒に会っていた。私たちは互いに好意を抱き、彼は私に結婚を申し込んだ。初めて恋した若い女性のすべての情熱を傾けて、私は彼を愛した。しかし、自分は奴隷であり、法律は奴隷の結婚を認めない(3)ことに気づいたとき、私の心は深く沈んだ。恋人は私を買いたいと望んだ。しかし、私には分かっていたが、フリント先生は非常に気ままで専横な人だから、そんな話に同意するはずがなかった。彼からは、あらゆる種類の妨害を経験させられることになると、私は確信していた。女主人からは、期待できることは何もなかった。もし私を追い払えるのであれば、彼女はどんなに喜んだことだろう。だが、それは私の結婚というかたちではなかった。もし私が遠くの州に売られていくのを見ることができれば、彼女の心の重荷は軽くなったはずだが、家の近くで結婚するのであれば、今までと同じように私は彼女の夫の支配下におかれることになる。――なぜなら、奴隷女の夫には、自分の妻さえ守る力がないからである。また、他の多くの人々もそうだが、私の女主人の考えによれば、奴隷には自分たちだけの家族の絆を持つ権利などなく、彼らはひたすら女主人の家族に仕えるよう作られているというのである。私はかつて、彼女がある若い奴隷娘を罵っているのを耳にしたことがある。その娘は、ある黒人の男から妻になってほしいと請われたと女主人に伝えたのだ。「お前がもう一度この話を持ち出そうものなら、わたしはお前の皮が剥けるまで鞭で打ち、漬け物みたいに塩水に漬けてやるよ、ええ、奥様ぶって。わたしがお前に、わたしの子供たちとあの黒んぼの子供たちとを一緒くたにして、子守りをさせるとでも思っているのかい」

彼女がこう罵った娘には、混血の子供が一人いた。もちろん、その子はその父親の認知を受けていなかった。彼女を愛した貧しい黒人の男なら、自分のいたいけな子供は、誇りをもって認知したことだろう。

私の心の中を、さまざまな心配や思いがかけめぐった。私はどうしていいか分からなかった。とりわけ、私の心を深く傷つけたこのような侮辱は、恋人には経験させたくなかった。私はそのことで祖母と相談した。ある程度、私が何を恐れているかは話したが、最悪のことは、あえて話さなかった。ずっと前から、彼女はすべてがおかしいのではないかと疑っていた。もし私がその疑いを確証したら、嵐が巻き起こり、私の希望はすべて潰え去ってしまうだろう。それは私に分かっていた。

この恋の夢があったからこそ、私はこれまで多くの苦難に耐えてこられた。だから、この夢を突然消してしまうような危険はおかせなかった。近所の婦人の中に、フリント先生一家をよく訪問する一人の特別な友人がいた。私は彼女をとても尊敬し、彼女のほうも私にいつも好意ある関心を示してくれていた。彼女なら、フリント先生に大きな影響力を持ちうるだろう、祖母はそう考えた。私はこの婦人のところへ行き、今までのことを話した。私の恋人が自由な身に生まれついた黒人であることが大きな障害になること、彼は私を買いたいと望んでいること、フリント先生がこの取り決めに同意してくれれば、いくらでも適切な値段を恋人は喜んで支払うと自分は確信していることなどを、私は彼女に語った。フリント夫人が私を嫌っているのを、彼女は知っていた。そこで、私が売られることは、彼女から私を厄介払いすることになるのだから、私の女主人はそれに同意するだろう、そう私は思い切って言ってみた。婦人はやさしい思いやりを示しながら耳を傾け、できるだけ私の希望を叶えるようにすると約束してくれた。彼女は先生と会い、私のために誠心誠意頼んでくれたと、私は信じている。しかし、すべては無駄だった。

今や私はどんなに自分の主人を恐れたことか！　彼の前に呼び出される瞬間を、私は今か今かと待っていた。しかし、その一日の時間はどんどん過ぎていったが、彼からは何も言ってこなかった。翌朝、「書斎に来るように」という主人からの伝言が届いた。ドアが少し開いていた。私は一瞬立ち止まり、ドア越しに、私の肉体と精神の支配権を主張している憎むべき男をじっと見た。私は書斎に入っていき、なるべく冷静に見えるように努めた。自分の心がどんなに傷つき、血を流しているか、彼に見せたくなかった。彼はじっと私を見据えた。その表情は、「お前をこの場で殺してしまいたいぐらいだ」と言っているかに見えた。彼がついに沈黙を破ったとき、二人ともほっとした。

「そうか、お前は結婚したいのか、ええ？」と彼は言った。「自由な黒ん坊とな」

「そうです、旦那様」

「そういうことなら、すぐお前に分からせてやる。お前のご主人様はわしのほうか、それとも、お前がそんなに高く評価するその黒ん坊野郎のほうかってことをな。もしお前が亭主を持ちたいと言い張るなら、わしの奴隷の一人と付き合えばいい」

たとえ私の気持ちが傾いたとしても、彼の奴隷の一人の妻だったら、どんな境遇になることか！　私は答えた。「旦那様、夫婦が相手を選ぶときには、奴隷にだってある程度好みがあるとは思いませんか。奴隷女の場合、男はだれでも同じだと考えているのですか」

「お前はこの黒ん坊を愛しているのか」。ぶっきらぼうに、彼が言った。

「愛しています、旦那様」

「わしに向かって、よくもそんなことが言えるな！」ものすごい怒りをあらわにして、彼が叫んだ。少々間をおいてから、彼は付け加えた。「わしは、お前が自分のことをもっと高く評価してると思っていたよ。あんな子犬みたいな奴から言い寄られたら、それを侮辱ととってはね返すぐらいのな」

私は答えた。「あの人が子犬なら、私もそうです。だって、私たちは二人とも黒人ですから。私たちがお互いを愛するのは当たり前だし、恥ずべきことではありません。旦那様、あなたが子犬とお呼びになったあの人は、決して私を侮辱したりしません。あの人は、私が貞潔な女であると思わなければ、私を愛したりはしなかったでしょう」

彼は虎のように私に跳びかかり、気絶しそうなほどの一撃をくわえた。彼が私を殴った最初だった。彼への恐怖の念も、私の怒りを抑えることはできなかった。打撃の衝撃から少し回復したとき、私は叫んだ。「私が正直に答えたのに、あなたは私を殴った。私はあなたをものすごく軽蔑します！」

沈黙がしばらく続いた。多分、彼は私にどんな罰を与えようか、考えていたのだろう。あるいは、私が何を誰に言ったのか思いめぐらす時間を、与えたかったのかもしれない。ついに彼が尋ねた。

「お前は自分の言ったことが分かっているのか」

「分かっています、旦那様。でも、あなたのなさりようが私にそう言わせたのです」

「わしには、お前を好きなようにする権利があるってことを、お前は知っているのか――つまり、望めば、殺すことだってできるんだぞ」

「あなたは私を殺そうとなさいました。殺してくれたら、よかったと思います。でもあなたには、私を好きなようにする権利はありません」

「黙れ！」彼は、轟くような大声でわめいた。「何てことだ、まったくこの娘は、身のほどをわきまえない奴だ！　気でも狂ったのか。もしそうなら、すぐ正気に戻してやる。今朝お前から受けたような仕打ちに耐える主人が、ほかにいると思うか。たいがいの主人なら、お前をその場で殺していただろう。そんな生意気な態度をとって、お前は牢屋にやられて鞭打たれたいのか」

「失礼だったのは分かっています、旦那様。でも、あなたが私にそうさせたのです。私にはどうしようもありません。牢屋ということで言えば、ここよりそこのほうが、私には平和が得られるでしょう」と私は答えた。

彼は、言った。「お前は牢屋に行って、平和という言葉の意味を忘れるぐらいぶちのめされるがいい。それは、お前のためになるだろう。お前の生意気な考えを、少しは叩きだしてくれるからな。でも、わしはまだお前を牢屋へやるつもりはない。わしの親切や寛大さに対して、お前は恩知らずな態度をとっているがな。お前はずっとわしを困らせてきた。お前を幸せにしてやろうとしているのに、まるっきり自分中心の恩知らずな態度でわしに報いてきた。お前はわしの思いやりをありがたいと思っていないようだが、リンダ、わしはお前に寛大でありたい。お前の性根を直すチャンスをもう一度やろう。もしもお前が良い子でわしの言うとおりにすれば、わしはお前を許して今まで通りに扱ってやる。しかし、お前がわしの言うことを聞かないようなら、農園中で一番たちの悪い奴隷みたいに、お前を罰してやる。いいか、わしに二度とあいつの名前を聞かせるな。もしお前があいつに話しかけていたことが分かれば、わしはお前たち二人を牛革の鞭で打つ。もしあいつがわしの敷地内に潜んでいるのを捕まえたら、犬みたいに撃ち殺してやる。わしの言うことが分かったか。結婚とか自由な黒ん坊とかほざきおって、それがどういうことだか、わしがひとつ教えてやる！　さあ、行け。このことでお前と話すのは、これが最後だぞ」

読者の皆さん、あなた方は今までに人を憎んだことがありますか。あなた方には、そんなことがなかったことを願います。私が人を憎んだのは、この時一回限りです。もう二度としないでしょう。ある人がそれは「地獄のような気分」だと言っていましたが、私もそう思います。

二週のあいだ、先生は私に話しかけてこなかった。そうすれば、彼は私の心が傷つくものと考えていた。白人男性からのいかがわしい申し出を蹴って、立派な黒人男性による申し分のない求愛を受け入れたことで、私が自らを貶めたと感じさせようというのだ。しかし、口ではいっさい私に話しかけなかったものの、彼の目は多弁だった。どんな動物でも、彼が私を見張っていた以上の細心さで、自分の獲物を見張ったことはなかっただろう。彼は自分の手紙を読ませることに失敗したが、私が字を書けるのは知っていた。そこで今度は、私が恋人と手紙のやり取りをするのが心配だったのだ。しばらくすると、まずいことに、彼は黙っているのに嫌気がさしてきた。ある朝、彼が家を出るため廊下を通りかかったとき、彼は私の手に手紙を巧みにすべり込ませた。私はそれを自分で読んだほうがいいと思った。そうすれば、それを読み聞かせられる苦痛から逃れられると考えたのだ。手紙はまず、私を殴ったことを詫びていたものの、その責任は全面的に私にあると思い込ませたがっていた。次に、彼が私に悟るよう望んだのは、彼の不興を買うことで、私が自分を傷つけているということだった。彼の書いていたところに従えば、彼はルイジアナ行きを決心し、それにあたって数人の奴隷を彼と同行させるが、私もその中の一人に入れるつもりだというのである。私の女主人は今まで通りここに留まるので、私がその方面の心配をする必要はない。もし私が彼からの恩恵に浴したければ、彼としては、いくらでもそれを与えることを保証する。だから、こうしたことをじっくりと考えて、次の日に返事してほしい。彼はそう私に頼んでいた。

翌朝、彼の部屋にはさみを持ってくるようにと言いつかった。私はテーブルの上に、彼からの手紙を脇に添えて、はさみを置いた。彼はその手紙を私からの返事と思い、私を呼び戻さなかった。いつも通りに、私は幼い女主人の学校の行き帰りのお供で出かけた。彼が通りで待ちかまえていて、帰りに病院のオフィスに寄るようにと言った。私がオフィスに入っていくと、彼は自分の手紙を示し、なぜ私がそれに返事をしなかったのかと聞いた。私は次のように答えた。「私はあなたのお嬢さまの所有物です。あなたのお好きなところへ私をやるなり連れて行くというのは、あなたの勝手です」。彼は私がそれほど素直に行く気になってくれてうれしい、われわれは秋の早い時期に出発する予定だと言った。彼は町医者として大いに繁盛していた。だから、私はどちらかと言えば、この話はただ私を脅かすためだけに、彼が作り上げたものだと考えていた。いずれにせよ、私の心の中では、彼と一緒にルイジアナに行く気など毛頭なかった。

夏が過ぎ去って初秋になった頃、移住に適した場所かどうかを調べに、フリント先生の長男がルイジアナに遣わされた。そのニュースは、私を一向に不安にさせなかった。自分が彼と一緒に行くことはないと、よく分かっていたからだ。これまで私が農園にやられなかったのは、そこに彼の息子がいるという事実のおかげだった。女のことでは、彼は自分の息子を油断なく警戒していた。また、奴隷監督への警戒心があったからこそ、私を罰するとき、畑仕事送りにすることができなかったのだ。私がこういった類の保護者たちのことを、誇りに思わないというのは変なことだろうか。奴隷監督と言えば、私の彼に対する敬意は、血に飢えた猟犬に対する敬意以下である。

息子のフリント氏は、好ましいルイジアナ情報を携えて帰ってこなかった。だから、私はそれ以上、この計画のことを耳にすることはなかった。そのことがあってすぐ、私は通りの角で恋人にばったりと出くわした。私は立ち止まって、彼に話しかけた。顔を上げて向こうを見ると、私の主人が窓から私たちをじっと見ているのが目に入った。私は恐ろしさに震えながら、急いで家に帰った。すぐに私は主人の部屋に来るように呼ばれた。顔を合わせるや否や、彼は私に一撃をお見舞いしてきた。皮肉な調子で、彼は言った。「このご婦人は、いつ結婚なさるつもりなんですかね」。それから、雨あられと悪口雑言を浴びせかけた。自分の恋人が自由な人間であることを、私はどんなに感謝したことか！　通りで私に話しかけたからといって、私の暴君が彼に鞭打ちを加えることはできない！

こうしたことすべては一体どう決着していくのか、私は心の中で幾度も思いめぐらしてみた。どんな条件を出されても、先生が私を売るのに同意する見込みはなかった。彼は断固たる意思で、私を手元に置き、自分のものにしようと決めていた。私の恋人は知性があり宗教心に篤かった。たとえ彼が奴隷のままの私と結婚する許可を得られたとしても、その結婚は彼に私の主人から私を守る力を与えるわけではなかった。私が侮辱されるのをただ見ているのは、彼を惨めな気持ちにさせることだろう。さらにまた、私たちのあいだに子供ができても、その子供たちは「母親の身分に準じて」、奴隷にならなければならないのである。そのことが、自由な知性ある父親の気持ちに、どれほど悲惨極まりない暗影を投げかけることか！　彼のために、私は自分の不幸な定めを彼の運命と結び付けてはいけないと感じた。彼は叔父さんの遺してくれたちょっとした財産の検分のために、サバンナに出かけて行こうとしていた。本当は、自分の気持ちをそうするのはとても大変なことだったのだが、私は必死で彼に戻ってこないでくれと頼んだ。私は彼に自由州に行ったほうがよいと勧めた。そこでなら、彼は何でも自由に話せるし、彼の知性をもっと自分のために役立てられるはずである。彼は私のことを買える日が来ると信じつつ、私を残して去っていった。私にとって、希望の光は消えた。私の少女時代の夢は終わった。私はひとりぼっちで、心細かった。

　とはいえ、私はすべてを失ったわけではなかった。まだ私にはやさしい祖母と大事な弟がいた。弟が私の首に腕を回し、あたかも私があえて言葉にせずにいる悩みを読みとろうとするかのように、目の中をじっと覗きこんだりするとき、私はまだ愛する者がいるのを実感した。しかし、主人の突然の気まぐれで、この弟がいつでも私から引き離されかねないと思うと、楽しい気持ちも凍りついてしまう。私たちがどんなに愛し合っているかを彼が知れば、彼はしめたとばかりに私たちを引き離しにかかったと思う。私たち二人はよく一緒になって、どうやって北部に行こうかと計画を練った。しかし、ウィリアムが言っていたように、それは言うは易く行うは難いことだった。まず私の行動が逐一監視されていたのに加えて、私たちには、必要な出費にあてる金を稼ぐ手段がなかった。祖母がいたが、彼女は自分の子供たちがそういう計画に取りかかることに、強く反対だった。彼女はかわいそうなベンジャミンの苦難を忘れていなかった。他の子供が逃げようとして、ベンジャミンと同じか、あるいはもっとひどい結果になるのが怖かったのだ。私には、今の生活よりもっとひどい生活があるようには思えなかった。「ウィリアムは自由にならなければいけない。彼は北部に行くべきだ。そうしたら、私も後を追おう」。私はそう自分に言い聞かせた。多くの奴隷の姉妹たちが、同じような計画を立てていた。

第8章

奴隷たちが北部について教えられていること

　奴隷所有者たちは、自分たちは立派な人間だと自慢している。しかし、彼らが奴隷たちにつくすさまじい嘘を耳にしたら、あなた方は彼らの言葉をまともに信用する気がなくなるでしょう。私の英語表現は単刀直入です。どうか、お許しください。もっと穏やかな調子で言えないのです。奴隷所有者たちが北部へ行って帰ってくると、彼らは奴隷たちに自分の会った逃亡奴隷のことを語り、逃亡者がものすごく悲惨な状況にあると説明する。かつてある奴隷所有者が、私にこんな話をしてくれた。

　彼はニューヨークで私の友人の逃亡奴隷に会った。たいていの日、彼女は冷たいジャガイモ一個しか食べるものがなかった。他の日は何も食べられない状態で、本当に飢え死にしそうだった。だから、自分の主人のところへ連れ帰ってほしい、彼女は彼にそう懇請したという。彼の言うには、そんな惨めな女を彼女の主人の家に連れ帰っても、ありがたく思われないのが分かっていたので、彼女に連れ帰れないと言って断った。彼はその話を次のように締めくくった。「これこそ、親切な主人から逃げ出した彼女が、自ら招いた罰なのだ」

　この話は全部嘘だった。その後、私はニューヨークでその友人のところに滞在したが、彼女は快適な環境の中で生活していた。奴隷の生活に戻りたいなどということは、一度たりとも考えていなかった。ところが、多くの奴隷たちは語られた話をそのまま信じ、奴隷生活とそんな苛酷な自由とは取り換える価値がないと考えてしまう。そういう連中を前にして、自由こそ彼らを有益な人間にし、自分の妻子を守れるようにするのだと言ってみても、なかなか説得できない。もしわがキリスト教国のこうした異教徒たちが、インドのヒンズー教徒と同程度の教育を授かっていれば、彼らも違ったふうに考えたかもしれない。自由は生命より尊いということを、理解したかもしれない。自分たちの能力を知り、人間らしい男と女になる努力を始めることも可能だったろう。

しかし、自由州が逃亡者たちを奴隷制のもとへ追い返す法律を支持していて、それでなお、奴隷たちが人間らしい人間になりうるだろうか。主人の辱めから妻や娘たちを、懸命になって守ろうとしている男たちもいる。しかし、そういう気持ちを持っている男たちは、大多数の奴隷たちにない有利な条件を持っていた。彼らは恵まれた環境の中で、ある程度の文明化やキリスト教化をほどこされてきた。そうした男たちの中には、主人に対して、その気持ちを口に出すほど勇気のある者もいる。ああ、願わくば、そういう男たちがもっといてほしい！

哀れな人たちの中には、鞭で残忍な扱いを受けすぎたあまり、主人が自分の妻や娘に好き勝手に手を出してきても、こそこそと逃げ出すような者がいる。だからと言って、それが黒人の男は低劣な存在だという証明になるでしょうか。もしあなた方が奴隷に生まれ、奴隷として育ち、何世代もの奴隷の先祖を持っていたとしたら、あなた方はどうなるでしょう？　黒人の男が低劣であることを、私は認めます。しかし、彼らをそうさせているものは何でしょう？　それは白人の男たちが、黒人の男たちに強要している無知です。黒人の男から男らしさを奪っているのは、拷問の鞭です。逃亡奴隷法を強制しているものは、南部の獰猛な奴隷狩りたちであり、そしてまた北部にいる人間の顔をした同じように残酷な奴隷狩りたちです。現に、彼らは仕事をしているのです。

南部の紳士たちは北部の人々をヤンキーと呼んで、ひどくばかにしたようなことをいろいろと言う。他方、北部の人々は、南部の人々のために、自分たちが最低の仕事をすることに同意している。南部でその最低な仕事をするのにこき使われているのは、残忍な血に飢えた猟犬と唾棄すべき奴隷狩りである。南部の人々が北部に来た場合、北部の人々は南部の人々に敬意を払うのが誇りになると考える。しかし、北部の人々は、南北を分けるメイソン・ディクソン線[1]の南側では歓迎されない。南部の「奇妙な制度」と矛盾する、北部の思考や感情のすべてを押し殺さない限りは、駄目なのだ。しかし、それを押し殺して、黙っていても十分ではない。奴隷所有者たちは、それ以上の大いなるへつらいが手に入らないと満足しない。たいていの場合、彼らの要求はいれられる。だからと言って、彼らが北部の人々を尊敬するだろうか。私はそうは思わない。奴隷たちでさえ、「南部的な信条を持った北部人」を軽蔑する。ところが、奴隷たちが普通に見かける北部人といえば、そうした類の連中だ。北部人が南部にやって来て住みだすと、彼らはとても優秀な生徒となる。彼らはすぐに隣人たちの感情や気質を吸収するし、ほとんどの場合、自分たちの教師をさえ凌いでしまう。天下周知のことだが、両者のうち北部人のほうがはるかに厳しい奴隷所有者になるのだ。

彼らは自分たちの良心を安らかたらしめようと、神は奴隷となるべくアフリカ人を造られたという教義をもちだす。「一人の人からすべての民族を造り出した[2]」天なる父に対する、何という冒瀆か！

それでは聞くが、アフリカ人とは何者であるのか。アングロ・サクソン民族の血が、どれほどアメリカ奴隷の血管の中を流れているか、誰に測りうるというのか。

私は先に、奴隷所有者たちが躍起となって、北部に対する間違った見方を奴隷たちに植え付けようとしていると語った。しかし、それにもかかわらず、物の分かった奴隷たちは、自由州に多くの友人たちがいることに気づいている。最も無知な者でさえ、混乱しているとはいえ、ある程度そのことが分かっている。彼らは私が字を読めるのを知っていたので、広大な北部の至るところで、彼らの自由のために努力する白人に関する記事を、新聞で何か見なかったかとよく私に尋ねた。奴隷制廃止論者たちがすすんで彼らを解放し、それはすでに法律にもなっているのだが、彼らの主人たちがその法律の施行を拒んでいると信じている者もいる。ある女性は私に新聞を手に入れ、それを彼女に読み聞かせてほしいと頼んできた。彼女が言うには、彼女の夫は次のようなことを彼女に語ったというのである。黒人たちはアメリカの女王に、自分たちすべてが奴隷にされているという伝言を送った。女王はそれを信じなかったので、それに関して大統領に会うためワシントン市に出向いた。女王と大統領は激しく言い争った。女王は剣を抜いて大統領に迫り、奴隷たちすべてを自由にするため、彼は彼女に協力しなければならないと断言した。

この哀れで無知な女性は、アメリカは女王が支配し、大統領は女王に従属していると考えていたのだ。私は大統領が正義の女神に従属することを願っている。

第9章[1] 近隣の奴隷所有者たちのスケッチ

私たちの町からそれほど遠くない村に、とりあえずレッチ氏[2]と呼んでおこうか、一人の農園主がいた。育ちの悪い無学な男だったが、非常な金持ちだった。彼は六百人の奴隷を所有し、そのほとんどのものたちの顔すら覚えていなかった。広大な彼の農園は、高給を支払われた奴隷監督たちの手で管理されていた。その敷地内には牢屋と鞭打ち柱があり、たとえそこでどんなに残虐なことが行われても、何の批判も受けずに見過ごされた。彼は莫大な富に巧みに守られていたので、殺人も含めて、自分の犯罪の責任は何ら問われることがなかった。

そこで行われた懲罰のやり方は、さまざまだった。一番よく行われたのは、縄で男の身体をぐるりと縛り、地面から吊り下げることだった。そうしておいてから、彼の身体の上方で火がたかれ、そこに一片の豚の脂身が吊るされた。この脂身が火に炙られると、火傷するほど熱い脂が立て続けに裸の肉体の上に滴り落ちた。自分の農園内では、彼は「盗むなかれ[3]」という十戒の八番目の戒律を、厳しく守れと命じた。しかし、近所の人々に対する略奪行為は、発覚したり嫌疑をかけられたりしなければ、差し支えないとされた。もし隣人が彼の奴隷を盗みで告発すると、主人はその隣人を睨みつけ、自分のところの奴隷は何でも十分にあてがわれているから、盗みなどする気になるはずがないと請け合った。その隣人が背を向けて戻っていくと、直ちに被疑者が探し出され、慎重さが足りないということで鞭打たれた。もしある奴隷が、彼のところから一ポンド〔約四五〇グラム〕の肉ないしは一ペック〔約八・八リットル〕のトウモロコシを盗み、それが発覚すると、その奴隷は鎖に繋がれ牢屋にぶちこまれた。彼は飢えと苦痛で身体がすっかりやせ衰えるまで、そこに閉じこめられた。

かつて川が氾濫し、彼のワイン貯蔵室と肉置き場が、農園から何マイルも押し流されたことがあった。何人かの奴隷たちが後を追っていき、肉の切れ端と瓶入りのワインを手に入れた。そのうちの二人が特定された。彼らの小屋から、ハムとワインが発見されたのだ。彼ら二人は主人の前に呼び出された。問答無用とばかりに、彼らはこん棒で地面に殴り倒された。粗末な木箱が彼らの棺だった。埋葬も犬なみの惨めさだった。この件(4)については、それっきり何も言われなかった。

奴隷殺しは、この農園ではごくありふれたことだった。夕暮れ過ぎになると、彼は一人でいるのを怖がった。彼は幽霊の存在を信じていたのかもしれない。

彼の弟は彼ほどの金持ちではなかったが、残忍さという点ではほとんど同じだった(5)。その弟の猟犬たちはよく訓練され、広い檻の中で飼われ、奴隷にとってはまさに恐怖の種だった。奴隷が逃亡すると、それらの猟犬が解き放たれ、跡を嗅ぎわけて追いつくと、文字通り骨から肉を食いちぎった。この奴隷所有者が死んだとき、彼の悲鳴と呻き声があまりにすさまじかったので、彼の友人たちでさえぞっとしていた。彼の最後の言葉は、こうだった。「俺は地獄へ堕ちるから、金《かね》と一緒に埋めてくれ」

彼の目は死んだ後も開きっぱなしだった。まぶたを押さえるため、銀貨がその上に置かれた(6)。これらの銀貨も、彼と一緒に埋められた。そんな事情から、彼の棺は金でいっぱいだとの噂が広まった。

彼の墓は三回も暴かれ、棺が外へ引きずり出された。最後のときには、その死体は地上に放置され、屍肉をあさるノスリ〔肉食のタカの一種〕の群れがそれをつついていた。彼は再び埋葬され、墓に見張りが付けられた。犯人たちの見当は、皆目つかなかった。

未開な社会では、残忍さはすぐ伝染する。たとえば、コナント氏である。彼はレッチ氏の隣人だが、ある夕方、少し酒に酔って町から帰ってきた。彼の身のまわりの世話をする召使いが、あることで彼の感情を害した。その召使いは、シャツを除いてすべての衣類を脱がされ、鞭打たれて家の前の大木に括りつけられた。季節は冬で、嵐の夜のことだった。冷たい風が吹きすさび、老木の枝という枝は、霙《みぞれ》に煽られてザワザワ音をたてていた。召使いの家族が、このままだと彼は凍え死んでしまうから、下ろしてやってほしいと頼んだが、主人は一向に許そうとしなかった。彼はそこに三時間放置されたままだった。ロープを切って下ろされたときには、彼はほとんど死にかかっていた。別の奴隷は、主人の豚を盗んで飢えを満たそうとして、すさまじく鞭打たれた。自暴自棄になって、彼は逃げ出そうとした。しかし、二マイル行くと、ひどい出血で気を失いかけ、そのまま死ぬかと思った。彼には妻がいた。彼はもう一度彼女に会いたかった。しかし、身体がすっかり弱っていて歩けなかったので、その長い道のりを彼は手足で這いつくばりながら戻っていった。主人の家に着いたとき、すでに夜になっていた。彼には立ち上がって門を開ける力がなかった。彼はうめき声を上げて、助けを求めようとした。その同じ家には、私の友人が住んでいた。彼の声がやっと彼女に達した。彼女が外に出ると、門のところに男が倒れていた。彼女は助けを求めに家に駆け戻り、二人の男を連れてきた。彼らは彼を中へ運び入れ、床に寝かせた。シャツの背中は一面血の塊だった。友人はラードを使って、肉の露出した皮膚からシャツをはがした。彼女は彼に包帯を巻き、冷たい飲み物を与えて休ませた。主人の言によれば、彼はさらに百回の鞭打ちに値するとのことだった。自分自身の労働力を盗み取られている者が、自分の飢えを満たすために食べ物を盗んだ。これが彼の犯罪なのだ。

ウェイド夫人もレッチ氏の隣人だった。彼女の屋敷では、一日のうち一時間たりとも、鞭打ちのやむときはなかった。鞭打ちという彼女の仕事は、夜明けとともに始まり、夜遅くまで続いた。鞭打ちのため、彼女が好んで使った場所は、納屋だった。そこで彼女は、男まさりの力で奴隷たちを打ち据えた。一人の年老いた女奴隷が、かつて私に言ったことがある。「うちの奥様んとこは、地獄だ。あたしは、ここから出ていけそうにもねえ。昼も夜も、死なしてほしいってあたしは祈っとるだよ」

女主人は、その年老いた女より先に死んだ。死の間際に彼女は、自分の死後には奴隷の誰にも自分を見せないでくれと、夫に頼んだ。乳母として彼女の子供をすべて育て、今も一人を世話している奴隷が機会を見て、子供を抱いたまま、亡くなった女主人の横たわる部屋に忍び込んだ。彼女はしばらく女主人を見つめていたが、片手を上げると、女主人の顔を二回殴って、こう言った。「今のはね、悪魔があんたを懲らしめたんだ！」彼女は子供がそばで見ているのを忘れていた。子供はちょうど言葉を喋り始めたところだった。子供は父親に言った。「あたいね、ママに会ったの。そいでね、ばあやがママのことをね、こんなふうにぶったの」。子供はそう言うと、その小さな手で自分の顔を打った。主人は驚いた。部屋には鍵をかけておいたので、遺体のある部屋へ乳母がどうして入れたのか想像できなかった。彼は彼女に問いただした。彼女は子供の言ったことは、事実だと白状した。どうやって鍵を手に入れたかということも、彼に話した。彼女は、ジョージア州に売りとばされた。

私の子供の頃、チャリティという名前のとても役に立つ奴隷がいた。ほかの子供と同様、私も彼女が大好きだった。彼女の若い女主人が結婚して、一緒に彼女をルイジアナへ連れていってしまった。彼女の幼い息子ジェームズのほうは、やさしいと言える奴隷所有者へと売られていった。その主人が借金で首が回らなくなったとき、ジェームズは再びある金持ちの奴隷所有者に売られた。今度の主人は残酷なことで評判だった。彼は犬のような扱いを受けながら育ち、この男のところで成人に達した。ある激しい鞭打ちの後、彼は森の中へ逃げ込んだ。というのは、もっと鞭打ちを加えると脅されたので、何とかそれを避けたかったのだ。彼の状態は、まったく悲惨だった——牛革の鞭での出血、裸も同然の身なり、そして、パンの一かけらを手に入れる手段もなく、餓え死に寸前だった。

逃亡から数週間後、彼は捕まり、縄をかけられて主人の農園に連れ戻された。この主人の考えでは、哀れな奴隷の犯した罪に対して、何百回もの鞭打ちの後、パンと水を与えて牢屋に入れておくだけでは、何とも罰が軽すぎた。そこで彼は、奴隷監督に気の済むまで鞭打ちをさせた後、奴隷が森にいたのと同じ期間、綿繰り機のローラーの間に奴隷を閉じこめておくことにした。この哀れな男は鞭で頭から爪先まで切り裂かれたのち、身体の壊死を防ぐとともに治りも早いということから、濃い塩水の洗礼を受けた。それから、彼は綿繰り機の中に入れられた。ローラーが取り付けられると、脇腹を下にして横になるだけの空間しかなく、仰向けになって寝ることなどできなかった。毎朝、一人の奴隷が一切れのパンと一椀の水を運んできて、この哀れな男の手の届くところに置いた。奴隷は、彼に話しかけたら厳しい罰を科すと言われていた。

四日間が過ぎ去ったが、奴隷はパンと水を運び続けていた。二日目の朝、パンはなくなっていたのに、水には手がつけられていなかった。ジェームズが綿繰り機の圧搾部分で四日五晩を過ごしたとき、奴隷が主人に報告してきたのは、四日間水が一切飲まれていないということと、綿繰り小屋からすさまじい悪臭が漂ってきたということであった。奴隷監督が調べに行かされた。圧搾部分のローラーが取り外されると、ネズミや虫にあちこち食われた死体が見つかった。多分、彼のパンを貪り食ったネズミは、彼が死なないうちに、その身体を齧っていたことだろう。かわいそうなチャリティ！　もし彼女が息子の殺人のことを聞かされたら、その情愛深い心はどう耐えるのだろうか、そのことを祖母と私は二人の間で何度も話題にした。私たちは彼女の夫を知っていた。だから、ジェームズの男らしさと聡明さが、父親譲りだということも分かっていた。そうした彼の特質が、農園奴隷でいるのを耐えがたくさせていた。連中は彼を粗末な棺に入れ、そして埋めた。老いた飼い犬に向けるほどの感情も、彼に対しては示さなかった。誰も何かを聞こうとはしなかった。彼は奴隷だった。奴隷の主人には、自分の所有する奴隷を好き勝手にする権利があるというのが、その場の雰囲気だった。奴隷が一人死んだくらいで、彼が何を気にしたというのか。彼には何百人もの奴隷がいた。彼らは日々の厳しい労働を終えると、わずかの食糧を急いで食べ、九時前には松の節の明かりを消す準備にかからなければならない。その時間になると、奴隷監督が見回りにやってくるのだ。監督は一つひとつの部屋に立ち入り、男たちがあまりの疲れに炉辺で眠り込み、朝の角笛で日々の労働に駆り立てられるまでそのままそこで寝ていることなどないよう、ちゃんと男たちとその妻とが一緒にベッドに入ったかどうかを確かめた。女たちは、こうした主人の家畜どもを絶えず増やし続けること以外に、何の価値もないと見なされている。彼女たちは動物に等しいのだ。この同じ主人は、逃亡して連れ戻されてきたある女の頭を撃ち抜いた。このことで彼の責任を問う者など、誰もいなかった。もし奴隷が鞭打ちに抵抗したりすると、猟犬が檻から出され、その肉を骨から食いちぎれとけしかけられた。こういった数々のことをしてきたこの主人が、高い教育を授かった申し分のない紳士と称されていた。彼はまた、キリスト教徒としての名声と立場も誇っていた。だが、彼以上に、誠実な悪魔の信奉者はいなかったはずだ。

私がこれまで述べてきたような奴隷所有者たちは残虐だが、それと同じくらい残虐な奴隷所有者たちのことを語ろうと思えば、私はもっともっと語ることができる。彼らは普通であって、例外ではない。もちろん、慈悲深い奴隷所有者がいないなどとは言わない。周りのきびしい影響力にもかかわらず、そういった人物も確かに存在する。しかし、彼らは「天使の訪れのように、稀」(7)である。

こういった稀な人物の見本のような若い女性を、私は一人知っている。彼女には両親がなく、一人の女とその子供六人を奴隷として相続していた。奴隷の子供たちの父親は、自由黒人だった。その両親と子供たちは一緒に暮らし、彼らだけの快適な家庭を築いていた。その母親と一番上の娘は、日中は女主人に仕え、夜は屋敷内にある自分たちの住まいに帰っていった。この若い女主人はとても信心深く、その信仰心には真実味があった。彼女は自分の奴隷たちに、汚れのない人生を送るよう教えた。また、彼らが自分たち自身の勤勉さの成果を、享受するよう望んだ。彼女の信仰は、訪問着みたいに日曜日にまとわれ、次の日曜日まで脇にどけておくといったものではなかった。奴隷の母親の一番上の娘が、ある自由黒人と結婚の約束を交わした。結婚式の前日、彼女の結婚が法律の正式な認可を受けられるよう、やさしい女主人は彼女に自由を与えた。

噂では、この若い女主人は金目当ての結婚しか考えていなかった一人の男に、報われることのない愛を抱いていた。そのうちに、彼女の金持ちの叔父が亡くなった。その叔父は、ある黒人女性との間にできた二人の息子に六千ドルを遺し、残りの財産は両親のいない姪に遺していた。金属はすぐに磁石をひきつけた。その女主人と金で膨れ上がった彼女の財布は、男のものになった。彼女は奴隷たちに自由を与えたいと言った。彼女の言によれば、自分の結婚によって彼らの運命が予期せず変化することがありうるし、彼女としては、彼らの幸せを確保しておきたいというわけである。奴隷たちは、自分たちの自由獲得を拒否した。その言い分は、彼女は常に自分たちの最良の友であったし、彼女と一緒にいたときのような幸せはどこでも望めはしないというものだった。私は驚かなかった。快適な家庭生活をしている彼らの姿をよく見かけていたし、町じゅうでこれ以上幸せな家族は見当たらないと思っていたからである。彼らはこれまで、自分たちが奴隷制とつながっているなどと感じたことはなかった。しかし、もうどうにも手の打ちようがなくなったとき、初めて彼らは奴隷制がまぎれもない現実だということを悟った。

新しい主人がこの家族に対する自分の所有権を申し立てたとき、父親は烈火のごとく怒り、女主人のところへ助けを求めに行った。「ハリー、私にはお前たちのために、どうしてやることもできないわ」と、彼女は言った。「私が一週間前に持っていた権利を、もう私は持っていないの。お前の妻の自由は何とか確保できたけれど、私にはお前の子供たちの自由は獲得できないわ」。不幸な父親は、自分の子供たちを誰にも渡さないと誓った。彼は子供たちを何日間か森の中に隠した。しかし、子供たちは見つけ出され、連れ去られた。父親は牢屋に入れられ、上の二人の男の子はジョージア州に売られた。主人に仕えるには幼すぎる女の子が一人、不幸な母親のもとに残された。あとの三人の女の子たちは、主人の農園に連れていかれた。一番上の女の子は、間もなく母親になった。奴隷所有者の妻はその赤ん坊を見て、苦い涙を流した。彼女があれほど熱心に説き聞かせてきた純潔を破ったのは、自分の夫だった。その娘は主人との間に、二人目の子供をもうけた。その後、主人はその娘と自分の子供たちを、自分の弟に売り渡した。その娘は弟のために二人の子供を産み、再び売られた。二番目の女の子は、気が狂ってしまった。彼女に強いられた人生が、彼女を狂気に駆り立てた。三番目の女の子は、五人の娘の母親になった。四人目の子供が生まれる前に、信心深い女主人は亡くなった。最後まで彼女は、自分の不運な境遇が許す限りの情けを、奴隷たちに降り注いだ。その死に際は安らかだった。自分が愛した男の手で、これほど惨めなものにされてしまった生に終わりを告げるのが、彼女にはうれしかったのだ。

この男は受け継いだ財産を食い潰してしまったので、二回目の結婚によって財政事情を立て直そうとした。しかし、ある夜、放蕩三昧のすえに床につき、朝になって死んでいるのが発見された。彼はよい主人だと考えられていた。というのは、他の多くの奴隷所有者たちに比べると、彼は自分の奴隷たちに十分食べ物を与え、着る物をあてがっていたし、彼の農園では鞭の音が、他のところほど頻繁には聞かれなかったからである。もし奴隷制というものがなかったら、彼はもっとよい人間でいられただろうし、彼の妻はもっと幸せになっていたはずである。

奴隷制はあらゆる面で腐敗をもたらすが、ペンでそれを十全に表現することは不可能だ。奴隷の少女は、性的放縦と恐れの綯《な》い交ざった雰囲気の中で育てられる。主人とその息子たちによる鞭と卑猥な話が、彼女の教師である。彼女が十四、五歳になると、主人、その息子たち、監督、あるいはその全部が贈り物で彼女の歓心を買おうとし始める。こうした贈り物では彼らの目的が達成されない場合には、その意に従うまで、彼女は鞭打たれたり飢えさせられたりする。彼女は敬虔な母や祖母、または優しい女主人などによって、繰り返し宗教的な信念を教え込まれているかもしれない。あるいは、彼女に恋人がいて、その人に良く思われたりとか、その人の気持ちを乱さないこととかが、彼女の心にはとても重要だということもありうる。さらに、彼女を支配する道楽者の男たちが、彼女には、まったく嫌でたまらないということだってある。しかし、どんなに抵抗しても、望みはない。

「哀れな虫けらの身では
どんなに抗《あらが》っても無駄だ。人生は束の間に
過ぎゆき、彼女は死ぬ(8)！」

奴隷所有者の息子たちが、少年の頃から、いたるところで彼らを取り巻く薄汚いものに感化されて、堕落していくのは当然だ。しかし、彼らの娘たちも決して安全ではない。主人が奴隷の娘に行なう悪行に対して、時には、厳しい天罰が主人にくだされることがある。白人の娘たちは幼い頃から、父と母とが女奴隷をめぐって言い争うのに耳傾けてきている。彼女らの好奇心はかき立てられ、すぐにその原因を知るようになる。また、彼女らには、自分の父親の貶めた若い奴隷の娘たちが付き添っていて、幼い耳や他の誰の耳にも聞かせるべきでないような話が聞こえてくる。彼女たちは、女奴隷がどんなことでも自分たちの父親の意に逆らえないのを、知っている。その結果ある場合には、自分たちが男の奴隷に同じ権威をふるったりする。私自身、そうした家の主人を見たことがある。彼は恥辱で頭を上げられないでいた。というのも、近所中に知れ渡っていたことだが、彼の娘が彼の農園の最も卑しい奴隷を選んで、彼の初孫の父親にしてしまったからである。彼女は自分と対等の人間とか、父親の使用人でももっと知性のある男とかに言い寄ろうとはしなかった。発覚をあまり恐れずに自分の権力がふるえる、最も残忍な仕打ちを受けてきた男を、彼女は選んだのだ。彼女の父親は怒りで半狂乱となり、目障りなその黒人の男に復讐しようとした。しかし、娘のほうはそうした嵐が来ることを予見していて、黒人の男に自由証明書を与え、州外へと逃がしていた。

　このような場合、赤ん坊は息の根を止められるか、または、その出生の秘密を知る者の目がいっさい届かないところへ送られる。しかし、白人の親が母親でなく父親のときには、恥知らずにも、その子供は市場で売られるために養育される。もしその子供が女の子の場合は、逃れようのないその運命がどのようなものか、私は率直に語ってきた。

　私の語っていることを、信じてください。なぜなら、私は自分の知っていることだけを、書いているのですから。私はあの汚れた鳥の巣窟に、(9) 二十一歳までいました。私は自分の見聞してきたことから、奴隷制が黒人ばかりでなく、白人にも呪いとなっていることを証言できます。奴隷制は白人の父親たちを残虐で好色にさせ、息子たちを無法で淫らにさせ、娘たちを堕落させ、妻たちを惨めにさせます。黒人に関して言えば、彼らの極度の苦悩と底深い屈辱感を記述するには、私よりもっと才能のあるペンが必要です。

それでも、この忌まわしいシステムの引き起こす広範な道徳的破滅に気づいている奴隷所有者は、ほとんどいないように思われます。彼らは病害を受けた綿花の出来高の話はしても、自分たちの子供の心の病気については話そうとしません。

もし読者の皆さんが、奴隷制の忌まわしさを十分納得したいとお考えなら、南部の農園に行き、ご自分を奴隷商人だと言ってみてごらんなさい。そうすれば、すべてが明るみに出てくるはずです。皆さんが見たり聞いたりするであろうことは、とても信じられないことなので、そうしたことが不滅の魂を持つ人間たちの間で行われているとは思いもしないでしょう。

第10章 奴隷娘の人生の危険な時期

私の恋人が行ってしまった後で、フリント先生は新しい計画を練り上げた。彼の望みが実現しない最大の障害は、女主人に対する私の恐れにあると考えたようなのだ。この町から四マイルほど離れた人目につかない所に、私のための小さな家を建てようと思っている、そう彼は物柔らかな口調で私に語った。私は身がすくんだ。しかし、私に自分の家を持たせ、私を立派な女性にしたいと彼が話している間、私は耳傾けていないわけにいかなかった。これまでのところ、私が恐ろしい運命を免れてこれたのは、人々の中にいたためだった。祖母はすでに私のことで、主人と激しいやりとりを交わし合っていた。彼の性格を彼女がどんなふうに見ているか、彼女は彼にきわめて率直に語った。また、彼と私とのことが、隣近所では無視できないゴシップとなっていた。それについては、フリント夫人が嫉妬にかられてあけすけにおしゃべりしてきたことが、少なからず貢献していた。主人が私のために家を建てるつもりでおり、それはたいした面倒もお金もかけずにできると言ったとき、私は彼の計画を頓挫させる何かが起こってくれればいいと願った。だが、まもなく、家は実際に建てられ始めたということを聞かされた。私は絶対にそこに入居しないと神の前で誓った。生きる屍のような悲惨な生活を、日々だらだら続けるくらいなら、むしろ農園で朝から晩まで働くほうがよかった。あるいは、そんな生活を続けるくらいなら、牢屋で一生過ごすほうがよかった。私は主人をひどく忌み嫌っていた。彼は私の青春の期待をくじき、私の人生を荒野にしてきた。そんな主人との長い闘いの末に、主人がついに私という犠牲者を足元に踏みつけにするなどということは、絶対に許せなかった。私は彼を打ち負かすためなら、何でもするつもりだった。私に何ができるか。私は考えに考え続け、最後に絶望して、奈落の底に飛び込んだ。

さて読者の皆さん、私は今、できれば忘れてしまいたい私の人生の不幸な時期に差しかかっています。この時期のことを思い出すと、私は悲しみと屈辱感でいっぱいになります。このことをあなた方にお話しするのは、辛いことです。しかし、私はあなた方に真実を語ると約束してきたのですから、どんな代償を払ってでも正直に語るつもりです。主人からの無理強いを口実に、自分を庇うつもりはありません。事実、そうではなかったのですから。無知や軽率さが、言い訳になりうるとも思いません。長い間、主人は私の心を卑猥なイメージで汚し、祖母と子供時代のやさしい女主人が植えつけてくれた純潔の教えを必死で崩そうとしてきました。奴隷制の悪影響は、私に対しても、他の若い少女たちと同様の効果をもたらしました。その結果、この世の悪習に関して、私は年齢不相応な知識をもつようになったのです。自分のしたことを、私は承知していました。慎重に計算したうえで、私はそれを行ったのです。

ああ、それにしても、幸せな女性の皆さん、あなた方は子供時代から純潔を守られ、愛情の対象を自由に選び、法律で家庭を保護されてきたのです。どうか、この惨めで孤独な奴隷の少女を、あまり厳しく判断しないでください！　もし奴隷制が廃止されていれば、私だって自分の選んだ男性と結婚できたのです。家も法律で守ってもらっていたでしょう。いま私が語ろうとしているようなこと、それを告白するという苦痛に満ちた仕事もしないで済んだはずです。でも、私の将来の目論見は、すべて奴隷制によって挫かれてしまいました。私は自分の純潔を保ちたかった。最悪とも言うべき不利な状況下で、何とか自分の尊厳を保持しようと努力しました。しかし、私は悪魔のような奴隷制にがっちりと掴まれ、たった一人でもがき続けていたのです。怪物は私には大きすぎました。神からも人間からも見捨てられ、すべての努力が無駄だと感じたのです。自暴自棄に陥り、もうどうでもいいという気持ちになりました。

私は先にあなた方に対して、フリント先生の性的迫害と彼の妻の嫉妬が、隣近所でゴシップになっていたと話した。そうした中で、偶然、私の置かれていた状況がある白人の未婚男性の知るところとなった。彼は私の祖母と知り合いで、よく通りなどで私に話しかけてきた。彼は私に関心を抱き、私の主人のことをあれこれ尋ねてくれた。それに対して、私のほうもある程度は答えた。彼は非常に同情し、私を助けたいという意思を明らかにした。彼は私に会う機会をしきりに求め、頻繁に手紙を書いてきた。私はたった十五歳の貧しい奴隷娘でしかなかった。

自分より高い身分の人間から、大いに注目されるということは、当然うれしいことだった。というのは、人間の本性は誰の場合でも同じなのだから。また、彼の思いやりもありがたかったし、やさしい言葉にも励まされた。私には、このような友人を持つことが、とてもすばらしいことに思えた。次第に、今まで以上の優しい感情が、私の心の中に忍び込んできた。彼は教養のある、弁舌さわやかな紳士だった。彼を信じた貧しい奴隷の少女にとって、ああ、なんという雄弁。もちろん、私にはこうしたことのすべてが、どこへ向かうか分かっていた。二人の間には、越え難い溝があるのも知っていた。しかし、自分の主人でない未婚男性の関心の対象になるというのは、惨めな境遇にあっても何らかの誇りや感情がまだ残されている場合、奴隷の自負心や感情をくすぐるものなのである。強制されて従うより、自ら与えるほうがまだ品位を保てると思えるのだ。ただ優しさと愛情で縛るだけで、それ以外にあなたを縛らない愛人を持つというのは、どこか自由に通ずるものがある。奴隷の主人があなたをどれだけ荒々しく扱っても、あなたのほうからは何も言えないのだから。さらに、妻を不幸にさせる既婚男性の場合と比べて、未婚男性との場合は、罪がそれほど大きくないように見える。こんなことは全てごまかしかもしれない。しかし、奴隷状態そのものがそもそも人の道に背いており、実際上、どんな人間倫理の適用も不可能にさせるのだ。

　主人が本当に人里離れた場所に家を建て始めたと分かったとき、いままで述べてきたのと違う別種の感情が紛れ込んできた。虚栄心をくすぐられたり、優しさに心から感謝しているだけでなく、報復したり利害を計算したりする気持ちが生じたのだ。私が他の男性に好意を寄せているのが分かると、フリント先生はこの上なく怒った。それを知っていただけに、そうすることは多少なりとも圧制者に打ち勝つことになると思った。彼は私を売って仕返しをするかもしれなかったが、その時は、私の友人のサンズ氏[1]が必ず私を買ってくれると信じた。彼は私の主人より度量の大きい、感情の豊かな男性だった。彼の手からなら、私の自由も容易に獲得できるかもしれないと考えた。今こそ運命の分かれ目近くにいるという気がしたので、私は必死だった。私が母となれば、子供たちはこの老圧制者に所有されることになるのかと思うと、ぞっとした。彼が新しい女に目移りすると、それまでの犠牲者はすぐに追い払われて遠くに売られるのを、私は知っていた。彼女たちに子供がいる場合は、特にそうだった。何人かの女たちが、胸に赤ん坊を抱いて売られていくのを、私は見たことがあった。彼と奴隷との間に生まれた子供が、彼と妻の目の届くところにいつまでもいるのを、彼は決して許そうとしなかった。私の主人以外の男性にだったら、私は自分の子供たちをきちんと養育してほしいと頼むこともできた。あの人の場合なら、私はその願いが受け入れられると確信していた。また、私の子供たちは自由にしてもらえるとも信じていた。心の中でこういったことをあれこれ思い巡らせ、さらに私があれほど恐れていた運命から逃れる手だてが他にないと分かったとき、私は思い切って飛び込んでいった。高潔な読者の皆さん、私を哀れんでください、許してください！　奴隷であること、法律や慣習にまったく保護されないこと、あなた方を法律で動産扱いにして貶め、他人の意思に完全に従属させること、これらがどういうことか、あなた方にはお分かりにはならないでしょう。あなた方は自分の才覚を使って、誘惑を避けたり、憎むべき圧制者の力をかわしたりして、へとへとに疲れきったことなどないでしょう。また、彼の足音に身のすくむ思いをしたり、彼の声を聞いて身を震わせたりしたこともないでしょう。私は自分が間違ったことをしたと思っています。私ほどその誤りに気づいている人間はいないはずです。この苦痛を伴う不面目な記憶は、死ぬまで私につきまとうことでしょう。それでもなお私は、自分の人生の出来事を静かに振り返ってみて、奴隷女性を他の女性と同じ基準で裁断してはいけないと感じています。

月日は流れていったが、私は惨めな時間をたくさん過ごした。心の中で、私は自分が祖母に負わせている不幸を思って、悲嘆にくれた。祖母は私を傷つけないよう、必死で守ってくれていた。年老いてからの彼女にとって、私は最大の慰めだった。たいていの奴隷たちと違って、私が品位のないことをしなかったというのが、彼女の誇りのよりどころだった。そうしたことを知っていたので、私はもはや自分が彼女の愛情に値しないと打ち明けたかったのだが、その恐ろしい言葉を口に出せずにいた。

　フリント先生について言えば、私は彼にはっきり告げ知らせるさまを想像して、満足と勝利の感覚を味わっていた。折にふれて、彼は自分で取り決めた計画を私に語って聞かせたが、私のほうは黙っていた。最後に彼がやってきて、家が完成したと言い、私にそこへ行くよう命じた。私はそこに入居する気はないと、彼に伝えた。「わしは、そんな話は聞き飽きた。たとえ力づくでも行かせてやる。お前はずっとあそこにいるんだ」。そう彼は言った。

「私は絶対あそこに行きません。二、三カ月のうちに、私は母親になるのです」。そう私は答えた。

　彼は立ったまま驚きで口もきけずに、私をじっと見ていた。それから、一言も言わずに立ち去った。私の考えでは、彼に勝利すれば幸せな気分になるはずだった。しかし、いまや真相が表に出て、私の親族がそのことを知らされるはめになってしまった。私の気持ちは惨めだった。私の親族は卑しい境遇にあるとはいえ、私の身持ちがいいことを誇りに思っていた。いまや、どうやって彼らの顔をまともに見ることができるのか。私の自尊心は消え去った！　私は奴隷だったが、貞淑でいようと固く心に決めていたのだ。「嵐が来るならやって来い！　私は死んでもそれに立ち向かう」。そう、私は言い続けてきた。そして、いま私は手ひどい屈辱感にぶちのめされていた！

　私は祖母のところへ行った。唇を動かして告白しようとしたが、言葉が喉に貼りついて出てこなかった。私は戸口の樹の陰になったところに座り、縫い物を始めた。祖母は私がいつもと違って、どこか変だということに気づいたと思う。奴隷の母はとても用心深いのだ。自分の子供に安全が保障されていないのを、彼女は知っている。子供が十代になると、毎日彼女は何か困ったことが起きたのではないかと心配しながら過ごす。そのため、彼女は子供に向かってたくさんの質問をする。娘が神経質な性格だと、臆して正直に答えなくなる。良かれと思ってやっているのだが、かえって娘を母親の助言から遠ざけてしまうのだ。やがて、女主人がまるで気が狂ったように家の中に飛び込んでくると、彼女の夫のことで私を責めたてた。前から疑いの念を持っていた祖母は、女主人の言ったことを信じた。祖母は叫んだ。「ああ、リンダ！　結局こうなってしまったんだね。今のお前の姿を見るくらいなら、死んでいてくれたほうがましだよ。死んだ母さんに恥ずかしいとは思わないのか」。彼女は私の指から、母親の結婚指輪と銀の指貫を引き抜いた。「さあ、出てお行き！　私の家にはもう来ないでおくれ、二度とね」。そう、彼女は叫んだ。その怒り方があまりに激しくズシリときたので、とても私には返事などできなかった。この時、生涯に一度だけの辛い涙が流れでた。それが私の唯一の答えだった。私は椅子から立ち上がったが、すすり泣きながら、また腰を下ろした。彼女は私に何も言おうとしなかった。しかし、涙がその深くしわの刻まれた頬を伝い流れた。それは火のように私を焼き焦がした。いつも彼女は私に、とてもやさしかった！　とてもやさしかった！　彼女の足元に身を投げ出し、すべての真実を語りたいとどんなに願ったことか！　しかし、彼女は私に、出て行って二度と帰ってくるなと命じた。数分後、私は力を奮い起こして、彼女の言うとおりに出ていった。どんな気持ちで、その時の私が小さな門を閉めたことか！　子供の頃は、あれほどじれったい思いをして開けたこの門、それがかつて聞いたことのない音を立てて、私を外へ閉め出した。

私はどこへ行くことができただろう？　主人のもとへ戻るのはいやだった。どこへ行こうとしているのか、これから自分がどうなるのか、そんなことを少しも考えずに私はただ歩き続けた。四、五マイル行ったところで、疲れて動けなくなってしまった。古い木の切り株の上に腰を下ろした。頭上の枝越しに、星が輝いていた。星は私を嘲って、明るい静かな光を投げてよこした！　何時間かが過ぎていった。そこに一人で座っていると、寒さと耐えがたい気分の悪さに襲われた。私は地面に倒れ伏した。心の中は恐ろしい思いでいっぱいだった。私は死にたいと祈ったが、祈りは応えられなかった。最後に、私はやっとの思いで立ち上がり、母の友人だった女性の家に向かって、さらに歩いて行った。私がそこにやってきた理由を語ると、彼女は慰撫するように私に話しかけてくれたが、私の気持ちは楽にならなかった。祖母と仲直りできさえすれば、私は自分の恥辱感に耐えることができると思った。彼女に自分の気持ちを打ち明けたかった。実際の状況と、何年間も私が何に耐えてきたかを彼女が知ったら、これほどむげに私を非難しないだろう、そう私は考えた。友人は祖母に来てもらうよう私に勧めた。私はそうすることにした。しかし、彼女が来るまで、何日も苦しい不安なときを過ごさねばならなかった。彼女は完全に私を見捨ててしまったのだろうか。いや、そんなことはなかった。とうとう彼女がやってきた。私は彼女の前にひざまずき、私の人生をだいなしにしたさまざまな事柄、つまり、どれほど長く私が性的に迫害され続けてきたか、でも逃れる方法が見つからず、窮地に追い込まれたときに、自暴自棄になってしまったことなどについて語った。彼女は黙って聞いていた。もしそのうちに彼女の許しを得る望みがあるのなら、私は何でも耐えるし何でもすると言った。私は彼女に、死んだ母のために私を哀れんでほしいと頼んだ。彼女は私を哀れんでくれた。「私はお前を許す」とは言わなかったが、目に涙をいっぱい溜め、愛情を込めて私を見つめた。彼女はその老いた手を私の頭にやさしく置き、つぶやいた。「かわいそうに！　かわいそうに！」

第11章 生への新しい絆

私はやさしい祖母の家に戻った。祖母はサンズ氏と会って話しあった。身持ちのよくない奴隷娘がたくさんいる中で、なぜ彼女の一番大切にしている者を選んだのかと彼女が詰問したとき、彼は答えなかった。しかし、彼はやさしい元気の出るような言葉を口にした。私の子供を大事にし、条件のいかんにかかわらず、私を購入すると約束したのだ。

私は五日間フリント先生に会っていなかった。彼に白状して以降、会う気になれなかったのだ。私と会ってまず彼が口にしたことは、私が自分を辱めたということ、つまり私がどんなふうに彼に対して罪を犯し、年老いた祖母を傷つけたかということであった。もし私が彼の申し出を受ければ、医師として妊娠を表沙汰にせずに処理できるということも、暗にほのめかした。私がかわいそうだと、恩着せがましいことまで言った。これ以上の屈辱がまたとあるだろうか。彼の性的迫害こそ、私に不義を犯させた元凶だというのに！

「リンダ、お前はわしに罪を犯したが、わしはお前のことをかわいそうだと思っている。もしお前がわしの意向に従うなら、許してやる。ところで、お前の子供の父親は、お前が結婚したがっていた奴なのか、ええ、どうなんだ。もしお前がわしをだませば、地獄の業火を味わうことになるぞ」と彼は言った。

私は以前のようには、自分に対する誇りが感じられなかった。彼に対する私の最大の武器がなくなってしまった。自分自身から見ても、私の価値は低かった。私は黙って彼の侮辱に耐えていようと、決心していた。しかし、いつも私を礼儀正しく扱ってくれた恋人のことを、彼が軽蔑しきった調子で語ったとき、そしてまた、彼さえいなければ、私は貞淑で自由で幸せな妻でいられたはずだと思ったとき、私は我慢できなくなった。「私は神様と自分に罪を犯しましたが、あなたに対しては罪など犯していません」。そう私は答えた。

「この糞ったれ奴！」彼は歯がみして、小声で言った。かろうじて怒りを抑えながら、私のほうへ近寄ると、大声を出して次のように言った。「強情な娘だ！ お前の骨を粉々に砕くことなど造作もないんだぞ！ お前はどこの誰ともわからぬ低劣な男に、身をまかせた。お前は愚かで見境がないもんだから、訳もなく、お前のことなど屁とも思わぬ奴の言いなりになってしまった。わしたちの間のことは、先行き決着をつけることにする。今のお前は目がくらんでいて、何も見えない。だが、後になれば、お前のご主人様が、お前のことを一番よく考えていたのが分かるだろう。わしがお前を寛大に扱っているのが、その何よりの証拠だ。お前をいろんなやり方で、罰していたかもしれないんだぞ。鞭打ちで倒れて死ぬまで打たせることだってできたんだ。しかし、わしはお前に生きていてもらいたかった。わしなら、お前の境遇をよくしてやれる。他の奴ではできないことだ。お前はわしの奴隷だからな。ところで、お前の女主人がお前の振る舞いに腹を立て、お前が家に戻るのを禁じている。だから、とりあえずはここにおいておくが、わしはしょっちゅう会いにくる。明日もやってこよう」

彼はやってきた。しかし、いかにも不興げな様子が、しかめっ面をしたその表情に露わだった。彼は私の身体の具合について尋ねてから、私の賄い代を払った者がいるかとか、誰が私を訪ねてきたかというようなことを聞いた。それから彼は自分が義務を怠っていたと言い、さらに続けて、医師として私に説明しておかなければならないことがいくつかあると語った。その後、最も恥知らずな者でさえ赤面するような話が続いた。彼は私に、自分の前に立つように命じた。私は従った。そして、彼が言った。「わしはお前にしゃべろと命令する。お前の子供の父親は白人か黒人か、どっちなんだ」。私はためらった。「答えろ、今すぐにだ！」と彼が叫んだ。私は答えた。彼は狼のように私に襲いかかると、私の腕を折らんばかりに掴んだ。「お前はそいつを愛しているのか」。彼は非難がましく尋ねた。

「ありがたいことに、私はその人を軽蔑していません」と私は答えた。

彼は私を殴ろうとして手を上げた。しかし、またそれを下ろした。何が殴るのを引き止めたのか、私には分からない。彼は唇を固く結んで、腰を下ろした。とうとう、彼が口を開いて、言った。「わしはお前のためになる提案をしようと思って、ここへ来た。だが、お前のその恩知らずな態度には、我慢ならんほど腹がたつ。お前によかれと思ってわしがすることを、お前は全部うっちゃってしまう。なぜわしがお前を殺さずにいるのか分からん」。彼は私を殴ろうとするかのように、また立ち上がった。

しかし、また話し始めただけだった。「わしがお前の傲慢さと罪を許すにあたっては、条件がひとつある。お前は、今後一切、子供の父親と連絡をとってはならん。その男に何かを頼んだり、また受け取ったりしてはいかん。お前と子供の面倒はわしがみる。お前はこのことを今すぐ約束したほうがいいぞ。その男に見捨てられるまで、待ったりするな。これがお前にかけてやるわしの最後の情けだ」

それに対して、私が口にしたのは、子供や私を悪しざまに言うような人に、子供を養ってもらいたくないというようなことだった。すると彼は、私のようなレベルに落ちた女には、他のことを期待する権利はないと言い返した。最終的に彼が聞いたのは、彼の親切を受け入れる気があるかどうかということだった。私は、ないと答えた。

「よかろう」と彼は言った。「それじゃ、わがままな振る舞いの責任は自分でとるがいい。わしの援助はいっさい当てにするなよ。お前はわしの奴隷だし、これから先もずっとわしの奴隷のままだ。わしはお前を売る気はない、絶対にな」

彼が出ていってドアを閉めたとき、私の心の中で希望が消えた。私の予定では、彼が怒りにかられて奴隷商人に私を売ることになっていたのだ。私の子供の父親が、私を買おうと待ち構えているのを私は承知していた。

ちょうどこの頃、叔父のフィリップが長い航海から帰ってくることになっていた。彼の出港前日に、私は友人としてある若い花嫁の付き添い役をつとめた。そのときの私は気持ちが不安定だったが、笑顔に包んでそれを表に出さなかった。それからたった一年しか経っていなかったが、何というすさまじい変化が起こったことか！　私の心は灰色で、ますます惨めさを増していた。太陽の下で輝く命、涙の中で生まれる命、それらはその状況によってそれぞれ異なった色合いになる。誰も一年先がどうなっているか分からない。

私は叔父が戻ったと知らされても、全然うれしくなかった。彼は何が起こったかを知ったが、私に会いたがった。最初、私は彼を避けたが、最後には彼が私の部屋に来ることに同意した。いつもと同じように、彼は私を受けいれてくれた。彼の涙が私の熱い頬を濡らしたとき、ああ、どれほど私の胸は痛んだことか！　祖母の言葉が蘇ってきた。「たぶん、お前の父さんと母さんは、やがてくる苦しみの日々[1]を体験せずにすむよう天に召されたのだよ」。落胆していた私の心は、またもや、神様にそのことを感謝できるようになった。それにしても、なぜ親戚の人たちは、いつも私のために希望を抱いてくれるのだろう、そう私は考えた。奴隷娘のごく普通の運命から、何が私を救ってくれるというのか。私よりもっと美しくもっと聡明な多くの娘たちが、同じ運命、いやはるかに過酷な運命を経験していた。どうして彼らは、そのような運命から私が免れると希望することができたのか。

叔父の滞在は短かった。私はそれを残念に思わなかった。以前のように友人たちと一緒に楽しいときを過ごせないほど、私は心身ともにすっかり病んでいた。何週間もベッドから離れられなかった。私にはフリント先生以外の医者に診てもらうことは不可能だったが、彼に来てもらうのは嫌だった。病状がどんどん悪化してきたのに驚いて、とうとう皆は彼を呼びにいった。私はとても弱り、神経が過敏になっていた。彼が部屋に入ってきたとたん、私は悲鳴をあげ始めた。皆は私の容態がとても危険な状態にある、と彼に伝えた。彼のほうでも、私に早くこの世を去らせたいとは望んでいなかったので、引きあげていった。

私の赤ん坊が生まれた[2]とき、皆は早産だと言った。赤ん坊の体重は四ポンドしかなかったが、神様は命を長らえさせてくれた。私のほうは朝まで生き延びられないだろう、と先生が話しているのが聞こえた。これまで私はたびたび死にたいと祈ったが、今は子供が一緒でない限り死にたいとは思わなかった。ベッドを離れられるようになるまで、何週間も過ぎた。私は昔の面影もないほどやつれていた。一年のあいだというもの、悪寒と熱のない日はほとんどなかった。赤ん坊もまた病気がちだった。彼の小さな手足はよく痛みに苦しめられた。フリント先生は私の健康状態をみるために往診を続けた。その度ごとに、私の子供が彼に所属する奴隷の一人だということを、私に必ず思い出させた。

私は彼と口論するにはあまりに身体が弱っていたので、黙って彼の言うことを聞いていた。彼の往診はだんだん回数が減っていったが、彼のしつこい性格は一向に改まらなかった。彼は私の弟を自分のオフィスで使っていた。弟は私宛てに頻繁に書かれたメモや伝言を運ぶ手段にされた。ウィリアムは聡明な若者で、先生にとっては大いに役立った。彼は薬を調合したり、ヒルを使う吸角による放血術を身につけた。独学で読み書きも学んだ。私は弟を誇りに思ったが、老いた医者はそれだけ彼を胡散臭く感じた。何週間か先生の姿を見かけなかったある日のこと、彼の足音が戸口に近づいてくるのが聞こえた。私は彼に会うのが怖くて、身を隠した。当然、彼は私がどこにいるのかと尋ねたが、どうにも見つけられなかった。彼はオフィスに戻ると、ウィリアムを急使に仕立ててメモを寄こした。弟は顔を赤らめながら、私にメモを渡した。「リンダ、こんなものを持ってきても、僕のことを憎まないだろうね」と彼は言った。私は彼に答えて、彼を咎めだてすることはできない、彼は奴隷で主人の意志に従わざるをえないのだから、と言った。メモには、私に先生のオフィスに来るようにと書いてあった。私はでかけて行った。先生が私に言えと迫ったのは、彼がやってきたとき、私がどこにいたのかということだった。私は家にいたと彼に答えた。彼は癇癪をおこし、そんなことを真に受けるほど自分は間抜けではないと言った。それからまた、彼に対する私の罪、彼の寛大さに対する私の忘恩といったお決まりの講釈を並べたてた。新たに幾つかの規則が私に課され、私は退出を許された。その間、弟は側に立ち、奴隷にしか浴びせかけられないような言葉を耳にしていた。そのことに、私は屈辱を感じた。かわいそうな弟！　彼には私を守る力はなかった。しかし、私は彼の涙を見た。彼は涙をこらえようとして、こらえきれなかったのだ。こうした感情の表白が、先生をいらだたせた。ウィリアムは先生の気に入ることが何もできなかった。ある朝、彼はいつもどおりの早い時間にオフィスへ着かなかった。このことが、彼の主人に腹いせをぶちまける機会を与えた。彼は牢屋に入れられた。翌日、弟は奴隷商人を先生の所に行かせ、彼を売ってほしいと要求させた。彼の主人は、その態度が生意気だといって激怒した。間違った行いを反省させようとして牢屋に入れたのに、弟はまったく悔い改める様子がない、と先生は言った。二日間、先生は弟に代わってオフィスの仕事をする人間を選ぼうと、いろいろな苦労を耐え忍んだ。しかし、ウィリアムなしではすべてがうまくいかなかった。彼は牢屋から出され、元の持ち場に就くように言われた。今後の振る舞いに気をつけなければ、きっとひどい目にあうぞと、さんざん脅された上だったが。

月日が経つうちに、私の息子は次第に健康になった。一歳になると、皆が彼をかわいいと言った。彼のまつわりつくような愛らしさは、愛情と苦痛の入り交じった感情を掻き立てたものの、その細い蔓は私の存在の奥深くに根を下ろした。とても辛くて、気持ちがふさぎ込んでいるようなときなど、彼の笑顔を見ると慰められた。彼がすやすやと眠っているのを見るのが、私は好きだった。だが、その喜びの上には、いつも暗雲が垂れ込めていた。彼が奴隷であるという事実を、私は決して忘れることができなかった。時には、彼が子供のうちに死んでくれればいいのに、と願ったこともあった。神は私をお試しになられた。大事な息子が重い病気にかかったのだ。彼の輝く目はどんよりと濁り、小さな手足は氷のように冷たくなり、死が間近に迫ってきたかと思われた。前に彼の死を願って祈ったが、そのときの祈りは、いま彼の命を助けてほしいと願ってなされた祈りほど、心を込めたものではなかった。私の祈りは聞き届けられた。ああ、死にかけている子供のために奴隷の母が助けを求めるとは、何という茶番か！　死んだほうが奴隷でいるよりましである。私には、子供に与えてやる名前さえなかった。それを考えると、辛かった。子供の父親は子供に会うと、いつも抱き上げてやさしく接してきた。彼は子供に自分の名前を付けるのを嫌がっていなかったが、その法的根拠がなかった。もし私が子供に父親の名前をつけたとしたら、私の主人はそれをもう一つの犯罪、もう一つの不遜な態度とみなし、息子にその仕返しをしたことだろう。ああ、奴隷制という蛇には、何というたくさんの毒牙があることか！

第12章 反乱の恐怖

この時期と前後して、ナット・ターナーの反乱(1)が起こった。そのニュースは私たちの町を大きく揺るがした。奴隷たちは大いに「満足しており、幸せだ」ということになっているのに、奴隷所有者たちが恐れ闘わなければならなかったとは、奇妙な話だ！　しかし、それが現実だった。

ここでは、毎年一回民兵が召集されることになっていた。そのときには、すべての白人の男たちは肩にマスケット銃を担った。一般市民たちやいわゆる田舎の郷士たちは、軍服を着用した。貧乏白人たちは、靴のない者や帽子のない者も含めて、みんな普段着のまま一兵卒として配置についた。その年は、この一大行事はすでに終了していた。もう一度民兵の召集が行われると聞かされて、奴隷たちは驚くと同時に喜んだ。何とも哀れとしか言いようがない！　彼らはその日が休日になると考えたのだ。私は真相を知っていたので、信用できる二、三の人たちにそれを教えた。本当は、すべての奴隷に喜んで真相を言いたかったのだが、あえてそうしなかった。というのは、すべての人が信用できるというわけでもなかったからである。拷問に際しての鞭の威力は、それほど強力だった。

日の出までに、町の二十マイル以内のあらゆる方角から、どんどん人がやってきた。私には黒人の家という家が、捜索されるのが分かっていた。それを行うのが、田舎の乱暴者や貧乏白人たちだというのも予想していた。そういった連中がもっともいらだつのは、黒人の快適で立派な生活ぶりを目にすることだった。私はそのことを知っていたので、彼らが来たときに備えて、特に念入りな準備をした。祖母の家の中のものすべてを、できるだけきちんと整えた。ベッドには白いキルトを掛け、いくつかの部屋は花で飾った。全ての準備ができたとき、私は窓際に腰を下ろして外を見た。目の届く限り、どこにも寄せ集めの兵士の群れがいた。太鼓や横笛が軍楽をかきならしていた。人々は十六人ずつの部隊に分けられ、それぞれに指揮官がついていた。命令が下されると、黒人が一人でもいればどこへでもそこに向けて、乱暴な斥候たちが突進していった。

奴隷を所有せず、鞭打つ相手のいない下層の白人たちにとって、これはすばらしい機会だった。彼らはここを先途とばかりに張り切り、ちっぽけな束の間の権威を行使して、奴隷所有者たちに自分たちの忠勤ぶりを示した。黒人を踏みつけにする力が、また自分たちを貧困と無知と道徳的退廃の中に閉じ込めているということには、一向に思いをいたすことがなかった。実際の光景を目撃しなかった人びとにとっては、これからお話しすることが、嫌疑などかけようもない無実の男や女や子供たちに対して行われたということは、ほとんど信じられないでしょう。町はずれに住んでいた黒人や奴隷たちが、特に苦しめられた。ある場合には、まず捜索隊が火薬や弾丸を彼らの衣服のあいだにばら撒き、次にその後で別の一団が行ってその火薬や弾丸を探し出し、彼らが反乱をたくらんだ証拠としてそれらを差し出した。いたるところで男や女や子供たちが、足元に血が水溜りのように溜まるまで鞭打たれた。ある者などは五百回も鞭打ちを加えられた。別の者は手足を縛られ、小さな穴のあいた櫂《かい》状の懲罰棒で背中をぶたれたが、この棒を使うと皮膚が大量に剥がれた。黒人たちの家は、たまたま手近にいた誰か有力な白人に守られない限り、衣類だろうと何だろうと、略奪者たちが分捕る価値ありと見なしたものは何でも奪われた。この残虐な恥知らずどもは、悪鬼の一団のように、一日中あたりを徘徊し続けて、無力な者たちを恐がらせたり苦しめたりした。夜になると、彼らは警邏《けいら》隊を組んで、狙い定めた黒人の家に行き、獣となってやりたい放題をした。多くの女たちは彼らから逃れるため、森や沼地に隠れ潜んだ。被害者の夫や父親の誰かがこうした暴行に抗議すると、白人に対して虚偽の申し立てをしたということで、彼らは公開の鞭打ち柱に縛りつけられ、手ひどい鞭打ちを加えられた。恐怖感がいたるところに広がった。わずかでも肌の色の黒い人たちは、二人で一緒に話しているところを見られないようにした。

私たちの家は白人の家族に囲まれており、彼らが私たちを守ってくれたので、私は家族のことを少しも心配しなかった。兵士たちがいつ来ても、受け入れられる準備はできていた。まもなく足音と人声が聞こえてきた。ドアが乱暴に押し開けられた。彼らはまるで飢えた狼の群れのように転がり込んでくると、手の届くところにあるものは何でも引っ掴んだ。すべての箱、トランク、衣装戸棚、果ては部屋の隅まで徹底的に探索された。ある引き出しの中に銀貨の入った箱があったが、彼らはそれにものすごい勢いで飛びついていった。それを彼らの手から取ろうとして私が前に進み出ると、兵士の一人が振り向いて、怒りもあらわに次のように言った。「何でおめえは、おらたちの後をつけてくるんだ？　白人が何か盗みにきたとでも思っているんか」

私は答えた。「あんたたちは捜索をしに来たんでしょう。でも、その箱の調べはもう済んだはずよ。よければ、私がそれを受け取るわ」

そのとき、私たちに好意的な一人の白人の紳士を見かけたので、私は彼に声をかけ、捜索が終わるまで立ち会ってもらえないかと頼んだ。彼は快く承知してくれた。彼が家の中に入ってきたのに釣られて、部隊の指揮官も家の中に入ってきた。指揮官の仕事は家の外側で見張りをし、家の中の人間が一人もそこから出ないように監視することだった。このときの指揮官は、金持ちの奴隷所有者レッチ氏だった[2]。彼に関しては、近隣の奴隷所有者の章〔第9章〕で、残虐さのために悪名が高いと述べておいた。彼は捜索などで自分の手を汚すまでもないと思っていた。そこでただ単に、字の読めない無学な兵士たちに、もし何か字を書いた紙切れでも見つけたら、彼のところに持ってこいと命令を下しただけだった。

　祖母は寝具用の布やテーブルクロスの入った大きな鞄を持っていた。その鞄が開けられたとき、一斉に声高な驚きの声が上がり、なかの一人が叫んだ。「けったいな黒ん坊が、一体どこでこんなシーツやテーブルクロスを手に入れやがったんだ」

　祖母は私たちを守ってくれる白人がいたのに勇気づけられて、次のように言った。「わたしたちがあんたの家からこれを盗んだのでないことだけは、確かだよ」

「おい、ばあさん」と、コートも着ていない残忍な顔つきの男が言った。「おめえはこういう綺麗な薄布を持っているってんで、自分が大層な人間だと思っとるようだな。こういうもんはな、白人様が持つべきもんなんだ」

　彼の言葉は、一斉に発せられた次の大声で遮られた。「見つけたぞ！　見つけたぞ！　ここにいる黄色の娘っこが、手紙なんぞを持ってたぞ！」

兵士たちは手紙と思われたもののところへワッと駆けつけたが、調べてみると、それはある友達が私に書き送ってきた詩文だった。自分の持ち物を片付けるにあたって、私はそれを見落としてしまったのだ。指揮官がその内容を兵士たちに教えると、彼らはひどくがっかりした様子だった。指揮官は誰が書いたのかと私に訊ねた。私は友人の一人だと答えた。「お前はそれを読めるのか」と彼は聞いた。私が読めると答えると、彼は罵り、わめき、その紙を小さく引き裂いた。「お前の手紙を全部、ここへ持ってこい！」。そう彼は命令口調で言った。一通も残っていないと、私は答えた。「怖がらなくてもいい」と、彼はご機嫌をとるように続けた。「手紙を全部、俺のところへ持ってこい。誰もお前を痛めつけたりしないから」。私が彼に従う気のないのが分かると、取り入るような口調は、怒声と脅しに変わった。「お前に手紙を書いてくるのは、どういう奴だ？　自由の味を多少は知った黒ん坊どもか」と、彼は詰問した。「いえ、違います。私の手紙のほとんどは、白人からのものです。読んだら焼いてくれと言う人もいるし、読まないでそのまま私が処分する人もいます」と、私は答えた。

突然、兵士たちのなかから驚きの叫び声が上がり、私たちのやり取りは中断された。古めかしい食器戸棚を飾っていた銀のスプーンが、発見されたのだ。祖母はいつも町の奥様方のために、果物のジャムを作ったり、パーティ用の夕食の用意をしたりしていたので、彼女のところにはビン詰めのジャムがたくさんあった。これらのジャムを納めた戸棚が、次の彼らの攻撃目標で、その中身が賞味された。好き勝手にたっぷりジャムをなめていた一人の男が、隣の男の肩を叩きながら言った。「うめえ！　黒んぼが〝ザム〟（ジャムの意味）なしじゃ過ごせねえんなら、こいつを独り占めしたくって、白人を皆殺しにするてえのも無理はねえ」。私はジャムのビンを取ろうと、手を伸ばしながら言った。

「あんたたちは、ジャムを調べにここへ来ているわけではないでしょう」

「それじゃ、お前は俺たちがここへ来ているわけを、知ってるってえんだな?」指揮官がえらい剣幕で、私に詰め寄ってきた。私は質問の矛先をかわした。

家の捜索は完了したが、私たちを告発するようなものは何も発見されなかった。次に彼らは庭に出て、すべての茂みや蔓草を探しまわったが、まったくの無駄骨だった。指揮官は部下たちを呼び集め、ちょっと相談した後、退却命令を出した。門を出ようとしたとき、指揮官は後ろを振り向いて、家に向かって悪態をついた。彼の言うところに従えば、こんな家は火で燃え落ちるべきだし、住人は三十九回ずつの鞭打ちを受けるべきだった。私たちは幸いにも、この騒ぎを無事切り抜けた。着る物を少々失った程度で済んだ。

夕暮れが迫るにつれて、不穏な動きは加速した。酒を飲んで勢いづいた兵士たちは、さらにひどい残虐行為に手をそめた。たえず悲鳴と叫び声が空気をつんざいていた。戸口まで行く勇気はなかったので、私は窓のカーテンの下からのぞいてみた。暴徒の一団が、たくさんの黒人を引き立てていくのが目に入った。暴徒の白人全員がマスケット銃を構えて、泣き叫ぶのをやめないと即刻殺すぞ、と脅していた。捕らえられた人たちのなかに、尊敬すべき老黒人牧師がいた。連中は彼の家で、幾つかの銃の弾丸の包みを発見したのだ。しかし、それらは彼の妻が長い間秤の分銅に使ってきたものだった。これを理由に、連中は郡庁舎の庭で、彼を銃殺刑にしようとしていた。文明国として、これは何という光景か! 酩酊してふらふらの烏合の衆どもが、正義の執行人を気取っているとは!

この地域社会の良質な階層の人士たちは、自分たちの影響力を行使して、罪なく苦しめられている人々を救おうとした。いくつかの場合には成功をおさめたが、それは興奮が減じるまで、無実の人々を牢屋に閉じ込めておくことによってだった。最後には、白人市民たちも、自分たちを守らせようとして召集したこの無法な群衆からでは、自分たちの財産さえ安全に守れないことが分かってきた。そこで、彼らはこの酔っ払いの群れを一箇所に集め、まとめて田舎に追い返し、町には警備隊を配置することにした。

さて、町の一斉捜索の翌日、町の警邏隊は、町の外に住む黒人たちの捜索を行う任務を与えられた。その結果、最悪の暴行が何の罰も受けずにまかり通ることとなった。二週間というもの毎日、もし外に目をやれば、馬に乗った男たちと、その馬の鞍に結びつけられて、哀れにも喘いで走る黒人たちの姿が目に入った。黒人たちは牢屋の中庭に着くまで、鞭で追い立てられながら、馬のスピードについていかなければならなかった。ひどく鞭打たれて歩くことさえできなくなった黒人たちは、塩水をぶっかけられた上で、馬車に放り込まれて牢屋に運ばれた。鞭打ちに耐える勇気のなかった一人の黒人は、反乱の陰謀に関する情報を流すと約束した。しかし、結局のところ、彼は何も知らなかった。ナット・ターナーという名前さえ、聞いたことがなかった。しかし、この哀れな男は作り話をでっち上げ、自分自身と黒人たちの苦難をさらにひどいものにした[3]。

何週ものあいだ、日中は警邏隊が巡回し続け、日が暮れると夜の警備隊がとって代わった。奴隷であれ自由黒人であれ、黒人にとって不利になるようなものは一切見つからなかった。奴隷所有者たちの怒りは、ナット・ターナーの逮捕でいくらか鎮まった。牢屋に入れられていた者は釈放された。奴隷たちは主人のもとに送り返され、自由黒人たちは破壊されつくした自分の家に戻るのを許された。

農園では人の行き来が厳しく禁止された。奴隷たちは、墓地を周りに配した森の中の小さな教会でまた集会を開こうとして、特別許可を願い出た。その教会は黒人たちの建てたもので、そこに集まって一緒に賛美歌を歌い、自分たちの気持ちを自然に沸き上がる祈りに注ぎ込むことが、この上ない彼らの幸せだった。彼らの要求は認められず、彼らの教会は破壊された(4)。彼らには白人教会への参列が許され、二階の回廊の一部が彼ら用にあてがわれた。白人すべてが聖体拝領にあずかり、白人用の祈りが捧げられたあとで、二階の回廊にいる黒人たちに向かって、牧師は言った。「さあ、こちらに来なさい、黒人の友人たちよ」。彼らは呼びかけに従い、従順でつつましいイエス・キリストを祝してパンとワインを拝受した。そのキリストは、「神はあなた方の父であり、あなた方は皆兄弟なのだ(5)」と教えていた。

第13章 教会と奴隷制

ナット・ターナーの反乱によって生じた不安が一段落した後に、奴隷所有者たちが話し合って得た結論は、奴隷が主人を殺そうなどと考えないように、彼らに十分な宗教教育を施そうということだった。監督教会の牧師[1]は、黒人だけの礼拝を日曜日ごとに別立てで執り行うことを申し出た。彼の黒人信者はとても数が少なく、しかも立派な人たちだった。彼には、その事実が大きな意味を持ったのだと思う。困難は、黒人たちが礼拝を行う場所をどこにするかだった。メソジスト教会とバプティスト教会では、午後に黒人たちをそれぞれの教会に受け入れていた。しかし、両教会の絨毯とクッションは、監督教会のものと比べて、それほど高価なものとは言えなかった。最終的には、監督教会の信者の一人である自由黒人の家で、黒人たちの集まりは開かれることになった。

私も礼拝に参加するよう要請された。理由は、私が字を読むことができたからである。日曜日の夕方がきた。夜の闇が隠れ蓑になると信じて、私は思い切って外出した。日中、私はほとんど外出したことがなかった。というのは、角を曲がるたびにばったりフリント先生に会うのではないかという恐怖が、いつもつきまとっていたからである。会えば、彼は私を追い返すか、あるいは自分のオフィスに呼びつけて、帽子や着ている洋服のあれこれに関して、それらをどこで手に入れたかと聞くに決まっていた。牧師のパイク氏が来たとき、そこには二十人ほどの出席者がいた。聖職者のこの紳士はひざまずいてお祈りをし、それから着席すると、参列者に自分たちの聖書を開くよう要求した。参列者の全員が字を読めた。彼は復唱あるいは応唱してほしいと思う部分を音読した。

彼の選んだ聖書の言葉は「奴隷たち、キリストに従うように、恐れおののき、真心を込めて、肉による主人に従いなさい(2)」というものだった。

敬虔なパイク氏は、髪の毛がまっすぐに立つほどブラシをかけていた。彼は深く重々しい口調で説教を始めた。「聞きなさい、お前たちしもべの身の者たち！　私の言葉にしっかり注意を払いなさい。お前たちは謀反の心ある罪びとです。お前たちの心は、ありとあらゆる種類の悪で満ち満ちています。悪魔がお前たちを誘惑しているのです。神はお前たちのことを怒っています。もしお前たちが自らの邪《よこしま》な行いをやめなければ、神は必ずお前たちを罰するでしょう。町に住むお前たちは、主人が見ていないときには働こうとしない陰日なたあるしもべです。主人に誠実に仕える姿は、天なる神の目に好ましく映るのに、お前たちはそうせず、遊んでばかりいて仕事をしようとしません。神はお前たちを見ておいでです。お前たちは嘘をつきます。神はそれをお聞きです。神を礼拝する代わりに、お前たちはどこかに隠れひそんで主人のものを楽しんだり、どこかの邪悪な占い師と一緒にコーヒーの滓を放り投げたり、別の老婆とトランプの札を切ったりしています。お前たちの主人はお前たちを探し出せないかもしれません。しかし、神はお前たちを見ておいでですから、お前たちを罰するでしょう。ああ、お前たちの心の何と堕落していることか！　主人の仕事を終えたとき、お前たちは一緒に集って、罪深い人間に対する神のやさしさについて心静かに考えるでしょうか。考えません。お前たちは絶えずいがみ合い、お互いの毒殺を企み、根っこの入った小袋の口を縛って、戸口の上がり段の下に埋めたりしていますⓢ。神はお前たちを見ておいでです。お前たち男どもはこっそりと居酒屋へ行き、主人のトウモロコシを売ってラム酒を買って飲もうとしています。神はお前たちを見ておいでです。お前たちは、こっそりと裏道や藪の中に行って賭事をします。お前たちの主人はお前たちを探し出せないかもしれません。しかし、神はお前たちを見ておいでですから、お前たちを罰するでしょう。お前たちは罪深い行いをやめ、忠実なしもべにならなければなりません。お前たちのご主人様、若主人様、奥様、お嬢様方の言うとおりにしなさい。お前たちがこの世の主人に背くことは、天の神に背くことです。お前たちは神の掟に従わなければなりません。ここを出たら、通りの角で立ち止まっておしゃべりなどせず、まっすぐ家に帰り、お前たちのご主人様と奥様にお前たちが帰ってきたことを知らせなさい」

祝祷が捧げられた。私たちは、わが同胞パイクの福音の教えを大いに堪能し、家路についた。私たちは彼の話をまた聞こうと決めた。私は次の安息日の夕方に出かけていき、この前とほとんど同じ説教の繰り返しに耳傾けた。集会の最後にパイク氏は、友人の家で集まるのはとても不便だと思うので、これからは毎日曜日の夕方、彼の家の台所で会いたいと私たちに告げた。

私はと言えば、牧師のパイク氏の話を聞くのはもうこれで最後にしようという気持ちを抱いて、家に帰っていった。教会信者の何人かは彼の家に行き、台所に二本のローソクがこれみよがしに灯されているのを目にした。ここにローソクが灯されたのは、現在の居住者がこの家を所有して以来初めてのことだったと思う。というのは、ここの召使いたちは、明かりとしては松の節しか持っていなかったのだから。聖職者の紳士が自分の快適な居間から下りてくるまでに、ものすごく長い時間がかかったので、奴隷たちはその場を去ってメソジスト教会の叫びを楽しみに出かけてしまった。彼らが最も幸せそうに見えるのは、宗教的な集まりで歌ったり叫んだりしているときである。彼らの多くは誠実なので、神聖ぶったパイク氏や、傷ついたサマリア人に会っても知らぬ顔をして道の向こうを通る厳めしい顔つきのキリスト教徒より、よほど天国の門に近づいていると言える。(4)

奴隷たちは一般に自分たち自身の歌や賛美歌を作りあげるが、韻律に関してはあまり頭を悩まさない。彼らはよく次のような詞を歌う。

「サタンはお節介な奴。
私の行く手に石の塊を転がす。
しかしイエスは心の友。
彼が石の塊をどけてくれる」

「私が若くして死んでいたら、
舌もまわらぬ口でどう歌えばいいのだろう。
しかし私は年老いたが、
あまり天国へ行ける見込みはない(5)」

あるとき、私はあるメソジスト教会の組会に参加したことがあった。そのときのことは、よく覚えている。私は心に悩み事を抱えて出かけていったのだが、たまたま私が座った隣の席に、哀れにも最近子供を失った母親がいた。彼女は私よりはるかに重い気持ちを抱えていた。組会のリーダーは町の治安官で、奴隷の売り買いをしたり、公共の鞭打ち柱や牢屋の内外で、教会の信者仲間の鞭打ちをしたりする男だった。彼は五十セントの手間賃さえ貰えば、いそいそと、どこでも、いかにもキリスト者らしい彼のお勤めを果たした。この白い顔と黒い心を持った教会メンバーが、私たちに近づいてきて、悲しみにうちひしがれた女に言った。「信者のお前さんにお願いするが、主がお前さんの魂をどう扱っているか話してくれないかね。お前さんは以前と同じように、主を愛しているかい」

彼女は立ち上がると、悲しげな口調で言った。「わが支配者にして主人なる神様、どうかわたしを助けてください！　わたしの荷は、耐えきれないほどの重さです。神様はわたしの見えないところにお姿を隠されてしまわれました。わたしは暗闇と不幸の中に取り残されています」。そう言うと、彼女は自分の胸を叩きながら、さらに続けた。「わたしにはここにあることを、あなた様に話すことができません！　あの人たちは、わたしの子供をみんな連れていってしまいました。最後に残った子も、先週連れていってしまいました。あの人たちがわたしの娘を、どこに売ったのかは誰にも分かりません。あの人たちは娘を十六年間わたしの手許に置いておきながら、それから——おお！　おお！　あの子の兄弟や姉妹のためにも、お祈りします！　もう、わたしには生きて行くよすがが何もありません。神様、どうかわたしを早くお召しになってください！」

彼女は全身を震わせながら腰を下ろした。私には、例の治安官の組会リーダーが、自らのほくそ笑みを押し殺そうと顔を真っ赤にしている様子が見てとれた。彼は哀れな女の悲運に涙している人々に自分の得意満面な様子を見られまいと、ハンカチを上に持ちあげていた。それから、真面目さを装って、子供を失った母親に次のように言った。「信者のお前さん、悩める心の安らぎのために、神慮の施しがあるよう祈りなさい！」

会衆が賛美歌を歌いはじめた。その歌う様は、周りでさえずる鳥と同じぐらい、自分たちは自由だと言わんばかりだった——

「サタンは大きな獲物を手にいれたと思った
彼は私の魂をとり逃がしたが、私の罪は捕らえた。
アーメンと唱えよ、アーメンと唱えよ、神に向かってアーメンと唱えよ！」

「彼は私の罪を背中に背負って
口の中でもぐもぐぶつぶつ言いながら地獄へと下りて行った。
アーメンと唱えよ、アーメンと唱えよ、神に向かってアーメンと唱えよ！」

「サタンの教会はここ地上にある。
神の自由な教会めざして私は天上にいきたい。
アーメンと唱えよ、アーメンと唱えよ、神に向かってアーメンよ唱えよ！」

哀れな奴隷たちにとって、このようなひと時は確かに貴重だった。こうしたときに彼らが歌うのを聞けば、あなた方は彼らのことを幸せだと思うかもしれない。しかし、歌ったり叫んだりするこれらのひと時さえあれば、絶え間ない鞭の恐怖のもとで賃金もなく働かされていようとも、彼らは惨めな週を送っていけるというのだろうか。

私の記憶している限り、監督教会の牧師は奴隷所有者の間では、一種の神のような存在だった。ところが、家族が多かったので、彼は経済的にもっと豊かなところへ行く必要があるという結論をくだした。代わりに、とても変わった牧師がやってきた(6)。この交代は黒人たちにとってとても好ましいものだったので、彼らは「今度は神様も良い方を私たちにお遣わしくださった」と言った。彼らは彼を愛し、子供たちは彼の笑顔とやさしい言葉を求めて、彼の後をついてまわった。奴隷所有者たちでさえ、彼の影響力に感化された。彼は牧師館に五人の奴隷を連れてきていた。彼の奥さんが彼らに読み書きを教え、彼女や彼ら自身にとって有用な人間であれと説いていた。落ち着くとすぐに、彼は自分の周りの貧しい奴隷たちに注意を向けた。彼は教区民たちに、奴隷たちのため日曜ごとに特別の集会を持ち、彼らにも分かる説教をする必要があると力説した。何度も議論と説得が重ねられた末に、奴隷たちは日曜の夕方に教会の二階の回廊を使用するということで、やっと意見の一致をみた。これまで教会通いの習慣などなかったような多くの黒人たちが、いまや喜んで福音が説かれるのを聞きにきた。説教は平易だったので、彼らにも理解できた。しかも、彼らが人間として話しかけられたのは、これが初めてだった。間もなく、彼の白人教区民たちが不満を抱き始めた。白人よりも黒人のほうにもっといい説教をしている、そう牧師は非難された。彼は正直に告白して、自分は他の説教よりも奴隷たちへの説教にずっと心をくだいていると言った。その理由として、奴隷たちは無知の中で育てられており、その理解力にあわせて説教をするのは難しい仕事だからだ、と彼は弁明した。教区の中で意見の衝突が生じた。ある人々は、自分たちのほうを夕方にし、奴隷たちの説教は午後にすべきだと要望した。こういった論争の最中に、牧師の奥さんが病気にかかりあっという間に死んでしまった。彼女の奴隷たちは非常に悲しんで、臨終の彼女のベッドの周りに集まった。彼女は次のように言った。「私はお前たちのためになるよう、またお前たちの幸せを願って努力してきました。たとえそれが失敗だったとしても、お前たちを思いやる私の気持ちが不足していたとは思いません。お前たちも、私のために泣いたりしないで、お前たちの前にある新しいお勤めに備えてください。私はお前たち全員を、自由の身にします。あの世でまた会いましょう」。解放された彼女の奴隷たちは、安楽に暮らせる生活資金とともに送り出された。これが真のキリスト教の精神の発露だとして、彼女の思い出を黒人たちは長く讃えている。彼女の死後すぐに、その夫はこの地における最後の説教を行った(7)。彼の旅立ちに際しては、たくさんの涙が流された。

数年後、彼は私たちの町を通りかかり、以前の信徒たちに説教を行った。午後の説教では、黒人たちに向かって話した。彼は次のように言った。「友人たちよ、あなた方に再び話しかける機会が持てて、私はとてもうれしい。この二年間、私は今の教区にいる黒人たちのために、何かをしようと努力してきました。しかし、まだ何も成し遂げていません。私はまだ彼らに対して、説教すら行えないでいるのです。私の友人たちよ、神の言葉に従って生きるように努めてください。あなた方の肌は私の肌より色が濃い。しかし、神は人々をその肌の色ではなく、その心で判断します」。こうした教えが、南部にある教会の教壇から説教されることが異変だった。奴隷所有者たちにとって、それはまさに不快だった。人びとの言うところに従えば、この牧師とその妻は彼らの奴隷たちを愚か者に仕立て上げ、彼自身ばか丸だしで黒人に説教したということになった。

私は一人の年老いた黒人男性を知っていた。神を敬い、子供のように信頼を寄せる彼の姿は、見る者に美しかった。彼は五十三歳のときに、バプテスト教会に加わった。彼は字が読めるようになりたいという、とても真剣な願いを抱いていた。彼の考えによれば、聖書が読めさえすれば、もっとよく神様に仕える方法が分かるはずだった。彼は私のところに来て、私に教えてほしいと頼んだ。お金がないので払えないが、時期がきたらおいしい果物を持ってくると言った。字を学ぶことは法律に反するし、奴隷同士で読み書きを教えあえば鞭打たれて牢屋に入れられるのを知らないのか、と私は彼に尋ねた。それを聞くと、彼の目に涙があふれた。そこで、私は言った。「フレッドおじさん、心配しないでちょうだい。あなたに字を教えるのを、断ろうって言うのじゃないのよ。ただ危険があって、用心しなきゃいけない法律があるってことを、話しておきたかっただけなの」。彼の考えでは、疑われないで週三回やって来る計画が立てられるとのことだった。私は邪魔者などの入りそうにない静かな一隅を選んで、彼にアルファベットを教えた。年齢を考えると、彼の進歩には驚くべきものがあった。二音節の言葉が読めるようになるとすぐに、彼はすべての聖書の言葉を拾い読みしたがった。うれしそうに顔を輝かす彼の笑顔は、私の心に喜びをもたらした。二、三の言葉をたどたどしく読み終えてから、彼はちょっと休んで、次のように言った。「リンダ、聖書を読むことができるようになって、おらは神様にちっとばかし近づけたような気がする。白人には素養があるもんで、学ぶのは簡単なことだ。おらみてえな黒人には、簡単じゃねえ。おらは聖書を読んで、どう生きるか知りてえんだ。それが分かりゃ、死ぬことだって怖くはねえ」

私は彼の進歩がすばらしいと言って、彼を励ました。「リンダ、我慢しとくれ。おらは覚えが悪いからな」。そう、彼は答えた。

私は我慢などする必要はなかった。彼の感謝の気持ちと、私にも及んできた幸せな気持ちは、私の苦労を補ってあまりある報酬だった。

六カ月目が終わると、彼は新約聖書を読み終え、その中のどの句でも見つけ出すことができた。ある日彼がいつになく上手に朗読したので、私は言った。「フレッドおじさん、どうしてそんなに上手に読めるようになったの？」

「リンダ、お前さんのおかげだよ。お前さんがおらに教えてくれることで、綴りや読みの意味を分かるようにしてくだせえと、神様に祈らずにすませられるものはねえんだ。するてえと、神様はおらを助けてくださるだよ、リンダ。神様はありがてえもんだ！」

善良なフレッドおじさんのように、命の水を請い求めている者たち[8]は無数にいる。しかし、法律はそれを禁じ、教会もそれを許していない。彼らは聖書を外国の異教徒たちに送るが、この国の異教徒たちのことは無視している。宣教師たちが地上の暗黒の場所に出かけていくのはうれしいが、国内の暗黒の場所も見落とさないよう、彼らにお願いしたいものだ。アフリカの未開な人びとに話しかけるように、アメリカの奴隷所有者たちに話しかけてほしい。人間を売り買いするのは間違いだ、と彼らに伝えてほしい。自分の子供を売るのは罪であり、自分の娘を犯すのは非人道的だ、と彼らに伝えてほしい。人間はみな兄弟であり、その兄弟から知識の光を奪う権利はだれにもない、と彼らに伝えてほしい。命の泉を求めている人びと[9]にそれを封じるなら、神に責任を負わなければならないということを、彼らに伝えてほしい。

　このような正しい道を説く仕事に、喜んで携わろうという人びとはいる。しかし、悲しいかな、その数は少ない！　彼ら以前の人びとがそうだったように、彼らは南部では憎まれ、その土地から追い出され、牢屋へと引き立てられていき、死ぬにまかされる。畑は刈り入れのときであり、刈り取る人びとを待っている[10]。多分、フレッドおじさんの曾孫たちは、フレッドおじさんが牢屋と鞭打ち覚悟で密かに求めた聖なる宝物を、自由に享受するようになっていることだろう。

　神学博士たちは盲目なのだろうか、あるいは偽善者なのだろうか。彼らのうちのある人たちは盲目であり、ある人たちは偽善者だと思う。しかし、私の考えでは、彼らが貧しい人びとや卑しい人びとに関心があれば、そんなに簡単に盲目ではいられないと感じるはずである。初めて南部に行く牧師は、通常、漠然とだが奴隷制は間違いだという感じを抱いている。奴隷所有者はそのことに気づいていて、それを自分に都合のいいように利用する。彼はできるだけ愛想良くふるまい、神学やそれに類したことを話題にする。聖職者の紳士は、ご馳走の並ぶ食卓で感謝の祈りを捧げるよう求められる。夕食後、彼は屋敷内をあちこち散歩し、美しい木立や花咲く蔓、それに召使いとして主人から目をかけられている奴隷たちの気持ちのよい小屋などを見てまわる。南部人は彼に、こうした奴隷たちと話をするように勧める。自由になりたいかどうか、彼は奴隷たちに聞く。すると、彼らは答える。「いえ、とんでもございません、だんな様」。彼を満足させるには、これで十分である。彼は故郷に帰り、『南部から見た奴隷制』という本を出版し、奴隷制廃止論者は誇張していると不満を並べたてる。(11)自分は南部に行き、自分自身で奴隷制を見てきた、その上に立って言えば、奴隷制は麗しい「家父長中心の制度」であり、奴隷たちは自由など望んでおらず、神を讃える集会やその他の宗教的特権も持っている、と彼は人びとに請け合ってみせる。

半ば飢えながら、農園で夜明けから暗くなるまで働く惨めな人びとについて、彼は何を知っているというのだろうか。奴隷商人の手で自分たちの腕から引き離されていった子供を求めて、悲しく泣き叫ぶ母親についてはどうか。道徳的堕落へ引きずり込まれた年若い娘たちについてはどうか。鞭打ち柱の周りにできた血の海についてはどうか。人間の身体を食いちぎるように訓練された猟犬についてはどうか。綿繰り機のローラーの中に押し込まれて、死んでいった男たちについてはどうか。奴隷所有者たちは、こうしたことを何も彼には見せなかったし、奴隷たちも、たとえ聞かれたとしても、あえてこういうことを話そうとしなかった。

キリスト教の精神と、南部の実際の宗教との間には、大きな隔たりがある。(12)ある男が聖餐式のテーブルに行き、教会の金庫に金を納めると、たとえその金が血の代償であろうとも、彼は信仰心の篤い人と呼ばれる。もし牧師が妻でない女性との間に子供をもうけた場合、その女性が白人であれば、教会は彼を解任する。しかし、その女性が黒人であれば、教会は彼が信者たちのよき牧羊者にとどまり続けるのを妨げない。

フリント先生が監督教会に加わったと聞かされたとき、私はとても驚いた。宗教は人々の性格を浄化する効果がある、と私は思っていた。しかし、私が耐えなければならなかった最悪の性的虐待は、彼が聖体拝領を受けた後のことだった。堅信礼を施された翌日に先生と交わした会話からは、「悪魔とそのすべての所業と縁を切った」現れなど私には何も感じ取れなかった。いつもどおりの話の内容だったので、彼が教会で信仰告白を行ったばかりのはずだと私は指摘した。「そうだよ、リンダ」と、彼は言った。「そうするのが、わしにはふさわしいのだ。わしも年をとったし、社会でのわしの地位が、それを必要としている。これで嫌な悪口もやむはずだ。お前も身を慎んで、教会に入りなさい、ええ、リンダ」

それに対して、私はこう言い返した。「教会にはすでに罪びとがたくさんいます。もし私がキリスト教徒らしく生きられるのであれば、それで私にはうれしいのです」

「お前はわしの言うとおりにしていればいい。お前がわしに操を通せば、お前はわしの妻と同じように、貞淑なんだ」。彼はそう答えた。

聖書にはそんなことは書かれていない、と私は言った。

彼の声は怒りのあまり嗄《しわが》れた。「お前の忌々《いまいま》しい聖書など持ち出してきて、よくもわしに説教ができたもんだ！」彼は大声をあげた。「わしの奴隷であるお前が、何の権利があってこうしたいとか、こうしたくないとか、わしに言えるんだ？　わしはお前の主人だ。お前はわしに従ってりゃいいんだ」

奴隷たちが次のように歌うのも、不思議ではない。

「サタンの教会はここ地上にある。
神の自由な教会めざして私は天上にいきたい」

第14章 生へのもうひとつの絆

子供が生まれて以来、私は主人の家に戻っていなかった。老人のほうは、そのおかげで私を直接的に支配できなかったので大いに腹をたてていたが、彼の妻のほうは、もし私が戻ってきたら、何が何でも私を殺すとはっきり公言していた。彼は妻のその言葉を、信じて疑わなかった。ときどき、彼はある期間私に近寄らないことがあった。しかし、また以前のようにやってくると、自分の寛大さと私の忘恩という聞き飽きた陳腐な話を蒸し返した。さらに、この点はまったく不必要だったが、躍起になって私が自分を貶めたと感じさせようとした。この恨みがましい老無頼漢が、この点を私にくどくどと言う必要はなかった。私は十分屈辱を感じていた。何も知らない私の赤ん坊が、私の恥辱の証人として、永遠に目の前に存在していた。私が彼の高い評価を踏みにじったと、彼が言っているようなときは、ただ黙って軽蔑しながら私は聞いていた。しかし、自分がもはや善良で清純な人びとの尊敬に値しないというところでは、私は苦い涙を流した。ああ！　奴隷制はまだその害なす手で私を捕まえていた。私には品行方正になる機会がなかった。もっと立派な人生を送る先行きの見通しがなかった。

主人のいう親切な申し出を、私がまだ一向に受け入れる気のないことが分かると、ときどき、彼は私の子供を売ると脅した。「そうすれば、多分、お前も謙虚になるだろう」。彼はそう言った。
この私を謙虚にさせる！　私はすでに塵の上に伏していなかっただろうか[1]。しかし、彼の脅しは私の心を責めさいなんだ。私も知っていたことだが、法律は彼にそうする力を与えていた。というのは、奴隷所有者たちはずる賢くも「子供はその父親ではなく母親の身分に準ずる」と法律に規定し、性欲と金銭欲が矛盾しないよう配慮してきていたからである。このことに思いあたると、私はあどけない自分の赤ん坊を胸にますますしっかりと抱きしめた。この子供が奴隷商人の手に落ちるかもしれないと考えたとき、私の脳裏を恐ろしい光景がいくつもよぎっていった。私はさめざめと泣きながら言った。「ああ、かわいい私の赤ちゃん！　あの人たちは、お前をどこか冷たい小屋で死んでいくのにまかせるだろう。そして、そのあとで、まるで犬か何かのようにお前を穴の中に放り込むだろう」

私が再び母親になるということを知ったとき、フリント先生はたとえようもなく激怒した。彼は家から飛び出していき、はさみを持って戻ってきた。私の髪の毛はとてもきれいだったが、入念に手入れして自慢していると言って、よく彼にからかわれた。いま彼はその髪の毛を、そっくり短く刈り詰めてしまった[2]。その間、絶えず怒鳴ったり罵ったりしていた。私がその悪口雑言に対して少し言い返すと、彼は私を殴った。何カ月か前、彼は怒りの発作にかられて、私を階段から突き落としたことがあった。私が受けた怪我は重傷で、何日間もベッドの上で寝返りも打てない状態だった。そのとき彼は「リンダ、わしはもう二度とお前に手を上げないと神に誓うよ」と言った。しかし、私には彼がこの約束を忘れるのは分かっていた。

私の状態を知った後の彼は、まるで地獄帰りの落ち着きのない亡霊のようだった。彼は毎日やってきて、言いようのない侮辱を浴びせかけた。その言葉はあまりに低劣で、あまりに虫酸が走るものだったので、たとえ表現できたとしても、私はここに書き記す気にはなれない。それらが祖母の耳に入らないよう、私はできるだけ努力した。私のさまざまな心配事がなくても、彼女にはもう十分その人生を辛くさせるだけのものがあるのを私は知っていた。先生が私に暴力をふるうのを見たり、男でさえ何も言えなくなるほどのすさまじい悪態をつくのを耳にしたりすると、彼女はいつでも黙っていられなかった。彼女が私をかばおうとするのは当たり前だし、いかにも母親らしい行為だった。しかし、それは事柄をさらに悪くさせるだけだった。

生まれてきた赤ん坊が女の子だと知らされたとき[3]、私の心はいまだかつてなく沈んだ。奴隷制は男たちにとってもひどいものだが、女たちにとってはそれに輪をかけてひどい。奴隷すべてに共通する重圧に加えて、彼女たちには女性特有の虐待と苦難と屈辱感がある。

フリント先生は、彼の言い方をすれば、彼に対するこの新たな罪のために、私を死ぬまで苦しめると断言した。事実、私を彼の権力下においていた間、彼はこの言葉を守り通した。子供が生まれて四日目に彼が突然、私の部屋に入ってきて、起き上がって子供を彼のところに連れてこいと私に命じた。私の世話をしていた付き添いの人は何か食べ物を用意するため部屋を出ており、私は一人きりだった。他にどうしようもなかったので、私は起き上がり、子供を抱き上げ、部屋を横切って彼の座っているところへ行った。「いいか」と彼が言った。「戻っていいというまで、そこに立っていろ！」私の子供はその父親と、その祖母である亡くなったサンズ夫人[4]にそっくりだった。彼はそのことに気づいた。私が弱った身体で震えながら彼の前に立っている間じゅう、彼は考えつく限りのありとあらゆる罵詈雑言を、私と赤ん坊に浴びせかけた。お墓の中にいる赤ん坊の祖母でさえ、その悪態から逃れられなかった。彼の悪口雑言の最中に、私は気を失って彼の足元に倒れ伏してしまった。これが彼を正気づかせた。彼は私の腕から赤ん坊を取り上げて、ベッドに寝かすと、誰かが部屋に入ってくる前に私の意識を取り戻させようとして、私の顔に冷たい水をかけたり、私を起こして激しく揺すったりした。ちょうどそのとき、祖母が部屋に入ってきたので、彼はあわてて家から出ていった。この扱いの結果、私は病気になったが、先生を医者として呼ぶくらいなら死んだほうがいい、と友人たちに懇願した。彼の存在以上に私の恐れたものはなかった。私の命は助かったが、幼い子供たちのために私は喜んだ。私と生とを繋ぐこれらの絆がなかったら、たった十九年しか生きてこなかったが、私は喜んで死による解放を選んだことだろう。

子供たちが法的に根拠のある名を名乗れないことに、私はつねづね心を痛めていた。子供たちの父親は彼の名前を使えと申し出てくれた。しかし、私がその申し出を受け入れたいと思っても、主人が生きている限りは私はあえてそうする気はなかった。しかも、その名前は子供たちの洗礼の際には、受けつけられないというのを私は知っていた。だが、最低限、子供たちには洗礼名をもつ権利があった。息子に関しては、遠く離れていってしまったあの大事なやさしいベンジャミン(5)の名を使うことに決めていた。

私の祖母は教会に所属しており(6)、子供たちに洗礼を受けさせたいと強く望んでいた。フリント先生がそれを禁じるのは分かっていたので、私は思い切ってそれをやってみようという気にならなかった。しかし、偶然が私に幸いした。彼が町の外に住む患者に往診を頼まれ、日曜日に町を離れざるをえなくなった。「さあ、今がチャンスだよ」と祖母は言った。「子供たちを教会へ連れて行って、洗礼を受けさせよう」

　教会に入ったとき、母の思い出がどっと押し寄せてきて、私は気持ちが沈んだ。ここで母は何ら恥じ入ることなく、私に洗礼を受けさせた。彼女は結婚しており、奴隷制が奴隷に許す法的権利を持っていた。神前での結婚の誓いは、少なくとも彼女にとって神聖だったし、彼女がそれに背いたことはなかった。私はいま彼女が生きていなくて良かったと思った。もし生きていれば、自分の孫たちが、どれほど異なった状況下で洗礼を受けさせられることになったかを、知るはめになっただろう。なぜ私の運命は母の運命とこんなに違ってしまったのだろう？　彼女の主人は彼女が子供のときに亡くなり、彼女は結婚するまで女主人のところにいた。彼女は一度も男の主人に支配されたことがなかったので、通常女の奴隷なら経験する類の禍に遭わずに済んできたのだ。

　私の赤ん坊が洗礼を受けて命名されようとしていたとき、父のかつての女主人が私に近寄ってきて、自分の洗礼名をその子につけてもいいと申し出てくれた。[7]さらに、私はそれに父の姓を付け加えた。だが、実際のところ、私の父方の祖父[8]はれっきとした白人だったので、私の父はその姓を名乗る法的権利を持っていなかった。奴隷の家系図は何と複雑にもつれ合っていることか！　私は父を愛していた。しかし、自分の子供たちに彼の姓をつけなければならないことには、屈辱を感じた。

　私たちが教会を出たとき、父のかつての女主人に彼女の家へくるよう招待された。彼女は私の赤ん坊の首に金の鎖を巻き、留め金でとめてくれた。私はこの親切を彼女に感謝したが、本当は金の鎖の意味が好きではなかった。自分の娘の身体には、どんな鎖もつないでほしくなかった。たとえその鎖

の輪が金でできていても、いやだった。鉄の枷が魂に食い込む奴隷制の鎖の重み(9)を彼女が感じること
のないよう、私はどれだけ真剣に祈ったことか！

第15章 なおも続く性的迫害

子供たちは立派に成長していった。フリント先生は、勝ち誇ったような笑いを浮かべて、よく私に言った。「この餓鬼どもは、そのうちわしに大金をもたらしてくれるだろうな」

私は心の中で、神様は私の味方だから子供たちを彼の手に渡すはずがない、と自分に言い聞かせていた。彼らを彼の意のままにさせるくらいなら、彼らが殺されるのを見るほうがまだましだ、という気がした。私自身と子供たちの自由を勝ちとる金は、手にすることが可能だった。しかし、だからといって、そこから私は何の成果も引き出せなかった。フリント先生はお金を愛していたが、それ以上にもっと権力を愛していた。いろいろ検討した末に、私の友人たちはもう一度フリント先生に当たってみることにした。ちょうどテキサスに発とうとしていたある奴隷所有者がいたので、私の購入を彼に依頼しようということになった。彼は値段を九百ドルから始めて、千二百ドルまで吊り上げていくことになっていた。しかし、私の主人は彼の申し出を断った。「あんた」と彼は言った。「あの女はわしのものじゃない。わしの娘のものだ。わしにはあの女を売る権利はない。わしはあんたがあの女の愛人に頼まれてやってきたと疑ってるんだ。もしそうなら、いくら金を積んだってあの女を買えないし、子供たちだって買えないと、そいつに伝えるがいい」

その翌日、先生は私に会いにきた。彼が入ってくると、私の心臓の鼓動はより速くなった。私はこの老人がこんなに堂々とした足取りで歩くのを、見たことがなかった。彼は腰を下ろすと、人をひるませるような嘲りの表情を浮かべて、私をじっと見た。私の子供たちは、彼を怖がるようになっていた。下の子は彼に会うと、必ず目を閉じて私の肩に顔を隠した。上の子のベニーはもうすぐ五歳だったが、しばしば私に尋ねた。「なんであの悪人はしょっちゅうここに来るの？　僕たちを傷つけたいの？」彼が大きくなってこの問題を解決しようとする前に、彼が自由になっていることを信じて、私はいとしいこの子をよく腕の中に抱きしめた。そして今、先生が厳めしそうに黙ってそこに座っていたとき、子供は遊ぶのをやめてそばに来ると、私に寄り添った。最後に私の迫害者が口を開いた。「そうか、お前は愛想づかしをされたってわけか、ええ？」と彼は言った。「わしはそうなると思っていた。何年も前に、お前はそういう扱いを受けるって、わしが言っておいたのを覚えているだろう。そうか、あいつはお前にうんざりしたってわけか。ハッ！　ハッ！　ハッ！　貞淑なご婦人はこんなことを聞かされたくないだろうがね、ええ？　ハッ！　ハッ！　ハッ！」彼は貞淑なご婦人と私を呼ぶことに皮肉を込めていた。私には、以前のように彼に返答する力がもはやなかった。彼は続けた。「お前はまた別の計りごとをめぐらしたようだな。お前の新しい愛人が、お前を買いたいと言ってきた。でもなあ、お前は絶対に成功しっこないんだ。お前はわしのものだし、一生わしのものだ。お前を奴隷の生活から連れ出すことのできる人間なんて、いやしないさ。わしならそうしてやったかもしれん。でも、お前はわしの親切な申し出を断った」

私はどんな計りごともめぐらしたいと思ってもいないし、私を買いたいという人に会ったこともない、と彼に語った。

「お前はわしが嘘をついているとでも言うのか」。彼は大声をあげて、私を椅子から引きずり出した。

「あの男に会ったことがないなどと、まだ言う気か」

「そうです」と私は答えた。

彼は私の腕を掴み、悪罵を連発した。ベニーが悲鳴を上げたので、私は彼に、祖母のところに行きなさい、と言った。

「おい、そこのチビ、一歩でも動いてみろ！」と彼は言った。子供はさらに私に寄り添うと、私をかばおうとするように両腕を回した。怒り狂った主人には、これだけでも十分だった。彼は子供を掴み上げると、部屋の向こうへ投げ飛ばした。私は子供が死んだと思い、跳んで行って抱き上げようとした。

「駄目だ！」と先生は大声を出した。「自分で気がつくまで、そこにうっちゃっておけ」

「行かせてください！　行かせてください！」と私は金切り声をあげた。「行かせてくれなければ、家中の人を呼びますよ」。私はもがいて、身を引き離した。しかし、彼はまた私を掴んだ。誰かが戸を開けたので、彼は私を離した。私が気を失った子供を抱き上げて、後ろを振り返ったとき、迫害者はいなくなっていた。真っ青な顔をしてじっと動かずにいる小さな体を、心配でいても立ってもいられない気持ちで、私は上からのぞき込んだ。やっと褐色の目が開いたとき、自分が本当にうれしいと思ったのかどうかは、私には分からない。

以前と同じ先生の性的迫害が、また始まった。彼は朝、昼、晩とやってきた。恋敵を見張る嫉妬深い恋人でさえ、しつこさという点では、私と、疑いの対象の奴隷所有者とを見張る彼ほどではなかっただろう。彼はその奴隷所有者が、私と共謀して計りごとをめぐらしたと責め立てていた。祖母が家にいないときなど、彼はその男を見つけようとして、すべての部屋を探し回った。

こうやって私の所に来ていたあるとき、彼は自分が二、三日前奴隷商人に売り飛ばした若い娘を、偶然見かけることになった。彼によれば、その娘は奴隷監督とあまりにも懇《ねんご》ろになりすぎたので、売り飛ばしたということだった。彼女は彼の言いなりにさせられていた辛い過去があったので、売られたのを喜んでいた。彼女には母親や身近な縁者はいなかった。何年も前に、すべての家族から引き離されてしまっていた。しかし、奴隷商人が彼女のほかにも購入する予定の奴隷たちを集めているあいだ、彼女が自分たちと一緒に過ごすのを許してくれるなら、彼女の身柄の確保は約束しようという彼女の友人たちが何人もいた。そんな計らいが許されることなど、めったになかった。だが、その申し出は奴隷商人にとって食費と牢屋での拘留代の節約となり、金額は僅かでも大いに考慮に値した。

フリント先生は、自分が売った奴隷たちに会うのを、いつもとても嫌がっていた。だから、彼はローズに部屋から出て行くように命じた。しかし、彼はもはや彼女の主人ではなかったので、彼女は彼を無視した。このときだけは、虐げられてきたローズが勝利者だった。彼の灰色の目がいきりたって彼女を睨んだが、彼の力の及ぶ範囲はそこまでだった。「この娘はどうしてここに来ているのだ?」と彼は叫んだ。「わしがこの娘を売ったことを知っていながら、お前はどういう権利があってそれを許したのだ」

私は答えた。「ここは私の祖母の家です。ローズは祖母に会いに来ました。正当な目的があってこの家を訪れる人を、誰であれ追い返す権利は私にはありません」

彼は私を殴った。もしローズがまだ彼の奴隷であったら、殴られていたのは彼女だっただろう。大声のやりとりに釣られて、祖母が部屋に入ってきたのは、ちょうど私が二回目に殴られていたときだった。彼女は自分の家でそんな乱暴が行われるのを、黙って見過ごすような女性ではなかった。先生は、私が無礼な態度をとったからだ、と言い訳をした。彼女の怒りの度合いはどんどん高まっていき、とうとう言葉となって爆発した。「わたしの家から出てってちょうだい！」と彼女は大声をあげた。「自分の家に帰って、自分の妻や子供の面倒を見てやることね。わたしの家の者をかまうより、あんたにはやることがたくさんあるだろうに」

彼は、私の子供が生まれたのは祖母のせいだと言い、私の生活ぶりを容認していると祖母を責めた。それに対して、この子が自分と一緒に住んでいるのは、彼の妻がそうするように強制しているからで、責められるべきは彼のほうであって、この子が責められる筋合いはないし、揉め事のすべてを引き起こした張本人は彼だ、と祖母は言った。そう言い立てているうちに、彼女はますます激昂した。「いいですかい、フリント先生」と彼女は言った。「あんたはもうそんなに長いこと生きられやしないんだ。お祈りでもしたほうがいいんじゃないのかね。あんたの心の汚れを洗い落とそうとしたら、(1)この先一生かけたってとても無理かもしれないけどね」

「お前は誰に向かって言っているか、分かっているのか」と彼はわめいた。

彼女は答えた。「ああ、自分が誰に向かって話しているか、ようく承知しているともさ」

彼は激怒したまま家から立ち去った。私は祖母を見やった。二人の目が合った。彼女の目から怒りの表情は消えていたが、その顔つきは悲しげで疲れていた——とりわけ、絶え間ない闘いで疲れきっているようだった。このことで、私に対する彼女の愛情が減っていくのではないかと、私は気になった。しかし、たとえそうであっても、彼女はそれを顔に出さなかっただろう。彼女はいつもやさしく、私の苦しみにいつも同情を示してくれた。悪魔のような奴隷制がなければ、このつつましい家にあるのは平安と充足だったろう。

その冬は、先生に煩わされることもなく、過ぎ去っていった。美しい春がやってきた。自然がその精気を取り戻すとき、人間の心もまた生き返る。私のしおれかかっていた希望も、花々とともに息を吹き返した。私はまた自由を夢見ていたが、それは自分のためというより、子供たちのためだった。私は何度も何度も計画を練った。どの計画も障害にぶち当たった。それらを乗り越える方法はないように思われたが、それでも私は希望を捨てなかった。

老獪《ろうかい》な先生がまた戻ってきた。彼が家にやってきたとき、私はいなかった。ある友人が小さなパーティに呼んでくれ、彼女を喜ばせるために私は出かけていた。本当にびっくりしたが、使いが大あわてでやってきて、フリント先生が祖母の家にいて私に会いたがっていると伝えた。家の者は、私がどこにいるかを彼に教えなかった。そうでなければ、彼は友人の家に来て、ひと悶着起こしていただろう。彼らは私に黒っぽい色の肩掛けを届けて寄こしたので、私はそれを肩にかけ大急ぎで家に帰った。だが、私の足の早さでは間に合わなかった。先生は怒って立ち去ってしまっていた。私は朝が来るのが怖かったが、それを遅らせることはできなかった。暖かく輝かしい朝がきた。先生は早い時間にやってきて、私が昨夜どこにいたのかと尋ねた。私は彼に伝えた。彼は私を信用せず、事実を確かめるため友人の家に使いを出した。彼は午後にまたきて、私が本当のことを話したので満足していると伝えた。はしゃぎたいような気分の中にいるらしく、何か愚にもつかないことを言われるな、と私は思った。「お前には何か気晴らしが必要だろう」と彼は言った。「だが、お前があそこであんな黒ん坊どもと一緒にいたとは驚きだ。あそこはお前がいるような所じゃない。お前には、あんな奴らのところへ行くのが許されているのか」

この言葉の裏に隠されている当てこすりが、私の友人である白人の紳士に向けられているのは分かったが、私はただ次のように答えた。「私は友達の所に行っていただけです。友達が付き合っている人たちは、私の目から見てみんな立派です」

彼はなおも続けた。「わしはこのところあまりお前に会っていないが、お前に対する気持ちに変わりはない。わしがもうお前に情けをかけるつもりはないと言ったとき、ちょっと性急に過ぎた。わしはその言葉を取り消す。リンダ、お前は自分と子供たちの自由を望んでいる。それはわしを通してしか得られない。わしがこれから提案することに、もしお前が賛成するなら、お前と子供たちを自由にしてやろう。まず、お前はもう子供たちの父親といっさい連絡をとるな。次に、わしが小さな家を手に入れてやるから、お前と子供たちはそこで一緒に住めばいい。お前の仕事は楽なものだ。私の家族のための縫い物とかそんなところだ。これでどうだ、リンダ——家と自由をお前にくれてやろう！過去のことは水に流そうじゃないか。ときどき、わしがお前に厳しかったとしても、それはお前が強情だったからだ。お前も知ってのとおり、わしは自分の子供は従順でなければならないと思っている。わしにとっては、お前はまだ子供なんだ」

彼は間をおいて答えを待っていたが、私は黙ったままだった。

「どうしてお前は何も言わないのか」と彼は言った。「他に何を期待してるんだ？」

「何も期待していません、だんな様」

「じゃ、わしの言うことを受け入れるんだな」

「いいえ、だんな様」

彼の怒りは爆発寸前だったが、何とか彼はそれを抑えると、次のように言った。「お前は考えもしないで返事をした。だが、いいか、わしの提案には二つの面があるんだぞ。もしお前が明るいほうの面を拒否すれば、お前は暗いほうの面をとらなければいけなくなる。お前はわしがさっき言ったことを受け入れるか、あるいはそうでなければ、お前と子供たちは若主人のいる農園[2]に行き、お前の幼い女主人が結婚するまでそこに留まっているかのどちらかしかない。お前の子供たちは、他の黒ん坊の子供たちと同じ生活をすることになる。一週間の猶予をやるから、よく考えてみることだな」

彼は抜け目がなかった。だが信用できないのは分かっていた。私は今すぐ返事ができると言った。

「わしはいま聞くつもりはない」と彼は答えた。「お前はあまりにも衝動的に行動しすぎる。もしお前が選びさえすれば、お前と子供たちは、今日から一週間後には自由になれるんだぞ。そのことを覚えておけ」

何とも恐ろしい偶然に、私の子供たちの運命がかかっていた！　私の主人の提案は罠だった。もし私がそれを受け入れれば、そこからの脱出は望めなくなるだろう。彼の約束について言えば、たとえ彼が私に自由証明書を手渡しても、それが法的価値など持たないよう手が加えられているのは、確かだった。彼という人間をよく知っていたので、私にはそれが分かっていた。とすれば、私は他方を選択する以外になかった。私は農園に行く決心をした。しかしそのとき私は、自分が完璧に彼の支配下におかれていることに、思いをいたさざるをえなかった。見通しは、ぞっとするほど暗かった。たとえ私が彼の前にひざまずき、子供たちのために私を助けてくれと嘆願しても、彼は私を足蹴にして拒絶するだろう。そうやって私の弱さを見せることが、彼の勝利につながるのを私は承知していた。

その週の過ぎ去る前に、私は若主人のフリント氏が同じ階層の女性と結婚しようとしているのを知った。彼の家庭で私が占める立場がどういうものになるか、私には予想がついた。かつて、罰として、私は農園に行かされたことがあった。すぐに、その息子への恐怖が父親の場合と同じものであるのが分かった。私の気持ちは固まった。たとえ途中で命が果てようと、私は主人の裏をかき子供たちを救おうと決心した。私は自分の計画を、誰にも打ち明けなかった。私には分かっていたことだが、友人たちは私の計画を思いとどまらせようとするだろう。私は彼らの忠告を拒否して、彼らの気持ちを傷つけたくなかった。

その決定的な日に、先生がやってきて、私が賢い選択をしたことと思う、と言った。

「私は農園に行くつもりです、だんな様」と私は答えた。

「お前は、その決定が子供たちにとってどれほど重大なことになるか、考えたのか」と彼は言った。

考えました、と私は答えた。

「そうか、それじゃ、農園へ行け。この糞ったれ奴が」と彼は答えた。「お前の息子は仕事をやらされ、それからすぐ売りに出されることになるだろう。お前の娘のほうは、高い値段がつくように育てることとしよう。お前なんぞ、どうとでも好きにするがいい！」彼はすさまじい悪態をつきながら、部屋から出ていった。そのときの彼の悪態は、とてもここに書き記せるものではない。

私がそこに釘付けになったように立っていると、祖母が入ってきて言った。「リンダ、それで、お前はあの人になんて言ったんだい？」

私は農園に行こうと思っている、と答えた。

「行かなくちゃならないのかい」と彼女は言った。「そうしないで済むように、何かできることはないかね」

私はやってみても無駄だ、と言った。しかし、彼女は私にあきらめるなと頼んだ。彼女によれば、まず彼女は先生のところへ行き、自分がどんなに長いあいだ、どんなに誠実に、その家族に仕えてきたか、また彼の妻に乳を与えるため、どんなふうに自分の赤ん坊をその胸から引き剥がしたかなどを、彼に思い出させてやるというのだった。さらに、身内の皆が私を忘れてしまうほど長く、私が身内から引き離されていたこととか、また私の労働時間当たりの金を彼女が支払うから、その金で条件に適した屈強な女性を手に入れればいいというようなことも、彼に伝えるつもりだと言った。私は彼女に行かないでくれと頼んだ。しかし、彼女はあくまで固執して、次のように言った。「あの人は私の言うことなら聞くだろうよ、リンダ」。そして、彼女は出かけて行ったが、私の思ったようなあしらいを受けた。彼は彼女の言うことに冷たく耳を傾け、その要求を拒絶した。彼は彼女に、彼のしたことは私のためだったこと、私が自分の気持ちばかりを優先させ、自分の置かれている状況をわきまえようとしなかったこと、だから農園で私にふさわしい扱いを受けることになるんだ、というようなことを語った。

祖母は非常にがっかりした。しかし、私には秘めた希望があった。でも、私の闘いは、一人で闘わなければならなかった。私には女としての誇りと、子供たちに対する母としての愛があった。今この瞬間の暗闇の中から、子供たちは必ずもっと明るい夜明けを迎えることになるだろう、そう私は固く心に誓った。主人の側には権力と法律があった。私は断固たる意志を持っていた。どちらの側にも、それぞれなりの力があるのだ。

第16章 農園の光景

翌朝早く、私は下の子供を連れて祖母の家を出た。息子は具合が悪かったので、あとに残した。古い馬車ががたがた揺れながら進んでいったとき、私は悲しい思いにとらわれていた。これまで私は一人で苦しんできたが、今はこの小さな子供が奴隷として扱われることになった。私たちが農園のお屋敷に近づいたとき、私はかつて復讐のためにここに送られてきた時のことを思い出していた。今回は何のために送られてきたのだろうか。私には理解できなかった。義務が命ずる限りにおいて、与えられた命令には従おうと思っていたが、心の中では、ここにいるのはできるだけ短くしようと決めていた。フリント氏は私たちが来るのを待ち構えていて、その日の指示をするから彼の後について二階へ来るようにと、私に命令した。娘のエレンは、階下の台所に取り残された。これまでいつも大事にされてきた彼女には、これはひとつの変化だった。子供は庭で一人遊びをしているさ、と若主人が言った。彼にしてみれば、それでも親切な言葉だった。何しろ彼の目には、この子は忌々しい存在だったのだから。私の仕事は、花嫁を迎え入れるために、いろいろと家の中の準備をすることだった。シーツ、テーブルクロス、タオル、カーテン、それに絨毯などに取り囲まれて、私の手は忙しく針を動かしていたが、頭のほうは計画を練るのに忙しかった。正午に、私はエレンのところに行くことが許された。彼女は泣き疲れて眠っていた。フリント氏が近所の人に話しているのが、私の耳に聞こえた。「あの女は、もうここで暮らしていかなくちゃならないんだ。すぐに、あいつの頭から町育ちの考え方を、追い出してやるさ。あいつのばかげた振る舞いについちゃ、親父にも責任がある。親父はもっと前に、あいつを奴隷らしく仕込むべきだったんだ」。これは、わざと私の耳に聞こえるように言われたものだった。もし面と向かって私に言ったのであれば、それは男らしいと言えなくもなかった。あること、もし彼の隣人が知れば驚いたかもしれないし、あるいは当然とみなしたかもしれない類のことを、彼は面と向かって私に言ったことがあった。彼はまさに「父親そっくりの息子」だった。

私は仕事に関する限り、上品ぶっているなどと彼に文句を言わせまいと決心した。昼も夜も働いた。眼前にあるのは、ただひたすらなる惨めさだけだった。子供の傍らに横になって寝ているとき、彼がこの子をぶちのめすのを見るくらいなら、この子が死ぬのを見たほうがどんなに楽だろうと思った。私は毎日、彼が他の幼い子供たちをぶつのを目の当たりにしていた。子供の母親たちの精神は鞭ですっかり打ち砕かれてしまっていたので、彼女たちは抗議する勇気もなしにただそばに立っているだけだった。あの程度に「仕込まれる」までに、私はさらにどのくらい苦しまなければならないのだろうか。

私はできるだけ満足そうな振りをしていようと心がけた。ときどき、家に短い手紙を出す機会があったが、そんな時はさまざまな思い出が蘇ってきて、しばらくのあいだ、自分の運命に冷静で無頓着な態度をとるのが難しかった。私は努力したが、そんな私をフリント氏が疑わしそうな目で見ているのに気づいた。エレンは新しい生活の困難さに、すっかりまいっていた。私から引き離され、誰にも面倒を見てもらえず、ただあてもなくふらふら歩き回っていた彼女は、泣いてばかりで、数日すると具合を悪くしてしまった。ある日、彼女は私が仕事をしていた窓の下に座り、母親の胸が痛くなるような弱々しい声で泣いていた。私はそれに耐えねばならないと思い、心を鬼にしていた。しばらくすると、泣き声がやんだ。外を見ると、彼女はいなくなっていた。まもなくお昼だったので、私は思い切って彼女を探しに下に降りていった。このお屋敷は地上から二フィート〔一フィートは約三十センチ〕高くして建てられていた。私は床下を覗いた。すると、中ほどのところで彼女がぐっすり眠っているのが目に入った。私は這っていき、彼女を引きずり出した。腕の中に彼女をしっかりと抱きしめたとき、彼女がこのまま目覚めなければ、彼女にとってどんなにいいことかと思った。私はその思いを大きく口に出して言っていた。「お前は俺に話しかけたのか」。そう言うひとの声が聞こえたので、びっくりした。目を上げると、そばにフリント氏が立っていた。彼はそれ以上何も言わなかったが、顔をしかめながら立ち去っていった。その夜、彼はエレンにビスケットと甘くしたミルクを届けてきた。この気前のよさに私はびっくりした。あとで知ったことだが、その日の午後、彼は家の下から這い出てきた大きな蛇を殺していた。その出来事が、常ならぬ彼の親切心を促したのだ、と私は思った。

翌朝、二輪馬車に屋根瓦を積んで町まで運ぶことになった。私はそこにエレンを乗せ、彼女を祖母の所に届けてもらった。フリント氏は、私が彼の許可を求めなかったことで、文句を言った。子供は病気だし私には構ってやる時間がないので、誰かに面倒を見てもらう必要があったのだ、と私は彼に言った。彼はそのまま見逃した。というのは、私が短い時間でたくさんの仕事を成し遂げたことに、彼も気づいていたからである。

農園に来て三週間が経過したころ、私は一度家に行ってこようという計画をたてた。それはみんなが寝た後でなければならなかった。私のいた所は町から六マイル離れており、道路は暗くてわびしかった。私はある若い男と一緒に行くことになっていた。彼は自分の母親に会いに、こっそりとよく町へ抜け出していたのだ。ある晩、辺りがすっかり静まりかえったころに、私たちは出発した。恐怖が私たちの歩みを速め、旅路を終えるのにそれほどの時間はかからなかった。私は祖母の家に着いた。彼女の寝室は階下にあった。暖かかったので窓は開いていた。私が彼女に声をかけると、祖母は目を覚ました。彼女は私を家の中に入れ、夜遅い通行人が私を見てはいけないと窓を閉めた。明かりが運ばれ、家中の者が私の周りに集まった。ある者は笑い、ある者は泣いていた。私は自分の子供たちを見に行き、彼らが幸せそうに眠っていることを神に感謝した。彼らの上にかがみこむと、涙が流れ落ちた。立ち去ろうとしたとき、ベニーが身動きをした。私は振り返り「母さんはここにいるわよ」とそっと囁いた。彼は小さなこぶしで目をこすっていたが、目を開けてベッドに起きあがると、不思議そうに私を見た。それが私だと得心したとき、彼は大声で叫んだ。「ああ、母さん！　母さんは死んだんじゃなかったんだね。あいつらは農園で母さんの頭を切り落としたりはしなかったんだね」

時間は瞬く間に経っていき、案内役の青年が私を待っていた。私はベニーをベッドに寝かしつけると、またすぐに来るからと約束して、泣くのをやめさせた。私たちは大急ぎで農園へと戻っていった。半分ほど行ったところで、私たちは四人の警邏《けいら》(1)隊と遭遇した。運よく彼らの姿が見えてくるより先に、私たちは馬のひずめの音を聞き分けたので、大きな木の後ろに隠れる余裕があった。彼らはついさっきまで酒盛りをしていたらしく、大声を上げたり叫んだりしながら通りすぎていった。彼らが犬と一緒でなかったことを、私たちはどれほどありがたく思ったことか！　私たちは足を速めた。農園に着いたとき、手挽き臼の音が聞こえた。奴隷たちが食事用のトウモロコシを粉にしていた。角笛の音が奴隷たちを仕事に駆りだす前に、私たちは無事戻った。案内役の青年が自分のトウモロコシを粉にする時間もないまま、一日中畑で働かなければならないのを知っていたので、私は自分のわずかな食べ物を彼と分けあった。

　フリント氏は怠けている者がいないかどうかを調べに、しょっちゅう家の中を見て回った。家の中のことは彼には分からなかったので、仕事の段取りはそっくり私に任されていた。わざわざ家のほうの奴隷監督を雇うまでもなく、彼は私の仕事のやり方に満足していた。彼の家の中のことをしたり、奴隷たちの衣類を作ったりするために、私を農園においておく必要があると、彼はこれまでにもよく父親に強調していた。しかし、それに同意するには、老人のほうがあまりにも彼のことをよく知りすぎていた。

　私が農園で働き始めて一カ月たったとき、フリント氏の大叔母(2)が彼を訪ねてきた。この人は私の祖母が競り台で競りにかけられたとき、五十ドル支払って彼女を自由にしたやさしい老婦人だった。祖母は私たちが皆ミス・ファニーと呼んでいたこの老婦人を愛していた。彼女はよく私たちのところにきて、一緒にお茶を飲んだ。そんな時には、テーブルに雪のように白いテーブルクロスがかけられ、古風な食器戸棚から陶器の茶碗と銀のスプーンが取り出された。温かいマフィンやお茶用ラスクやおいしい砂糖菓子が並べられた。祖母は二頭の雌牛を飼っていたが、その牛乳から作る新鮮なクリームは、ミス・ファニーの大好物だった。彼女はいつも決まって、このクリームは町中で一番だと言った。

二人の老婦人は一緒にくつろいだ時間を過ごした。仕事をしたりお喋りをしたり、時には昔のことを話しているうちに二人のメガネが涙に曇り、はずして拭かなければならなくなった。ミス・ファニーが帰るときには、その鞄は祖母の最高のケーキでふくらみ、またすぐ来るよう熱心に勧められた。

かつてはフリント先生の奥様がお茶を飲みにやってきたり、彼女の子供たちが「マーサおば」のご馳走を食べに来たりするようなときもあった。しかし、私が彼女の嫉妬と恨みの対象になってからは、私と子供たちに避難場所を提供しているということで、彼女は祖母に腹を立てていた。通りで会っても、彼女は祖母に話しかけようとさえしなかった。このことは、祖母の感情を傷つけた。なぜなら、赤ん坊の時に自分の母乳で育てたこの女性に対して、祖母は悪感情を持つことができなかったからである。もし可能ならば、先生の奥様は喜び勇んでミス・ファニーと私たちの付き合いの邪魔をしたことだろう。しかし、幸いなことにミス・ファニーはフリント家の恩恵にすがって生きていたわけではなかった。彼女は他人の世話にならずにすむだけのものを持っていた。自立というのは、どんな気前のよい施しを受けようと、施しで得られる以上のことなのである。

ミス・ファニーとはいろいろな思い出があった。だから、彼女は私にとって大事な人だった。農園で彼女に会えたとき、私はとてもうれしかった。彼女の滞在中は、その大きくて誠実な心のぬくもりのおかげで、この家が今までになく心地よいものに思えた。彼女は一週間滞在し、私は彼女とたくさんの話をした。彼女の言に従えば、彼女がここにやってきた一番の目的は、私がどう扱われているか、また私のために何かできることがないかどうかを確かめるためだということだった。何らかの方法で私を助けることはできないだろうか、と彼女は尋ねた。ないと思うと、私は彼女に答えた。彼女はいかにも彼女らしいやり方で私に同情を示した。つまり、私と祖母の家族全員が墓の中で安らかに眠ることを彼女は願っているが、その理由は、それがなされるまで私たちのことで彼女が安心できないからだというのである。私はと言えば、このやさしい老婦人が夢にも考えていなかったこと、つまり私と子供たちのことで彼女に平安をもたらすとすれば、それは死ではなくて、自由を勝ち取ることでそうしようと計画を立てていた。

私は町へのこの侘びしい十二マイルを、何度も何度も往復した。途中はずっと、私と子供たちの逃亡の方法について考えをめぐらしていた。私の友人たちはあらゆる努力を傾けて、うまく私たちを購入する方法を考え出そうとしていたが、彼らの計画はことごとく失敗に終わった。フリント先生は疑い深く、私たちを掴んだ手は緩めないよう決心していた。もし私一人だったら、私は逃亡することができたかもしれない。しかし、私が自由を求めたのは、私自身のためというより、むしろ私のいたいけな子供たちのためだった。自由獲得で手にする恩恵は掛替えのないものだったかもしれないが、子供たちを奴隷状態のままにしておいて、その代償で自分の自由を手にするつもりはなかった。彼らのために私が耐えてきたすべての試練、そして彼らのために私が払ってきたすべての犠牲、そうしたものは彼らを私の心にますます近づけた。またそれらは、見た目には永久に続くかと思える嵐の夜、私めがけて激しく押し寄せる暗い波になお負けることなく、打ち勝とうとする新たな勇気を私に与えてくれた。

フリント氏の花嫁が新居に入れるようになるまで、ほとんど六週間かかった。しかし、準備はすべて整い、フリント氏は私によくやったと言ってくれた。彼は土曜日に屋敷を発ち、次の水曜日に花嫁と一緒に帰ってくることになっていた。彼からいろいろな指図を受けた後、私は思い切って日曜日を町で過ごしてもよいかと聞いてみた。私の願いは聞き入れられ、私はその好意に感謝した。彼に何か頼んだのはこれが最初だった。私はこれを最後にしたいと思った。私が考えてきた計画を成し遂げるには、一晩以上の時間が必要だったが、日曜日まる一日あればいろいろなことができるはずだった。私はその安息日を祖母と一緒に過ごした。この日ほど静かで美しい日は、かつて天から降りてきたことがなかった。しかし、私にとってこの日は、矛盾するさまざまな感情を抱かせられた日でもあった。多分これが、私を守ってくれた、大事で懐かしいこの家の中で過ごせる最後の日になるのだろう！多分これが、誠実でなじみ深い私の生涯の友と語る最後の語らいになるのだろう！　多分これが、私と子供たちが一緒にいられる最後の時になるのだろう！　そうかもしれない、だが、それでも彼らを奴隷のままにさせておくよりはいい、そう考えたりもした。私には、奴隷制のもとで私のかわいい赤ん坊を待ち受けている運命がどのようなものであるかが、分かっていた。だから、彼女をそこから救い出すか、それとも失敗して死ぬかのどちらかだと決心していた。その誓いを私のかわいそうな両親の墓の前で行うため、奴隷墓地に赴いた。「そこでは神に逆らう者も暴れ回ることをやめ、疲れた者も憩いを得、捕らわれ人も、共にやすらぎ、追い使う者の声はもう聞こえない。……奴隷も主人から自由になる」(3)。私は両親の墓にひざまずき、今までよくしてきたように、彼らが生きて私の苦難の数々を見たり私の罪を嘆き悲しんだりせずにすんでいるのを神に感謝した。母は死に際して、私を祝福してくれた。長い試練の最中に、彼女の声が聞こえてきたと思ったこともあった。あるときは私を叱り、あるときは私の傷ついた心にやさしい言葉を囁いてくれた。私が死んでも私の子供たちは、私が母のことを完全に満ちたりた気持ちで思い出すようには、私のことを思い出すことなどできないだろう。そう考えて、私はたくさんの苦い涙を流した。

墓地は森の中にあり、黄昏が迫っていた。ときどき聞こえる小鳥のさえずり以外に、死のような静寂を破るものはなかった。私の心は、その場の光景のもつ厳粛さに圧倒されていた。十年以上もの間、私は何度もこの場所を訪れていたが、私にとってそこが今ほど神聖に見えたことはなかった。母の墓の上には、父が一本の木を植えておいたのだが、その木で残っていたものと言えば黒い切り株だけだった。父の墓のほうには、墓標として名前の書かれた小さな木の板があったが、その文字はほとんど消えかかっていた。私はひざまずいて父の名前にキスをし、私が踏み出そうとしている危険な歩みの道案内と支援を求めて、神への祈りを捧げた。ナット・ターナーの反乱以前には礼拝のため奴隷たちが集まるのを許されていた古い集会所の跡を通ったとき、そこから父の声が聞こえたような気がした。その声は、自由かさもなければ死に至るまでぐずぐずしていてはいけないと、私に命じていた。私は希望も新たに前へ突き進んでいった。神への信頼の念は、墓地でのあの祈りによってさらに強いものになった。

私の立てた計画というのは、私が友人の家に身を隠し、探索が打ち切られるまでの二、三週間、そこに留まっているというものだった。私の希望的推測では、こうなるはずだった。まず先生は気落ちするだろう、次に私がいなくなれば元も子も失ったうえに、私の子供たちが行方不明者ということになるかもしれないので、それを恐れて先生は私たちを売ることに同意するだろう。そうすれば、あの人が私たちを買うのは分かり切ったことだった。私と子供たちとが離ればなれになると予測される期間、子供たちが気持ちよく過ごせるように、あらかじめ私はできるだけのことをしておいた。私が自分のものを荷造りしていたちょうどそのとき、祖母が部屋に入ってきて、私に何をしているのかと聞いてきた。「私のものを整理していたところよ」と私は答えた。明るい様子を装い、陽気な調子で話したのだが、彼女の注意深い目は表面の下に何かがあるのを見抜いていた。彼女は私を自分のほうにぐっと引き寄せると、座るように命じた。それから、真剣な面持ちで私を見て次のように言った。

「リンダ、お前は年とったこのわたしを殺すつもりかい。幼くて無力な子供たちを残していくのかい。わたしはもう年をとってしまっているんだよ。この小さい子供たちに、私がかつてお前にしてやったようなことはもうできやしないよ」

私の返答は、もし私が遠くへ行ってしまっても、多分この子たちの父親が、彼らの自由を確保できるだろうというものだった。

「ああ、お前」と彼女は言った。「あの人を当てにしすぎてはいけない。自分の子供たちのそばにいて、死ぬまで一緒に苦労することだ。自分の子供を見捨てるような母親は、誰からも尊敬されないよ。もしお前が子供たちを残していけば、これから先お前には一時も幸せなときはなくなるだろう。また、もしお前が行ってしまえば、お前はわたしの残り少ない人生を惨めに過ごさせることになるのだよ。さらに、お前は捕まえられ、連れ戻され、ひどい苦痛に責め苛まれるかもしれないんだ。哀れなベンジャミンを思い出しておくれ。あきらめるんだ、リンダ。もう少し我慢してみてごらん。わたしたちが思っているより、すべてがもっとうまくいくかもしれないじゃないか」

この誠実でやさしい年老いた祖母の心に、私が与えることになる悲しみを思い浮かべたとき、私の勇気はくじけていった。私はもう少し辛抱し、彼女に無断で彼女の家から何かを持ち出すようなことはしないと約束した。

子供たちが私の膝頭にのぼってきたり、頭を膝の上にのせたりすると、彼女は必ず言った。「かわいそうなお前たち！　母さんなしで、お前たちはどうするのかね。お前たちの母さんは、わたしみたいにお前たちを愛してないんだよ」。そして、まるで私の愛情不足を咎めだてするかのように、彼女は彼らを自分の胸に抱きしめた。しかし、彼女はいつだって、私が自分の命よりずっと彼らを大事に思っていることを知っていた。その夜、私は彼女と一緒に寝た。だが、それが一緒に寝た最後の夜だった。その時の記憶は長いあいだ、私の脳裏から離れなかった。

月曜日に私は農園に戻り、大事な日の準備に没頭した。水曜日がやってきた(4)。すばらしい天気で、奴隷たちの顔も陽光のように輝いていた。この哀れな連中は浮かれていた。彼らは花嫁からちょっとした贈り物があると思っていたし、彼女の管理下で生活はもっと楽になると期待していた。私はそんな希望は持っていなかった。私の知るところでは、奴隷所有者の若い妻たちというのは、自分たちの権威や威厳は冷酷であることによって最もよく確立されかつ維持される、と考えていることが多かったからである。若いフリント夫人のことで私が聞いていた話から推しても、奴隷に対する彼女の支配が、主人や監督の支配より厳しくないと期待できる根拠は何もなかった。黒人が地上で最も陽気で寛大な人々だというのは、本当だ。彼らの主人たちが枕を高くして眠っていられるのも、この上なく篤い黒人の心情のおかげである。それなのに、主人たちは黒人の苦痛に対しては、馬や犬の苦痛に対するほどの同情も示さない。

私は花婿と花嫁を迎えるために、他の人たちと一緒にドアのところに立っていた。花嫁は美しい繊細な顔つきの女性で、新しい自分の家を見た感動で上気していた。彼女の前にはきっと幸せな未来の光景が浮かんでいるのだろうと私は思った。そう思うと、私は悲しくなった。というのは、雲がすぐに彼女の陽光を覆ってしまうのが分かっていたからである。彼女は家中のすべてを調べてまわり、私の行った準備に満足していると私に向かって言った。老フリント夫人が私に対する偏見を、すでに彼女に抱かせていたと思っていた私は、彼女の気にいるよう最善を尽くした。

私にとっては、晩餐のときがくるまではすべてが順調だった。晩餐会の給仕役は私の人生で初めてのことだったが、それに伴う苦痛が問題だったのではない。そんなものは、招待客の中にいるはずのフリント先生夫妻と出会う苦痛と比べれば、半分程度のものでしかなかった。私がこの家を整理していたあいだに、なぜフリント夫人が一度も農園に姿をあらわさなかったのか、私には理解できなかった。五年間、私は一度も彼女と直接顔を合わせずにきた。それなのに、いま彼女に会いたいはずがなかった。彼女は何事につけ神様に願掛けをする女性だったので、間違いなく現在の私の立場は、特別の計らいで彼女の願いが叶えられた結果だと考えていたはずである。私が貶められ、踏みつけにされるのを見ること以上に、彼女を喜ばせるものはなかった。私を冷酷で無節操な主人の支配下に据えたい――私がいたのは、まさしくそういう彼女の願いどおりの場所だった。晩餐会のテーブルの席についたとき、彼女は一切私に声をかけようとしなかった。しかし、私がお皿を手渡したとき、彼女が浮かべた満足げでいかにも勝ち誇ったような笑顔は、事実を言葉以上の雄弁さで物語っていた。老先生のほうは、感情表現の点でそれほど寡黙ではなかった。彼はあれこれと私に用事を申しつけ、「お前の奥様」と言うときには、わざわざ「奥様」を強調して発音した。私はまさに不面目な兵士として調練されていた。すべてが終わり、戸締まりの最後の鍵がかけられたとき、神が疲れた者のために暫時の休息を定めてくださっていたことに感謝しつつ、私はベッドに向かった。

　翌日、私の新しい女主人が自分の家の家事に手をつけ始めた。私は何でも屋の女中に任じられたわけではなかったが、言われたことは何でもすることになってしまった。月曜日の夕方がきた。それはいつも忙しい時間だった。その日の夜に、奴隷たちは一週間分の食糧を受け取ることになっていた。肉三ポンドとトウモロコシ一ペックと鰊《いわし》一ダースが、それぞれ男に与えられた。女たちは肉一ポンド半とトウモロコシ一ペックと一ダース分の鰊を各人で受け取った。十二歳以上の子供たちは、女たちの半分の量を支給された。肉は農場の使用人頭によって切り分けられ、重さを量られ、肉貯蔵室前の板の上に積みあげられた。次に使用人頭の補佐役が建物の後ろにまわり、使用人頭が「この肉を受け取る奴は誰だ？」と大声で呼びかけると、補佐役が誰かの名前を呼んで応じた。このやり方が行われていたのは、肉の分配に不公平さを生じさせないためだった。若い女主人は家の外に出てきて、自分の農園ではどんなことがどんなふうに行われるかを見ていたが、すぐに彼女がどんな人間かという実例を示しだした。食糧の配給を待っていた奴隷たちのなかに、三世代にわたってフリント家に忠実に仕えてきた年老いた奴隷が一人いた。彼が自分の肉を受け取ろうとよろよろと歩き出したとき、女主人がその老人は年をとりすぎているから、食糧の支給など必要ないと言いだした。さらに彼女は、黒ん坊が年をとりすぎて働けないときは、牧草を食べさせればよいとも言った。この老人は何とも哀れだった！　墓で安らぎを見出すまでに、彼は幾多の苦難を経験することとなった。

この女主人と私の関係はまことにうまくいっていた。一週間が過ぎ去ったとき、老フリント夫人がまた農園へやってきた。彼女は嫁と一緒に、長い時間部屋に閉じこもっていた。私には、二人の話し合いの内容への懸念があった。老夫人は私が一つの条件さえ飲めば農園を去れるというのを知らされていたが、彼女としてはどうしても私をここに留めておきたかった。もし彼女が私を信用していれば、そして私は彼女の信用に値したが、その条件を私が飲むかもしれないと彼女が恐れる必要など少しもなかった。帰宅のために馬車に乗り込もうとしたとき、彼女は若いフリント夫人に向かって次のように言った。「彼らをできるだけ早く呼びにやるのを忘れちゃ駄目よ」。私の心はいつも警戒しており、彼女が私の子供たちのことを言っているのだとすぐに察しがついた。翌日、先生のほうがやってきた。私がお茶用のテーブルを用意するため部屋の中に入っていったとき、彼が次のように言っているのが耳に聞こえた。「もうこれ以上待っていなくてもいいじゃないか。明日彼らの迎えを寄こせ」。私には彼らの計画がお見通しだった。彼らの考えでは、私の子供たちがここにいれば、私をこの場に縛りつけておくことができるし、私たち全員が奴隷としての運命を甘んじて受け入れるよう私たちを仕込むのに、ここは最適の場所だということになるのだった。先生が去った後で、いつも祖母とその家族に好意的な感情を示していた一人の紳士が訪ねてきた。賃金も支払われず、みすぼらしい衣類しか与えられず、半分飢えて死にそうな男や女たちによってなされた労働の成果を彼に見せようとして、フリント氏は彼を農園中連れまわった。彼らが考えているのは綿作の出来だけだった。それは十分な評価を受け、その紳士は友人たちに見せるためいくつかの見本を持って戻ってきた。私は彼の手を洗うための水を持ってくるように言われた。私が持っていったとき、彼が尋ねた。「リンダ、この新しい家は気に入ったかね」。私は期待どおりに、気に入っていると彼に言った。彼は答えた。「彼らはお前が満足しているとは思っていないんだ。明日、お前の子供たちを、お前のところに連れてこようとしている。気の毒だな、リンダ。彼らがお前にやさしくしてくれるのを願っているよ」。私は急いで部屋から飛び出したので、彼にお礼を言うこともできなかった。私の懸念は正しかったのだ。私の子供たちは「仕込まれる」ために、農園に連れてこられようとしていた。

今日に至るまで、タイミングよく情報を与えてくれたこの紳士に、私は感謝している。その情報はすぐに行動を起こすよう、私を奮い立たせてくれた。

第17章 逃走

フリント氏は屋敷内の召使い不足に悩んでいたので、私を失うくらいならむしろ自分の邪心を抑えたほうがいいと思っていた。私のほうは、もちろん、進んでやろうという気になるはずもなかったが、誠実に自分の仕事はこなし続けた。彼らは、そんな私がここから去っていくのを、明らかに恐れていた。フリント氏は、私が奴隷居住区でなく、屋敷内で寝泊まりするのを望んだ。彼の妻はその提案に同意したが、彼女の絨毯の上に羽が散らかるので、私のベッドを屋敷の中に持ち込んではいけないと言った。これまでの経験で、どんな種類のものであれ、私と子供のためにベッドを用意するなんて、彼らが考えもしないだろうということは分かっていた。だから、私は自分のベッドを運び込んでいたのだが、今度はそれを使うことが禁じられてしまった。私は命令された通りにした。だが、彼らが私をもっとしっかりと掴んでおく目的で、彼らの支配下に私の子供たちをおこうとしているのがはっきりしたいま、私はその晩にここから立ち去る決心をした。この一歩を踏み出すのが、年老いた私の大事な祖母に、どれほどの悲しみをもたらすことになるかを、私は思い起こした。しかし、子供たちの自由が得られるのでない限り、彼女の忠告を私に守らせることはできなかった。私は足をがたがた震わせながら、夕方の仕事をした。フリント氏が彼の部屋の入り口で、二回も、なぜ家の鍵がかかっていないのかと聞いた。まだ仕事が終わっていないのです、と私は答えた。すると彼は、「時間は十分にあったはずだ。口のきき方に気をつけろ！」と言った。

私は窓を全部閉め、すべてのドアに鍵をかけて、三階に上がり真夜中になるのを待った。この時間がどんなに長く思えたことか。このまさかのときにあたって、神が私を見捨てないよう、どんなに心を込めて祈ったことか！　私はこの賭けのためにすべてを投げ出そうとしていた。もし失敗すれば、私とあわれな子供たちはどうなるだろう？　彼らは私の失敗のせいで苦しむことになるのだ。

十二時半に私はそっと階段を下りていった。物音を聞いたように思って、二階で立ち止まった。私は手探りで居間に入り、窓から外を見た。その夜は真っ暗で、何も見えなかった。私は窓をそっと開け、そこから外へ飛び出した。大粒の雨が降っており、暗くて方角が分からなかった。私はひざまずき、導きと保護を求めて短い祈りを神に捧げた。私は手探りで道路に出ると、まるで電光石火のごとくに町まで走った。祖母の家に着いたが、私には彼女に会う勇気はなかった。彼女は「リンダ、お前はわたしを殺すつもりかい」と言うに決まっていたし、それで私の気持ちが萎えてしまうのも分かっていた。私はある部屋の窓をそっと叩いたが、それはこの家に数年間住んでいる女性の使っている部屋だった。彼女が誠実な友で、私の秘密を守ってくれる人だということは知っていた。彼女に聞こえるまで、私は何回か叩いた。やっと彼女が窓を上げた。「サリー、逃げてきたの。中に入れてちょうだい、早くしてね」と私は小声で言った。彼女はドアをそっと開けた。そして、低い声で言った。「お願いだから、そんなことはしないで。あんたのおばあさんが、あんたと子供たちのことを買おうとしているの。先週、サンズ氏がここに来られた。自分は仕事で遠くに行くが、あんたと子供たちを買う件はどんどん話を進めてほしい、自分のできることは何でもして彼女を助ける、そう彼女に言っておられたよ。逃げたりしないで、リンダ。あんたのおばあさんは、今度は心配で完全に気がくじけてしまうよ」

私は答えた。「サリー、あの人たちは子供たちを明日農園に連れてくるの。あの人たちが私を支配している限り、私の子供たちを誰にも売らないと思うわ。それでもあなたは私に戻れと言うの？」

「分かった、リンダ、分かったよ」と彼女は答えた。「あんたのいなくなったのがはっきりすれば、彼らは厄介な子供たちのことなんか、もうどうでもよくなるからね。だけど、あんたはどこに隠れるつもりなの？　彼らはこの家を隅から隅まで知っているよ」

匿《かくま》ってもらう場所があるのよ、とだけ私は彼女に言った。それ以上詳しいことは言わなかった。明るくなったらすぐ私の部屋に行き、私のトランクの中から私の衣類を全部出して、彼女のトランクに詰めて欲しい、そう私は彼女に頼んだ。というのは、フリント氏と治安官が、朝早く私の部屋を捜索にくることが分かっていたからである。子供たちの顔を見るのは、もうすでに胸がいっぱいの身にとって、とても耐えられない気がした。しかし、最後に一目彼らを見ないまま、不確かな未来に踏み出していくことは私にはできなかった。幼いベニーと赤ん坊のエレンが寝ているベッドに、私はかがみ込んだ。かわいそうな子供たち！　父親もなく、母親もない子供たち！　彼らの父親のさまざまな思い出が蘇ってきた。彼は子供たちにやさしくしたいと思っていたが、私の女性らしい心と違って、彼には子供たちがすべてではなかった。私はひざまずき、あどけなく眠っている小さな子供たちのために祈った。彼らにそっとキスをし、私は立ち去った。

私が表のドアを開けようとしたとき、サリーが私の肩に手を置いて言った。「リンダ、たった一人で行くの？　あんたの叔父さんに声をかけようか」

「いいのよ、サリー」と私は答えた。「自分の厄介事に、ほかの誰も引き込みたくないの」

私は暗闇と雨の中を進んでいった。私を匿ってくれることになっていた友人の家に着くまで、走り続けた。

翌朝早く、フリント氏は私を探しに、祖母の家へきた。彼女は、私に会っていないし、農園にいると思っていた、と彼に言った。彼は彼女の顔にじっと目を注ぎながら、言った。「あいつが逃げたことについて、あんたは何も知らないんだな」。彼女は知らないとはっきり言った。彼はなおも言い続けた。「昨日の夜、何をされたわけでもないのに、あいつも逃げ出した。俺たちは、あいつのことを、とてもやさしく扱っていた。俺の妻も、あいつが気に入っていたんだ。すぐに見つけ出して、連れ戻してやる。あいつの子供らは、あんたと一緒にいるんだろうな」。一緒にいると言われて、彼は言った。「そいつはよかった。子供らがここにいれば、あいつも遠くへは行けない。もし俺の黒ん坊どもの誰かが、このいまいましい仕業に少しでも関わっていることを知ったら、俺はそいつに五百回の鞭打ちを加えてやる」。彼は父親の家に行こうとしかけたが、振り返ると、説き伏せるようにつけ加えた。「あいつに戻ってこさせろ。そうすれば、あいつを子供たちと一緒に住ませてやる」

老先生は私に関する知らせを受け取ると、喚きちらし、猛烈に怒り狂った。その日は彼らにとって忙しい日だった。祖母の家は上から下まで調べられた。私のトランクが空っぽだったので、彼らは私が自分の衣類を持ち出したと結論した。十時前には、北部に向かう船のすべてが徹底的に調べられ、逃亡奴隷の隠匿を禁止する法律が、船に乗っている人全員に読んで聞かされた。夜には、町に見張りが置かれた。祖母がひどく心痛しているのが分かっていたので、私は彼女に伝言を送りたかったが、なす術がなかった。彼女の家に出入りする者は、みんなしっかり見張られていた。祖母が子供たちに関して責任をもたないようなら、子供たちは連れていくと先生は言った。もちろん、祖母は進んで彼らに関する責任をもった。翌日も捜索にあてられた。夜にならないうちに、町から何マイルも離れたすべての街角、すべての公共の場所に、次のような手配書が掲げられた。

「報奨三百ドル！　当署名者から逃亡せし者。名前はリンダ。年齢は二十一歳。学識があり、聡明な混血娘。身長は五フィート四インチ〔約百六十センチ〕。黒目で黒髪、髪は巻き毛になりがちだが、真っ直ぐにもできる。前歯に虫歯一本あり。読み書き堪能。自由州に逃げた可能性大。いかなる人でも、上記の奴隷を匿ったり、雇ったりすることは法律で禁止されており、罰金が科せられる。この娘を州内で捕らえた者には百五十ドル、州外で捕らえ、当署名者に引き渡すか、牢屋に入れた者には三百ドル進呈。

医師　フリント(1)」

第18章
危険な数カ月

私の捜索は当初の予測を上回って執拗に続けられた。私は、逃亡は不可能だと思い始めていた。私を匿ってくれた友人が困難に巻き込まれるのではないかと、とても気になった。もしそうなれば、その結果が恐ろしいものになるのは分かっていた。私が捕まることは怖かったが、それでもそのほうが、私に親切にしてくれたことで無実の人間を苦しめるよりはいいと思った。非常な不安の中で一週間が過ぎていった。ちょうどその頃、捜索者たちがごく近くまでやってきたので、私は彼らが私の隠れ場所を突き止めたのだと思い込み、家から飛び出して、藪の茂みの中に身を隠した。恐怖におののきながら、私はそこに二時間いた。突然、爬虫類のようなものが私の足を掴んだ。びっくりした私がそれを拳で打つと、締め付ける力は緩んだ。でも、私はそれを殺したのかどうか判断できなかった。真っ暗だったので、その正体が何なのか分からなかった。ただ何か冷やっとしてねばねばしていたことだけは分かった。間もなく痛みを感じたことから判断して、その噛み傷は毒を含んでいるらしかった。私は身を隠していた場所から出ていかざるをえなくなり、手探りで家の中へと帰っていった。痛みは激しさを増していき、友人は苦痛に歪む私の表情に驚いた。私は彼女に温かい灰とお酢で湿布を作ってくれと頼み、すでにひどく腫れていた足にそれを当てた。湿布を当てたことで痛みは幾分軽くなったが、腫れのほうは引かなかった。私には、耐えなければならなかった肉体の痛みより、このまま不具になるかもしれないという恐怖のほうが大きかった。私の友人は、奴隷たちの間で医療を施していた老婆に、蛇やトカゲの噛み傷には何がいいかと尋ねた。老婆は十二枚ほどの銅貨を一晩酢の中に漬け、炎症を起こしている個所にその腐食した酢を塗るようにと言った[1]。

　慎重を期したおかげで、私は身内の人たちとうまく連絡をとることができた。彼らは激しく脅迫されたり、また私が脱出する望みは絶望的だと思い込んだりしたこともあって、主人のもとに戻って、許しを請い、逃亡のみせしめとして彼に罰せられたほうがよいと忠告した。しかし、そうした助言は私に何の影響力も持たなかった。この危険な企てを始めたとき、何が起ころうと後戻りはしないと、私は決心していた。「私に自由を、さもなくば死を[2]」が私のモットーだった。この二十四時間、私がどんな苦しい状況におかれていたかを、友人が何とか身内の人たちに知らせると、彼らはもはや私が主人のもとに戻るべきだとは言わなくなった。それよりも、何らかの手を打たなければならなかった、しかも直ちに。しかし、どこに助けを求めればよいのか、彼らには分からなかった。ありがたいことに、神様が「まさかの時の友」を呼び出してくださった。

　祖母と付き合いのあるご婦人がたの中に、祖母を子供のときから知っていて、いつも祖母に対してとても好意的な婦人がいた。彼女は私の母やその子供たちも知っており、皆に関心を持ってくれていた。事態が危機的だったまさにこのとき、稀なことだというわけでもなかったが、彼女が祖母に会いにやってきた。祖母がいかにも悄然として心配げな様子でいるのを見ると、彼女は祖母にリンダの居場所や消息を知っているのかと聞いた。祖母は何も答えずに、ただ頭を振った。「ねえ、いいこと、マーサおば」と親切な婦人は言った。「何もかも話してちょうだい。何かお役にたてると思うわ」。彼女の夫はたくさんの奴隷を所有し、奴隷の売買にも手を染めていた。彼女も自分名義で何人かの奴隷を所有していたが、彼女は彼らをやさしく扱い、一人たりとも売ることを許さなかった。彼女は大多数の奴隷所有者の妻たちとは違っていた。祖母はじっと彼女を見つめた。彼女の顔の表情にあらわれた何かが「私を信じなさい！」と語っていた。祖母は彼女を信じた。彼女は私のこれまでの細かいいきさつを注意深く聞き、しばらく座って考えていた。とうとう彼女が口を開いた。「マーサおば、私はあなたたち二人に同情するわ。もしリンダに自由州へ行けるチャンスがあると思うなら、私が彼女をしばらく匿ってあげましょう。でもまず最初に、私の名前は絶対に表に出さないって本気で約束してちょうだい。もしこのことが世間に知られたら、私と家族の者の破滅になるわ。料理人以外には、家族にも知らせないことにします。私の料理人は、命も預けられるくらい忠実なの。それに、彼女がリンダを好きだっていうのも承知しているわ。これは非常に危険だけど、ひどいことにはならないでしょう。警邏隊が夜回りを始めないうちに、日が暮れたらすぐ動けるよう準備しておくようにとリンダに伝えておいてちょうだい。小間使いたちは用事で外に出しておいて、ベティにリンダを迎えにやらせます」。落ち合うはずの場所が指定され、それでよいということになった。祖母はこの婦人の気高い行いに、感謝の言葉すら口に出せなかった。感動のあまり、祖母はくずおれ、子供のようにひたすらしのび泣いていた。

これこれの時間にいまの友人の家を出て、ある友人が私を待っているある場所に行くようにという伝言を、私は受け取った。ことは慎重を要したので、名前はいっさい口にされなかった。自分が誰に会い、どこに行くのか推測する方法もなかった。こんなふうに何も分からないまま動くことは好きではなかったが、選択の余地はなかった。今いるところに留まっているわけにはいかなかった。私は変装すると、最悪の事態に立ち向かう勇気を奮い起こして、指定された場所に向かった。友人のベティがそこにいた。彼女に会えるなんて、まったく考えてもいなかった。私たちは無言で先を急いだ。足の痛みが激しく、私は倒れてしまうのではないかと思ったが、恐怖が私に力を与えてくれた。私たちは目的の家に着き、誰にも気づかれずに中へ入った。ベティが最初に発した言葉は、こうだった。「さあ、あんた、もう大丈夫だ。あの悪魔どもだって、この家までは探しに来やしないさ。あんたをこの家の安全な場所に連れていったら、温かい夕ご飯を持ってきてあげよう。こんな恐ろしいことの後には、あんたにはそれが必要だと思うんだ」。料理人という仕事柄、ベティは食べることが人生で最も大事なことだと思っていた。私が胸いっぱいで、とても夕食のことなど構っていられないのを、彼女は気づかなかった。

女主人が私たちに会いに来て、階段伝いに自分の寝室の上にある小部屋へ私を案内してくれた。「ここなら安全よ、リンダ」と彼女は言った。「この部屋には、使わなくなったものなんかがしまってあるの。小間使いたちがここに来ることはめったにないし、何か物音を聞かない限り、彼女たちは何も疑わないわ。鍵はいつも掛けっぱなしにしておいて、鍵の管理はベティにさせることにするわね。でも、あなたのために、また私のためにも、十分注意してちょうだい。この秘密は誰にも話しちゃだめよ。世間に知れたら、私と家族の破滅だわ。ベティがあなたの朝ご飯を持って来やすいように、午前中は小間使いたちを忙しくさせましょう。でも、夜になるまで、彼女はもうあなたのところへ来れないわ。ときどき私が顔を出しに来ましょう。勇気を出すのよ。こんなひどいことが、そんなに長く続くはずはないわ」。ベティが「おいしい温かい夕ご飯」を持ってきてくれた。女主人はベティが戻るまで、すべてをいつもどおりにするため急いで下におりていった。私の心は感謝の気持ちでいっぱいだった！ 言葉は喉につまって出てこなかった。でも、そうせよと言われれば、私は恩人である女主人の足にキスをすることもできた。このキリスト教徒の女性らしい行為をたたえ、神が彼女を永遠に祝福されますように！

その夜私は、さしあたって今は、私が町中で一番幸運な奴隷だと感じながら眠りについた。朝がやってきて、私の小さな部屋を光で満たした。私はこの安全な隠れ家を神に感謝した。窓の反対側に羽根布団の山が積み上げてあった。その一番上に横になると、完全に身を隠しながら通りの様子が一望できた。フリント先生は、彼のオフィスに歩いていくのに、その通りを使っていた。不安ではあったが、彼の姿を見たとき私はほのかな満足感を感じた。ここまでは私のほうが彼を出し抜き、勝利の喜びをかみしめていた。奴隷は狡い、と誰に咎めだてすることができるだろう？ 奴隷は絶えず狡猾に立ち回るよう強いられているのだ。それこそが、圧制者の力に対抗する抑圧された弱い者たちの唯一の武器なのだ。

私が毎日耳傾けたいと待ちわびていたのは、私の主人が私の子供たちを売ったという話だった。というのは、子供たちを買おうと待ち構えている人間がいるのを、私は知っていたからである。しかし、フリント先生はお金より仕返しのほうにはるかに関心を持っていた。私の親戚から私に関する情報を強制的に聞き出す手段として、弟ウィリアム、先生の家族に二十年間も仕えてきたやさしい伯母、幼いベニー、そして二歳になったばかりのエレンが牢屋に放り込まれた。先生は祖母に向かって、私が連れ戻されるまでは、彼らの誰にも二度と会わせないと断言した。人びとはこの事実を、数日間私に知らせようとしなかった。幼い子供たちが忌まわしい牢屋に入れられていると聞いたとき、私の最初の衝動は彼らのところに行くことだった。私は子供たちを自由にしようとして危険に立ち向かってきたのに、その私が彼らの死の原因であっていいのだろうか。その考えが拷問のように、私を苦しめた。私の恩人である婦人は、子供たちが牢屋に入れられているあいだは、私の伯母が彼らをきちんと世話するだろうと言って、私を安心させようとした。しかし、親を失った自分の妹の子供たちに、いつも非常に親切にしてくれたやさしい年老いた伯母が、彼らを愛しているというだけの罪で、牢屋に閉じ込められていることを思うと、私の苦しみはさらに募った。私の友人たちは、私の生が子供たちと固く結びついていることを知っていただけに、私の側の向こう見ずな動きを恐れたのだと思う。私は弟ウィリアムからのメモを受け取った。それはかろうじて判読可能なものだったが、そこには次のように書かれていた。「いとしい姉さん、いま姉さんがどこにいようと、お願いだからここには来ないで下さい。僕たちはみんな姉さんよりずっとましな生活をしています。もし姉さんがくれば、僕たちはみんな破滅です。奴らは、今まで姉さんがどこにいたかを白状させるでしょう。さもなければ、姉さんを殺してしまうでしょう。どうか、姉さんの友人たちの助言を聞き入れてください。僕と子供たちのためでないとしても、少なくとも姉さんが破滅させるかもしれない人たちのために」

かわいそうなウィリアム！　彼もまた、私の弟というだけで苦しんでいるに違いない。私は彼の助言を受け入れ、静かにしていた。伯母は一カ月後に牢屋から出された。というのは、フリント夫人がそれ以上彼女なしではやっていけなかったからだ。夫人は自分で自分の家政婦であることにうんざりしていた。自分の夕食を注文通りに整え、かつまたそれを食べるというのは、あまりにも疲れる作業だった。私の子供たちは牢屋に入れられたままだったが、弟ウィリアムが彼らのためにできるだけのことをしてくれていた。ベティはときどき彼らに会いにいき、私に彼らの様子を知らせてくれた。彼女は牢屋に入ることは許されなかったが、建物の内と外でお喋りしているとき、ウィリアムが格子窓の高さまで彼らを抱え上げてくれるのだ。彼女が子供たちの片言を繰り返し、彼らがどんなに母さんに会いたがっているかと伝えたとき、私の目は涙であふれた。老ベティは大きな声で言った。「まあ、まあ、あんた！　なんで泣いてるの。これぐらいで泣いてると、こども、こどもで、あんたはしまいにゃ死んじまうよ。そんな気の弱いことでどうするのさ！　そんなんじゃ、この世を生きていけないよ」

ああ、ベティ、年老いたやさしい人！　彼女は子供なしでこの世を生きてきた。彼女は自分の首に腕を絡ませる幼子を持ったことがなかった。自分の目をじっと覗き込む子供の柔らかな目を、彼女は見たことがなかった。一度たりとも、かわいらしい小さな声が、彼女を母さんと呼んだことはなかった。たとえ鎖に繋がれていても、生きがいとする何かがあると感じつつ、自分の幼子を胸に抱きしめた経験が彼女にはなかった。それなのに、どうして彼女は私の気持ちを汲み取りえたのだろう？　ベティの夫はとても子供が好きだったので、神様が自分に子供を授けてくれなかった理由をいぶかしんでいた。彼がベティのところにきて、エレンが牢屋から出されてフリント先生の家に連れて行かれたと知らせたとき、彼の表情は深い悲しみの色を浮かべていた。連中がエレンを牢屋に連れていく少し前に、彼女は麻疹にかかっていた。その病気が彼女の目に悪影響を及ぼしたのだ。先生は目の治療をするため、彼女を家に連れていった。私の子供たちは、この先生夫妻をいつも恐がっていた。子供たちは一度も彼らの家に入ったことがなかった。かわいそうな幼いエレンは、牢屋に連れ戻してほしいと一日中泣いていた。子供の本能に間違いはない。彼女は自分が牢屋では愛されていたことを知っていた。彼女の悲鳴や泣き声がフリント夫人をいらいらさせた。夜になる前に、彼女は一人の奴隷を呼んで、次のように言った。「さあ、ビル、このチビを牢屋に連れていっておくれ。私はうるさくて我慢できないよ。この子が静かだったら、こんな悪たれでもここにおいておきたいんだがね。そうすれば、いつかはうちの娘の便利な小間使いになるだろう。でもあの子があの白い顔でここにいたら、私はあの子を殺しちまうか、それとも甘やかすかのどちらかだと思うよ。うちの先生があの子たちを、風と水が運んでくれる限り遠くへ売り払ってくれたらいいんだけどね。あの子たちの母親については、逃亡すればどうなるかってことを、そのうち彼女の女主人である私が思い知らせてやるさ。彼女は自分の子供に対して、雌牛が小牛に抱くほどの感情すら持ってやしない。もし持っていれば、ずっと前に戻ってきて子供を牢屋から出しているはずじゃないか。そうすれば、こんな費用や手間暇かけたりせずにすんだんだよ。まったくろくでなしの女だ！　捕まったら、まず手始めに手錠をはめて六カ月間牢屋に入れておき、それから砂糖農園に売ってやる。そうやって、あの女が奴隷として仕込まれていくのを見たいものだ。ビル、お前は何でそんなところに突っ立っているんだい。なぜあのチビをさっさと連れていかないんだい？　だけど気をつけるんだよ。通りで黒ん坊がこの子に話しかけるようなことをさせてはいけないよ！」

このフリント夫人の言葉が私に伝えられたとき、彼女が私の子供を殺すか甘やかすかのどちらかだと言っていたというところで、私は笑ってしまった。私が心の中で思ったのは、甘やかされる危険性はまったくないということだった。エレンが牢屋に連れ戻されるまで泣き叫んでいたというのは、一種の神の助けだと私はずっと思ってきた。

その同じ夜、フリント先生はある患者に往診を頼まれ、明け方まで帰ってこなかった。帰りがけに祖母の家の前を通り過ぎたとき、家に明かりがついているのを見て、彼は心中で「これは何かリンダに関係があることだ」と考えた。そこで、彼は戸を叩いた。戸が開いた。「なぜお前たちはこんなに早く起きているんだ?」と彼は言った。「わしはな、明かりが見えたのでちょっと寄って、リンダの居場所が見つかったって言おうと思ったんだ。彼女をどこで捕まえたらよいか、わしは知っているぞ。十二時前までにあの女を捕まえてやる」。彼が立ち去ると、祖母と叔父は心配そうにお互いを見つめ合った。これは自分たちを脅すための先生の単なる企みなのかどうか、彼らには判断がつかなかった。確信がもてないまま、彼らは私の友人ベティにこのことを伝えておくのが一番いいと考えた。女主人に心配をかけたくなかったので、ベティは自分で私を何とかしようと決心した。彼女は私のところに来ると、すぐに起きて身支度をするようにと言った。私たちは急いで階段を下り、中庭を通って台所に入った。彼女はドアに鍵をかけて、床の板材を一枚持ち上げた。バッファローの毛皮と小さな敷物が敷いてあり、私はそこに横になった。私の身体の上に薄い掛け布団が被せられた。「そこでじっとしてるのよ」と彼女は言った。「あいつらがあんたの居場所を知ってるかどうかが、はっきりするまでね。あいつらは十二時前までに、あんたを捕まえるって言ってる。あんたがどこにいるかをあいつらが知っていたとしても、今はもう分からないわけだ。あいつらも、今度ばかりはがっかりだろうよ。それだけは言っておきたいね。もしあいつらがやってきて、あたしのものをかき回しでもしたら、ここにいるこの黒ん坊が黙っちゃいないさ」。私のいた狭いベッドには、両手を顔に持っていって、挨が目に入らないようにする余地しかなかった。というのは、ベティが私の上で一時間に二十回以上も、調理台とかまどとの間を行ったり来たりしていたからである。彼女が一人でいるときは、フリント先生とその一族を激しく罵る声が聞こえたが、ときどきその合間合間にくすくす笑いながら「今度ばかりは、この黒ん坊もえらく抜け目なくやったものだ」という声がまじっていた。小間使いたちが近くにいるときは、彼女たちの言うことが私に聞こえるように、いろいろ巧妙な手管を使って彼女たちにお喋りをさせた。彼女は私の居場所がここだとか、あそこだとか、もっと別のところだとか、いろに言われている話を繰り返した。それに対して彼女たちは、そんなところに留まっているほど私はばかじゃないとか、私はすでにフィラデルフィアにいるとか、ニューヨークにいるとかと答えた。みんなが寝静まると、ベティは板材を持ち上げて言った。「出ておいで、リンダ。出てきてもいいよ。やつらはあんたのことを何も知っちゃいないよ。あれは、黒ん坊を脅かすための白人の嘘だったのさ」

この危険な出来事のあった数日後に、私はもっと恐ろしい思いをすることになった。そのとき私は階段上の隠れ場所で静かに座って、気持ちが引き立つような幻想を心に思い浮かべて楽しんでいた。たとえばそれは、私を見つけ出す手段に子供をいくら利用しても結局すべてだめで、まもなくがっくりきたフリント先生が、子供たちを売りに出すことになるというようなものだった。その子供たちを買おうと、手ぐすね引いて待っている人が誰かは、ご承知の通りである。突然、ある声が聞こえ、私は血が凍りついた。その声の響きはあまりに聞き慣れた、あまりに恐ろしいもので、直ちに私の老いた主人のものだと分かった。彼はこの家の中におり、すぐに私は彼が私を捕まえにきたのだと思った。怯えながら私は周りを見まわした。逃げ道はどこにもなかった。声が遠ざかっていった。治安官が彼と一緒に来ていて、二人で家捜しをしているのだろうと思った。この不安の最中でも、私は寛大な恩人に自分が及ぼすことになる苦境を忘れなかった。私はまるで、味方してくれる皆に、悲しみをもたらすべく生まれてきたかのようだった。それが私の人生という辛い器の中の最も苦い一滴だった。しばらくして、足音が近づいてくるのが聞こえてきた。ドアの鍵が回された。私は倒れないよう、身体を壁にもたれかけさせた。思い切って顔を上げると、そこに一人で立っていたのは、私のやさしい恩人だった。私は気持ちがあまりに高ぶっていたので声も出ず、床にくず折れてしまった。

「ここにも、あなたの主人の声が聞こえてきたでしょう」と彼女は言った。「きっとあなたが怖がっているだろうと思って、その必要はないと言いにきたの。あの老紳士を肴《さかな》に笑ってやればいいのよ。彼はあなたがニューヨークにいるとすっかり信じ込み、あなたを捕まえにいくために五百ドルを借りにきたの。私の妹が利息付きで貸せるお金を持っていたので、彼はそれを手にいれたわ。今夜ニューヨークに発つはずよ。だから、分かるでしょう。さしあたってあなたは安全なの。あの先生は、自分が後に残していった鳥を追い回して、自分の懐を軽くすることになるわけね」

第19章
子供たちが売られる

当然のことだが、先生は目的を達成できずにニューヨークから戻ってきた(1)。彼はかなりの金を使い、相当がっくりしていた。私の弟と子供たちは牢屋に入ってすでに二カ月になるが、それも先生にはちょっとした出費だった。私の友人たちは、今こそ彼の気落ちした気分に付け入るちょうどいい時期だと考えた。サンズ氏は奴隷商人を先生のところに送って、弟ウィリアムに九百ドル、二人の子供に八百ドル出すと申し出させた。これらの金額は、その当時の奴隷の売買としては高額だった。しかし、その申し出は拒絶された。これが単に金だけの問題だったら、先生はベニーと同じ年頃の男の子を二百ドルで売っていただろう。だが、彼は自分の復讐する力をあきらめきれずにいた。とはいえ、金も大いに逼迫していたので、彼は心の中でこの問題をあれこれ考えあぐねていた。もしエレンを十五歳になるまで手元においておければ、彼女が高い値段で売れるのを彼は知っていた。しかし、エレンが死んだり盗み去られたりする可能性も、彼は考えていたのではないかと思う。いろいろ思案を重ねた末に、彼は奴隷商人の申し出を受け入れたほうがいいという結論に達した。そこで通りで奴隷商人に会ったとき、先生は彼にいつ町を立ち去るのかと聞いてみた。「今日の十時でさあ」と奴隷商人は答えた。「そんなにすぐに行ってしまうのか」と先生は言った。「わしはお前さんの申し出をずっと考えてきたんだが、もしお前さんが千九百ドル出すということなら、三人の黒ん坊を売ってもいいという気になっとるんだ」。ちょっとしたやりとりの後で、奴隷商人は彼の条件を受け入れた。その上で彼は、この町にいる残り時間が少ないのに、しなければならないことがたくさんあるので、すぐに売買証書を作成して署名してほしいと言った。先生は牢屋に行きウィリアムに向かって、身を慎んでおとなしくすると約束すれば元の地位につけてやると言った。しかし、ウィリアムは売られるほうがましだと答えた。「そうか、そういうことなら、お前を売ることにする、恩知らずな野郎だ！」と先生は大声を張り上げた。一時間もしないうちに金が支払われると、書類に署名がなされ、封印されて引き渡された。私の弟と子供たちは奴隷商人の手に渡った(2)。

それはあわただしい取り引きだった。終了したあとで、いつもの先生らしい用心深さが戻ってきた。彼は奴隷商人のところに戻ると、次のように言った。「あんた、この黒ん坊どもを一人でもこの州内で売ったら、千ドルの違約金を払ってもらうよ。わしはそれをお前さんに言おうと思って、戻ってきたんだ」。奴隷商人のほうは答えた。「遅すぎますさあ。俺たちの取引は、もう終わったんですぜ」。実際、彼はすでにサンズ氏に彼らを売ってしまっていたが、そのことは口にしなかった。先生は「あのウィリアムの野郎」に手枷をつけることと、奴隷たちを町から連れ出すときは、裏通りを通ることを彼に要求した。奴隷商人は先生の要望に譲歩するよう内密に指示されていた。私のやさしい伯母は、子供たちが奴隷商人の手に渡りもう二度と会えないと思って、彼らにさよならを言いに牢屋に行った。彼女がベニーを膝の上に抱き上げたとき、ベニーが言った。「ナンシーおばちゃん、見せたいものがあるんだ」。彼は彼女をドアのところに連れていき、長い一列の印を見せながら言った。「ウィリアムおじちゃんが、僕に数え方を教えてくれたんだ。ここにいたあいだ、ずっと毎日一個ずつ印をつけてたんだ。六十日だよ。長い時間だね。あの商人は、僕とエレンを遠くへ連れていくつもりなんだ。あの人は良くない人だ。おばあちゃんの子供たちを連れていくなんて、間違ってるよ。僕は母さんの所へ行きたいんだ」

祖母のほうは、子供たちが自分の許へ戻されることになっていると教えられていたが、彼らが本当に遠くへ送られるかのように振舞うことを要求されていた。そこで彼女は、衣類を一包みにまとめて、牢屋に行った。彼女が牢屋に着くと、ウィリアムは手枷をはめられて数珠繋ぎにされており、子供たちは奴隷商人の荷馬車の中に放りこまれていた。その光景は、まるで本当のことのようだった。彼女は何か誤解か誤りが生じたのではないかと思った。彼女は気を失い、家に運ばれていった。

荷馬車がホテルで停まったとき、何人かの紳士が出てきてウィリアムを買いたいと申し出たが、商人は彼がすでに売却済みだということは言わずに、彼らの申し出を断った。どこへ売られるとも知らず牛馬のように追われるこの人間の群れにとって、今まさに辛い時がやってきた。夫は妻から、親は子供から引き離され、この世で二度と互いに合いまみえるということはなかった。堅い握手をしたり、絶望の叫びをあげたりした。

フリント先生は荷馬車が町を離れるのを見てこの上ない満足感を覚え、フリント夫人は私の子供たちが「風と水が運んでくれる限り遠く」へ行ったと思って喜んだ。あらかじめ取り決めをしておいたとおりに、私の叔父が何マイルか荷馬車のあとを追ってついていき、古い農家に到着した。そこで商人はウィリアムの手枷をはずした。そうしながら彼は言った。「お前はえらく賢い奴だよな。俺が自分でお前を手に入れてえくらいさ。お前を買いたいと言ったあの紳士がたは、お前が利発で正直な奴だと言ってた。もしお前が俺のものだったら、お前をいいとこの家庭に高く売って、ひと儲けできたにちがいねえ。お前の元の主人は、明日になったら悪態を吐いて、この子らを売ったことで自分をばかな年寄り呼ばわりするこったろうよ。やっこさんが、この子らの母親を取り戻すことはねえさ。彼女はとっくに北部へズラかってるよ。あばよ、若いの。俺の親切を忘れるなよ。来年の秋には、かわいこちゃんたちがみんな俺と一緒に来るようご機嫌とって、俺に感謝の気持ちぐれえ示せよ。来年は俺の最後の旅になるこったろう。この黒ん坊相手の商売は、情けのある人間にゃいい商売じゃねえ。さあ、行くぞ、お前たち！」かくて、誰にも行き先など分からないまま、その一行は進んでいった。

私は奴隷商人という類の人間どもを、地球上で最も卑しい恥知らずな人間だと思って、大いに軽蔑し憎んでいる。しかし、公平を期すために言っておく必要があると思うが、この男にはどこか人間的な感情のようなものがあった。彼は牢屋にいたウィリアムが気に入り、彼を手に入れたがっていた。私の子供たちの話を聞くと、通常の謝礼さえ請求せずに、フリント先生の支配から彼らを助け出すために喜んで援助してくれた。

叔父は荷馬車を手に入れて、ウィリアムと子供たちを町へ連れ帰った。祖母の家での喜びようは、すごいものだった！　カーテンが閉められ、ローソクが灯された。幸せいっぱいな祖母は胸に小さな子供たちを抱きしめた。彼らも彼女を抱きしめ、キスをし、手を叩いて歓声をあげた。彼女はひざまき、心をこめて神へ感謝の祈りを捧げた。子供たちの父親はしばらくのあいだそこにいた。彼と子供たちとのあいだに存在したような「親子の関係」が、通常の奴隷所有者たちの心や良心を捉えることは稀である。だが、自分の与えた眼前の幸せを見て、彼がもっと純粋な喜びの瞬間に浸っていたのは間違いがない。

　私はその夜の喜びを分かち合うことはできなかった。その日の出来事は私の耳に入ってきていなかったのだ。さて、そこで、私の側に起こったことをお話ししてみましょう。多分あなた方は、それを奴隷たちの迷信深さを示すものだとお考えになるでしょうが。私は窓際近くのいつもの床の上に座っていた。そこにいると私は、外から見られることなく、通りで交わされる会話の多くを耳にすることができた。家の者たちは寝につき、すべてが静かだった。私は子供たちのことを考えながら、そこに座っていた。そのとき、低い調べの曲が聞こえてきた。夜想曲を奏する一団が、「懐かしの我が家《ホーム・スウィート・ホーム》[3]」を弾きながら窓の下のところにいた。じっと聞いていると、その音は音楽ではなく子供たちの悲しみの声のように思えてきた。私の心は張り裂けそうになっていった。私は座っていた姿勢から身を起こすと、ひざまずいた。私の前の床の上に一筋の月の光が射し、その真ん中に二人の子供たちの姿が現れた。それから、彼らは消えた。しかし、私は彼らの姿をはっきりとこの目で見た。ある人びとはこれを夢と呼び、また別の人びとはこれを幻と呼ぶ。私はこれをどう説明していいか分からないが、これが私の心に拭い消せない強い印象を与え、子供たちの身に何かがあったにちがいないと確信させた。

　朝以来、私はベティに会っていなかった。ちょうどそのとき、彼女がそっと鍵を回す音がした。彼女が入ってくるや否や、私は彼女にしがみつき、子供たちは死んだのか、それとも売られたのか教えてくれと頼んだ。なぜなら私は自分の部屋で彼らの幽霊を見、彼らに何かが起こったと確信していたからだ、とつけ加えた。「まあ、かわいそうに」。彼女は私の身体に腕を回しながら言った。「すっかり気持ちが高ぶっちゃったみたいだね。あんたが大声を出すと奥様がえらく困るから、今夜はあたしが一緒に寝てあげるよ。何かがあんたをすごく興奮させちまったようだ。あんたが泣きやんだら、話してあげるよ。子供たちは無事で、すごく幸せさ。あたしはこの目で見たんだからね。これで満足したかい？　さあ、さあ、静かにおし！　誰かがあんたの声を聞くかもしれないよ」。私は彼女の言うとおりにしようとした。彼女は横になるとすぐにぐっすり眠り込んだ。しかし、私のまぶたには眠りはやってこなかった。

　夜が明けると、ベティは起きて台所に行った。何時間かが過ぎ去ったが、私の脳裏には前夜の幻が絶えず立ち戻ってきた。しばらくして、家の入り口のところで二人の女性の声がした。一人はこの家の小間使いだった。もう一人のほうが、彼女に言っていた。「リンダ・ブレントの子供たちが、きのう奴隷商人に売られたってことを聞いたかい？　ある人たちの言うことじゃ、老フリントの旦那は、あの子たちが町から出ていくのを見て、えらく喜んでたそうだ。でも、別の人たちの言うことじゃ、あの子たちはまた戻ってきたってことなんだ。もしそうなら、きっとあの子たちの父親のやったことだよ。彼はウィリアムも買ったらしいよ。本当に、まあ！　老フリントの旦那は、これからどうするかね！　マーサおばのところにちょっと寄って、どんな具合か見てくるよ」

　私は泣き出すまいとして、血の出るほど唇を噛んだ。子供たちは祖母と一緒にいるのだろうか、それとも奴隷商人が連れていってしまったのだろうか。不安で気も狂わんばかりだった。ベティがきて、本当のことを私に教えてくれないのだろうか？　やっとベティがきた。私は自分が漏れ聞いたことを、しきりに繰り返した。彼女の顔中に大きくて明るい笑みが広がった。「まあ、本当にあんたはおばかさんだよ！」と彼女は言った。「あたしが全部話してあげるよ。奥様はご自分の口から話すってあたしに言ったけど、うちの女の子たちは朝ご飯を食べとるし、奥様に悪いけど、あんたを待たせるのはよくないから、あたしがあんたに伝えるよ。あんたの弟と子供たちは全部父親に買われたよ！　老フリントの旦那のことを思うと、本当におかしくてたまんないよ。ああ、彼はえらい勢いで悪態をつくこったろうさ！　とにかく、今度ばかりは彼も一杯くったってわけだ。でも、あたしはもうここから行かなきゃいけねえ。さもないと、うちの女の子たちがやってきて、あたしを見つけちまうからね」

ベティは笑いながら出ていった。私は自分に向かって言った。「子供たちが自由になったなんて、本当だろうか。私は彼らのために、無駄に苦しんできたのではなかった。神様、ありがとうございます！」

子供たちが祖母のもとに戻ったことが知れ渡ったとき、大きな驚きが表明された。そのニュースは町中に広がり、子供たちに多くのやさしい言葉がかけられた。

フリント先生は祖母のところにやってきて、誰が子供たちの所有者かを確かめようとした。祖母は彼に伝えた。「そうだと思っていた」と彼は言った。「わしはそれが確かめられてうれしいよ。ところで、最近リンダから知らせがあった。わしはすぐにあいつを捕まえてやる。あいつが自由になるなんて期待するなよ。わしが生きている限り、あいつはわしの奴隷だし、わしが死んだら、わしの子供たちの奴隷だ。お前やフィリップがあいつの逃亡に何か関係していたことが分かったら、フィリップの奴を殺してやる。それから、もし通りでウィリアムを見かけたとき、奴がいけしゃあしゃあとわしを見たりしたら、わしは奴を半殺しにするまで鞭打ってやるからな。このガキどもを、わしの目の届くところにおいとくな！」

彼が立ち去ろうとして向きを変えたとき、祖母は、自分の頭の蝿を追ってろという意味のことを口にした。すると彼は、彼女を地面に叩きつけてやりたいといわんばかりに睨みつけた。

私にとっては喜びと感謝のときだった。子供のころ以来初めて、私は本当の幸せの味を噛みしめていた。私は老先生の脅迫の言葉を耳にしたが、それにはもう私を悩ませてきたこれまでの力はなかった。私の人生に覆いかぶさっていた一番の暗雲が、取り除かれたのだ。たとえ奴隷制が私に対して何をしようと、もはや子供たちに手枷足枷をはめることはできなかった。たとえ私は犠牲になっても、私の子供たちは救われた。私の心が、単純しごくに、彼らの未来に待ち受けているはずの幸せを丸ごと信じたとしても、私にとってそれはそれで結構なことだった。いつの時代でも、疑うことより信じることのほうがずっといいのだから。

第20章　新たな危険

先生はこれまで以上に腹を立て、私の親戚に再び復讐しようとした。彼は私の逃亡を助けたという嫌疑で、叔父フィリップを逮捕させた。叔父は法廷に立たされたが、私の逃亡計画については何も知らなかったし、主人の農園から姿を消して以降の私には会ったこともないと、事実にそくして証言した。それに対して先生は、私と一切関係がなかったという証拠に、彼は保釈金五百ドルを払うべきだと主張した。何人かの紳士が、叔父の保証人になろうと申し出てくれた。しかし、サンズ氏の言い分では、叔父は牢屋へ戻ったほうがよく、保釈金など払わなくとも牢屋から出られるだろうということだった。

叔父が逮捕されたという知らせはまず祖母に行き、それから彼女を通してベティに伝えられた。思いやりと気遣いを見せて、ベティはまた私を床の下に隠した。彼女は台所仕事をしながらあちこち動き回り、一見独り言のように口を動かして、私に事態がどうなっているかを語り聞かせた。私は叔父の拘禁がごく僅かの日数で終わることを願ったが、それでも心配だった。フリント先生は全力をあげて、彼を罵ったり侮辱したりするはずだと私は思った。叔父は自分を抑え切れずに言い返し、それが罰に値する犯罪とみなされることになるのを私は恐れた。法廷では、白人の証言に対して彼がどんなに反駁をくわえても、一切聞き入れられることがないのを、私はよく知っていた。私の捜索がまた開始された。私は近所にいるらしいという疑いを、何かが引き起こさせたのだ。連中は私がいる家を捜索した。私は彼らの足音や声を耳にした。夜になってみんなが寝静まってから、ベティが私を閉じ込めていた場所から出してくれた。私を襲った恐怖、無理な姿勢、地下の湿気などが重なって、私は数日間病気になってしまった。叔父はその後すぐに牢屋から出された。しかし、私の親戚や友人たちの動静は、この上なく厳しく監視され続けていた。

誰にも見てとれたことだが、私はもうこれ以上今の隠れ家にはいられなかった。私はすでに当初の予定をはるかに越えてそこに留まっていたし、私の存在が親切な女主人を絶えず不安にさせているのも間違いなかった。この期間に私の友人たちは、私の逃亡のためにさまざまな計画を立てていたが、迫害者たちが極度なまでに警戒をしているので、計画はどれも実行に移すことができなかった。

ある朝、誰かが私の部屋に入ろうとする音が聞こえてきたので、私はとてもびっくりした。いくつかの鍵が試されたが、どの鍵も合わなかった。私はすぐにそれは小間使いの一人だと推測した。彼女はこの部屋の物音を聞きつけたか、あるいはここにベティが入るのを目撃したか、そのどちらかに違いなかった。いつもの時間になってベティがきたとき、私はそのことを話した。「それが誰だかは、分かっとるよ」と彼女は言った。「間違いなく、あのジェニーだね。あの黒ん坊は、しょっちゅう面倒ばかり起こしたがるのさ」。彼女は好奇心を刺激されるようなものを、見たかあるいは聞いたかしたのではないだろうか、と私は言ってみた。

「チッ！　チッ！　リンダ！」とベティは大声を出した。「あの娘は何も見とらんし、聞いてもおらんよ。ただ何かがありそうだ、と当たりをつけているだけさ。それだけのことだよ。あの娘は誰があたしんとこに出入りしとるか、それが知りたかっただけなのさ。でも、見つけられるはずがねえ。それは確かだ。奥様に言って、あの娘のかたはつけておくよ」

私はちょっとのあいだ考えてから、言った。「ベティ、今夜私はここから出ていくことにするわ」

「そうかい、リンダ、あんたが一番いいと思うことをしたらいい」と彼女は答えた。「あの黒ん坊が、そのうちひょっこりあんたを見かけるなんてことも、大いにありうるからね」

彼女はこの出来事を女主人に伝えた。女主人のほうは、自分が私の叔父フィリップに会えるまで、ジェニーを台所で忙しくさせておくように、と彼女に指示した。叔父はその日の夕方、誰か友人に私を迎えに行かせる、と女主人に語った。女主人はこの近辺ではどこも非常に危険だから、私が北部に行けるといい、と彼に伝えた。しかし悲しいかな、私のような状況にある者にとって、北部に行くのは簡単なことではなかった。私が人目を避けて出ていけるようにするため、女主人はジェニーを伴って、兄弟と一日を一緒に過ごすべく田舎へ出かけた(1)。彼女は私に別れを告げにくるのは危険だと思ってよしたが、ベティに親切な伝言を託していった。彼女の馬車が戸口から去っていく音が聞こえた。身体をわなわなとおののかせている哀れな逃亡者に、これほどの惜しみない親切を施してくれた彼女と、私はそれ以後二度と会うことはなかった！　彼女は奴隷所有者だったが、今でも私は心から彼女を祝福している！

私には、自分がこれからどこへ行くことになるのか、全然見当がつかなかった。ベティが私に水兵の衣類――上着、ズボン、それに防水帽を持ってきてくれた。彼女はこれから行く所で必要になるからと言って、小さな包みを私に渡した。それから、元気づけるような口調で、力強く言った。「あんたが自由な土地に行けるんで、あたしはとてもうれしいよ！　むかし馴染みのベティのことを、忘れちゃいやだよ。そのうちあたしも後から行くからね」

私はどれほど彼女の親切に感謝しているか言おうとしたが、彼女はそれをさえぎった。「ありがと、なんて言わんでほしいね、リンダ。あんたのことを手助けできて、あたしはうれしいんだよ。やさしい神様があんたのために道を開けてくださると、いいんだがね。下の門のところまで、一緒に行ってあげよう。手をポケットに入れて、身体をふらふらさせる水兵みたいな歩き方をしてみてごらんよ」

私は彼女を満足させるように歩いて見せた。門のところには、ピーターという若い黒人の若者が私を待っていた。私はずっと昔から彼のことを知っていた。彼はかつては私の父の見習いで、いつ会っても気立てのよい人だった。彼にだったら、恐れずに身柄を預けることができた。ベティが私にあわただしく別れを告げ、私たちは立ち去った。「勇気を持つことだ、リンダ」と友人ピーターは言った。「俺には短剣がある。命に替えても、お前は誰にも渡さないよ」

私が最後に戸外を歩いて以来、ずいぶんと長い時間が経過していた。外の新鮮な空気が私を生き返らせてくれた。小声の囁きとは違う人間の声で話しかけられるのもまた、気持ちのよいものだった。私は顔見知りの何人かの人たちとすれ違ったが、彼らは変装中の私に気づかなかった。私が心の中で祈っていたのは、自分自身のためにもまたピーターのためにも、彼が短剣を引き出すようなことなど何も起こらないようにということだった。私たちはどんどん歩き続けて、埠頭に出た。私の伯母ナンシーの夫は船乗りだったが、彼にも私たちの秘密に一枚噛んでもらう必要が生じていたようだった。[2]

彼は私を小船に乗せると、それほど遠くない距離にある大型船まで漕いでいき、私をその船に乗せた。その大型船に乗っていたのは、私たち三人だけだった。彼らがいったい私のことをどうするつもりでいるのか、このとき私は思い切って聞いてみた。彼らの説明によると、私は夜明け近くまでこの船にいて、それから後は「蛇の湿地帯」(3)に隠れ潜んで、叔父フィリップが私の隠れ場所を用意するのを待っていなければならないということだった。仮にその船で北に向かっても、捜索を受けることは確実だから、私にとっては無駄骨に終わるのは知れていた。朝の四時頃、私たちはまた小船に乗り、湿地帯まで三マイルを漕いでいった。毒を持つ蛇に噛まれた経験から、蛇に対する恐怖が大きくなっていたので、私はこの隠れ場所に入るのが怖かった。でも、私には選択の余地はなかった。貧しくて虐げられている友人たちが、最善と思って私のためにしてくれたことを、私はありがたく受け入れた。

ピーターが最初に上陸し、大きなナイフでいろんな種類の竹や茨を切り分けて進み、一つの道を作ってくれた。彼は戻ってくると、私を腕に抱きかかえ、竹やぶの間にこしらえた空間まで運んでいって、私を座らせてくれた。そこに着くまでに、私たちの身体は無数の蚊に襲われた。一時間あまりで私はすさまじく蚊に刺され、見るも無残な姿になってしまった。明るくなるにつれ、周りを蛇が折り重なるようにして這い回っているのが見えてきた。私は生まれて以来ずっと蛇は見慣れていたが、ここの蛇ほど大きいのにはお目にかかったことがなかった。今でもこの朝のことを思い出すと、身震いしてしまう。夕方が近づくにつれて蛇の数はものすごく多くなり、身体の上に這い上がってこないよう絶えず私たちは棒で払いのけていなければならなかった。竹薮はとても高くびっしりと密生していたので、ほんの少し離れたところも見えにくかった。小船に戻れなくなるといけないので、暗くなる直前に、私たちは湿地帯の入り口に近い所に座る場所を確保した。まもなくオールを漕ぐ音と、合図として決めてあった低い口笛が聞こえた。私たちは急いで小船に乗り、大型船まで漕いで戻った。その夜、私は惨めな一夜を過ごした。というのは、湿地の暑さと無数の蚊と絶え間ない蛇の恐怖に祟られて、高熱を出してしまったからだ。それでも、私は何とか眠りに落ちたのだが、寝入ったと思ったその瞬間彼らがやってきて、またあの恐ろしい湿地帯に戻る時間だと告げた。私はほとんど立ち上がる勇気を呼び起こすことができなかった。しかし、私の想像力にとっては、毒をもつ大きなこの蛇でさえ、文明化したといわれるこの社会の白人より怖くはなかった。今回は蚊を燻《いぶ》して追い払おうということで、ピーターは大量のタバコを携えていった。それは蚊に対しては期待通りの効果を発揮したが、私には吐き気と激しい頭痛をもたらした。暗くなってから、私たちは大型船に戻った。その日の私は、日中とても具合が悪かった。そこで、ピーターはたとえ悪魔その人が警邏隊に加わっていようとも、私はその夜自分の家に帰るべきだと主張した。彼らが私に語ったところでは、私の隠れ場所は祖母の家に用意されているとのことだった。フリント家の人たちが隅々まで知っている彼女の家の中で、どうやったら私を隠すことが可能なのか、私には想像もできなかった。まあ待っていて自分の目で確かめてごらん、と彼らは私に言った。私たちは岸まで船を漕ぎ、それから大胆にも町を通って祖母の家に行った。私は水兵の服を着て、顔を炭で黒く塗っていた。私は数人の知人とすれ違った。私の子供たちの父親がすぐ近くまで来たので、私は彼の腕に軽く触れてみた。しかし、彼は私が誰なのかまったく気づかなかった。

「外を歩けるこの機会を、できるだけ楽しんでおいたほうがいいよ。なぜなら、そうすぐには、こんな機会は持てないかもしれないからね」と、友人ピーターは言った。

私には、彼の声が悲しげな響きをもっているように思えた。とてつもなく長い期間、何ともおぞましい穴倉がこれからの私の住まいになるのを、彼は心やさしくも私から隠していてくれた。

第21章 隠れ家の覗き穴[1]

祖母の家には何年か前に小さな納屋が建て増しされていた。その天辺の梁に何枚かの板材が渡され、屋根との間の空間に小さな屋根裏が作られていた。そこへは大小のネズミ以外に訪れるものはなかった。屋根はこういった建物の南部の風習に従って、屋根板だけを葺いた片流れ式だった。屋根裏の空間は長さが九フィート、幅が七フィートしかなかった。高さは最も高い所で三フィートで、そこから急ごしらえの床板へと急激に傾斜していた。そこは光も射さなければ、空気も通らなかった。大工だった叔父のフィリップは、はた目には分からぬように巧みに落とし戸を作って、物置と通ずるようにしていた。私が湿地帯で待っていた間に、彼はこれをこしらえ上げていたのだ。物置はポーチに面していた。私が祖母の家に入るや否や、私はこの穴倉へと連れていかれた。中の空気は重苦しく、完全な暗闇だった。床には寝床が敷いてあった。片側を下にしているときは気持ちよく寝られたが、傾斜が急なので、寝ながら向きを変えようとすると必ず屋根にぶつかった[2]。大小のネズミが寝床の上を走りまわっていたが、私は疲れていたので、嵐が通り過ぎたあとの被災者と同様ぐっすりと眠ってしまった。朝がきた。私にはそれは音で聞き分けるしかなかった。というのも、この小さな住み家では、夜と昼はまったく同じだったからである。私には光よりも空気のないことが苦痛だった。でも、楽しみがないわけではなかった。子供たちの声が聞こえてきたからだ。彼らの声の響きの中には、喜びや悲しみがあった。私はそれを聞きながら、涙を流した。どんなに彼らに話しかけたかったことか！私はとても彼らの顔を見たかったが、そこには私が覗ける穴も割れ目もなかった。この途切れることのない暗闇は耐えがたかった。一筋の光も射さないところで、来る日も来る日も窮屈な姿勢で座ったり横になったりするのが、ひどく恐ろしいことに思えた。とはいえ、奴隷の運命より、私はこちらのほうを選択し続けただろう。たとえ白人が奴隷としての私の運命を楽なほうだとみなしたり、また他の人々の運命と比べて、事実私の運命が楽だったとしてもである。確かに、私はひどく酷使されたことはなかったし、全身を鞭で打たれたこともなかった。寝返りが打てないほどひどく殴られたり、傷つけられたりしたこともなかった。逃亡しないように、踵の腱を切られたこともなかった。鎖で丸太ん棒につながれ、それを引きずりながら、畑で朝から晩まで働き続けたこともなかった。灼熱の焼き鏝《ごて》を押しつけられたり、血に飢えた猟犬に身体を引き裂かれたりしたこともなかった。逆に、フリント先生の手中に落ちるまで、私はいつも親切に扱われ、やさしく面倒をみてもらってきた。そのときまでの私は、自由など願ったりしたことさえもなかった。奴隷としての私の人生は、相対的には苛酷なものとは言えないかもしれないが、それでもなお、そのような人生を送らなければならない女性に、神よどうか哀れみを垂れ給え！

　私の食事は叔父が工夫して作った落とし戸から届けられた。祖母と叔父のフィリップと伯母のナンシーが、できるだけ機会をとらえて、落とし戸のところまで来てすき間越しに私とお喋りをしてくれた。だが、これはもちろん日中は安全でなかった。すべては暗くなってからでなければならなかった。

私は立った姿勢のままでは動けなかったが、運動のためにその住み家を四つん這いで這い回った。そんなある日、何かに頭をぶつけた。それは錐《きり》だった。叔父が落とし戸を作ったとき、そこに突き刺したまま忘れていったものだ。私の喜びようは、ロビンソン・クルーソーが得難い宝物を発見したときもかくやと思えるほどだった。あるすばらしい考えが頭に浮かんできた。私は独りごちた。「さあ、これで明かりが得られる。さあ、これで子供たちを目にすることができる」。私は注意を引きつけるのが怖かったので、日中は作業に取りかからなかった。しかし、住み家の中を手探りして回り、子供たちの顔がよく見える町の通りに面した側を探すと、錐を差し込んだままにしておいて、夜がくるのを待った。私は横に一列ずつ穴を開けて三列にし、さらにその列の間にもどんどん穴をあけていった。こうやって長さ一インチ、幅一インチのひとつの穴を穿《うが》つことに成功した。私は深更までその穴のそばに座り、そこからふわーと入り込んでくる空気の香りを楽しんだ。朝がきて、私は子供たちを待ち構えていた。だが、通りに最初に見えたのはフリント先生だった。(3) これは悪い前兆だという、ぞっとするような迷信めいた思いにとらわれた。何人かの見慣れた顔が通りすぎていった。やっと、子供たちの楽しそうな笑い声が聞こえてきた。やがて、二つのかわいらしい顔が私のほうを見上げた。その様子は、まるで私がそこにいることを知っていて、自分たちが分け与えている喜びに気づいているといわんばかりだった。私はここにいるのよと、どんなに彼らに伝えたかったことだろう！

今や私のおかれた状況は少し改善された。しかし、数週間というもの、針の先端ほどの細かい無数の小さな赤虫に苦しめられた。虫が皮膚を刺すと、耐えがたい、焼けつくような痛みをおぼえた。やさしい祖母がハーブ茶と、皮膚の炎症を抑える薬を持ってきてくれたりして、最後には虫も除去した。

私の住み家の温度はすさまじかった。というのは、夏の焼けつく太陽から私を守ってくれるものと言えば、薄い屋根板だけだったからである。しかし、慰めとなるものがなかったわけではなかった。覗き穴から私は子供たちを見ることができたし、彼らが十分近くまで来たときには、彼らの会話も聞くことができた。伯母のナンシーは、フリント家で仕入れることのできたニュースを全部私に届けてくれた。彼女を通じて、私は先生がニューヨークに住むある黒人女性に手紙を書いたことを知った。その女性は私たちの近所で生まれ育ち、先生の吐き出す汚れた空気を呼吸していたこともあった。彼は彼女に、私の情報を何か見つけ出せたら、報酬を与えると言ったのだ。彼女の答えがどのようなものだったかは知らない。しかし、その後すぐに、彼は急いでニューヨークへと発っていった。取引上の重要な仕事がある、と家族に言い残していったとのことである。彼が汽船のほうへ歩いていく様子が、穴から見えた。たとえ一時にしろ、私たちのあいだを何マイルもの陸と海が隔てているというのは、気持ちの安らぐことだった。さらにまた、私が自由州にいると彼が信じ込んでいるのを知ることは、それにも増して愉快だった。そのため、私の小さな住み家も、以前ほど侘びしくなくなった。ニューヨークへの前回の旅と同様、彼は満足すべき情報を何も得られずに帰ってきた。翌朝、彼が私たちの家の前を通ったとき、門のところにベニーが立っていた。彼は先生が私を探しに出かけていったという話を聞いていたので、大声で呼びかけた。「フリント先生、僕の母さんを連れ戻してきてくれたんじゃないの。僕も母さんに会いたいよ」。先生はすさまじい形相で地団駄踏むと、大声で叫んだ。「さっさとここから失せやがれ、この糞ったれのろくでなし！　さもないと、お前の頭をちょん切るぞ」

ベニーは恐くなって、家の中に逃げ込んだが、次のように言った。「あんたは僕をまた牢屋に入れることなんてできないんだ。もう僕はあんたの物じゃないんだからね」。幸いなことに、その言葉は風に流されて、先生の耳には届かなかった。次に落とし戸のところで祖母と会話を交わしたとき、私は彼女にこのことを話し、子供たちが短気な老人に生意気な態度をとることのないようにしてほしいと頼んだ。

暑さがやわらぎ、気持ちのよい秋になった。私の目も薄暗い光に慣れてきて、本や縫い物を穴の近くの場所に据え置くことで、何とか読んだり縫ったりすることもできるようになった。それは退屈で単調な生活にとって、大きな救いだった。しかし、冬がやってくると、薄い屋根板を葺いただけの屋根から寒さが忍び込み、私の身体は恐ろしいほど冷えきった。この地の冬は緯度の高い北部と違って、それほど長くも厳しくもなかった[4]が、家々は寒さを防ぐように建てられているわけではなかったし、私の小さな住み家はとりわけ身体にこたえた。やさしい祖母が、寝具と温かい飲み物を運んできてくれた。私は温もりを保つために、しばしば一日中寝床で横になっていなければならなかった。しかし、いくら用心していても、肩や足は凍傷にかかってしまった。ああ、あの長くて陰鬱な日々！　通りには目を向ける対象もなく、心を占めるものと言えば、ただ惨めな過去と不確かな未来があるだけで、それ以外は何もなかった。だが、ありがたいことに、身体をすっぽりと覆って穴のそばに座り、通り過ぎる人々を眺められるほど穏やかな日がやってきた。南部人には、通りで立ち止まってお喋りをするという習慣がある。だから私は、聞くつもりのなかったいろいろな会話に、耳傾けることとなった。ある時などは、奴隷狩りたちが、ある哀れな逃亡奴隷をどう捕まえるかと、作戦を練っているのが聞こえてきた。話の最中に何回か、フリント先生や私自身や、それからたぶん門の近くで遊んでいたはずの私の子供たちの身の上話などが取り沙汰された。一人の奴隷狩りは言った。「老フリントの財産として、あの女を捕まえるんだったら、俺は小指一本動かす気にもなれないや」。別の奴隷狩りは言った。「俺は賞金のためならどんな黒ん坊でも捕まえるさ。たとえ彼がどんなにひどい獣であっても、自分の所有物を取り戻す権利は誰にもあるからな」。私に関しては、自由州にいるという見方が、彼らのあいだで何回か口にされた。ほとんど誰も、私が近くにいるなどということは、ほのめかさなかった。ほんの僅かでも祖母の家に嫌疑が持たれたら、この家は丸焼けにされていただろう。しかし、彼らはこの家のことをほとんど問題にもしていなかった。とはいえ、奴隷制の存在する場所で、私にこれほどいい隠れ場を提供できたところは他になかった。

フリント先生とその家族は、繰り返し私の子供たちにうまく取り入ろうとしたり、物を与えたりして、私について彼らが聞いたことを話させようとした。ある日先生は彼らを店に連れて行き、彼らの母親がどこにいるか教えれば、ぴかぴか光る小さな銀貨と派手な模様のハンカチをくれてやると言った。エレンは尻込みして一言も言わなかったが、ベニーのほうは、はっきりした口調で次のように言った。「フリント先生、僕は母さんがどこにいるか知らない。ニューヨークにいると思うよ。あんたがまたニューヨークへ行くようなら、家に帰ってくるように頼んでよ。僕は母さんに会いたいんだから。でも、あんたが母さんを牢屋に入れたり、母さんの首をちょん切るなんて言ったりするようなら、僕は母さんにニューヨークへ戻ったほうがいいって言うよ」

第22章 クリスマスの祝い

クリスマスが近づいてきた。祖母が持ってきてくれた材料をもとに、私は子供たちのための新しい洋服と小さなおもちゃ作りに精をだした。もし多くの家族が数日中に別れなければならなくなるかもしれないと心配しながら待っている、あの雇用契約更新の日がすぐ間近に迫っているのでなければ、クリスマスは貧しい奴隷たちにとって楽しいときかもしれない。奴隷の母たちも、この祝日には、自分の小さな子供たちの心を楽しませようと努力する。ベニーとエレンも、クリスマスの靴下に、いっぱい贈り物を詰めてもらった。幽閉中の彼らの母親が、二人の驚き喜ぶ様を目撃する特権を与えられることはなかった。しかし私は、新しい洋服を着た二人が通りに出てくる様子を覗き見る喜びは味わえた。私の耳に、ベニーが幼い遊び友達にサンタクロースは何か持ってきてくれたか、と尋ねているのが聞こえてきた。「うん、持ってきてくれたよ」と男の子は答えた。「でも、サンタクロースって本当の人間じゃないんだよ。靴下にいろんなものを入れてくれるのは、僕たちの母さんなんだ」。「違うよ。そんなはずないさ」とベニーは言った。「だって、サンタクロースはエレンと僕にこの新しい服を持ってきてくれたんだもの。僕の母さんはもうずっといないんだからね」

お前の母さんがその洋服を作ったんだよ、そして、それを作っているとき、その上にはたくさんの涙が落ちたんだよ、と私はどれほど彼に伝えたかったことだろう！

クリスマスの朝には、子供たちは皆ジョン・カノウスの仮装行列[1]を見ようとして早起きをする。これなしでは、クリスマスはその一番の魅力を削り取られたようなものである。この仮装行列は、大体が身分の低い農園奴隷たちの各集団から構成されている。まず、平織り木綿のガウンをまとった二人の筋骨たくましい男が、あらゆる種類の明るい色の縞模様の網を身体全体にすっぽり被って現れる。彼らの尻には牛の尾が結わえ付けられ、またその頭は角で飾られている。羊の皮を張った箱はガンボ・ボックスと呼ばれ、十数人の男たちが太鼓がわりにこれを打つ。同時に、他の人たちはトライアングルやカスタネットを打ち鳴らす。こうした音に、大勢のダンサーたちが調子を合わせて踊り歩くわけである。彼らは一カ月前からこの時に歌う自分たち用の歌を作り続けている。百人単位で構成されるそれぞれの集団は、朝早くから通りに姿を見せ、十二時まで寄付を求めて練り歩くことが許されている。一ペニーでも、コップ一杯のラム酒でももらえる機会さえあれば、町の家という家は一軒残らず訪問を受ける。行列の参加者たちは外にいる間は酒を飲まず、大ジョッキにラム酒を入れて持ち歩き、家に戻ってから皆で酒盛りをするのである。こういったクリスマスの寄付は、二十ドルから三十ドルにも達する。白人は大人も子供も、たとえ僅かでも、寄付を拒むようなことはめったにない。拒んだりすれば、次のような歌をたっぷりと聞かされるはめになる。

「貧乏ご主人、そうだそうだ。
みすぼらしいなりで、そうだそうだ。

金もない、そうだそうだ。
一シリングもない、そうだそうだ。
おかわいそうに、そうだそうだ(2)」

クリスマスは、白人にとっても黒人にとっても、ご馳走を食べる日だ。奴隷たちは運よく数シリング持っていれば、必ずそれでおいしいものを買う。多くの七面鳥や豚が、「旦那様、お許しくだせえ」といった断りもなしに、捕らえられる。こうしたものを手に入れられない人たちは、オポッサム〔ネズミに似た有袋目の哺乳類〕やアライグマを料理して、おいしいご馳走に仕上げる。祖母は鶏や豚を飼って売り物にしていた。クリスマスの日の夕食には、七面鳥一羽と豚一頭が丸焼きで出てくるのが、彼女のお決まりのご馳走だった。

この日、私はとりわけ静かにしているようにと注意された。というのは、二人のお客が招待されていたからである。一人は町の治安官だったが、もう一人は白人になりすまそうとしている自由黒人だった。彼は白人のご機嫌を取るためなら、どんな卑しい仕事も喜んでした。私の祖母には、彼らを招待するだけの動機があった。彼女はわざわざ家中彼らを案内して回った。まず一階の部屋のドアがすべて開け放たれ、彼らが自由に出入りできるようにされた。夕食後には、彼らは二階に案内され、ちょうど叔父が持ち帰ったきれいなマネシツグミを見ることになった。二階もまた、すべての部屋のドアが開け放たれ、彼らが覗き込めるようになっていた。最初、彼らが家のポーチで立ち話を始めたとき、私の心臓はほとんど止まりそうだった。この黒人の男が何日も費やして、私を捕まえようとしていたのを、私は知っていた。この町では周知のことだったが、彼の血管には奴隷の父親の血が流れていた。しかし、白人として通用するためだったら、彼は奴隷所有者の足に喜んでキスするような男だった。私は心から彼を軽蔑していた！　治安官のほうは、偽りの色で自分を装う必要がなかった。彼の職務は卑しむべきものだったが、彼は自分でないものに見せかけようとしていないだけ、その相棒よりも上等だった。奴隷を買えるだけの金を工面できる白人なら誰でも、治安官なんかになるのは自分の堕落だと感じたことだろう。だが、その職務はそれに就いた者に権力を振るわせることを可能にした。もし夜の九時以降に外にいる奴隷を見つけたら、彼は好きなだけその奴隷を鞭打つことができた。それは人が手に入れたいと望む特権のひとつだった。この二人の客が帰り支度を始めたとき、祖母は彼らの妻への贈り物としてそれぞれに彼女のおいしいプディングを持たせた。私は覗き穴から彼らが家の門の外に出て行くのを見ていた。彼らの後ろで門が閉まったとき、私はほっとした。こうして、私の住み家における最初のクリスマスが過ぎていった。

第23章 なお囚われて

春が来て、覗き穴から見える地面が緑に覆われていくのを目にしたとき、私はあと何回こんなふうにして夏と冬を過ごさなければならないのかと自問した。私は新鮮な空気を胸いっぱい吸い込みたかった。硬くなった手足を伸ばしたかった。まっすぐ立てる空間が欲しかったし、この足で大地をもう一度踏みしめたかった。私の身内の者たちは、絶えず逃亡の機会をうかがってくれていたが、実行できそうな計画や何とか安全だと思える手だてを誰も見出せずにいた。また暑い夏がやってきて、薄い屋根から頭の上にテレピン油が滴り落ちてきた。

長い夜のあいだは、空気が薄くて眠りにくかったし、寝返りを打とうにも隙間がなかった。でも、その代わりに、ひとつだけいいことがあった。室内はむんむんして窒息しそうなほどだったので、蚊も敬遠して入ってこなかった。私はフリント先生をこの上なく憎んでいたが、この世であれあの世であれ、たとえひと夏でも私と同じようなひどい苦しみを、彼に味わせたいとは望まなかった。ところが、彼が合法的に加える非道を避ける唯一の手段として、罪もない私がここに閉じ込められていたというのに、法律は彼が外でのうのうと自由な空気を吸うことを許していた！　一体私の中の何が、私を生き続けさせてきたのか、今もって私には分からない。何度も私は自分が遠からず死ぬと思った。

しかし、また秋がやってきて枯葉が風に舞うのを目にし、再び冬の気配を膚に感じた。夏には、すさまじい雷雨もありがたいと思うときがあった。というのも、雨が屋根から流れ込んでくると、寝床を片づけて、下の熱く灼けた床板を冷やせたからだ。季節が深まるにつれて、嵐は時に私の衣類をびしょびしょに濡らしてしまった。空気が冷たくなってくると、これは気持ちのよいことではなかった。並みの嵐の場合は、まいはだを隙間に詰めておけば侵入を防ぐことができた。

しかし、私の置かれていた状況は快適さからほど遠かったとはいうものの、このみじめな隠れ家でさえありがたいと思わせるような戸外の出来事を、私はいくつも目にした。ある日、一人の女奴隷が「この子はご主人様の財産だ。あの人が望めば、あの人はこの子を殺すことだってできるんだ」とブツブツ呟きながら、門の前を通り過ぎていくのが目に入った。祖母がこの女の話をしてくれた。彼女の女主人はその日初めて彼女の赤ん坊を自分の目で見、その色白の顔立ちが自分の夫にそっくりなのに気づいた。彼女はその女奴隷と子供を家から追い出し、二度と戻ってくるなと言った。女奴隷は主人のところに行き、そのいきさつを話した。彼は女主人を説得して、万事うまくいくようにすると約束した。翌日、彼女と赤ん坊はジョージア州の奴隷商人に売り払われた。

また別のときには、一人の女が二人の男に追われて、狂ったように走り去っていくのが見えた。彼女は奴隷で、女主人の子供たちの乳母だった。ある些細な落ち度から、女主人が彼女を裸にして鞭打つように命じた。その屈辱と苦痛を逃れるため、彼女は川に向かって逃げ、その中に飛び込んだ。彼女は自分の受けた非道に死という形で決着をつけたのだ。

ミシシッピー州のブラウン上院議員が、こういった事実を知らないはずはなかった。なぜなら、こういったことは、南部の州ならどの州でも頻繁に起こっていたからである。それなのに、彼は合衆国連邦議会で立ち上がり、次のように公言した。奴隷制は「道徳的、社会的および政治的に見て、神の大いなる恵みである。主人に対する恵みであると同時に、奴隷に対する恵みでもある！」[1]

二回目の冬は、私にとって最初の冬よりはるかにつらいものだった。身体は極端な運動不足のため麻痺しがちだったし、そこに寒さが加わって痙攣も起こった。頭には寒さからくる鋭い痛みの感覚があり、顔や舌も硬直して話すことができなくなってしまった。もちろん、こういう状況下で医者を呼ぶことはできなかった。弟のウィリアムがやってきて、私のためにできるだけのことをしてくれた。叔父のフィリップも、やさしく看護してくれた。気の毒な祖母は上がったり下りたりして、私に生気が蘇ったかどうかを確かめ続けていた。顔に冷たい水をかけられて、私は意識を取り戻した。気がついたとき、私は弟の腕の中にいたが、私を抱きかかえていた弟は顔じゅう涙だらけだった。あとで彼は私に、十六時間も意識を失ったままだったので、私が死ぬのではないかと思ったと語った。次に私は譫言《うわごと》を言うようになり、無意識で大声を出して自分や身内を大いに危険にさらしかねない状態となった。これを防ぐため、彼らは薬で私を眠らせた。私は六週間も寝たきりの状態で、身体は弱り、精神もすっかり参ってしまった。何としてでも、医者の専門的助言を受ける必要があった。とうとうウィリアムは、トムソン式医療術[2]の医師のところへ出向き、あたかも私の苦しみと痛みをすべて自分で経験したかのように説明してみせた。彼は薬草と植物の根と軟膏を持って戻ってきた。特に軟膏に関しては、火のそばで身体に擦り込むように塗れと注意されていた。でも、私の小さな住み家で、どうやって火を起こすことが可能だろうか。ストーブと炭団《たどん》で試してみたが、ガスと煙の排出口がなく、私は危うく命を落とすところだった。その後は、火のついた石炭を鉄の鍋に入れて運び上げ、レンガの上に置くという方法をとった。すっかり気力が衰えていたうえに、ずっと長いこと火の暖かさを味わってこなかったので、僅か数個の石炭に接して私は本当に泣いてしまった。薬はそれなりに効果を発揮したと思うが、回復には非常に時間がかかった。くる日もくる日もそこに横になっていると、暗い思いにとらわれた。そこで、私はたとえ陰鬱でも、この小さな独房に感謝しようと努めた。子供たちを購《あがな》うために払った代価の一部として、この独房を好きになろうとさえした。ときどき、私は神を、私の苦しみのゆえに私の罪を許してくださる慈愛深い父だと考えた。だが、別のときには、私の目から見て、天の統治には正義も慈悲もないように思えた。なぜ呪うべき奴隷制の存在が許されているのか、なぜ私は若いときからずっと苦しめられ、不当に扱われてきたのか、そう私は問いただしたりした。これらの事柄は不可解な形をまとい続け、いずれは明らかになると信じてはいるが、今の今でも私の心に明らかになったとは言えない(3)。

私の病気の最中に、心痛と過労が重なって祖母が倒れてしまった。常に私の最愛の友であり、子供たちの母であった彼女がいなくなるということは、考えただけでも最高に辛い試練だった。ああ、私は彼女の回復をどれほど真剣に祈ったことか！　私のことをこんなに長く、こんなにやさしく面倒見てくれた彼女を私が世話できないということは、本当に辛かった！

ある日、子供の悲鳴が聞こえたので、勇気を出して私は覗き穴まで這っていった。私の息子が血まみれになっているのが、目に飛び込んできた。ふだんは鎖につながれている獰猛な犬が、彼を襲って噛みついたのだ。医師が呼ばれた。傷口を縫っている間じゅう、子供の泣き喚く声が聞こえていた。

子供の泣き喚く声に耳傾けながら、彼のところに行ってやれないというのは、まさに母親の心には拷問以外のなにものでもなかった！

しかし、子供時代というものは、にわか雨と太陽が交互にやってくる春の一日のようなものである。夜にならないうちに、ベニーは明るく元気になり、その犬をただでは済まさないと息巻いていた。翌日、その犬は別の男の子にも噛みついて撃ち殺されたと医者が伝えたとき、彼は非常に喜んだ。ベニーの傷は治ったが、歩けるようになるまでには長い時間がかかった。

祖母が病気だということが知れわたると、彼女の顧客だった婦人たちがちょっとした見舞い品などを持って訪れ、必要なものはみんなあるかと尋ねたりした。ある晩、伯母のナンシーが病気の母親を看病しにいく許可を求めたところ、フリント夫人は次のように答えた。「お前が行く必要がどこにあるんだい。私のほうはね、お前がいなくちゃ困るんだよ」。しかし、近所の他の婦人たちが祖母にとても親切にしているのが分かると、キリスト教の慈悲心ということで人に劣っていると見られたくないために、彼女も出かけていった。そして、いかにも恩着せがましい態度で、幼い頃の彼女を愛しながらこんな辛い仕打ちで返報されている祖母の病床の傍らに立った。彼女は祖母の病気がとても重いのを知ってびっくりしたらしく、フリント先生を呼びにやらなかったということで叔父のフィリップを叱った。すぐに彼女は自分で彼を呼びにやり、先生が現れた。私は隠れ家にいて安全だったが、もし彼がこれほど私の近くにいたことを知っていたら、すっかりおびえてしまっていただろう。先生は祖母が極めて危険な状態にあると宣言し、もし彼女の今のかかりつけの医者が望めば、自分が往診してもいいと言った。いついかなるときであれ、誰も彼がこの家にくることは望んでいなかったし、私たちは彼に多額の請求書を作成させる機会を与える気にはなれなかった。

フリント夫人が帰っていこうとしたとき、サリーが彼女に、ベニーのびっこを引いている理由として、犬に噛みつかれたからだと話した。「それは結構なことだね」と彼女は答えた。「犬がこの子を殺してしまえばよかったのに。この子の母親に知らせるには、格好のニュースになっただろうよ。あの女の運も尽きることになるさ。そのうち犬があの女を捕まえるからね」。いかにもキリスト教徒らしいこの言葉を残して、彼女とその夫は帰っていった。私にとって大いにありがたいことには、彼らは二度とこの家に戻ってこなかった。

叔父のフィリップから、祖母は危機を脱し生き延びるだろうと聞かされたとき、私は言葉に尽くしがたい喜びと感謝の気持ちに包まれた。そのとき私は心の底から次のように言うことができた。「神様は情け深い。私が原因で祖母は死んだんだ、そう感ずる苦悩から私を救ってくださった」

第24章
連邦議会議員候補

夏がほとんど終わりにさしかかった頃、フリント先生は私を探しに三回目のニューヨーク行きを敢行した。この州では、二人の候補者が連邦議会の下院議員に立候補していた。先生は投票日に間に合うように戻ってきた。私の子供たちの父親がホイッグ党から立候補していた。先生はこれまでは忠実なホイッグ党員だったが、今はサンズ氏を負かすことに全精力を傾けていた。彼は大勢の男どもを木陰の昼食会に招いて、ラム酒とブランデーの大盤振舞いをした。酒宴で理性を失った哀れな男が、気持ちよく酔っぱらった開放感から民主党に投票する気はないなどと言おうものなら、その男は荒々しくつまみ出された。

先生が酒宴で大盤振舞いをしたことは、無駄に終わった。サンズ氏が当選した(1)。そのことは、私にある不安な思いを抱かせた。彼はまだ私の子供たちを、自由の身にしていなかった。だから、もし彼が死ねば、子供たちは彼の相続人のなすがままになるだろう。絶えず私の耳に聞こえてくる二人の子供たちの声は、自分たちの自由を確かなものにさせないまま父親をこの地から行かせないでくれ、と私に訴えかけているかのようだった。私が彼と話をしてからもう何年もたっていた。私が彼の姿を見かけたのも、水兵に変装して気づかれずに彼とすれ違った夜が最後だった。彼は出発する前に祖母を訪問し、子供たちに関して何かを言っていくだろう、そう考えた私は、自分がどういう方針で臨むかをあらかじめ心に決めていた。

彼がワシントンへ向けて出発するという前日の夕方近く[2]、私は隠れ家から下の物置に下りていく準備に取りかかった。体が硬直し動きがぎこちなかったので、階段の途中で休みつつ移動するだけでもとても大変だった。物置に下りたときには、足首に全然力がはいらず、床にへたりこんでしまった。もう二度と身体が使えなくなったかのようだった。しかし、眼前の目的を思って、全力を振り絞った。手と膝で窓ぎわまで這っていき、樽の後ろに身を隠して彼がくるのを待った。時計は九時を打った。私は汽船が十時から十一時のあいだに出港するのを知っていた。希望は次第に潰えかかっていったが、ほどなくして「ちょっと待っていてください。僕はマーサおばに会ってきますから」と誰かに言っている彼の声が聞こえた。彼が家から出てきて、窓の前を通り過ぎたとき「ほんの少しだけ時間をください。子供たちのことで話があります」と私は言った。彼はびくっとして、一瞬立ち止まったが、そのまま通り過ぎて、門から出ていってしまった。私は少しだけ開けておいた雨戸を閉めると、樽の後ろにくずおれた。私はこれまで大いに苦しめられてきたが、このときほど激しい心の痛みを感じたことは滅多になかった。そうなのか、彼にとって私の子供たちというのは、それほど取るに足りない存在だったのか。彼らの哀れな母親への情があまりに薄く、子供のことで懇願しているというのに、一瞬たりとも耳をかす気になれないというのか。さまざまな辛い思いが私の中を駆け巡り、誰かが雨戸を開けようとする音を聞くまで、私は雨戸の鍵をかけていなかったことも忘れていた。顔を上げると、彼がそこに戻ってきていた。「誰か僕のことを呼びましたか」。彼の低い声がそう尋ねた。「ええ」と私が答えた。「ああ、リンダ」と彼は言った。「君の声だというのは分かっていたよ。でも、友達に聞こえるといけないと思って、返事をしなかったんだ。どうして君はこんなところにいるんだい。この家にいて危険じゃないのかい。こんなことを許すなんて、みんなはどうかしているよ。君たち全員がひどい目に遭ったっていう話を、そのうち聞かされることになるだろうね」。私の隠れ家のことを教えて彼を巻き添えにしたくなかったので、私はただ次のように言った。「私はあなたが祖母に別れを告げにくると思っていました。そこで、子供たちの自由について、あなたとちょっと話をしておきたくて、ここへきました。あなたがワシントンに行って六カ月もすれば、いろいろなことが変わってしまうでしょう。子供たちをそういう不安定な状況に置いておくのは、あなたの本意でないと思います。私は自分では何もいりません。私が是非ともお願いしたいことは、出発前にあなたが私の子供たちを自由の身にするか、誰かお友達にそうすることのできる権限を与えておいてくださることです」

彼はそうすると約束した。また、私を購入する準備も喜んでするると言った。

人の近づいてくる足音が聞こえたので、私はあわてて雨戸を閉めた。私は家族のものたちに私のしたことを知られないうちに住み家に這い戻ろうと思っていた。というのも、彼らがこれをまったく軽率なことと見なすのが分かっていたからである。しかし、彼は家のほうに戻ると、物置の窓で私と話をしたと祖母に伝え、私がこの家で一晩過ごすのを許さないほうがいいと申し入れた。私がここにいるなどというのは狂気の沙汰だし、必ず私たち全員が身を滅ぼすことになると彼は言った。幸いなことに、彼は非常に急いでいたので返事を待つ余裕がなかった。もしそうでなかったら、私の大事な祖母は彼にすべての事情を話してしまったことだろう。

私は自分の住み家に戻ろうとしたが、下りるより上るほうがずっと難しいことが分かった。今や私の目的は達成されたので、私を支えていたわずかな力も尽きてしまい、私は力なく床にへたり込んでしまった。私のおかした危険を心配した祖母が暗い物置に入ってきて、後ろ手にドアの鍵をかけた。

「リンダ、どこにいるの」と彼女がそっと言った。

「ここよ、窓のそばにいるわ」と私は答えた。「子供たちを自由の身にさせないまま、彼を行かせることはできなかったの。何が起こるか分からないでしょう？」

「そうかい、そうかい、お前」と彼女は言った。「でも、これ以上ここにいてはいけないよ。お前のしたことは、よくないことだった。といっても、私にはお前を咎めだてすることなんてできない、かわいそうに！」

助けがなくては戻れないから、叔父を呼んできてほしいと、私は祖母に頼んだ。叔父のフィリップがきてくれた。彼は私を哀れに思って、叱らなかった。彼は私を穴倉に運び上げ、寝床にやさしく寝かせると、薬をくれて何か他にできることはないかと聞いた。それから彼が去り、私は自分自身の思いとともに取り残された。その思いは、私を取り巻く深夜の暗闇と同じように、星影ひとつなかった。

身内のものたちは、私の足が一生萎えてしまうのではないかと心配していた。私のほうは、あまりに長い幽閉生活にうんざりしきっていたので、子供たちに役立ちたいという望みがなければ、喜んで死んでしまっていたはずである。しかし彼らのために、私は進んで耐え続けた。

第25章 だまし合い

フリント先生はまだ私をあきらめていなかった。ときどき彼は祖母に向かって私のことを口にし、そのうち私が帰ってきて自発的に身柄を彼に預ければ、親戚でも誰でも私を買いたいと思う人が買えるようにしてやってもいいなどと言った。私は彼の狡い性格をよく知っていたので、これは私に仕掛けられた罠だと直感した。私の友人たちもみなそうだと思った。私は彼の狡さに対して、こちらも狡さで対抗しようと決心した。そこで、私がニューヨークにいると彼に信じ込ませるため、彼宛てにニューヨーク発の手紙を書くことにした。友人のピーターにきてもらって、私の手紙をニューヨークまで持っていき、そこの郵便局で投函してくれるような信頼のおける船乗りを誰か知らないかと尋ねた。彼は、地の果てまでも自分の命をあずけてよいと思える奴を知っていると言った。私は彼に念を押して、これを引き受けるのは危険を伴うことだと注意した。すると彼は、分かっている、でも私を助けるためなら喜んでなんでもすると言ってくれた。私はさらに、幾つか通りの名前を確かめたいので、ニューヨークの新聞が一部欲しいと言ってみた。彼はポケットに手を突っ込み、「ここに新聞が半分ある。昨日、行商人から帽子を買ったとき、それに巻いてあったものだ」と言った。私は明日の夕方までに手紙はできるだろうと彼に伝えた。「元気を出すことだ、リンダ。もっとよい日がやがて来るさ」と彼は付け加え、私に別れを告げた。

私たちの簡単な打ち合わせが済むまで、叔父のフィリップが門を見張っていてくれた。翌朝早く、私は新聞を調べるため小さな覗き穴のそばに座った。それは『ニューヨーク・ヘラルド』[1]紙の一部だった。組織を挙げて黒人を誹謗しているこの新聞も、一度だけは黒人に奉仕したことになったわけである。町の通りと番地に関して私の欲しかった情報を手に入れてから、私は二通の手紙を書いた。一通は祖母宛てで、もう一通はフリント先生宛てだった。私が彼に思い起こさせたことは、白髪頭の老人が、自分の権力下に置かれた無力な子供をどう扱ってきたか、また何年にもわたってどれほどの悲惨さを彼女に強いてきたかということだった。祖母に対しては、南部では奴隷の母親に許されていないが、北部でなら私は子供たちに自尊心を持てと教えられるし、貞淑さの見本も示せるから、子供たちを北部の私のもとに送ってほしいと書いた。さらに、ニューヨークへはときどき行きはするものの住んでいるわけではないので、返事はボストンのこれこれの住所宛てに送るようにしてほしいと頼んだ。手紙を運ぶ時間を考えて手紙の日付を先にずらしてから、運び手に手紙を取りにきてくれというメモを送った。友人のピーターが手紙を取りにきてくれたとき、私は次のように言った。「ピーター、あなたのいつに変わらぬ親切な思いやりには、本当に感謝するわ。どうか気をつけてね。もしあなたが見破られたら、私たち二人ともひどい目にあうのよ。身内でも、私のためにここまではしてくれないわ」。彼は答えた。「リンダ、俺にまかせておけ。君の親父さんは、俺にとって掛替えのない恩人だったんだ。俺の生きている限り、その人の子供たちのことを忘れるつもりはない」

祖母が手紙のことでびっくりしないように、また私が北部にいると分かって、フリント先生の言いだしかねないことを聞く心の準備をさせるためにも、私がしたことを祖母に伝えておく必要があった。彼女はひどく心配し、きっと何か悪いことが起こると思い込んだ。私は伯母ナンシーにも、自分の計画を話しておいた。そうすれば、フリント先生の家で話されることを、彼女が私たちに伝えてくれるかもしれなかったからである。割れ目越しに、私がそのことを彼女に小声で伝えたとき、彼女は次のように囁き返してくれた。「うまくいくよう祈っているよ。お前と子供たちが自由になるのを見られさえすれば、わたしは一生奴隷でいたっていいと思っているよ」

私は手紙がその月の二十日に、ニューヨークの郵便局で投函されるようにしておいた。二十四日の夕方に伯母がやってきて、フリント先生が受け取った手紙のことで、先生夫妻がひそひそと話していたことや、オフィスに行ってお茶の時間になって戻るときに、彼がそれを持ってくると約束していたことなどを伝えてくれた。それを聞いて、私は明朝には手紙の件が話題にされると確信した。そこで、祖母にフリント先生が必ずやってくると伝え、あるドアの近くに彼を座らせ、彼の言うことが私に聞こえるよう、そのドアを開け放しにしておいてくれと彼女に頼んだ。翌朝、私はそのドアから音の聞こえるところに場所を定め、銅像のようにじっとしていた。まもなく門がバタンと閉まる音がして、あのよく聞きなれた足音が家の中に入ってきた。彼は用意された椅子に座ると、次のように言った。

「ところでマーサ、わしはお前にリンダからの手紙を持ってきてやったぞ。あの娘はわしにも手紙を寄越した。わしはあの娘の居場所を正確に知っているが、自分ではボストンへ迎えに行かないことにする。本当ならあの娘は自分から進んで、ちゃんと戻ってきたほうがいいんだ。あの娘を迎えにいくのは、彼女の叔父のフィリップが一番いい。彼となら、あの娘もまったく気楽な感じで行動できるだろう。彼の往復の旅費はわしが負担する。あの娘は彼女の友人たちに売ってやることにするよ。あの娘の子供たちは、自由の身だ。少なくとも、わしはそうだと思っている。とすれば、あの娘が自由になれば、お前も幸せな家庭を作れるわけだ。ところでマーサ、リンダがお前に書き送ってきた手紙を、わしはお前に読んでやろうと思うが、異論はないだろうな」

彼が封を切り、手紙を読むのが聞こえた。何という老獪な悪党か！　彼は私が祖母宛てに書いた手紙を隠しておいて、代わりに自分で書いたものを用意していた。その文面は次のようなものだった。

拝啓。私はずっと手紙を書こうと思っていました。でも、不面目なやり方であなたと子供たちを置き去りにしてきたので、恥ずかしくて書けませんでした。逃亡して以降、私がどれほど辛い目にあったか分かれば、私のことを哀れに思って許してくれるでしょう。私はとても高い値段で、自由を買い取ったことになります。奴隷という身分ではなしに、南部へ戻る手だてがあるのならば、私は喜んで戻っていきたいのです。もしそれができなければ、子供たちを北部に送ってください。子供たちと一緒でなければ、もう生きていけません。手遅れにならないうちに知らせてくれれば、ニューヨークでもフィラデルフィアでもどちらでも構いません、叔父さんの都合のいいところへ子供たちを迎えに行きます。あなたの不幸せな娘に、できるだけ早く返事を書いてください。

リンダ

「大体わしが予想していた通りだな」と、老いた偽善者は帰ろうとして立ち上がりながら言った。

「あの愚かな娘は、早まったことをしたと後悔し、戻りたがっているというわけだ。マーサ、わしらは彼女を助けてやらなくちゃならない。フィリップと相談しておいてくれ。もし彼が迎えにいってくれれば、リンダも彼を信用して戻ってくるだろう。明日返事を聞きたいもんだ。それじゃ元気でな、マーサ」

家からポーチに出ようとしたとき、彼はちょうど私の幼い娘と出くわした。「ああ、エレン、お前か」と彼は上機嫌で言った。「ずっと見かけなかったが、元気か」

「はい、元気です、先生」と彼女は答えた。「母さんが家に帰ってくるって、先生はおばあちゃんに話していたでしょう。あたしも母さんに会いたいな」

「分かった、エレン。もうすぐお前の母親を家に連れ戻してやるからな。そうすれば、好きなだけ会えるさ、ええ、巻き毛のチビ黒や」。そう彼は答えた。

すべてを聞いていた私には、これはまるで喜劇のように面白かった。しかし、先生が私を迎えに叔父をやろうとしていたので、祖母は恐れかつ心配していた。

翌日の夕方、フリント先生がこの件を相談しに訪ねてきた。叔父は先生に対する答えとして、マサチューセッツ州に関して聞いていることから判断すると、自分が逃亡奴隷を探しにいったら袋叩きにされてしまうと思うと言った。「くだらない、まったくばかげているよ、フィリップ！」と先生は答えた。「わしがお前にボストンで、ひと騒動起こしてほしいと思っているとでも言うのか。事柄はすべて内密に行えばいいんだ。リンダは戻りたいと書いてきている。お前はあの娘の身内で、あの娘はお前なら信用する。わしが行ったら事情はまったく違ってしまう。あの娘はわしと一緒に帰るのを嫌がるだろう。いまいましい奴隷制廃止論者どもは、わしがあの娘の持ち主だと知ったら、いくらあの娘のほうから帰りたいと頼んできたんだと説明しても、わしのことを信用しないだろう。あいつらはひと悶着起こすに決まっている。(2) わしはリンダが普通の黒人みたいに、通りを引っ張っていかれるのを見たくないんだ。あの娘はわしの親切にまるで感謝しとらん。それでも、わしは彼女を許し、友人として接したいと思っとるんだ。わしはあの娘を奴隷として所有したいとは思っていない。あの娘がここに着き次第、彼女の友達に売ってやろうと思っているんだ」

自分の論法で叔父を説得することに失敗した先生は、ふと「秘密を漏らし」た。彼はボストン市長宛てに手紙を書き、発信地として私の手紙に書かれていた通りと番地に、私に該当する人物がいるかどうかを問い合わせたというのだ。彼が祖母に読んで聞かせるために偽造した手紙では、その発信地は書き落とされていた。もし私がニューヨークから発信していれば、この老人はもう一度ニューヨークへ出向いたことだろう。奴隷にはできるだけ情報を与えまいとしているこの暗黒の地域にすら、マサチューセッツ州の情報は十分伝わってきていて、奴隷所有者たちにとって、そこは安易に逃亡奴隷を捕まえに行けるような場所ではないという結論をくだすことができた。これは第二次逃亡奴隷法が通過する前、つまりマサチューセッツ州が南部のための「奴隷狩り」の州になることに同意する前のことだった。

自分の家族が常に危険にさらされているのを見て、すっかり臆病になってしまった祖母は、ものすごく心配そうな顔つきをして私のところにやってくると、次のように言った。「もしもだよ、ボストン市長がお前はあそこに住んでいないという返事を先生に送ったとしたら、お前はどうするつもりなんだい。そうしたら先生は手紙がごまかしだと疑って、それについて何か見つけ出すよ。わたしたちみんなが面倒なことになるんじゃないかね。ああ、リンダ、手紙なんか送らなければよかったんだよ」

「心配しないで、おばあさん」と私は言った。「ボストン市長は、フリント先生のために黒ん坊探しなんかわざわざしやあしないから。手紙は結局は役に立って、そのうち私もこの暗い穴倉から出ていけるはずよ」

「そうなってほしいと思うよ、リンダ」。やさしくて辛抱強い老いた身内は、そう言った。「お前は長くここにいる。五年近くにもなるよ。でも、それがいつのことだろうと、お前が行ってしまえば、お前の老いた祖母の心は気落ちするだろうよ。お前が鎖につながれて連れ戻され、牢屋にぶち込まれたって聞かされるのを、毎日ひやひやしながら待っていることだろうね。ああ、神様この子をお助けください！　いつか私たちが『神に逆らう者も暴れ回ることをやめ、疲れた者も憩いを得(3)』られる場へ行くことになるのを感謝しよう」。私も心からアーメンと唱えた。

フリント先生がボストン市長に手紙を書いたという事実は、彼が私の手紙を本物だと信じていて、当然私がこの近くにいるなんて思ってもいないというのを、私に確信させた。私の手紙の最大の目的は、先生にこの思い違いをずっと持たせ続けることにあった。なぜなら、それは私と友人たちをずいぶんほっとさせたし、さらに逃亡するような機会でもあれば、とても好都合だったからである。だから私は、折に触れて北部から手紙を書き送り続けようと決心した。

二、三週間が過ぎた。ボストン市長が、何かを言ってきたという徴候はなかった。そこで、祖母は私の願いに耳を傾け始め、私がときどき独房を出て、足が萎えるのを防ぐため手足の運動をするのを許してくれるようになった。朝の早い時間に、私は小さな物置にそっと滑り下りていき、そこでしばらく時を過ごすことができたわけである。(4)物置は落とし戸の下のところにちょっと空間があるだけで、あとは樽でいっぱいだった。落とし戸の下の空間は物置のドアに面していた。ドアの上のほうはガラスになっていて、物好きな人がいれば覗けるようわざとカーテンはかけていなかった。ここも風通しはよくなかったが、私の独房の空気よりはるかにましだったので、戻るのが嫌だった。夜が明けるとすぐに私は下に降り、八時までそこにいた。その時間になると人びとが現れ、誰かがポーチまで来る危険性があった。私は手足に温かさと感覚を取り戻そうといろいろ身体を動かしてみたが、無駄だった。手足はすっかり麻痺し硬直していたので、動かすのがとても苦痛だった。物置の狭い空間で手足をちょっと動かそうとしていた最初の頃の朝、もし私の敵どもが私を見かけたとしたら、私には逃亡など不可能だっただろう。

第26章
弟の人生の重大な時期

弟のウィリアムは主人のサンズ氏と一緒にワシントンへ行っていた。私は彼がそばにいなかったので寂しかった。また、彼のやさしい心遣いも懐かしかった。彼からは数通の手紙がきた。私のことには何も触れていなかったが、私のことを忘れていないことが分かるような書き方で書かれていた。私は筆跡を変え、同じような書き方で彼に手紙を書いた。今度の連邦議会の会期は長かった。議会の会期が終わった時点で、ウィリアムが知らせてきたのは、サンズ氏がしばらく北部に行って滞在するので、自分も一緒に行くことになったということだった。私も承知していたことだが、彼の主人は彼に自由を与えると約束していた。しかし、その時期のことは特に定めていなかった。ウィリアムは、自分が奴隷のままでいるかいないかを、運任せにしようとしているのだろうか。二人が若かった頃よく一緒に、自分たちの自由獲得に関して話し合ったのを、私は思い出した。私は彼が私たちのもとへ戻ってくるかどうかは、とても疑わしいと思った。

祖母はサンズ氏からの手紙を受け取った。その中で彼が述べていたことは、ウィリアムは最高に誠実な召使いであるとともに貴重な友人であり、どんな母親もこれほど立派な青年を育て上げはしなかった、というようなことだった。北部の諸州とカナダを旅行したときなど、奴隷制廃止論者たちがウィリアムに、逃亡するよう誘いをかけたが成功しなかったということも、彼は書いていた。彼は二人がまもなく家に帰るとしたためて、手紙を締めくくっていた。

私たちは旅の珍しい経験を記したウィリアムからの手紙を期待していたが、一通もこなかった。やがて、サンズ氏が花嫁を連れて秋の終わりに戻るという知らせが届いた。しかし、ウィリアムからは何の手紙もこなかった。(1) 私は再び彼と南部の土地で会うことはないだろう、とほとんど確信していた。それにしても、彼には故郷の友人や穴倉に閉じ込められている哀れな捕囚に送る、慰めの言葉もなかったというのだろうか。私の思いは陰鬱な過去から不確かな未来へと、とりとめもなくさまよった。神の目以外誰も私を見ることのできない独房で、私は一人苦い涙を流した。子供たちのもとに戻れるよう、役に立つ女性であるとともに良き母親になれるよう、私は心を込めてどれほど神に祈ったことか！

やっと旅人たちの戻る日がやってきた。祖母は長く家から離れていた子供を、懐かしのわが家に迎え入れるために、心の込もった準備をした。食卓が用意されたとき、ウィリアムの皿は以前と同じ場所に置かれた。乗り合い馬車が空っぽで通り過ぎていった。祖母は昼食の開始を遅らせて、待ち続けた。彼はやむをえない用で主人に引き止められているのだろう、と彼女は考えた。私は自分の牢獄で、大事な弟の声と足音が聞こえるのを今か今かと、聞き耳を立てていた。昼もだいぶ過ぎてから、サンズ氏の使いの少年がきて祖母に次のように伝えた。ウィリアムは彼と一緒に戻ってこなかった。奴隷制廃止論者に誘われて逃亡したのだ。しかし、そのことでは心配しないでほしい。というのも二、三日中に彼女は必ずウィリアムに会えるようになる、そう自分は確信しているから。思い直す時間さえあれば、彼はすぐ戻ってくるはずだ。なぜなら、北部では自分と一緒に暮らしていたときのような楽な暮らしなど、期待しようにも期待できないからである。

もしあなた方が祖母の涙を見、すすり泣きを聞いたならば、使いの者のもたらしたものは、解放の知らせでなく死の知らせだと考えたことでしょう。老いた気の毒な祖母は、大事な子供にもう二度と会えないと思っていたのである。私もまた自分のことしか考えていなかった。弟が獲得したものより、自分が失ったもののほうを、重視していたのである。まず、新たな心配が私をとらえ始めた。サンズ氏は大金を費して弟を購入したのだから、当然自分のこうむった損失に腹立たしい思いをするだろう。私が大いに恐れたのは、このことがいまや価値ある財産となりつつある私の子供たちの先行きに、重大な障害をもたらすかもしれないということであった。私は子供たちの解放を確実なものにさせたかった。まして、彼らの主人でもあり父親でもあるサンズ氏が、今や結婚した以上なおさらである。奴隷に対してなされた約束は、たとえ親切な気持ちから行われたものであれ、あるいはその時いかに真心がこもっていようとも、その実現は不測の事態に左右されがちである。それを知らないほど、私は奴隷制との付き合いが浅いわけではなかった。

私はウィリアムが自由になるのを非常に望んでいたのだが、彼の取った手段は私を困らせ、心配にさせた。次の安息日は静かでよく晴れた日だった。とてもすばらしい日だったので、まるで天国の安息日もかくやと思わせるほどだった。祖母は子供たちをポーチに連れ出し、彼らの声が私に聞こえるようにしてくれた。彼女の考えでは、それが落ち込んでいる私を慰めるはずだった。事実、その通りだった。彼らはいかにも子供らしく、楽しそうにおしゃべりしていた。ベニーが言った。「おばあちゃん、ウィリアムおじちゃんは永久に行ってしまったのかなあ。もう戻ってはこないの？　たぶんおじちゃんは母さんを見つけてくれるよね。そうしたら、母さんはおじちゃんに会えてうれしいだろうね！　どうしておばあちゃんとフィリップおじちゃん、それに僕たちは、母さんのいるところへ行って一緒に住まないの？　僕はそうしたいな。お前だってそうだよね、エレン？」

「ええ、私もそうしたいわ」とエレンが答えた。「でも、どうやったら母さんを探せるの？　おばあちゃん、母さんのいるところを知っている？　私は母さんの顔を覚えていないわ。ベニー、あんたは覚えている？」

ベニーが私の顔のことをまさに説明し始めたとき、すぐ近くに住むアギーという名の年とった女奴隷[2]がやってきて、子供たちの会話は中断された。この哀れな女性は、自分の子供たちの売却をその身で味わっていた。彼女は彼らがどこか知らないところへ連れ去られるのを見ていたし、もう二度と彼らの便りが望めないことも知っていた。祖母が泣いているのを知って、彼女は慰めようと思って尋ねた。「マーサおば、どうしたっていうんだい」

「ああ、アギーかい」と祖母は答えた。「わたしが死んで、老骨を地に横たえようとするとき、わたしに水の一杯も手渡してくれる子供や孫は、一人もいなくなってしまったように思えるんだよ。わたしのウィリアムがサンズ氏と一緒に戻らないで、北部に残ってしまったのさ」

哀れな老アギーは手を叩いて喜んだ。「あんたはそれで泣いとったのかね」と彼女は大声で言った。「あんたはひざまずいて、喜ぶべきだよ！　おらは哀れな子供たちがどこにおるか知らんし、知ろうたって知れんもんね。あんたは哀れなリンダがどこに行ったかは知らんが、あの子の弟がどこにおるかは知っとるじゃろ。彼は自由州におる。それこそ申し分のない所だ。神様のなさることに文句なんか言わんで、ひざまずいてお恵みに感謝したらどうだね」

　哀れなアギーの言ったことで、私は自分の身勝手さを思い知らされた。彼女は単に同じ奴隷仲間でしかない者の逃亡を知って、大いに喜んでいた。ところが、その姉は弟の幸運が自分の子供たちにどんな不利益をもたらすか、ただそれしか考えようとしなかった。私はひざまずいて神に許しを乞い、自分の家族の一人が、奴隷制のくびきを脱したことに心から感謝の念を捧げた。

　ほどなくして、私たちはウィリアムからの手紙を受け取った。彼はその中で、次のようなことを書いていた。サンズ氏はいつも彼を親切に扱ってくれたし、ウィリアムもサンズ氏に対する自分の義務を、誠実に果たそうと努力してきた。しかし、子供の頃から、彼は自由を請い願っていた。与えられた機会は逃さないほうがいい、と確信するだけのことをすでに十分経験してきてもいた。手紙の最後は、こう締めくくられていた。「大事なおばあさん、僕のことは心配しないでください。僕はいつでもおばあさんのことを思っています。その思いは、一所懸命に働いて正しいことをするよう、僕を励ましてくれます。僕がおばあさんに家を買ってあげられるほどお金を稼いだら、おばあさんも北部にきてください。そうしたら、みんなで一緒に幸せに暮らすことができるでしょう」

　サンズ氏はウィリアムが彼のもとを去ったときの様子を、叔父のフィリップに詳しく物語った。彼は言った。「私は彼を自分の弟のように信頼し、やさしく扱ってきた。いくつかの都市で、奴隷制廃止論者が彼に話しかけていたが、私は彼らが彼をその気にさせるなんて考えもしなかったよ。でも、私はウィリアムを咎める気はない。彼は若いし、無思慮なんだな。あの北部の確信犯どもが彼をそそのかしたのさ。白状するが、ウィリアムの悪たれは、事にあたってとても大胆だったよ。私は彼が肩にトランクをかついで、アスター・ハウスの階段を下りてくるのに出会った。そこで、私はどこへ行くのかって彼に聞いたんだ。彼は古いトランクを買い換えに行くところだと言った。私は彼に向かって、確かにそのトランクはみすぼらしいと言って、金は必要じゃないのかって聞いてみた。彼は必要ないと丁寧に礼を言って、立ち去っていった。彼は予想に反してなかなか戻ってこなかったが、私は辛抱強く待っていた。最後になって、私は自分たちのトランクが荷造りされ、旅行の用意ができているかどうかを、見にいってみた。トランクには鍵がかかっていて、鍵のありかを知らせる書置きが、封をされてテーブルの上に置いてあった。奴さんの文章は宗教的にも申し分なかったね。まず彼は、神が常に私を祝福し私の親切に報いてくださることを願っている、と書いていた。また彼は、私に仕えるのが嫌だというわけではなかったが、自由な人間になりたかったのだと記し、もし彼が誤りをおかしたと思うなら、どうか許してほしいとも書いていた。私は五年経ったら彼を自由の身にさせようと思っていたんだ。私を信用してほしかったね。彼は私に恩知らずな態度を取ったが、私は彼を探しに行こうとは思わないし、また誰かに探させようという気もないよ。彼がすぐ私のところに戻ってくるって確信しているからね」

あとで私は、ウィリアム本人からこの出来事についての説明を聞いた(3)。彼は奴隷制廃止論者に説得されたわけではなかった。彼には、自由への願望を掻き立てるべく彼らが与えうる奴隷制の情報など、必要でなかった。じっと自分の両手を見れば、かつてそれらが鎖につながれていたときの記憶が、彼の中に蘇ってきた。その両手が再び鎖につながれないという、どんな保証を彼は持っていたというのか。サンズ氏は彼に対して親切だった。しかし、彼に自由を与えるという約束を、サンズ氏は無期限に延期するかもしれない。金銭上の困難に遭遇し、財産が債権者たちに差し押えられるかもしれない。あるいは彼の自由を形にしないまま、死んでしまうかもしれない。そういった不幸な出来事が、心やさしい主人を持った奴隷たちに起こるのを、彼は頻繁に見聞きしていた。だから賢明にも、自分が自分の主人になれる今のこの機会を、確かなものにしようと決心したのだった。偽りの口実の下に主人から金をせしめるのがためらわれたので、彼はボストンまでの旅費を払うため自分の一番いい洋服を売った。主人の寛大さにこのような形で報いたがゆえに、奴隷所有者たちは彼を下劣で恩知らずな奴だと決めつけた。同じ状況下におかれた場合、彼らはどうするのだろうか。

　フリント家の人びとは、ウィリアムがサンズ氏から逃げ出したと聞いたとき、そのニュースに大いに満足してほくそえんだ。フリント夫人はいつものキリスト教徒らしい感情を吐露して、次のように言った。「それは結構ね。わたしとしては、サンズ氏が二度とウィリアムを取り戻さないよう期待するわ。人間はみな、自分のしたことの当然の報いを受ける必要があるのよ。リンダの子供たちが、きっとこの償いをしなければならなくなるだろうね。彼らがまた奴隷商人の手に渡るのが見られたら、わたしはうれしいよ。あのチビ黒どもが通りをうろちょろするのを見るのは、もううんざりだから」

第27章 子供たちの新しい行き先

フリント夫人は、私の子供たちの父親が誰であるかを、サンズ夫人に知らせるつもりだと公言していた。その上、私がどんなにずる賢い性悪な女であるかということや、私が彼女の家族に多大な迷惑をかけたこと、さらにはサンズ氏が北部に行っていたとき、私が変装して彼の後を追っていき、ウィリアムに逃亡するよう働きかけたのは間違いないということなども、話すつもりだと言っていた。彼女がこんなことを考えたのには、それなりの理由があった。というのも、私は折に触れて手紙を出していたが、それらを北部のさまざまな場所から投函していたからである。ほとんどの手紙は、私の期待通りにフリント先生の手に届いた。彼は私がたくさんの場所を移動している、と思い込んだにちがいない。彼は私の子供たちを、いささかも怠りなく監視し続けていた。そうすれば、最終的には私を発見することにつながると考えていたからである。

新たな予期しなかった試練が、私を待ちうけていた。ある日、サンズ夫妻が通りを歩いていたとき、ベニーに出会った。夫人は彼のことが気に入り、思わず叫んだ。「まあ、何てかわいい黒ん坊の子なんでしょう！　誰が所有しているのかしら」

ベニーは質問の答えは聞かなかった。しかし、彼はその見知らぬ婦人に腹を立てて帰ってきた。彼女が自分のことを、黒ん坊と呼んだからである。二、三日後、サンズ氏が私の祖母を訪ねてきて、子供たちを彼の家に連れてきてくれと頼んだ。彼は子供たちと自分との関係を妻に伝え、子供たちに母親がいないと話したところ、彼女が子供たちに会いたがっているというのだった。

彼が去ると、祖母は私のところにきて、私にどうするつもりかと尋ねた。その質問は私を愚弄しているように思えた。私にどうすることができただろう？ 彼らはサンズ氏の奴隷であり、彼らの母親は奴隷だった。しかも、彼はその母親を死んでいると説明していた。たぶん彼は私が死んだものと考えていたのだろう。私はあまりに心が傷つき、混乱してしまったので、何の結論も出せなかった。子供たちは私の知らないうちに連れていかれた。

サンズ夫人のところにイリノイ州から妹がきていて、滞在中だった。この婦人には自分の子供がなかったので、[1]エレンのことをとても気に入った彼女は、エレンを養女にして娘のように育てたいと申し出た。サンズ夫人のほうは、ベニーを引き取りたがっていた。祖母がこのことを私に伝えたとき、私は耐えられないほど苦しんだ。子供たちを自由にさせようとして私が辛酸を舐めてきたのは、単にこんなことを手に入れるためだったのだろうか。確かに、この申し出の未来は、明るいように見えた。しかし、奴隷所有者たちが、こういった「親子関係」をいかに軽く受け取っているか、私はよく知っていた。もし金銭上の困難が生じたり、あるいは無理しないと節約できないほどの金額を新妻が必要になったりすれば、私の子供たちは金集めの便利な手段とみなされてしまうだろう。ああ、私はこの奴隷制なるものをまるっきり信用していなかった！ 子供たちがあらゆる正規の法的手続きを済ませて自由を獲得するまで、私には安らぎというものは来ないだろう。

私は自負心がとても強かったので、自分のためにサンズ氏に何かを頼むことはできなかったが、子供たちのためなら懇願することもいとわなかった。私は彼が私と交わした約束を彼に思い出させ、名誉にかけてもそれを実行させようと決心した。そこで、祖母を説得して、彼のところに行ってもらい、次のことを伝えてもらった。つまり、私は死んではいないこと、彼が私にした約束を守るのを心から願っていること、子供たちに関する最近の提案を聞いてはいるが、それを受け入れる気にはなれないこと、彼は子供たちを自由にすると約束したが、今がその約束を果たすべきときだということなどである。こうして自分が近くにいるのを明かしてしまうことには、危険が伴うのは分かっていたが、母親が自分の子供のために何かをせずにいるということがあるだろうか。彼は驚きながら伝言を聞くと、次のように言った。「子供たちは自由の身だ。彼らが奴隷だなんて言うつもりは、これっぽっちもない。彼らの今後のことは、リンダが決めることだ。ただ、私の考えを言えば、彼らを北部にやったほうがいいと思う。ここでは、彼らは本当に安全とは言えない。医者のフリント氏は、子供たちがまだ自分の支配下にあると吹聴している。彼の言い分では、子供たちは彼の娘の所有物で、彼らが売られたとき、彼女はまだ成人に達していなかったから、売買契約には法的拘束力はないというのだ」

そうなのか、結局、私が子供たちのためにありとあらゆるものを耐えてきたというのに、私の哀れな子供たちは、なお老いた私の主人と彼らの新しい主人という二つの業火のただ中におかれていたのか！　しかも、私は無力だった。私には、祈念し頼るべき法の力もなかった。サンズ氏はロングアイランドのブルックリンに引っ越した彼の親戚のところに、さしあたってエレンを行かせたらどうかと提案してくれた。[2]　彼女を十分に世話し、学校に行かせるということも約束された。私は彼女のために自分ができる最善の取り決めとして、これに同意した。もちろん、祖母が取り決めの当事者として表立って行動し、サンズ夫人はこのことで祖母以外の人間の存在を何も知らなかった。サンズ夫人の提案は、エレンを自分たちと一緒にワシントンに連れていき、友達を付けてブルックリンに行かせられる好機がくるまで、彼女を自分たちの許に置いておこうというものだった。彼女には、すでに女の赤ん坊がいた。(3)乳母がその子を抱いて通り過ぎていったとき、私はその姿をちらっと見かけたことがあった。子供の女奴隷が自由の身に生まれた自分の妹の世話をするという絵柄は、私には気持ちのよいものではなかった。だが、他にどうしようもなかった。エレンは旅に行く心構えをさせられた。こんなに幼い子供を、ただ一人、見知らぬ人びとのあいだに送り出すというのは、私にはとてつもない試練だった！　人生の荒波から彼女を守る母の愛もなく、またほとんど母の記憶すら持っていないというのに！　子供が親に対して抱く自然の情愛を、彼女やベニーが私に抱いてくれているのかどうか、私には確信が持てなかった。私は心の中でこの娘に二度と会うことはないだろうと思案し、彼女が行く前に私を見せておいて、彼女が私の姿形を記憶の中に留めておいてほしいと強く願った。彼女を私の穴倉に連れてきてもらうのは、私には残酷なことに思われた。奴隷制が自分の母親を追い込んだ惨めな隠れ家など目にしなくても、母親がその犠牲者だと知るだけで、幼い心には十分悲しいことだった。私は使われていない部屋のどこかで、最後の夜を幼い娘と一緒に過ごさせてほしいと頼んだ。こんな幼い子供に危険な秘密を打ち明ける気になるなんて、私は気が狂ったのではないか、と彼らは考えた。それに対して私が彼らに言ったことは、彼女の性格をずっと注意深く見守り続けてきて、彼女が私の秘密を漏らすことはないと確信しているし、私は是が非でも彼女と会うつもりでおり、たとえ彼らがそれをお膳立てしてくれなくとも、自分で何とかするつもりだということだった。彼らはこれがいかに軽率かと諌めたが、私の意志を変えられないと見てとると、私の頼みを承諾した。私は落とし戸から物置へと下り、叔父が門を見張っていてくれたあいだに、ポーチを通って階段を上り、以前私が使っていた二階の部屋に入った。最後にこの部屋を見てから、五年以上の歳月が経っていた。どんなにさまざまな思い出が押し寄せてきたことか！　私の女主人が私を彼女の家から追い出したとき、私が身を寄せたのはここだった。ここに、年老いた私の暴君がやってきて、私を嘲り辱め罵った。私が子供たちを初めて腕に抱いたのも、ここだった。ここで私は、日毎に深まり、日毎に辛くなっていく愛情を胸に、彼らを見守り続けていた。私が苦悶する心を抱いて神の前でひざまずき、自分の犯した過ちの許しを請うたのもここだった。そのすべてが、いかにありありと蘇ってきたことか！　そうした長くて陰鬱な時期を経て、いまここに私はまるで亡霊のようにして立っていた！

　こうした物思いに耽っていたとき、階段に足音が聞こえた。ドアが開き、叔父のフィリップがエレンの手を引いて入ってきた。私は両手で彼女を抱き、「エレン、大事なエレン、私がお前の母さんだよ」と言った。彼女はちょっとたじろいだが、じっと私を見た。そして、心地よい信頼の念を示して、私の頬に自分の頬を寄せた。私は長いあいだ荒涼としていた自分の胸に、彼女を抱きしめた。最初に口を開いたのは、彼女だった。彼女は頭を上げると、いぶかるように聞いた。「あなたは本当にあたしの母さんなの？」　本当にそうだよ、彼女と会えなかった間じゅうもずっと心から愛していたし、彼女が遠くへ行こうとしている今、私のことを覚えていてくれるように、彼女に会って話しておきたいと思ったのだ、と私は彼女に言った。彼女は声を湿らせながら、言った。「会いにきてくれてうれしいわ。でも、どうして前にきてくれなかったの？　ベニーもあたしもとても会いたかったのに！　ベニーは母さんのことを覚えていて、ときどき話してくれるの。フリント先生が母さんを連れにいったとき、どうして家に戻らなかったの？」

　私は答えた。「前には戻れなかったのよ、エレン。でも今はお前と一緒にいられるの。ところで、どうなの、お前は遠くへ行きたいの？」彼女は泣きながら、言った。「分からない。おばあちゃんは、泣いちゃいけないって言っている。だって、あたしは素敵なところへ行くことになっていて、そこでなら読み書きを習えて、そのうちおばあちゃんに手紙を書くことができるんですって。でも、ベニーやおばあちゃんやフィリップおじちゃんや、そのほかあたしをかわいがってくれる人は誰もいないの。母さんはあたしと一緒に来ることができないの？　お願い、一緒に来て、大事な母さん！」

　私は彼女に、今は行けないが、いつかそのうち彼女の所に行くつもりだ、そうしたら彼女とベニーと私の三人で一緒に幸せな生活を送ろうと言った。彼女はいま私をベニーに会わせたいから、走っていって彼を連れてきたいと言った。私は彼女に、彼もすぐフィリップ叔父さんと一緒に北部へ行くことになっているから、行く前に彼に会いにくるつもりだと言った。今晩ずっとここにいて一緒に寝てほしいか、と私は彼女に聞いてみた。「ええ、もちろんよ」と彼女は答えた。それから、叔父のほうを向くと、彼女は頼み込むようにして言った。「一緒にいてもいいでしょう？　お願い、おじちゃん！　この人は、あたしの母さんなんだから」。　彼は彼女の頭に手を置くと、厳しい表情で言った。「エレン、このことは、絶対に誰にも話さないとお前がおばあちゃんに約束した秘密だよ。もしお前が誰かに話したりしたら、お前はおばあちゃんに二度と会えなくなるし、お前の母さんもブルックリンには行けなくなるよ」。彼女は答えた。「おじちゃん、あたしは絶対に話さないよ」。彼は彼女に私と一緒にいてもいいと言った。彼がいなくなったとき、私は彼女を腕の中に抱き、自分が奴隷として追われているということ、だから彼女は私に会ったことを話してはいけないんだと言った。私は彼女に、いい子でいて、これから行く所でみんなの気に入られるようにすれば、神様が彼女に友達をいっぱい授けてくださるだろう、と言い聞かせた。私は彼女に、祈ること、かわいそうな彼女の母親のためにいつも祈ることを忘れなければ、神様は私たちがまた会うことを許してくださるだろうと言った。彼女は泣いた。私は彼女の涙を抑えようという気になれなかった。多分、彼女が母親の胸で涙を流す機会は、もう二度とこないだろう。一晩中彼女は私の腕の中に身を預けていた。私には眠ろうという気は少しも起こらなかった。その時の一瞬一瞬が限りなく貴く、僅かな時間も失いたくなかった。一度、彼女が眠っていると思って額にやさしくキスすると、彼女は「母さん、あたし眠っていないよ」と言った。

夜明け前に、彼らは私を穴倉へと連れ戻しにやってきた。最後にもう一度エレンを見ようと、私は窓のカーテンを引いた。月の光が彼女の顔を照らした。何年も前、私が逃亡したあのみじめな夜と同じように、私は彼女の上にかがみ込んだ。そして、震える胸に彼女を抱きしめた。涙が彼女の頬を流れ落ちた。幼い子供が流すには悲しすぎる涙だった。彼女が最後のキスをし、私の耳に囁いた。「母さん、あたし絶対に話さないよ」。彼女は決して話さなかった。

私は自分の住み家に戻ると、寝床に身を投げ出し、暗闇の中で泣いた。心臓が張り裂けそうだった。エレンの出発の時刻が近づくと、近所の人びとや友人たちが、彼女に向かって次のように言うのが聞こえてきた。「さようならエレン。かわいそうな母さんが、お前を探し出してくれるといいね。母さんに会えたら、お前はうれしいだろうね！」彼女は答えた。「ええ、そうよ、おばちゃん」。彼女らはその幼い心に押しかぶさる重大な秘密のことなど、夢想だにしていなかった。彼女はやさしい子供だったが、自分の好きな人以外には生まれつきとても内気だったので、彼女に関して秘密が漏れる心配はないと安心していた。私は奴隷の母親にしか分からない思いで、彼女の背後で門の閉まる音を聞いていた。その日は一日、悲しい思いに閉ざされていた。ときどき私は、娘に対する権利のすべてを放棄して、サンズ夫人の妹の養女にすべく、彼女をイリノイに行かせなかったことは、自分勝手すぎたのではないかと気になった。そうさせないよう私に決心をさせたものは、私の奴隷としての経験だった。彼女が元の状態に戻るような事態が起こるのを、恐れたのだ。私の見込みでは、私自身がニューヨークへ行けるものと確信していた。そうなれば、彼女を見守り、ある程度は彼女を保護することもできるはずだった。

フリント先生の家族は、エレンが旅立った後になって初めて、どんなことが取り決められていたのかを知った。その事態の展開は、彼らをひどく立腹させた。フリント夫人はサンズ夫人の妹を訪ねて、このことについて問いただした。(4) サンズ氏がこの「チビ黒ども」を自分の子供として認知したことを引き合いに出しながら、彼が自分の妻と自分の品性に対して示した配慮に関連して、彼女はまことに好き勝手なご託を並べ立てた。また、エレンを遠くへやってしまったことについても、それは彼が彼女の居間にきて、家具を一つ持ち出すに等しい盗みのようなものだと明言した。自分の娘は成年として売買証書に署名したわけではないので、子供たちはまだ娘の所有物だし、彼女が成年に達するか結婚した暁には、彼女はどこででも彼らを捕まえて自分のものにすることができるのだと言った。

子供の頃、遺言によって私を譲り受けたエミリー・フリント嬢は、このとき十六歳だった。[5] 彼女の母親は、このエミリー嬢や彼女の未来の夫が私の子供たちを盗むことは当然の権利であり、名誉にかなうことだと考えていた。しかし、サンズ氏のように、親として自分の子供を買い取った後、どうやって人が社会の表舞台で昂然と頭を上げてやっていけるのかというようなことになると、彼女は理解しなかった。フリント先生のほうは、ほとんど発言らしい発言をしないでいた。彼は自分が黙っていれば、ベニーが遠くへ送られる可能性は少なくなると考えていたのではないだろうか。彼の手に渡った私の手紙の一通は、カナダ発信のものだった。いまや私について、彼はめったに話さなくなっていた。このような状況だったので、私はもっと頻繁に物置に下りていき、そこでまっすぐに立ったり、手足を自由に動かしたりすることができた。

何日も、何週間も、何カ月もが過ぎ去っていった。だが、エレンに関する情報は何も届いてこなかった。私は祖母の名前でブルックリンに手紙を出し、彼女がそちらに着いたかどうかを尋ねてみた。まだ着いていないとの返事だった。私はワシントンにも彼女宛ての手紙を出したが、何の音沙汰もなかった。そこには、故郷にいるエレンの関係者の気遣いに、ある種の同情を寄せてくれるはずの人間が一人いた。しかし、彼が私と結んだような関係の絆は、簡単に壊されガラクタとして捨て去られるようなものでしかない。とはいえ、かつての彼は、哀れな力のない奴隷少女に向かって、いかにも安心感を与えたり、納得できるようなかたちで、語りかけてきたものだった！　私のほうも、彼をどんなに一途に信じていたことか！　でも今は、疑念が私の心を暗く覆った。私の子供は死んでしまったのか、あるいは彼らが私を騙して彼女を売ってしまったのか。

もしたくさんの連邦議会議員が秘密の回想録を出版したとしたら、興味深い事実がいろいろ明らかにされることだろう。私はかつてある連邦議会議員が、奴隷の女性に宛てて出した手紙を見たことがあった。彼女は彼を父親とする六人の子供の母親だった。手紙の中で彼が彼女に言ってよこしたのは、友人たちを連れて行く予定なので、彼の帰宅前にお屋敷から子供たちを連れ出しておくようにということだった。その女性は字が読めなかったので、他の人間に頼んでその手紙を読んでもらわざるをえなかった。この紳士には、混血の子供たちの存在は一向に困らなかったが、彼らの顔立ちが彼とそっくりなのを、友人たちに気づかれるのだけは怖かったのだ。

六カ月が過ぎようとしていた頃、ブルックリンから祖母宛てに一通の手紙が届いた。手紙はその家族の若い女性が書いたもので、エレンの到着を知らせていた。そこには、「あたしはあなたの言ったようにしています。毎日、朝と晩には、あなたのために祈っています」というエレンからの伝言も入っていた。これらの言葉が、私宛てのものだと分かったので、私の気持ちは大いに慰められた。だが、手紙の書き手は、次のような言葉で手紙を締めくくっていた。「エレンは素敵な女の子です。私たちは彼女を自分たちのものにしたいと思っています。私の従兄弟のサンズ氏は、彼女を私の幼い小間使いとして私にくれました。私は彼女を学校に行かせますから、そのうち彼女が自分であなたに手紙を書くようになるでしょう」。この手紙は私を困惑させ、苦しめた。私の子供の父親は、彼女が自活できる年齢に達するまで、彼女をそこに預けただけなのか。それとも、彼は一個の財産として、彼女を自分の従姉妹に与えたのか。もし後者の想像が正しければ、彼の従姉妹はいつでも南部に戻ってきて、エレンを奴隷として所有することが可能である。そんなひどいことが、この私たちに対してなされうるという悲痛な考えを、私は何とかして頭から振り払おうと努力した。私は自分に向かって言ってみた。「どんな人間にもいくらかの正義はあるに違いない」。だが、次に、嘆息とともに思い起こしたのは、奴隷制がいかに人間の自然な感情を歪めてきたかということであった。屈託のない自分の息子の姿を見ることは、私には苦しみだった。彼は自分が自由だと信じていた。その彼を奴隷制のくびきのもとへやることは、私にはとても耐えられることではなかった。奴隷制の力の及ばない安全なところに彼を行かせたいと、私はどれほど望んだことだろう！

第28章 伯母のナンシー

私はこれまでにも、フリント先生の家の奴隷だった伯母のことに触れてきた。先生から恥ずべき性的迫害を受けていたときには、彼女が私の避難場所だった。この伯母は二十歳で結婚をした。といっても、奴隷が結婚をなしうるとしての話だが。彼女は主人夫妻の承諾を得ていたし、牧師に結婚式も執り行ってもらっていた。しかし、それは単に形式にすぎず、法律上はなんの意味もなかった。彼女の主人や女主人は好きなときに、いつでもそれを取り消すことができた。彼女は呼ばれたらすぐ聞こえるということで、フリント夫人の部屋のドアに近い玄関口の床にずっと寝ていた。彼女の結婚が決まったとき、彼女は別棟の小部屋を使ってもよいと言われた。彼女の母親と夫が、その部屋に必要な家具を調えた。夫は船乗りで、家に戻ったときはその部屋で寝ることが許されていたのだ。しかし、結婚式の夜、花嫁は彼女の元の持ち場である玄関口の床で寝るように命じられた。

その当時、フリント夫人にはまだ子供はいなかったが、妊娠中だったので、夜中に水を飲みたくなったようなとき、それを持ってきてくれる奴隷がいなかったら、彼女にどうすることができるだろう？　そんなわけで、伯母が女主人のドアのそばで寝ることを強制されたのだ。だが、ある真夜中のこと、伯母はその持ち場を離れなければならなくなった。早産で自分の子供を死なせてしまったからである。二週間後、フリント夫人の赤ちゃんの世話をするため、伯母はまた玄関口の床のいつもの場所に戻れと言われた。彼女は夏も冬も同じようにその場所で待機させられ、結局合せて六回も早産で自分の子供を死なせてしまった。その間ずっとフリント夫人の子供たちのために、夜の乳母として働かせられていた。一日中働きづめの上に、夜の睡眠がとれなかったので、彼女は完全に身体を壊してしまった。フリント先生も、彼女には生きた子供の出産は不可能だろうと言った。彼らは、これほど役に立つ召使いが死んでいなくなってしまうのを恐れた。そこで、主人一家に病人がいない限りは、彼女に別棟の小部屋で寝ることを許可した。その後彼女はひ弱な赤ん坊を二人産んだが、一人は数日のうちに亡くなり、もう一人も四週間で死んでしまった[1]。死んだ最後の赤ん坊を腕に抱き、じっと悲しみに耐えていたときの彼女を、私はよく覚えている。「この子には生きていてもらいたかった」と彼女は言った。「私の子供たちは、どの子も、神様のご意思で死んでいってしまった。でも、この子たちの小さな魂は天国にいくのだから、私も努力して天国で彼らに会えるようにしよう」

　伯母のナンシーは、フリント家の家政婦であり小間使いだった。まさに、彼女はこの家のすべてを受け持つ雑用係といってよく、彼女がいなくては何事も始まらなかった。彼女は私の母と双子のようにとても気の合った姉妹で、できる限り親のいない私たちの母代わりになってくれた。私が元の主人の家に住んでいたとき、私はいつも彼女と一緒に寝ていた。二人のあいだの絆はとても強かった。私の身近な人間たちが私に逃亡を思いとどまらせようとしたとき、彼女はいつも私を励ましてくれた。身近な人間たちが、逃亡の可能性はないのだから、戻って主人の許しを請うほうがいいと考えたとき、彼女は決して屈してはならないと伝言してきた。彼女の言い分では、私が我慢をすれば子供たちの自由を勝ち取れるかもしれないし、たとえその最中で私が倒れたとしても、私の人生を台無しにした同じ迫害に子供たちを呻吟させておくよりもずっといい、というのだった。私が暗い独房に閉じ込められてからは、できるときはいつでもそっと抜け出してきて、情報を知らせたり、何か楽しくなるようなことを言ってくれたりした。壁の割れ目ごしに囁きかける彼女の慰めの言葉を聞いて、何度私はひざまずいたことだろう！「私はもう年寄りだから、長く生きていられるわけがない」と彼女はよく言っていた。「でも、お前と子供たちの自由が見られれば、心安らかに死ねるよ。リンダ、私がお祈りをするように、お前も神様にお祈りをして、この暗闇から導き出してもらいなさい」。私のほうは、私のことで気をもむのはもうやめにしてほしいと、いつも彼女に頼んでいた。遅かれ早かれどんな苦しみにも終わりがくるし、私が鎖に繋がれていようが自由の身であろうが、私の人生の慰めであったやさしい身内として、彼女のことをいつも思い出すはずだから、というのが私の言い分だった。しかし、彼女からの一言は、どんなときにも私に力を与えてくれた。私だけではなかった。家族中のみんなが彼女の判断を頼りにし、彼女の助言に導かれていた。

私の祖母が突然、この唯一残った娘の病床に来るよう呼ばれたとき、私の独房暮らしは六年目に入っていた。伯母のナンシーは重い病気にかかっていて、死に瀕していた。祖母はこの数年間、フリント先生の家の中に入ったことはなかった。彼らは彼女を残酷に扱ってきたが、祖母のほうは最早そうしたことは何も考慮しなかった。自分の子供の臨終に立ち会う許可を与えてくれたことに、感謝していた。彼女と伯母は、常にお互いをいたわり合って生きてきた。そして今、二人は自分たちの心に重くのしかかる秘密について語りたいと望みながら、お互いの目をじっと見つめて座っていた。伯母はすっかり全身が麻痺してしまい、たった二日間しか生きていられなかった。とりわけ最後の日は、口もきけなかった。ものを言う力がなくなる前に、彼女が自分の母親に向かって言ったことは、話しかけることができなくなっても悲しまないでほしいということであり、また自分は大丈夫だと祖母に知らせるために手を上げてみせるということだった。死にゆく女性が傍らにひざまずく年老いた母親に、必死で笑顔を見せようとしている姿を見て、冷酷無比な先生の心も多少は和らいだ。彼女は常に忠実な召使いだったし、彼女の代わりは見つけようがないだろう、そう彼は言った。その言葉を口にしたとき、彼の目は一瞬潤んでいた。フリント夫人は非常な衝撃を受け、寝込んでしまった。祖母が伯母の亡骸《なきがら》のそばに一人で座っていると、先生が一番下の息子[2]を連れて入ってきた。その息子は伯母ナンシーの大のお気に入りで、彼も彼女にとてもなついていた。「マーサ」と先生は言った。「ナンシーはこの子をとても可愛がってくれた。この子がお前のところに行ったら、彼女のよしみでこの子にやさしくしてやってくれ」。彼女は答えた。「フリント先生、あんたの奥様はわたしが自分の乳で育てた、かわいそうなナンシーの乳姉妹なんだよ。そういう奥様の子供に対して、わたしが感じるのは良かれと思う気持ちだけで、それ以外の気持ちなんてこれっぽっちもありゃしない。もしあると思うなら、それはあんたがわたしのことをあまりに知らないからさ」

「過去のいきさつは水に流したいと思うし、わしらもそれにとらわれたくない」と彼は言った。「リンダが彼女の伯母の代わりになってくれればいいと思うよ。わしらにとっては、彼女は金に代えられない価値があるからね。マーサ、わしはお前のためにも、それを望んでいるんだ。ナンシーがいなくなってしまった今、リンダは年老いたお前の大きな慰めとなるからね」

先生は自分が祖母の弱味に付け入っているのが分かっていた。悲しみにほとんど喉を詰まらせながら、祖母は答えた。「リンダを逃げるはめに追いやったのはわたしじゃない。孫たちも皆いなくなってしまった。九人いた子供のうち残っているのは、たった一人だけだ[3]。ああ、神様！」

私にとって、このやさしい身内の死は、言葉に言い尽くせないほどの悲しみだった。私には、彼女の死が緩慢な殺人だということが分かっていた。私のこうむった苦労が、その殺人の仕上げをすることになったのだ、と私は感じた。彼女が病気だと聞かされて以降、私はお屋敷からもたらされる情報に注意して耳傾けていた。自分が彼女のところに行けないという思いが、私をとてもみじめにした。ついに、叔父のフィリップが家に帰ってきたとき、誰かが「彼女の具合はどう？」と聞いたのに対して、彼が「彼女は死んだ」と答えたのが聞こえてきた。私の小さな独房がぐるぐる回りだしたかと思ったとたん、それ以上何も分からなくなった。気がついて目を開けると、叔父のフィリップが私の身体の上にかがみ込んでいた。何も尋ねる必要はなかった。彼は静かに言った。「リンダ、彼女の死は安らかだったよ」。私は泣くことができなかった。私の視線が一点に固定したまま、動かなくなったのを見て彼は気をもんだ。「そんな顔つきをするな」と彼は言った。「かわいそうなおばあさんに、これ以上の心配をかけてはだめだ。彼女がどれだけのことに耐えなきゃならないか、それを考えろ。俺たち皆が、できるだけ彼女を慰めていかなくちゃいけないんだ、それを忘れるな」。ああ、そうだった、あのかわいそうな老いた祖母がいた。彼女は七十三年間というもの、奴隷の母として、押し寄せる人生の荒波に耐えてきた。慰めが本当に必要だったのは、彼女だった！

フリント夫人は明らかに良心の呵責もなく、哀れな自分の乳姉妹を子供のない状態にしてしまった。

また、残酷な身勝手さから、休息も切れ切れにしか取らせずに、絶え間なく無報酬で何年間も働かせて、伯母の健康を破壊してしまった。ところが、今の彼女はとても感傷的になっていた。老いて疲れきった自分の召使いの遺体を自分の間近に埋葬すれば、奴隷所有者と奴隷のあいだに存在した愛の美しい証になると彼女は考えたのだろう。彼女は牧師を迎えにやり、ナンシーおばを先生のところの家族墓地に埋葬することに、何か異論があるかどうかと問いただした。これまで黒人が白人の墓地に埋葬された例はなかった。また、牧師はわが家の死者の全員が、古い奴隷墓地にまとまって葬られていることを知っていた。そこで、彼は次のように答えた。「あなたの求めに応じたいのはやまやまですが、ナンシーおばの遺体をどこに埋葬するかということについては、彼女の母親にも意見があるかもしれませんね」

フリント夫人は、奴隷に何らかの感情がありうるなどとは思ってみたこともなかった。意見を聞かれて祖母は即座に、他の家族のみんなと一緒にナンシーを埋葬してほしい、そこには自分の老いた身体も埋葬されるはずだ、と答えた。フリント夫人は寛大な態度を見せて、祖母の願いを受け入れた。しかし、ナンシーが自分から遠いところに埋葬されるのは、辛いことだというようなことを口にした。これに続けて、彼女は悲愴な調子で、さらに次のように付け加えたかったのかもしれない。「私は長いこと彼女を手近において寝てきているからね、玄関口の床に横たわる彼女をね」

叔父のフィリップは、姉の埋葬費用はすべて自分が負担したいと申し出た。奴隷所有者たちはいつでもそうした申し出を、奴隷とその親族に対する恩顧として喜んで受け入れた。葬儀の手筈は簡素だったが、まったく申し分なかった。彼女は安息日に埋葬され、フリント夫人の牧師が弔いの礼拝を行った。奴隷や自由黒人も含めて大勢の黒人たちが葬儀に参列した。その中には、私たち家族に常に親切だった何人かの白人も混ざっていた。フリント先生の馬車も葬列の中にあった。遺体がつつましい永眠の場に納められたとき、フリント夫人は一滴の涙を流して、馬車へ戻っていった。たぶん、見事に自分の義務を果たしたと考えていただろう。

　奴隷たちはこれをものすごく立派な葬儀だと語り合った。北部の旅行者がその場に通り合わせたら、身分の低い死者に対するこの敬意の証を「家父長制」の麗しい特徴、つまり奴隷所有者とその召使いとのあいだで交わされた愛の感動的な証拠として描写したかもしれない。心やさしいフリント夫人は、目にハンカチをあててその印象の総仕上げをしたかもしれない。私たちだったなら、その北部の旅行者にもうひとつの物語を語ることができる。もし彼らが黒人に共感する心を少しでも持っていれば、彼らの琴線に触れるような一連の無法や苦悩の話をすることができただろう。貧しい年老いた奴隷の母が、年がら年中こつこつと働き続けて八百ドルを稼ぎだし、息子フィリップの労働の報酬に対する彼自身の権利をいかに買い取ったかという経緯を、彼らに語ることができただろう。北部の旅行者が主人を大いに誉め称えるもととなった葬儀にしても、かのフィリップがその費用をどんなふうに支払ったかを、彼らに語ることができただろう。さらにまた、死者となった身内の顔を見ようと外出すれば、たちまちその身に加えられるはずの苦痛を避けるべく、何年間も生きながらの墓に閉じ込められているかわいそうにも希望のない若い女のことも、彼らに語ることができただろう。

　家族が墓地から帰ってくるのを待ちながら、覗き穴のそばに座っていたとき、私はこういったことのすべてや、さらにもっといろいろなことを考えていた。時には涙を流したり、あるいは眠り込んだりしながら、死者と生者の織りなす奇妙な夢を見ていた。

取り残された祖母の悲しみを見るのは、辛いことだった。彼女は常に力強く耐えてきたし、今もこれまで同様、敬虔な信仰心が彼女を支えていた。しかし、彼女の不幸な人生はさらに不幸なものとなり、年齢と苦悩がしわくちゃの顔に深い痕跡を印し続けていた。彼女には私を落とし戸のところに来させるのに、こつこつと叩いて合図を送る四つの異なった場所があった。それぞれの場所に、それぞれの意味があった。今や彼女は以前より頻繁にやってきて、皺の刻まれた頬に涙を流しながら、私に向かって死んだ娘のことを語った。私は精いっぱい彼女を慰める言葉を口にしたが、彼女を助けることができるどころか、私自身が絶えざる心配と苦悩の種であると思うと、それが悲しかった。貧しい老いた背中は、その重荷に耐えるようにできていた。それは重荷で折れ曲がったが、決してぽきりと折れてしまうことはなかった。

第29章 脱出の準備

光も空気もほとんどなく、手足を動かす余裕すらないあの小さな暗い穴倉で、私がほぼ七年間[1]も暮らしていたと言ったら、読者の皆さんはどこまで私を信じてくれるでしょうか。でも、それは真実なのです。私にとっては、今でも、辛い真実です。というのは、精神はいうまでもなく、私の身体はまだあの長い監禁生活の後遺症に悩まされているのですから。今はニューヨークとボストンに住んでいる私の家族の者たちが、私の話の真実性を立証することができるはずです。

数え切れないほどの夜々、またたく星がひとつちらっと見えるだけの小さな覗き穴のそばで、私は深更まで座って過ごしていた。警邏隊や奴隷狩りたちが、逃亡奴隷を捕まえるために、打ち合わせをしているのを聞いたのも、そこでのことだった。私を捕まえたら彼らがどんなに大喜びするか、私にはよく分かっていた。

季節がめぐり、年が過ぎ去ろうとも、私はたえず「お前たちの母さんはここにいるよ」と呼びかけたい気持ちを抑えながら、穴から子供たちの顔を覗き見し、そのかわいい声に耳傾けているだけだった。ときどき私にはこの陰鬱で単調な生活に入ってから、無限の歳月が流れていったように思われた。あるときは、感覚がなくなって、もうどうでもよくなったりしたし、また別のときには、いつになったらこの陰鬱な日々が終わり、再び太陽の光を感じたり、新鮮な空気を吸えるのかが知りたくて、とてもイライラしたりした。

エレンが私たちのもとを去って以降、この気持ちはどんどん高じていった。サンズ氏は叔父のフィリップが一緒なら、ベニーはいつでも北部に行ってよいと言っていた。私も北部に行き、子供たちの面倒を見たり、できる限り彼らを守ったりしてやりたかった。しかも、これ以上長くここに留まっていると、私は水攻めに遭い、この穴倉から追い出されかねなかった。というのは、手入れ不足で薄い屋根がひどい状態になっていたのだが、誰かに私を見られてはいけないという配慮から、叔父のフィリップは屋根板の修繕ができずにいたからである。夜に大嵐が来たりしたときは、家の人たちはマットやカーペットを屋根に広げてくれたが、朝になってもそれはいかにも屋根に並べて乾してあるように見えた。だが、日中にそうやって屋根を覆っていたら、人目を引いたことだろう。その結果、私の衣類や寝具はしょっちゅうずぶ濡れとなり、痙攣を起こしたり麻痺したりしていた私の手足の苦痛や痛みはますますひどくなっていった。私は頭の中でさまざまな逃亡計画を思いめぐらした。時には、私にそっと声を掛けるため祖母が落とし戸のところにやってきたとき、それを彼女に伝えることもあった。この心やさしい老女は、逃亡者に深い同情を寄せていた。彼女は捕まった人々に対する残虐な行為を、その目でたくさん見てきていた。そんなときはいつでも、一番下の子供で最もかわいがっていた、賢くてハンサムな息子ベンジャミンの苦しみがすぐ思い起こされた。だから、私が逃亡のことに触れると、いつも彼女は苦しそうに言った。「リンダ、どうかそんなことは考えないでおくれ。お前は私の胸をつぶしてしまうよ」。私を励ましてくれたやさしい伯母のナンシーは、もういなかった。だが、弟のウィリアムと子供たちの姿が、絶えず私を北部へと誘っていた。

さてここで私は、この物語を二、三カ月前へと戻さなければならない。一月の元旦というのは奴隷が売られたり、新しい主人に賃貸し雇用されたりする日だというのは、前に語っておいた。もし時が心臓の鼓動数で数えられるとすれば、哀れな奴隷たちは、自由な人間があれほど喜ぶこの祝日の一日を、苦難続きの数年として数えるだろう。私の伯母が死んだ年の元日に、ファニーという名の友人が、主人の借金返済のために競りで売られることになった。その日は一日じゅう彼女のことが私の頭から離れず、夜になって心配のあまり、彼女の運命がどうなったかを尋ねてみた。彼女はある奴隷所有者に売られたが、彼女の四人の幼い娘たちは遠く離れた別の所有者の手に落ちたとのことだった。また、彼女が買い手の許から逃げ出し、まだ見つからずにいるということも、私は聞かされた。彼女の母親は、私が前に触れたことのある老婆アギーだった。彼女の住まいは私の祖母が所有する小さな家で、祖母の家と同じ敷地内に建てられていた。彼女の家は捜索を受け、見張りが立てられた。その結果、警邏隊がすぐ近くまできたので、私は住み家でじっとしていなければならなかった。奴隷狩りのほうは何とか撒《ま》くことができたようだった。その後ほどなくして、ベニーが偶然ファニーの姿を、彼女の母親の家で見かけて、それを祖母に話したところ、祖母は見つかれば恐ろしい結果になることを語り聞かせ、決して口外してはいけないと命じた。彼はその信頼を裏切らなかった。アギーのほうは自分の娘の隠れ場所を、祖母が知っているとは思ってもいなかったし、腰をかがめて歩くこの昔からの隣人が、自分と同じ心配と恐怖の重荷に耐えて身を折り曲げていることも知らなかった。しかし、この危険な秘密が、年老いた二人の虐げられた母親のあいだに、深い共感の念を呼び起こした。

友人ファニーと私は、何週間ものあいだ、呼べば聞こえる程のところに隠れていたわけだが、(2)彼女のほうはそのことに気づいていなかった。私の住み家のほうが彼女の隠れ家より安全に見えたので、私は自分の住み家を彼女と共有したいと思った。しかし、私は祖母に非常な迷惑をかけてきていたので、これ以上の危険を招くようなことを彼女に頼むのは間違いだと感じた。私の落ち着きのなさは、ますます高じていった。私はあまりにも長いあいだ、肉体的苦痛と精神的苦悩の中で暮らしすぎていた。常に、何らかの事故や計略によって、奴隷制が私から子供たちを奪っていくのではないかという不安にかられた。この思いにとりつかれると、私はほとんど半狂乱となり、どんな危険を冒してでも「北極星《ノース・スター》」を目指そうと決心した。(3)そうした危機的な状況のときに、神は予期せぬ逃亡への道を私に開いてくださった。ある晩、友人のピーターが私と話がしたいとやってきた。「リンダ、君の待ち望んでいた日がきたよ」と彼は言った。「君が自由州へ行けるチャンスが見つかったんだ。決心を固めるまで、まだ二週間ある」。あまりにうますぎる話なので、本当とは思えなかった。しかし、ピーターは手続きを説明してくれて、あと必要なのは私が行くと言うことだけだと語った。私は喜んで行くと返事をしようとしたが、そのときベニーのことが頭に浮かんできた。そこで私は彼に向かって、すごく行きたいのだが、私の子供に対してフリント先生が行使すると称している力が怖くて、ベニーを後に残したままでは行けないと言った。ピーターは本気で私の気を変えさせようとした。彼に言わせるとこんないい機会は二度とこないだろう、それにベニーは自由の身なのだから、後から私のところに送り届けることができるし、さらに子供の幸せのために私は一瞬たりとも躊躇すべきでないというのだった。私は叔父のフィリップと相談してみると彼に伝えた。叔父はその計画を聞いて喜び、なんとしてでも行くようにと私に言った。彼はもし自分が生きてさえいれば、私が安全な場所に着き次第、ベニーを私の元に連れていくか、あるいは送り届けさせると約束してくれた。私は行く決心をしたが、祖母には出発直前まで何も知らせないほうがいいと思った。しかし、叔父の考えでは、もし私があまりにも唐突に立ち去って行ったら、祖母はずっと辛い思いをすることになるというのであった。「おれが母さんと話し合ってみるよ」と彼は言った。「お前のためだけでなく、母さんのためにも、こうすることが必要なんだって説得するよ。母さんが重荷に耐えかねて、どんどん弱ってきているのをお前も気づいているはずだ」。私はそのことに気づいていた。私の隠れ潜んでいるのが絶えざる不安の種で、また年を取るにつれて、私の見つかるのがますます怖くてたまらなくなっているということを私は知っていた。叔父は祖母と話し合った。結局、思いがけず与えられたこの機会を逃さないことが、私にとって絶対に必要だと言って祖母を説得することに成功した。

　自由な身の女になれるという期待は、衰弱しきった私には、ほとんど荷がかちすぎていた。私は喜んで興奮する一方で、うろたえもした。私は自分自身の旅支度と、また私のあとを追う息子のための準備にいそしんだ。行く前に息子と会って、いろいろな注意や助言を与えたり、北部で彼のくるのを大いに期待しながら待ち受けていると伝えようと決心した。祖母はできるだけ機会を作るとそっと上ってきて、小声でさまざまな相談事を私にもちかけた。彼女は自由州に着いたらすぐフリント先生に手紙を書き、私を祖母に売ってくれるよう頼みなさいと何度も念を押した。彼女は世界のどこであれ私が子供たちと一緒に無事にいられるのなら、彼女の家とこの世で持っているすべてを投げ出してもかまわないと言った。そのことさえ分かれば、彼女は心安らかに死ねるというのだ。私はこの大事な、老いた信頼のおける身近な人間に、着いたらすぐに手紙を書き、無事に届く方法で投函すると約束した。だが、心中では、強欲な奴隷所有者たちが自分たちの財産と呼んでいるものを購うために、彼女が苦労して稼いだ金からこれ以上一セントたりとも使わせるものかと思っていた。仮に、自分が所有権をすでに持っているものを買う気などないとまでは言わずとも、自分の年老いた身内が死に瀕して震えているときに、彼女をその家や家族から切り離すといった犠牲を払わせてまで、その寛大な申し出を受け入れることなど私には人間の当然の気持ちとしてできなかった。

私は船で逃げることになっていたが、その詳細に関してはここで触れるつもりはない。私の準備はできていたのだが、思いもかけず船が数日間引き止めをくらってしまった。その間に、ジェームズという名の逃亡奴隷が、最も恐ろしい方法で殺害されたという知らせが町に届いた。この不運な若者の母親チャリティは、私たちの昔からの知り合いだった。近隣の奴隷所有者たちを描写した章〔第9章〕で、私は彼の死の衝撃的な詳細については語っておいた。今の逃亡計画を断念しなければ、同じ運命が私を待ち受けていると彼女は信じ込んだ。彼女は泣き喚いて、私に行かないでくれと頼んだ。彼女の極端な恐怖心は私にもいくらか伝染し、彼女の極度の苦悩を無視する気になれなくなっていった。私はとても残念だったが、計画を諦めると約束した。

友人のピーターにこのことを告げると、彼はがっかりすると同時にいらだった。彼の言うには、私たちのこれまでの経緯からいって、これほどの機会を一度無駄にしてしまえば、すぐにはそんな機会は得られないとのことだった。私は機会を無駄にする必要はない、すぐ手近にもう一人隠れ潜んでいる友人がおり、彼女は喜んで私の代わりをするはずだと言った。そして、かわいそうなファニーのことを彼に話した。白人であれ黒人であれ、困っている人を見捨てたことのない親切で男気のあるピーターは、彼女を助けることを快く承諾した。アギーは私たちが彼女の秘密を知っていることにとても驚いたが、ファニーに訪れた幸運のことを聞くと喜んだ。ファニーの乗船は、翌日の夜にしようという相談がまとまった。アギーとファニーの二人は私がずっと北部にいると思っていたので、打ち合わせの最中に私の名前が出されることはなかった。ファニーは指定された時間に船に乗せられ、とても小さな船室の中に隠された。この船室の値段は、英国までの船旅ができる程の金額だった。もしある人に素敵な英国旅行を誘われたりした場合、人びとは立ち止まって、自分にその旅行の費用が工面できるかどうかを計算してみる。ところが、奴隷制から逃れようとして乗船契約を結ぶような場合には、身体をぶるぶる震わせている犠牲者は即座に次のように言う。「有り金すべてを差しあげますから、どうか私のことを裏切らないでください！」

翌朝、覗き穴から見ると、空はどんよりと曇っていた。夜になって、向かい風なので船は出帆しなかったという知らせを受けた。私はファニーのことがとても気がかりだった。また、私に説得されて非常な危険を冒してくれたピーターのことも、とても心配だった。その次の日も、風向きと天候は変わらなかった。哀れなファニーは彼らが船に乗せたとき、恐怖で半分死んだようだった。私には彼女が今どんなに苦しんでいるか、容易に想像できた。祖母は何度か私の住み家にやってくると、私が行かなかったのをどんなに感謝しているかと言った。三日目の朝、彼女はトントンと叩いて私に物置まで下りてくるように合図した。かわいそうな老受難者は、苦しみの重圧に押しつぶされかかっていた。

最近の彼女は、すぐ気持ちがかき乱されるのだった。私には彼女がいらいらと興奮しているのは分かったが、いつもどおりに彼女が後ろ手にドアの鍵をかけるのを忘れていたのには気づかなかった。彼女は船が引き止められているのを、とても心配していた。すべてが発見され、ファニーとピーターと私が拷問を受けて死に、フィリップもひどく痛めつけられ、彼女の家も打ち壊されるのではないかと恐れていた。かわいそうなピーター！　ただ私を助けたいという親切心のためだけに、最近死んだ哀れな奴隷ジェームズのような恐ろしい死に方をするとしたら、それは私たちすべてにとって何と恐ろしいことだろう！　ああ、私自身がよくそうした思いに取りつかれたので、祖母の心配は私の心を鋭い痛みを伴って刺し貫いた。私は自分の不安を抑えて、慰撫するように彼女に話しかけた。彼女は埋葬されたばかりの伯母のナンシー、つまり彼女の大事な娘のことを持ち出してきた。すると、彼女はすっかり自分で自分が制御しきれなくなってしまった。彼女は身体をぶるぶる震わせ、泣きじゃくりながらそこに立っていた。ちょうどそのとき、ポーチから呼びかける声がした。「マーサおば、どこにおるだ？」　祖母はびっくりして、私のことを考えずに慌ててドアを開けた。私があの恩人の家に匿われていたとき、私の部屋へ侵入しようとした厄介者の小間使いジェニーが物置の中に入ってきた。「マーサおば、おらはあんたのことをあちこちずっと探してただ」と彼女は言った。「おらんとこの奥様が、クラッカーを届けてほしいって言っとるだ」。私は身体がすっかり隠れる樽の後ろにすっと入りこんだが、ジェニーがまっすぐ私のほうを見ているような気がして、心臓の鼓動が激しくなった。祖母はすぐ自分のしたことに気づき、必要な数のクラッカーを取りにジェニーと一緒に急いで外へ出ていき、自分の後ろで物置の鍵をかけた。二、三分して、彼女は絶望しきった顔をした私のところへ戻ってきた。「かわいそうなリンダ！」と彼女は大声を出した。「わたしの不注意で、お前の破滅をもたらしてしまった。でも、船はまだ出ていない。すぐに支度をして、ファニーと一緒に行っておくれ。もうわたしは反対するようなことは言わない。だって、今日にも何が起こるか分からないからね」

叔父のフィリップに来てもらった。ジェニーのことだから、二十四時間以内にフリント先生へ通報するだろうという祖母の考えに、彼も賛成した。そして、もしできるのだったら、私は船に乗ってもよいが、それが無理なら、家を打ち壊されない限り見つからないのだから、住み家でじっと静かにしているほうがいいと助言した。彼がこの件で動き回るとすぐに疑いを招くことになるから、それは得策でないと言ったが、ピーターに連絡をつけると約束してくれた。私としては、もうすでにあまりにピーターを巻き込みすぎていたので、また彼の世話になるのは気が進まなかった。だが、それ以外の方法はなかった。ピーターは私の優柔不断さにいらだっていたが、寛大な性格に違わず、私が今度は強さを発揮すると信じて、私を助けるために最善を尽くすと、直ちに言ってくれた。

彼はすぐに波止場に出かけて行った。風向きが変わっていて、船はゆっくりと川下に向かって進んでいた。急用という口実をもうけて、二人の船頭に一ドルずつ渡し、船を追いかけてもらった。彼は自分の雇った船頭たちより肌の色が白かった。彼らが大急ぎでやってくるのを目にした船長は、自分の乗船させた逃亡奴隷を捕らえに官憲が追いかけてきたと思い、帆を上げてスピードを出そうとしたが、ボートは彼らに追いつき、疲れを知らないピーターが船に飛び乗った。

船長はすぐに彼がピーターだと分かった。ピーターのほうは、自分が彼に渡してしまった間違った勘定書のことで説明をしたいので、船倉に下りるよう頼んだ。彼が用件を切り出すと、船長は答えた。

「おい、おい、女はもう船に乗ってるぜ。あんたでも悪魔でも、そう簡単に探せないところに隠してあるんだ」

「だけど、俺がここへ連れてきたいのは、別の女性だ」とピーターは言った。「彼女も非常に困っているんだ。あんたが船を停めて彼女を乗せてくれたら、無理のない範囲で言われたとおりに払うよ」

「その女の名前は何て言うんだ？」と船長が聞いた。

「リンダだ」と彼は答えた。

「それはここにいる女の名前だ」と船長が言い返した。「何てことだ！　あんたはおれを騙すつもりだな」

「違うんだ！」とピーターが叫んだ。「俺があんたの髪の毛一本だって傷つけるつもりのないことは、神様だってご存知だ。あんたには大いに感謝しているよ。だが、もう一人本当に危険な女性がいるんだ。頼むから、船を停めて彼女を乗せてやってくれ！」

しばらくして、彼ら二人は合意した。私がこの辺りのどこかにいるなんて夢想だにしていなかったファニーは、私の名前を使って私になりすましていた。しかし、彼女は自らをリンダ・ジョンソンと呼んでいた。「リンダっていうのはよくある名前なんだ」とピーターは言った。「俺がここへ連れてきたい女性のほうは、リンダ・ブレントっていうんだ」

船長は船が遅れる分の金をたっぷり支払われたので、夕方までである場所で待つことを承諾した。

もちろんその日は、私たち皆にとって不安きわまりない一日だった。しかし、議論の結果、もしジェニーが私を見たとしても、彼女は賢明にもそれを女主人には伝えないだろうし、あの家の習慣を熟知している私の目から見て、彼女は夕方までフリント先生の家族と会う機会を持てないだろうとの結論に達した。その後、何も起こらなかったことや、彼女は三十枚の銀貨のためなら、苦しんでいる仲間を裏切るようなさもしい根性の持ち主だった[4]ということから推して、彼女は私を見ていなかったのだと思った。

私が船に乗り込む手筈は、暗くなったらすぐということに決まった。私は出発までの時間を、息子と一緒に過ごそうと決めた。同じ屋根の下にいて、そしてまた、覗き穴のそばに座って見ていられるほど調子がよいときは毎日姿を拝んでいたとは言うものの、私はこの七年間、彼と話をしたことがなかった。物置より先に行く勇気がなかったので、息子をそこまで連れてきてもらった。ポーチ側のドアから見えない場所で二人を引き合わせた後、彼らは鍵をかけた。双方がすっかり興奮した面会だった。私たちはしばらくのあいだ話をしたり、泣いたりしていた。それから、彼が言った。「母さん、僕は母さんが遠くへ行くことになって、うれしいよ。僕も一緒に行けたらいいんだけどね。僕はね、母さんがここにいるっていうのを、前から知ってたんだ。だから、あいつらが母さんを捕まえにくるかもしれないと思って、ずっととても怖かったんだ!」

私は大いに驚き、なぜ私のいるのが分かったのかと尋ねた。

彼は答えた。「エレンが行ってしまう前のことだったけど、ある日、僕は軒下に立っていたんだ。そうしたら、誰かが薪小屋の上で咳をするのが聞こえてきた。どうしてだか分からないけど、僕はそれが母さんだと思ったんだ。また、エレンが遠くへ行く前の晩、僕は彼女がいなくなったのに気づいたよ。夜中に、おばあちゃんが彼女を部屋に連れ帰ってきた。彼女は多分母さんに会いに行ってたんだと僕は思った。だって、おばあちゃんが『さあ、行っておやすみ。誰にも言っちゃいけないよ』って、小声で言うのが聞こえてきたからね」

気づいていたのを妹に伝えたのか、と私は聞いてみた。彼は伝えていないと言った。でも咳を聞いてからは、家のそちら側で妹が他の子供たちと一緒に遊んでいるのを見ると、私が咳をするのが彼らに気づかれないよう、必ず彼女をうまく反対側にやるようにしたとも言った。彼はフリント先生をしっかりと見張っていて、先生が治安官や警邏隊員と話しているのを見かけたりすると、必ず祖母に伝えたと言った。そういえば、家のこちら側に人びとがいたとき、明らかに彼が落ち着きなく見えたことや、そのとき彼がどうしてそんなことをするのかが分からず当惑したことなどを思い出した。十二歳の少年がこんな慎重な態度をとるのは意外なことに思えるかもしれないが、奴隷たちは不可解なことやごまかしや危険にさらされているので、幼い頃から疑い深かったり警戒心が強かったり、また年齢に似合わず慎重だったり狡猾だったりするのである。彼は祖母や叔父に一度も質問をしたことはなかった。しかし、他の子供たちが私のことを話題にして私が北部にいると話したりするときは、彼がそれに合わせて相槌を打つのを私は何度も聞いていた。

私が彼に言ったことは、これから本当に自由州に行こうと思っているが、彼がやさしく正直な少年で、大事な年老いた祖母にかわいがられるようにしていれば、神様が彼を祝福して、私のところに連れてきてくださるだろうし、そうしたら私たちはエレンと一緒に生活ができるようになるということだった。彼は祖母が一日じゅうずっと何も食べていないと話し出した。彼が話しているとき、ドアの鍵があいて祖母がお金の入った小さな袋を手にして入ってきた。それを彼女は私に受け取るように言った。私は彼女に、ベニーを北部に送る費用として、少なくともその一部は取っておいてほしいと頼んだ。しかし、彼女はとめどなく涙を流しながら、私に全部を受け取るようにと言い張った。「お前は見知らぬ人びとの間で病気になるかもしれない」と彼女は言った。「そうしたら、お前は救貧院に送られて死ぬはめになるだろう」。ああ、何とやさしい祖母だろう!

これが最後だということで、私は自分の隠れ家へ上がってみた。その惨めな様子は、私をもはや寒々とした気持ちにさせなかった。というのも、希望の光が私の心に射していたからである。だが、自由への明るい見通しが眼前に伸び広がっていたとはいえ、この古いわが家を永久に後にしなければならないかと思うと、とても辛かった。この家で、私は大事な老いた祖母に、これほど長い期間匿ってもらった。この家で、私は初めての愛への若い夢を育み、それが消え去ってからは、子供たちがここにやってきて私の惨めな心にぴったりと絡まりついていてくれたのだった。出発の時間が迫ってきたので、私はまた物置に下りていった。祖母とベニーがそこにいた。彼女は私の手を取ると「リンダ、お祈りをしよう」と言った。息子をしっかりと胸に抱き、もう一方の腕に永久の別れとなるこの誠実でやさしい老いた身内を抱えて、私たちはともにひざまずいた。私の生涯で、このときほど慈悲と保護を求める熱心な祈りに耳傾けたことはなかった。祖母のその祈りは私の心を打ち震わせ、神への信頼の念を呼び覚ました。

ピーターが通りで私を待っていてくれた。肉体的には弱っていたが、目的を達成しようとする強い意志の力を胸に秘め、まもなく私は彼のそばに近寄った。もう二度と見ることはないだろうと思ったが、私は懐かしのわが家を振り返らなかった。[5]

第30章
北に向かう

私たちがどのようにして波止場にたどり着いたのか、私はまったく覚えていない。私の頭はくらくらして、おまけに身体もよろよろだった。指定された場所で私たちは叔父のフィリップに会った。彼は別のルートで先に波止場に来ていて、何か危険があればすぐ私たちに注意することになっていた。手漕ぎボートの用意は、すでに整っていた。私が乗り込もうとしたとき、何かがそっと私を引っ張っているのに気がついた。振り向くと、ベニーが顔を青ざめさせて、不安そうな表情で立っていた。彼は私の耳元で囁いた。「僕はずっとフリント先生んとこの窓を覗いていたんだ。先生は家にいるよ。母さん、さようなら。そんなに泣かないでよ。僕も後から行くんだから」。彼は足早に立ち去っていった。私はとても恩義を感じているやさしい叔父の手と、私の身を守ろうと進んで危険をおかしてくれた勇敢で心の広い友人ピーターの手とを、握り締めた。逃亡の安全な方法を見出したと私に告げたとき、いかに彼の聡明な顔が喜びに輝いたかを、私は今でも覚えている。それにしても、知的で進取の気性に富んだ気高い心のあの人が奴隷だったとは！　文明化されたと自ら称する国の法律によって、あの人が馬や豚と一緒に売られることになっていたのだ！　私たちは黙って別れを告げた。胸がいっぱいで、とても言葉にならなかった！

ボートは水の上をすべるように進んでいった。しばらくすると、一人の水夫が言った。「しょげなくても大丈夫でさあ、奥さん。――にいる旦那のところへは、無事届けてあげますからね」。最初、私は彼が何を言っているのか分からなかった。だが、それは船長があらかじめ彼に話しておいたことと関連しているのだろう、と考える心のゆとりがあった。そこで私は彼に礼を言い、良い天気だといいですね、と言った。

　私が船に乗り移ったとき、船長がわざわざ会いにきてくれた。愛想のよい顔つきの初老の男だった。彼は箱型の小さな船室に私を案内した。そこには友人のファニーが座っていた。彼女のほうは、幽霊に出会ったかのように飛び上がった。完全に驚愕しきって私を見つめていた彼女は、叫んだ。「リンダ、本当にあんたなの、それともあんたの幽霊なの？」　私たちが互いの腕の中でしっかり抱き合ったとき、私は高ぶった自分の感情をもう抑えようがなかった。私の泣き声が船長の耳に入った。彼はやってくると、私たちだけでなく彼自身の安全のためにも人目を引かないよう慎重にしてほしいと、やさしくたしなめた。彼の言うところでは、他の船が見えているときなどは私たちに船倉にいてもらいたいが、そうでないときは私たちが甲板に出てきても構わないとのことだった。彼は十分に警戒しているし、私たちが慎重に行動していれば危険はないと思うと、請け合ってくれた。私たちのことは、――にいる夫に会いにいく女性たちだ、と説明してあるとのことだった。私たちは彼に感謝し、彼の指示をすべて注意深く守ると約束した。

　そこでファニーと私は二人だけになると、小さな船室でそっと小声で話をした。彼女は逃亡にあたって経験した数々の苦難と、母親の家に隠れていたときの恐怖を私に語った。とりわけ彼女がこまごまと語ったのは、あのおぞましい競りの日に子供たち全員と別れたときの苦悩だった。私が七年近くもどんな場所で過ごしていたかを話したとき、彼女はほとんど私を信じようとしなかった。「私たちは同じ悲しみを抱えているのね」と私は言った。「いいや、違うね」と彼女が答えた。「あんたはすぐに子供たちに会えるけど、あたしには自分の子供たちの消息を聞く望みさえないんだよ」

船はすぐに出航したが、進み方はゆっくりしていた。風が逆風だったのだ。私たちが町の見えないところまですでに来ていれば、私も船の進み具合など気にしなかったはずだ。だが、敵とのあいだが何マイルもの海水で隔てられるまで、私たちは治安官が乗船してくるのではないかと気が気でなかった。また、私は船長と乗組員たちにも気を許すことができなかった。私はこうした階層の人びととのことをまったく知らなかったし、水夫というものは気性が荒っぽく、時には残酷だと聞かされていた。私たちは完全に彼らの掌中にあるのだから、もし彼らが悪人だったら、私たちの状況は悲惨なものになっただろう。船長はすでに私たちの船賃を受け取ってしまっている以上[1]、私たちを自分の財産だと主張する人びとに私たちを引き渡して、さらに儲けようという気にならないだろうか。元来、私は人を信じやすい性格だったのだが、奴隷制のためにすべての人を疑うようになっていた。ファニーは私と違って、船長や乗組員への不信の念は持っていなかった。彼女の言うところに従えば、彼女も最初は恐いと思ったが、船が波止場に停泊していた三日間船に乗っていて、彼女を裏切るような人に一人もお目にかからなかったし、不親切な扱いをする人もいなかったとのことである。

まもなく船長がやってきて、私たちに新鮮な空気を吸いにデッキに出たらどうかと言ってくれた。愛想がよくて丁重な彼の接し方は、ファニーの証言とあいまって、私に安心感を与えた。私たちは彼についていった。彼は私たちにくつろいで座れる椅子を進め、ときどき会話に加わってきた。彼は南部の生まれで、人生の大半を奴隷州で過ごしていたうえに、つい最近奴隷商人の兄を亡くしたばかりだと私たちに語った。「それにしても、奴隷の商いというのは、商売としてはあさましいし不名誉です。私はね、兄がそれに関わっているというのを、いつも恥ずかしいと思っていましたよ」と彼は言った。私たちが「蛇の湿地帯」を通過したとき、彼はそこを指差しながら、「あそこにはすべての法律を無視する奴隷地区があるんですよ」と言った。私はそこで過ごした恐ろしい日々のことを考えた。そこは「陰鬱な湿地帯[2]」と呼ばれていたわけではなかったが、そこを目にしたとき私はとても陰鬱な気分になった。

　この夜のことを、私は決して忘れないだろう。香ぐわしい春の空気が、とてもすがすがしかった！　船がチェサピーク湾を快調に進んでいたときの私の気持ちを、一体どう表現したらいいのだろう？　なんと美しい陽光！　さわやかなそよ風！　しかも、私はそれらを恐れたり、遠慮したりすることなく楽しむことができた。空気と太陽の光がどれほどすばらしいものであるか、それらを失ってみるまで私は気づかなかった。

　出航してから十日後、私たちはフィラデルフィアに近づいた。夜にはそこに到着するはずだ、と船長が言った。しかし、彼は疑いを招かない最良の方法として、私たちが朝まで待っていて明るい太陽のもとで上陸したほうがいいと考えた。

　それに対して、私は次のように言った。「ええ、そうでしょうとも。でも、あなたは船に残って、私たちを守ってくださるんでしょうね」

彼は私の疑いを見てとると、旅の目的地まで私たちを運んできたこの段階で、私が彼をあまり信用してないのを知って残念だと言った。ああ、彼が一度でも奴隷の身分であったなら、白人の男を信用するのがいかに難しいかを分かってくれただろう。彼は私たちに、その晩は心配せずにぐっすり眠って大丈夫だ、と保証してくれた。また、私たちが無防備のまま放置されることのないように注意すると請け合ってくれた。この船長の名誉のために言っておくが、彼は南部人だったが、たとえファニーと私が白人女性で、私たちの航海が合法的に契約されたものであったとしても、このとき以上に彼が私たちを丁重に扱うことはできなかっただろう。私の聡明な友人ピーターは、この人がどういう人間であるかを正しく見抜いたうえで、彼の道義心にかけて私たちの身を委ねていたのだ。

　翌朝、私は夜明けとともに甲板に出た。ファニーにも声をかけた。生まれて初めて、自由の土地で私が目にする日の出だった。そのときはそう信じていた。私たちは赤く染まる大空をじっと見つめ、大きな球体がゆっくりと海から上がっていくのを眺めていた。そんなふうに見えたのだ。まもなく、波間がきらきらと光り始め、すべてが美しく真っ赤に輝きわたった。私たちの眼前には、見知らぬ人びとの町が横たわっていた。私たちは顔を見合わせた。二人の目が涙で曇っていた。私たちは奴隷制から逃げ出した。私たちはもう奴隷狩りの手の届かないところにいると思った。しかし、私たちはこの世界で身寄りもなく、大事な絆を故郷に残してきていた。悪魔のような奴隷制が、その絆から私たちを残酷にも切り離していた。

第31章　フィラデルフィアでの出来事

　哀れな奴隷たちには北部に大勢の味方がいる、そう私は聞かされてきた。私は何人かのそういう味方が見出せると信じていた。事実は逆だと分かるまで、さしあたって、私たちがすべての人びとを味方だと思ってしまうのも、あながち無理のない話だ。私は親切な船長を見つけ出し、彼の心遣いに礼を言い、彼が私たちのためにしてくれた尽力に感謝するとともに、それを決して忘れないと言った。それから、故郷に残してきた身近な人びとへの伝言を託すと、彼は必ず届けると約束してくれた。私たちは手漕ぎボートに乗せられ、十五分あまりでフィラデルフィアの木造の波止場に上陸した(1)。私が立って辺りを見回していると、親切な船長が私の肩を叩いて、言った。「あんたの後ろに、立派な風貌をした黒人がいる。ニューヨーク行きの鉄道のことを、彼に聞いてみてあげよう。あんたがニューヨークへ直行したがっているというのも、話しておくよ」。私は彼に礼を言い、手袋とヴェールを買える店に行く道順を教えてほしいと頼んだ。彼は教えてくれた。それから、私が戻ってくるまでに、黒人の男性に話をしておくと言った。私はできるかぎり急いで出かけた。船の上でたえず体操をしていたし、しょっちゅう海水で擦ったりしていたので、手足はほとんど元のように使えた。私は大都会の喧騒にとまどったが、店を探し出し、ファニーと私のために二人分の手袋とヴェールを買った。店員はその値段が何十レヴィ[2]だと言った。私はレヴィという言葉を聞くのは初めてだったが、店員にはそのことは言わなかった。私がよそ者だと知ったら、彼は私がどこから来たかと尋ねると思ったからだ。私は彼に金貨一枚を渡した。彼がお釣りを返してくれたとき、私はそれを数えて一レヴィが十一セントにあたることを知った。私は波止場に戻った。船長が私に黒人の男性をベセル教会の牧師ジェレミア・ダーハム師[3]だと紹介した。牧師はまるで昔からの友人のように私の手を取った。ニューヨーク行きの朝の汽車[4]はもう発ってしまったので、夕方か明日の朝まで待たなければならないと彼は言った。そして、私を自宅に招待するから一緒に来ないかと誘った。彼の妻は私を心から歓迎するだろうし、私の友人のためには、近所の人の家が使えるよう手配すると請け合ってくれた。私は見も知らぬ人間に対するこのような彼の親切に感謝の意を表したが、もし私がフィラデルフィアで待たなければならないのなら、故郷から出て行った昔の知り合いを探し出したいと彼に伝えた。ダーハム氏はまず一緒に食事をして、その後に自分も私の知り合いを探す手助けをすると言い張った。船員たちが私たちに別れを告げにやってきた。私は目に涙をためて、彼らの頑丈な手を握った。彼らはみんな私たちに親切だった。彼らは多分自分では想像すらできないことを、実際上私たちのためにしてくれたのだ。

　私はこれまでこれほどの大都会を見たことがなかった。また、これほど大勢の人と街路で擦れ違ったのも初めてだった。通り過ぎる人たちが、私たちを物珍しそうに見ているような気がした。甲板で風と陽光にさらされて座っていたので、顔は火ぶくれだらけだったし、おまけに皮まで剥けていた。彼らは私がどこの国の人間か、容易には見分けることができなかっただろう。

　ダーハム夫人は私をやさしく受け入れ、何も聞こうとはしなかった。私は疲れきっていたので、彼女の親切な態度がとてもありがたかった。今でも私は彼女のことを祝福せずにはいられない！　私以前にも多くの疲れ切った心の持ち主たちが、彼女によって慰められ、癒されてきたのは間違いない。彼女は法律に守られながら、神聖な家庭で夫と子供たちに取り囲まれていた。私は自分の子供たちのことを思って、溜息をついた。

夕食をすますと、ダーハム氏は私が話した知り合いを探すために、一緒に出かけてくれた。彼らは私の故郷から出て行った人たちで、私は馴染みの顔を見るのがとても楽しみだった。彼らは家にいなかった。私たちは清潔で気持ちのよい通りを引き返した。途中でダーハム氏は、私が自分の娘に会う予定だと彼に話しておいたことに触れ、私がとても若く見えたことでまだ結婚前の女性だと思っていたので、びっくりしたと語った。彼は私が大いに恐れていることを話題にしようとしていた。次に彼が尋ねてくるのは、私の夫のことだろうと私は思った。もし私が彼に正直に答えたら、彼は私のことをどう思うだろう？　私は子供が二人いること、一人はニューヨークにいて、もう一人は南部にいると彼に話した。彼はさらにいくつかの質問をしてきたので、私は人生の最も重要な出来事のいくつかを率直に語った。それは私にはとても辛いことだったが、私は彼を騙したくなかった。もし彼が私の友人になろうと思ってくれているのならば、私がどの程度それにふさわしい人間か知っておいてもらいたいと考えたのだ。彼は次のように言った。「もし私があなたの気持ちを逆なでするようなことを聞いたのなら、許してください。私はくだらない好奇心から質問したのではありません。あなたやあなたの幼い娘さんの役に立つことがあるかどうか知ろうと思って、あなたの状況を理解したかったのです。あなたの率直な返事は見上げたものですが、誰にでもそんなふうに正直に答えてはいけません。

心ない人びとに、あなたを軽蔑させる口実を与える場合もありますからね」

軽蔑という言葉が真っ赤に燃えた石炭のように、私を焼き焦がした。私は次のように答えた。「私がどんなに辛い目にあってきたか、神様だけがご存知です。神様はきっと私を許してくださるでしょう。もし子供たちが私のものだということになれば、私は良い母親になり、人びとが私を軽蔑などできないような態度で生きていくつもりです」

「あなたの気持ちは立派です」と彼は言った。「神様を信じ、善き定めに従って生きていってください。そうすれば必ず理解者が現れるでしょう」

家に戻ると、私は自分の部屋に向かった。束の間でも、世の中を閉め出せるのがありがたかった。彼の言った言葉は、私に拭い消せない印象を残した。その言葉がきっかけとなり、もの悲しい過去から大きな黒い影が浮かび上がってきた。じっと物思いにふけっていると、ドアをノックする音がしたので、私はびっくりした。満面やさしさ一杯といった表情でダーハム夫人が入ってきて、奴隷制反対運動の活動家が階下にきていて、私に会いたがっていると言った。私は見知らぬ人に会う恐怖心を抑え、彼女の後について行った。私の経験や奴隷制からの逃亡に関連して、たくさんの質問が発せられた。でも、私の気に触るようなことを言わないよう、いかに彼らが配慮しているかはよく分かった。これがとてもありがたいことだというのは、人間でないかのように扱われ続けてきた人でなければ完全には理解できない。この活動家がやってきた目的は、これから私がどうするつもりでいるのかを尋ね、必要なら援助を申し出ることにあった。目下のところ、ファニーはダーハム氏の友人宅に居心地よく納まっていた。彼女のニューヨーク行きの費用に関しては、奴隷制反対協会が出すことに決まった。[5] 同じ申し出が私にもなされたが、旅を終えられるだけの費用は祖母から貰っていると話して、私は断わった。私たちは、数日間フィラデルフィアに滞在するように勧められた。そうすれば、私たちにふさわしい旅の付添いが見つけられるとのことだった。私は喜んでその提案を受け入れた。というのは、奴隷狩りと出会うのが怖かったのと、鉄道に乗るのもいくらか怖かったからである。私はこれまで一度も汽車に乗ったことがなかったので、これは私には極めて重大な出来事のように思えた。

その夜の私は、かつてない思いを胸に抱いて床についた。自分が自由な女性だというのを、本気で信じ込んでいたのだ。私はなかなか眠れなかった。眠りに落ちたかと思った瞬間、半鐘の音で起こされた。私は飛び起きて、自分の衣服の所へ走った。私の故郷では、こんな場合誰しもが急いで洋服を身に着けた。白人の考えでは、大火は暴動の絶好の機会として利用されるので、何よりもまずそれに備えなければならないというわけである。黒人は消火作業に従事するよう駆り出された。私たちの町には消防ポンプ車が一台しかなかったので、黒人の女や子供たちがしばしばそれを川縁に引っ張っていき、水を満たさなければならなかった。ダーハム夫人の娘さんが私と同じ部屋で寝ていたが、彼女は半鐘の鳴るのも構わず眠っていたので、彼女を起こすのが私の義務だと思った。「どうしたの？」と、彼女は目をこすりながら言った。

「通りで人びとが火事だ、火事だと叫んでいるわ。半鐘も鳴っているのよ」と、私は答えた。

「それがどうかしたの？」と、彼女は眠そうに言った。「そんなことは、しょっちゅうよ。火がすぐ近くででもなければ、私たちは起きたりしないわ。起きてみたって、仕方ないでしょう？」

私たちが消防ポンプの水を満たす手伝いに行く必要がないというのに、私はすっかり驚いてしまった。私は無知な子供で、大都会では事柄がどんなふうに進むのか、やっと学び始めたばかりと言ってよかった。

夜が明けると、女たちが新鮮な魚やイチゴやハッカ大根や他にも色々と、大声張り上げて売る声が聞こえてきた。これらはすべて私にとって目新しいことだった。私は朝早く着替えて窓際に座り、私の知らぬ人生の流れを見守っていた。フィラデルフィアは私にとってとてつもなく大きな場所に思えた。朝食の席で消防ポンプを引っ張って行く話をすると、みんなが大笑いしたので、最後には私も笑いの輪に加わった。

私はファニーのところへ行ってみた。彼女は新しい友人に囲まれて、とても満ち足りた様子で、急いでここを立ち去ろうとは思っていなかった。私も親切な女主人に会えて非常に幸せだった。彼女は恵まれた教育を受けており、私より格段に優れていた。毎日、いやほとんど毎時間、私は自分の乏しい知識の蓄えを増やしていった。彼女は私を連れ出して町を案内してくれたが、そのやり方は思慮深く賢明だった。ある日彼女はある画家の部屋に私を連れて行き、彼女の子供たちの肖像画を私に見せてくれた。私はこれまで黒人の肖像画を見たことがなかったが、それらは私に美しく見えた。

五日間が過ぎた時点で、ダーハム夫人の友人の一人が翌朝ニューヨークまで私たちを送っていこうと申し出てくれた。別れの握手をしようと私が女主人の手を取ったとき、彼女の夫は私の過去を彼女に語り聞かせていたかどうか知りたいと思った。私は彼が話をしていると思ったが、彼女はそれらしいことを一切口にしなかった。これは女性らしい思いやりの気持ちから、彼女が気を利かせて黙っていた結果だろう。

ダーハム氏は私たちに汽車の切符を渡すとき、次のように言った。「あなた方の汽車の旅が不愉快なものになるのが心配ですが、一等車の切符は手に入りませんでした」

私はお金が足りなかったのだと思い、追加を申し出た。「いや、違うんです」と彼は言った。「いくらお金を払っても、手に入らないんです。彼らは黒人が一等車に乗るのを許さないのです」[6]

これが自由州に対する私の熱狂に水をさした最初だった。南部では、黒人たちは白人の後ろの汚い車両に乗るのを許されたが、彼らはその特権のために金を払う必要はなかった。いかに北部が奴隷制の慣習を猿まねしているかを知って、私は悲しかった。

私たちは大きくて粗末な車両に詰め込まれた。両側に窓はあったが、位置が高すぎて立ち上がらなければ外は見えなかった。車両はいろんな国からやってきた人びとで込み合っていた。小さなベッドや揺りかごがたくさん持ち込まれた。その中には泣き叫んだり、足を蹴り上げたりする赤ん坊が入っていた。男たちの二人に一人は口にタバコかパイプをくわえていた。ウィスキーのコップが、気前よくあちこちにたらい回しされていた。私はウィスキーの臭いと車内にこもったタバコの煙で、気分が悪くなった。周りの粗野な冗談や卑猥な歌のせいで、私の心も同じように吐き気を催していた。それは本当に不愉快な汽車の旅だった。これらの点に関しては、その後ある程度は改善された。[7]

第32章 母と娘の対面

私たちがニューヨークに到着したとき、「馬車ですか、奥さん？」と呼びかける大勢の御者たちのおかげで、私はほとんど気が変になりそうだった。私たちは一人の御者と交渉して、サリバン街まで十二シリングで行ってもらうことにした[1]。そこへ一人のたくましいアイルランド人が近寄ってきて、「こっちは六シリングだよ」と言った。値段が半額というのは魅力だったので、すぐに車を出せるかと尋ねてみた。「もちろんでさ、出せますよ、奥さん方」と彼は答えた。私は他の御者たちが顔を見合わせてニヤリとするのに気づいたので、彼に乗り物はきちんとしたものかと聞いた。「もちろん、きちんとしてまさあ、奥さん。きちんとしてねえ乗合いで、ご婦人方をお連れしっこねえですよ」と彼は言った。私たちは彼に荷物札を渡した。彼は私たちの荷物を取りにいき、すぐに戻ってきて、言った。「奥さん方、どうぞこちらへ」。私たちは後について行った。私たちの旅行鞄は荷車に乗せられており、私たちはその上に座れと言われた。私たちは約束が違うから、旅行鞄を下ろしてくれと言った。彼のほうは、六シリングを支払うまで、旅行鞄には触らせないと毒づいた。私たちのおかれている状況では、周囲の注目を集めるのは得策でなかったので、私は彼の要求通りに払おうとしたが、近くにいた男が私にそうするなと首を振った。大騒ぎのすえに、私たちはそのアイルランド人を追い払い、旅行鞄を一台の貸し馬車の上にくくりつけた。私たちはサリバン街の下宿屋を勧められていたので、そこへ向かった。そこで私はファニーと別れた。奴隷制反対協会は、彼女の面倒をみてくれる家庭を彼女に用意していた。その後、私は彼女が恵まれた環境にいるという噂を聞いた。私のほうは、故郷から出てきている旧友を呼んできてもらった。彼はだいぶ以前からニューヨークにいて事業をしている人で、すぐにやってきてくれた。私は彼に娘のところに行きたいので、面会できるよう助けてくれないかと言った。

その際、私が彼に慎重を期すよう頼んだのは、私が南部から到着したばかりだということを向こうの家族に知られないようにすることだった。というのは、彼らはこの七年間私が北部にいるものと思い込むように仕向けられていたからである。彼が言ったのは、そういうことなら、ブルックリンに私と同じ町からやってきた黒人女性がいるから、私はその女性の家に行って、そこで娘と会う手筈を整えてみたらどうだろうということだった。私はその提案をありがたく受け入れた。彼はブルックリンまで私に付き添うのを承知してくれた。私たちはフルトン型フェリーで川を渡り[2]、マートル通りを上って、彼の指さした家の前で立ち止まった。私がちょうど家の中に入ろうとしたとき、二人の女の子が通りかかった。友人が私の注意を彼女たちのほうへ向けた。私は振り向いた。年上の少女は、かつて祖母と一緒に住んでいて、何年か前に南部を後にしたある女性の娘のサラだった。思いがけぬ出会いに驚きかつ喜んで、私は少女を抱き締め、彼女の母親のことを尋ねた。

「もう一人の女の子が、あんたの目には入らないのかね」と友人が言った。そちらを向くと、そこに立っていたのは、私のエレンだった！　私は彼女を胸に抱きしめた。それから、彼女をよく見ようと私の身体から引き離した。私と別れていたこの二年間で、彼女はすっかり変わっていた。母親なら誰しもが持っている鋭い観察眼を持っていない者にさえ、彼女が構われていないことは明らかだった。友人が私たち皆に家の中に入れと促した。だがエレンの言うには、自分はお使いに出されているところなので、まずできるだけ早くそれを片づけ、それから家に帰ってホッブス夫人(3)にここにきて私に会ってもいいかどうかを聞かなければならないとのことだった。相談の結果、私のほうから翌日彼女を迎えに行くということになった。彼女の友達のサラのほうは、私の到来を母親に告げに一足先に家に入っていた。私が中に入ると、家の女主人は留守だと分かったので、私は彼女の帰りを待つことにした。彼女の姿を見る前に、彼女の声が聞こえてきた。その声は次のように言っていた。「リンダ・ブレントはどこなの？　わたしゃね、彼女の父さんや母さんの知り合いだったんですからね」。すぐにサラが母親と一緒に入ってきた。こうして、私たちの一団が集結することとなった。みんな祖母の近所から出てきた者ばかりだった。この友人たちは私のまわりに集まると、しきりに質問を浴びせかけた。彼らは笑ったり、泣いたり、歓声を上げたりした。私が迫害者たちの手を逃れ、無事ロングアイランドに着いたことを、彼らは神に感謝してくれた。本当に心の沸き立つ一日だった。私が侘びしい住み家で過ごしていた無言の日々と比べて、何という違いだろう！

翌朝は日曜日だった。目覚めてすぐ私が思いをめぐらしたのは、エレンが一緒に生活しているホッブス夫人宛てに送る手紙のことだった。私がこの近くに来てまだ日が浅いというのは、歴然としていた。そうでなければ、もっと早い時期に、娘のことを問い合わせていたはずだからである。とはいえ、私が南部から到着したばかりだというのは、出来れば彼らに知らせないようにしておきたかった。なぜなら、そのことは私が南部に潜伏していたという疑いを引き起こし、破滅はともかくとしても、何人かの人びとの迷惑になるかもしれなかったからである。

　私は率直なやり方が好きで、ごまかしは嫌だった。私のやり方に不正直なところがあったとしても、それはすべて奴隷制に責任があると言いたい。そして今、私が嘘を演じるより仕方のない状況に追い込まれたのも、暴力と不正のあのシステムのせいだった。私は手紙の書き始めで、最近カナダから到着したばかりで、娘が会いにきてくれることをとても望んでいると述べることにした。エレンがやってきて、ホッブス夫人のメモを手渡した。そこで夫人は、家に招待するが、恐れる必要は何もないと請け合っていた。私がエレンと交わした会話は、一向に私を楽な気持ちにしてはくれなかった。私が大事にされていたかと聞くと、彼女は大事にされていたと答えたが、その声の調子には心がこもっていなかった。彼女は私に心配をかけたくないので、仕方なしにそういっているように私には見えた。私の許を立ち去る前に、彼女はとても真剣な面持ちで聞いた。「母さん、いつになったら一緒に住もうってあたしを迎えにきてくれるの？」働きに出て金を稼ぐまで私は彼女に家を与えてやれないし、そうできるまでにまだ長い時間がかかると思うと、私は切なかった。彼女がホッブス夫人のもとに預けられた時、約束では彼女を学校に行かせることになっていた。彼女はかつて二年間だけ学校に行っていたが、今は九歳だというのに、ほとんど読み書きはできなかった。ブルックリンには彼女が無償で通える公立のいい学校があるのだから、言い訳のしようはないはずだった。

　彼女は暗くなるまで私のところにいた。その後で私は彼女と一緒にその家に行った。私はその家族に温かく迎えいれられた。みんなが同じように、エレンは役に立ついい子だと口にした。ホッブス夫人は平然と私の顔を見ながら、次のように言った。「あなたもご存知だと思うけど、従兄弟のサンズ氏はエレンを私の長女にくださったのよ。エレンは大きくなったら、長女にとっていい小間使いになると思うわ」。私は一言も返事をしなかった。彼女は自らも母であり、母の愛の力がどのようなものかよく知っていた。また、彼女はサンズ氏と私の子供たちの関係がどのようなものか十分承知しているはずであった。その彼女が、どのようにしたら私の心にこんな短剣を突き刺しながら、私の顔をまともに見ることができるのだろうか。

彼らがエレンをこんな無知の状態のままにしておいたことに、最早私は驚いていなかった。ホッブス氏は以前は金持ちだったが、破産し、その後は税関で下級官吏の仕事をしていた。多分彼らはいつか南部に戻ろうと考えていたのだろう。エレンの知的状態は、奴隷という身分ならまったく申し分がなかった。子供たちの不安定な立場を、私は何としてでも変える必要があった。そのためには働きに出て金を稼がなければならず、私はいても立ってもいられない気持ちだった。サンズ氏は子供たちを自由の身にするという約束を、まだ果たしていなかった。エレンのことでも私は騙されていた。ベニーに関して、私はどんな保証をもっていただろうか。何も持っていないという気がした。

私は不安な気持ちで友人の家に帰った。子供たちを守るために、私は自分自身を所有する必要があった。私は自分を自由だとみなし、時にはそんなふうに感じたりもしたが、先行きどうなるかは分からなかった。その夜私は机の前に座って、私を売る場合の最低の値段を示してほしい、とフリント先生に礼を尽くした手紙を書いた。法的には私は彼の娘の所有物なので、彼女にも同じ主旨の手紙を書いた。

北部に着いて以降、私は大切な弟ウィリアムのことを忘れていたわけではなかった。苦労して彼のことを調べた結果、彼がボストンにいるということを聞いたので、私はボストンに出かけて行った。ボストンに着いてみると、彼はニューベッドフォード[4]に行ってしまっていた。そこで、私はニューベッドフォードに手紙を出してみた。彼は捕鯨船に乗り込んでいて、数カ月は帰らないとのことだった。私はニューヨークへ戻り、エレンのそばで働き口を得ようとした。フリント先生から返事がきたが、それは私に元気を出させてくれるようなものではなかった。彼は私に戻ってきて正当な所有者に身柄をあずけるように促し、その上でなら私が要求するどんな主張も認めてやると言っていた。私はこの手紙をある友人に貸したのだが、その友人はそれをなくしてしまった。そうでなければ、読者の皆さんにその写しをお見せできただろう。

第33章
働く家が見つかる

この頃私が一番気にかけていたことは、いかにして仕事を得るかということだった。まだ長い距離を歩くと足が腫れ上がったりして困ったが、私の健康状態は非常によくなっていた。仕事を得るうえで私の直面した最大の難問は、見ず知らずの者を雇う際に推薦状が必要とされていたことだった。私の特殊な立場では、これまで私が誠実に仕えてきたどの家族からも、証明書など出してもらえないのは当たり前だった。

ある日、知り合いの一人が、赤ん坊の乳母を探している婦人(1)がいると教えてくれた。私はすぐにその仕事に応募した。雇い主の婦人は、自分が探しているのは母親の経験があって、乳飲み子の世話に慣れている人だと言った。私は自分の子供を二人育てたことがあると話した。彼女はいろいろと聞いてきたが、ありがたいことに、以前の雇い主からの推薦状は要求しなかった。彼女は自分がイギリス人だと言った。これは私には好ましい条件だった。なぜなら、イギリス人のほうがアメリカ人より黒人に対する偏見が少ないと聞いていたからである。互いを見てみる意味で、一週間の試用期間をおいてみようということになった。結果は双方にとって満足のいくものだったので、私は一カ月間の契約をした。

私にこの勤め場所を授けてくださったのは、情け深い神様のおかげと言っていいだろう。ブルース夫人は親切でもの静かな女性であるのに加えて、誠実で情け深い友人だった。階段をしょっちゅう上り下りしなければならなかったため、私の足が腫れ上がって痛みだし、契約した一カ月間の終わりがくる前に、私は自分の任務を果たせなくなってしまった。たいていのご婦人方なら、この段階で情け容赦もなく私を解雇しただろうが、ブルース夫人は私がなるべく歩かなくても済むように取り計らったうえに、医者を呼んで私の手当てもしてくれた。私は自分が逃亡奴隷であることを、まだ彼女に話していなかった。彼女は私がよく悲しそうにしているのに気づいて、親切にその理由を尋ねてきた。私は自分の子供たちや大切な身内から引き離されているからだと語ったが、心に絶えずのしかかっていた不安については何も話さなかった。私は打ち明けて相談できる人を求めていたが、白人には手ひどく騙されていたので、彼らに対する信頼の念を完全に失っていた。彼らが私にやさしい言葉をかけても、それは彼らの自分勝手な目的のためだと考えたりした。この家庭に入ったとき、私は奴隷制によって植え付けられた不信感を引きずっていた。しかし、六カ月も経たないうちに、ブルース夫人の思いやりのある態度や彼女のかわいらしい赤ちゃんの笑顔が、私の冷え切った心を溶かしてくれた。彼女の知的な会話の影響や、仕事の余暇には読書の機会を惜しみなく与えられたおかげで、私の狭い心も広がりをみせ始めた。私は徐々にではあるが活動的で、快活になっていった。

だが、特に子供たちに関する長年の不安な感覚が、私の明るい気持ちにしょっちゅう暗い影を投げかけた。ブルース夫人は、エレンも私と一緒にこの家に住んでもよいと言ってくれた。そうすれば楽しかっただろうが、ホッブス家の人びとの気持ちを逆撫ですることになるのを恐れて、私はあえてそれを受け入れなかった。彼らは私が逃亡中という不安定な状況にいることを知っていた。それが彼らに対する私の弱味になっていた。努力と節約によって子供たちのために家を用意できるまで、彼らとうまく付き合っていくことが大事だと私は自覚していた。それにしても、エレンのおかれていた状況は、とても私の満足いくようなものではなかった。彼女は少しもかわいがられてなどいなかった。ときどきニューヨークまで私を訪ねてやってきたが、そんな折に大抵彼女が携えていたのは、私のほうで彼女の靴や衣類を買ってやってほしいというホッブス夫人の依頼状であった。これには、ホッブス氏の税関の給料が支払われたら清算するという約束がついていたが、どういう理由でかその給料日は一度も巡ってこなかった。こんなわけで、私は自分の稼ぎの中から多額のお金を出して、エレンに不自由なく衣類をあてがってやっていたのである。しかし、彼らが金銭的な困難を抱えた末に、私の大事な幼い娘を売ろうという気を起こさないだろうかという恐怖に比べれば、これはたいした問題ではなかった。彼らは絶えず南部と連絡を取っていたので、その気になればしょっちゅうそんな機会があることを私は知っていた。ところで、エレンが二歳のときフリント先生が彼女を牢屋に入れ、麻疹が原因で彼女の目が炎症を起こしたことはすでに語っておいた。この疾患はまだ彼女を悩ませ続けていた。親切なブルース夫人は、エレンに有名な眼科医エリオット医師の治療を受けさせるため、しばらく彼女をニューヨークに来させたらどうだろうかと言い出してくれた。私には、母親としての自分がそうしてやろうと申し入れをすることに何ら差し障りがあるとは思えなかった。だが、ホッブス夫人は私のその申し入れにひどく腹を立て、エレンを来させるのを拒んだ。私のおかれていた状況では、申し入れに固執することは賢明とはいえなかった。私は一切文句を言わずにいた。しかし、自分の子供に対して母親らしいことをしてやるためにも、完全に自由になりたいと心から切望した。次に私がブルックリンに出かけていったとき、ホッブス夫人は腹を立てたのを謝るかのように、エレンの目を治療するため彼女のかかりつけの医師に来てもらったこと、またエレンをニューヨークに預けるのは安全上問題があると思えたので、私の要求を断わったのだというようなことを私に語った。私は黙ってその説明を受け入れた。しかし、かつて彼女は、私の子供が彼女の娘の所有物だ、と私に語ったことがあった。だから彼女の本当の気持ちは、私が彼女の手から彼女の財産を持ち去ってしまうのを恐れたことにあったのだと私は思った。私は彼女を誤解していたかもしれないが、南部の人間を知っている私には、それ以外の思いを抱くのは困難だった。

　私の人生のコップの中では、良いことと悪いこととが綯い合わされていた。悪いことだらけということもなくなってきたことに、私は感謝していた。私はブルース夫人の赤ちゃんを愛していた。赤ちゃんが笑ったり私の顔を見てキャッキャッと言ったり、信頼しきって柔らかい腕を私の首に巻きつけたりすると、私はベニーとエレンが赤ん坊だったころを思い出し、傷ついた心が和んだ。ある晴れた朝のこと、腕の中で赤ちゃんを揺すりながら窓辺に立っていたとき、水兵服を着た一人の若い男に私の注意が惹きつけられた。その男は通り過ぎる家を一軒一軒熱心に見て歩いていた。私はじっと彼を見た。弟のウィリアムではないだろうか、彼に違いない――でも、何という変わりようだろう！　私は赤ん坊を安全なところに寝かすと、階段を駆け下りて正面玄関のドアを開け、その水兵を招き寄せた。一瞬の後に、私は弟の腕の中に抱き締められていた[2]。私たちは互いに語り合うことが、何とたくさんあったことか！　私たちは互いの波乱に満ちた経験に、どれほど笑いころげ、どれほど涙したことか！　私は彼をブルックリンに連れて行き、私がみじめな住み家に閉じ込められていたとき、彼がやさしく愛し慈しんだ大事なエレンと一緒にいるところを再び目にした。彼はニューヨークに一週間滞在した。私とエレンに対する彼の昔ながらの親愛の情が、いつもと同じように蘇ってきた。互いに苦労を分かち合いつつ育んできた絆ほど、強いものはない。

第34章 またもや旧敵

私の若い女主人エミリー・フリントは、私の売却を求めた手紙に対して、何の返事も寄こさなかった。だが、しばらくして、私は彼女の弟が書いたと称する手紙を受け取った。その手紙の内容を正しく理解するために、読者の皆さんにぜひ心に留めておいていただきたいのは、フリント家の人びとが私は何年間も北部にいるものと思い込んでいたという事実である。フリント先生が私を探しに三回もニューヨークへ行ったのを私が知っていること、またそのために彼が五百ドルを借りにやってきたとき私が彼のその声を聞いていたこと、さらには汽船に向かって歩いていくときの彼の姿を私が見ていたということなどを、彼らはまったく知らずにいた。それだけでなく、伯母のナンシーが死んで埋葬された際の詳細が、その時点ですべて私に伝えられていたことも、彼らはまるで気づいていなかった。私はその手紙を残しておいたので、ここにその写しを付しておこう――。

姉宛てのあなたの手紙は、二、三日前に届きました。それから察するところ、あなたは友人や親類たちのいる故郷に戻りたいと願っているようですね。私たちは皆あなたの手紙の内容に満足しています。たとえ家族の誰かがかつてあなたに不愉快な気持ちを抱いていたとしても、今はもうそんなことはありませんから安心してください。私たちは皆あなたの不幸な境遇に同情しており、あなたが満ち足りた気持ちで幸せになれるのなら何でもするつもりでいます。あなたが自由な人間として故郷に帰ることは難しいでしょう。たとえあなたが自分のおばあさんに買い取られ、それが法律上は合法的であったとしても、あなたが自由のままでいられるかどうかは疑問です。召使いが長い間主人の家を離れておきながら、後になって自分を買い取り自由の身で戻ってくるというようなことが許されれば、それは悪影響をもたらすことになるでしょう。あなたの手紙から判断すると、状況は大変だし困ってもいるようですね。故郷に帰ってきたらどうですか。あなたが自分で決心しさえすれば、私たちの愛情を再び取り戻せるのです。私たちは諸手を上げ、喜びの涙にむせびながらあなたを受け入れます。あなたを取り戻すにあたって、私たちが迷惑をこうむるとかお金を使うとかしなかったのですから、あなたは不親切な仕打ちを心配する必要はありません。もし私たちが迷惑をこうむったりお金を使ったりしていれば、私たちがこんなふうに思うことはないでしょう。あなたもご存知の通り、私の姉はいつもあなたのことが好きでした。また、あなたは奴隷扱いされたり、厳しい労働につかされたり、畑仕事をさせられたりはしませんでした。逆に、あなたは家の中に迎え入れられ、家族の一員として、ほとんど自由な身のように扱われました。私たちは、あなたが少なくとも逃亡などという形で自分を貶めるようなことをするとは思っていませんでした。あなたが自分から進んで家に戻る気になると信じて、姉に代わってこれをしたためています。家族の者たちはあなたに会えれば喜ぶし、あなたの年老いたおばあさんも、あなたの手紙を読み聞かされたとき、あなたに帰ってきてほしいと言っていました。年老いた身には、自分の子供たちに囲まれて慰められることが必要なのです。あなたの伯母さんが亡くなったことは、きっと知らされているでしょう。彼女は忠実な召使いで、監督教会の信心深い信徒でした。キリスト教徒としてのその人生において、彼女はいかに生きるかというお手本を示してくれました――また、知識の代価としてはあまりに高価な犠牲を払って、いかに死ぬかというお手本も示してくれました。[1]私たちは彼女の母親とともに彼女の死の床を囲み、すべての人の涙を混ぜ合わせて一つの共通の流れを作りました。もしあなたがそれを見ていたら、母と子の間に存在するのと同じ心からの絆が、主人と召使いとのあいだにも存在したと思ったことでしょう。しかし、この話を長々と書き連ねるのは辛すぎます。私はこの手紙を終わりにしなければなりません。もしあなたが、年老いたおばあさんや子供たちや友人たちなど、あなたを愛する人びとから離れていても満足なら、そのままあなたがいるところにいればいいでしょう。私たちはもう苦労してあなたを捕まえるつもりはありません。しかし、あなたが故郷に帰りたいのであれば、私たちはあなたを幸せにするためにできるだけのことをします。もしあなたが私たちの家にいたくないのなら、皆で父を説得して、この町の誰であれあなたのいいと思う人にあなたを買ってもらえるように取り計らいましょう。どうか一日も早く返事を書いて、あなたの結論を知らせてください。姉があなたによろしくと言っています。とにかく、あなたの誠実な友であり、あなたの幸せを願っている私のことを信じてください。

この手紙にはエミリーの弟の署名がなされていたが、彼はまだほんの青臭い若者でしかなかった。その文体から推して、この手紙がその年齢の人間によって書かれたものでないのは明らかだった。書き方は偽装されてはいたものの、私自身の辛い過去の経験から、筆跡がフリント先生のものであることはすぐに見てとれた。ああ、奴隷所有者とは、何という偽善を弄するものなのか！　この老いぼれ狐は、私がそんな罠に引っかかるほどの間抜けだと思っていたのだろうか。彼は「アフリカ人は愚かだ」という通念を、あまりにも字義通りに信じ込みすぎていた。このフリント家のねんごろな誘いに対して、私は何の礼も述べなかった——その怠慢さゆえに、間違いなく私はあさましい恩知らずとみなされた。

このことがあってからまもなく、南部にいる友人の一人から、フリント先生が北部行きの準備をしているという趣旨の手紙を受け取った。手紙の到着はかなり遅れていたので、私は彼がもうすでに旅の途次にあるものと想定した。ブルース夫人には、私が逃亡奴隷であることはまだ知らせていなかった。その頃ちょうど弟がボストンにいた。私は抜き差しならぬ用事でボストンに行かなければならないので、私の代わりに友人が来て二週間乳母をするのを許してほしいと夫人に頼んだ。私は直ちに旅に出発した。到着するとすぐ祖母宛てに手紙を書き、ベニーを送る場合はボストンのほうへ送ってほしいと伝えた。私は祖母がひたすら好機を狙って、ベニーを北部へ送ろうとしているのを承知していた。幸いなことに、祖母は誰の許可を得なくても、そうすることのできる法的権利を持っていた。彼女は自由な女性だった。さらに、私の子供たちの購入にあたって、サンズ氏は売買証書を彼女の名前で作らせていた。代金を払ったのは彼だとの推測はなされていたが、その確証は一度もされたことがなかった。南部では、身分のある人にたくさんの黒人の子供がいることは、少しも不名誉ではなかった。しかし、その人が黒人の子供を自由にする目的で金を払ったことが分かると、その行為は彼らの

「奇妙な制度」を危うくするものとみなされ、評判を落とすことになるのである。

ニューヨークへの直航便が見つかり、ベニーを移送する絶好の機会が到来した。彼はある友人宛ての手紙を持って、船に乗せられた。ニューヨークに着いたら、その友人が彼をボストンへ送る手筈になっていた。ある朝早く、部屋のドアをドンドンと叩く大きな音がして、ベニーが息を切らして飛び込んできた。「母さん！」と彼は叫んだ。「やっときたよ！　ここまで走り通しだった。ずっと一人でやってきたんだ。母さん、元気だった？」

読者の皆さん、あなた方に私の喜びが想像できるでしょうか。いや、あなた方が奴隷の母親でない限り、できないでしょう。ベニーは舌の回るぎりぎりまで、大あわてで喋りまくった。「母さん、どうしてエレンをここに連れてこないの？　僕はブルックリンへ行ってエレンに会ったよ。さよならを言ったとき、エレンはとても不機嫌そうだった。彼女は『ベニー、私も行きたい』と言ってた。僕はね、彼女が勉強をして、もういろんなことを知っていると思っていた。でも、僕ほど知っちゃいなかったよ。だって、僕は読めるけど、彼女は読めないからね。ところで、母さん、僕は来る途中で着るものを全部なくしちゃった。洋服を手に入れるには、どうしたらいいの？　自由の身になった僕たちは、この北部に来れば、白人の少年たちみたいに暮らせるんでしょう？」

この希望に燃えた幸せな少年に、彼が大いに勘違いをしているというようなことは話したくなかった。私は彼を洋服屋に連れて行き、着替えの服を調達した。その日の残りの時間は、お互いに質問しあったりそれに答えたりして過ごした。その間たえず繰り返されたことは、やさしいおばあさんが私たちと一緒だったらよかったのにということだった。ベニーは私に、おばあさんにすぐ手紙を書いて、彼の航海とボストンへの旅について全部伝えてくれるようにと何度も念押しをした。

フリント先生はニューヨークに到着すると、あらゆる努力を傾けて、一緒に戻れと勧めるために私を訪問しようとした。しかし、私の居場所を突き止めることができなかったので、彼の心温まる意向は報いられることがなかった。したがって、私を「諸手をあげて」待っているという、愛情あふれる家族の気持ちも挫かれることととなった。

先生が無事に故郷へ戻ったということを知ると、すぐに私はベニーを弟のウィリアムに預け、ブルース夫人のもとへ帰って行った。私は自分の仕事を誠実に果たし、赤ん坊のメアリーの愛らしさやその素晴らしい母親の思慮深いやさしさ、愛しい娘とのたまの面談などに大いなる幸せを見出しつつ、冬と春をそこで過ごした。

しかし、夏がくると、昔からの不安な気持ちが私につきまとって離れなくなった。運動をさせたり新鮮な外気にふれさせたりするため、私は幼いメアリーを毎日外に連れ出す必要があった。町は南部から来た人間たちであふれ返っており、そのうちの誰かが私のことに気づくかもしれなかった。暖かい季節になると、蛇も奴隷所有者も外へと誘い出されてくる。私は毒をもつこの二種類の生き物のどちらも同じように嫌いだった。こういうことを自由に言えるなんて、なんと気分がすっきりすることか！

第35章 黒人に対する偏見

夏のあいだ私たちはニューヨーク市を離れることとなった。そのための準備を目の当たりにしたとき、私はほっとした。私たちは蒸気船ニッカーボッカー号でアルバニーに行った。船上で夕食前のお茶を知らせる銅鑼が鳴ったとき、ブルース夫人は言った。「リンダ、遅れてしまったわ。あなたと赤ちゃんも、私と一緒のテーブルに行ったほうがいいんじゃないかしら」。私は答えた。「ちょうど赤ちゃんの夕ご飯の時間だというのは分かっているんですが、よろしければ、私は遠慮します。侮辱されるのは嫌ですから」。彼女は言った。「いいえ、私と一緒ならそんなことはないはずよ」。私は白人の乳母たちの何人かが女主人に同行しているのを見て、思い切って同じようにしてみた。私たちはテーブルの一番端に行った。私が席につくや否や、荒々しい声が飛んできた。「立つんだ！　ここはお前が座るようなところじゃない。分かっているだろう」。見上げると、びっくりするとともに憤慨したことには、声の主は黒人の男だった。彼の職務上、船の規則を守らせるにしても、少なくとも丁重に言うことだってできたはずである。私は答えた。「船長がきて私を立たせるのでない限り、私は立ちません」。私には一杯のお茶も給仕されなかったが、ブルース夫人は自分のお茶を私に渡して、もう一杯を注文した。私は周りを見渡し、他の乳母たちも同じ扱いを受けているかどうかを確かめた。

彼女たちはみなきちんと給仕されていた。

翌朝、朝食のためにトロイに停泊したとき、船客はわれさきにレストランのテーブルに駆け寄った。ブルース夫人は言った。「リンダ、さあ腕を組みましょう。私たちは一緒に中へ入るのよ」。彼女の言葉を耳にしたレストランの主人が言った。「奥様、あなたの乳母と赤ちゃんは、奥で私の家族と一緒に食事をしていただけませんか」。私はこれが自分の皮膚の色を指していることは分かっていたが、彼の話し方が丁寧だったので気にしなかった。

サラトガでは、ユナイテッド・ステイツ・ホテル(1)が込んでいたので、ブルース氏はホテルの別荘のひとつを予約した。私はあまり人の来ない閑静な田舎に行くのだと考えてうれしかった。しかし、ここで私の気づいたことは、自分が大勢の南部人の真っただ中に飛び込んだということだった。私は誰か見知った人に会うのではないかと思い、恐れおののいて周りを見回した。私たちがそこに短期間しか滞在しないのを知って、私はほっとした。

夏の残りの日々を、ロングアイランドのロックアウェイ(2)で過ごす準備をするため、まもなく私たちはニューヨークに戻った。洗濯女が衣類を整理している間に、エレンに会いにブルックリンまで行く機会があった。ちょうど食料品店に行こうとしていた彼女と、ばったり出会った。彼女は開口一番次のように言った。「ああ母さん、ホッブス夫人のところへは行かないで。南部から奥様の兄さんのソーン氏(3)が来ているの。きっと彼は母さんの居所を教えてしまうわ」。私は彼女の警告を聞き入れた。そして、翌日ブルース夫人と一緒に出かけるから、帰ったらまた会いにくると彼女に告げた。

アングロサクソン人に仕えていたおかげで、私はロックアウェイへ行くにあたって「黒人専用車両」に押し込まれたり、荷車の鞄の上に座って街路を行くよう言われたりはしなかったが、黒人の感情を逆撫でしたり、彼らの気力をそぐようなひどい偏見をあちこちで見せつけられた。私たちは暗くなる前にロックアウェイに着き、上流社会の人びとのためのすばらしい避暑地――海辺に美しくそびえ立つマリーン亭(4)という大きなホテルに投宿した。そこにはさまざまな人種の乳母たちが三、四十人はいた。黒人の小間使や御者を連れた奥様たちもいたが、アフリカ人の血を引く乳母は私だけだった。夕食前のお茶を知らせるベルが鳴ったので、私は幼いメアリーを連れて他の乳母たちの後についていった。夕食は縦長の広間で供された。注文を受けていた若い男がテーブルを二、三回ぐるりとまわった末、とうとうテーブルの下座にある席を私に指し示した。そこには椅子が一つしかなかったので、私はその椅子に腰を下ろして子供を膝の上に乗せた。するとその若い男が私のところにきて、できるだけ穏やかな調子で次のように言った。「その小さなお嬢さんを椅子に座らせて、あなたはその後ろに立って、お嬢さんを食べさせるようにしていただけませんか。ここの皆さんの夕食が済んだら、あなたを台所へ案内しますから、そこでたっぷり召し上がってください」

これはもう我慢の限界だった！　私は自分を抑えるのがむずかしいと感じた。そこで周りを見まわしてみた。すると、私と同じ乳母だが、私よりほんの少し皮膚の色の白い女たちが、まるでそこにいる私が汚物であると言わんばかりに、侮蔑のまなざしで見ているのが分かった。だが、私は何も言わなかった。静かに子供を抱いて部屋に戻り、二度とテーブルに足を運ぶことはなかった。ブルース氏は幼いメアリーと私のために、食事を部屋に運ばせるようにした。数日間はそれでうまくいった。だが、ホテルの給仕たちは白人だった。すぐに彼らは、自分たちは黒人に給仕するために雇われているのではない、と文句を言い始めた。ホテルの主人はブルース氏に、私には階下で食事をとらせるようにしてほしいと申し込んだ。その理由として、彼はホテルの従業員が食事を運び上げるのに反対していることと、他の宿泊客の黒人の召使いたちが同じ扱いでないのに不満をもらしていることを上げた。

　これに対する私の答えだが、まず黒人の召使いたちに関しては、不当な扱いを甘んじて受け入れるほど自尊心をなくしているだから、彼らは自分自身に不満をもつべきだというものだった。次に黒人と白人の召使いの宿泊費に関しては、両者のあいだに何らの違いもないのだから、その扱いに差をつける根拠はないはずだ、という私の考えを示しておいた。この後も私は一カ月間滞在していたが、私が自分の権利の擁護を固く決意しているのを知ると、ホテル側は私をきちんと扱うことに決めた。すべての黒人の男と女がこうした態度を取れば、いずれ私たちは圧制者の足元に踏みつけにされることもなくなるだろう。

第36章　間一髪の脱出

私たちがニューヨークへ戻ったとき、私はできるだけ早い機会をとらえてエレンのところへ行った。私は彼女を階下まで来させてくれと頼んだ。というのは、ホップス夫人の兄の南部人がまだそこにいるかもしれないと考え、できれば会うのを避けたかったからである。しかし、ホップス夫人のほうが台所までやってきて、私にどうしても二階に上がれと言い張った。「兄はあなたに会いたがっているのよ」と彼女は言った。「あなたのほうが、彼のことを避けているみたいで、残念だって言っているわ。彼はあなたがニューヨークに住んでいるのを知っているのよ。やさしい老マーサおばによくちょっとした親切をしてもらってありがたく思っているので、その孫を裏切るような汚いことはしないって伝えてほしいと言っているのよ」

このソーン氏は南部を離れるずっと前に零落して、生活がすっかり投げ遣りになっていた。こういう人物は、一ドルを貸してもらったり、おいしい夕食をご馳走になったりする場合には、自分と同等だと思っている人のところへ行くより、むしろかつての誠実な奴隷のところへ行くほうがよいと考えた。彼が私の祖母をありがたく思っていると告白しているのは、そういった種類の親切のことだった。私は彼が距離をとっていてくれたほうがいいと願ったが、彼がニューヨークに出てきていて、私の居場所も知っている以上、彼を避けてみても得られるものは何もないと判断した。かえって逆に、彼の悪感情を刺激しかねないのを恐れた。私は彼の妹のあとについて二階へ行った。彼は非常に愛想のいい態度で私に会い、奴隷制から逃れたことを祝福し、今いる場所が幸せなことを祈っていると言った。

私はできるだけ足繁くエレンのところへ訪ねていった。彼女はやさしい思いやりのある子で、私の危険な立場を決して忘れず、私の安全をいつも気にかけ警戒してくれていた。彼女は自分の迷惑や災難については一度も口にしなかったが、母親の注意深い目は彼女が幸せでないのをたやすく見抜いていた。私が訪ねていったあるとき、彼女がいつになく深刻な面持ちでいるのに気づいた。何か悩み事でもあるのではないかと尋ねたが、彼女は何でもないと答えた。しかし、私はなぜそんなに心配そうな顔をしているのかどうしても知りたいと問いただした。最後に、悩みの原因として私が彼女から聞き出したのは、この家で絶えず行われている酒盛りのことだった。彼女はしょっちゅうラム酒やブランデーを買いに酒屋へ使いに出されたが、それがあまりに頻繁だったので恥ずかしくてたまらないというのだ。それに、ホッブス氏とソーン氏は手が震えるほどに大酒を飲み、挙げ句に彼女を呼んで自分たちに酒を注がせたりもしているという。「でもね、ホッブスさんはあたしにやさしいから、嫌いになれないの。彼はかわいそうだわ」と彼女は言った。私は彼女を慰めようと思って、百ドルの貯金ができたので、彼女とベニーの住む家を手に入れ、二人を学校に通わせられる日も近いと思うと話した。彼女は私にもうこれ以上の悩みを抱え込ませないようといつも望んでいたので、なるべく自分だけで我慢していた。だから、私としたことが、彼女のこうむっていた不愉快な思いはソーン氏の飲酒癖だけでなかったということに、何年も後まで気づかずにいた。ソーン氏は祖母に非常に感謝しているので、その子孫を傷つけるようなことはしたくないと公言していたが、祖母のいたいけな曾孫の耳に向かって、せっせと猥褻な言葉を浴びせかけ続けていたのだ。

私はブルックリンに行って過ごすのを、通常は日曜日の午後にしていた。ある日曜日のこと、エレンが心配そうな顔つきをしながら、家の近くで私を待っていた。「ああ、母さん」と彼女は言った。「ずっと母さんを待っていたのよ。ソーンさんがフリント先生宛てに、母さんの居場所を知らせる手紙を書いたんじゃないかって思うの。急いで家の中に入ってちょうだい。ホッブスの奥様が母さんにすべてを話してくれるはずよ！」

私はすぐ話の内容を知った。その日の前日、子供たちがブドウの蔓をからませた四阿《あずまや》で遊んでいたところ、ソーン氏が手紙を手に家から出てくると、それを引き裂いて投げ捨てていった。そのときエレンは庭を掃いていたが、彼に対する疑いの念に取りつかれていたので、紙片を拾って子供たちのところに持っていき、「ソーンさんは誰に手紙を書いたのかしら」と言った。

「知らないわ。どうでもいいことでしょう？　あんたに何か関係があるとでも言うの？」と一番年上の子が答えた。

「ええ、あるのよ」とエレンは応じた。「だって、ソーンさんは母さんのことで南部に手紙を出したかもしれないから」

彼らはエレンのことを笑ってばかだと言ったが、善良だったので彼女に読み聞かせようと手紙の切れ端を集めにかかった。手紙のつなぎ合わせが終わったか終わらないかのうちに、少女が大声で言った。「本当だ、エレン、あたしもあんたの言うことが正しいと思うわ」

ソーン氏の手紙の内容は、私が思い出せる限りでは、次のようなものだった。「当方はあなたの奴隷リンダと会い、話をしたことがあります。もしあなたがことを慎重に行えば、彼女は簡単に捕らえることができるでしょう。ここにいる多くの者たちが、彼女はあなたの所有物だと証言いたします。当方は憂国の士であり、この国を愛する者であります。当方は法の正義が守られるべく、この行為に及んでおります」。最後に彼は私が住んでいる通りと番地を先生に知らせて、手紙を終えていた。子供たちがその紙片をホッブス夫人のところに持っていくと、彼女はただちに兄の部屋に行って説明を求めようとした。彼はいなかった。召使いたちは、彼が手に手紙を持って出て行くのを見たと言った。多分、郵便局へ行ったのだろうというのが、彼らの想定だった。ここからでてくる当然の推測は、彼がこの手紙の写しをフリント先生に送ったということだった。彼が戻ってきたとき、妹はこのことで彼を責めたが、彼のほうはその告発を否定しようとはしなかった。彼はすぐに自分の部屋へ行ってしまい、翌朝にはいなくなっていた。家族の者が起き出す前に、彼はニューヨークへ出かけていた。

一刻の猶予も許されないのは明らかだった。私は重苦しい気持ちを抱えて、ニューヨークへと急いで戻って行った。またもや居心地のよい家から引き離されようとしていたし、子供たちの幸せを願う計画のすべても、あの邪神のような奴隷制によって打ち砕かれようとしていた！　その時の私は、ブルース夫人に自分のことを打ち明けておかなかったのを後悔した。私が隠していたのは、単に逃亡奴隷だという理由からだけではなかった。それだけならば、彼女を心配させたかもしれないが、かえって彼女のやさしい心に同情の念をかきたてたことだろう。私は彼女が私を高く評価してくれているのを尊重していたので、自分の辛い過去の出来事をすべて話したら、彼女の評価を失墜させることにならないかと恐れていたのだ。だが、その時の私は、自分のおかれている状況を彼女に知らせる必要があると感じていた。前に一度、理由も話さずに、私は突然彼女の許から去ったことがあった。もう一度同じことをしたら、それは正しくないだろう。明日の朝になったら彼女に話そうと決心して、私は家に帰った。しかし、私の悲しそうな表情が彼女の注意を引き、彼女の親切な問いかけに答えて、就寝時間前に、わだかまっていた胸の思いをすべて彼女に打ち明けてしまった(1)。彼女は本当に女らしい同情心をもって耳を傾け、私を守るためにできるだけのことをしようと言ってくれた。私は彼女にどんなに感謝したことだろう！

翌早朝、ヴァンダプール判事とホッパー弁護士に、相談がもちかけられた。彼ら二人ともが、この件は裁判所に持ち込まれた場合危険が非常に高いので、私はすぐこの都市を離れたほうがいいと言った。ブルース夫人は馬車で私を彼女の友人の家に連れて行ってくれた。数日中に私の弟が到着するまで、そこにいれば安全だからと言って、彼女は私を安心させた。その間、私はエレンのことばかりを考えていた。彼女は生まれながらにして私の子供だったし、南部の法律に照らしても、祖母が彼女を私のものとする売買証書を所有しているのだから私の子供だった。しかし、彼女を自分の許に置かない限り、私には彼女が安全だという気がしなかった。自分の兄の卑劣な行為をすまなく思っていたホッブス夫人は、十日以内にエレンを戻すという条件つきで、私の頼みを聞き入れてくれた。私のほうは、どんな約束もしないようにした。エレンは私の許に来たが、小さくなりすぎた薄手の洋服を着て、僅かな品物の入った学用品入れを持っていただけだった。季節は十月の下旬だった。彼女が洋服のことで困っているのは確かだったが、何かを買いに外出することはできなかったので、私は自分のフラノのスカートを脱いで、それを彼女のスカートに仕立て直した。親切なブルース夫人がお別れを言いにきた。私が子供のために自分の洋服を脱いでいるのに目をとめたとき、彼女は目に涙を浮かべた。「ちょっと待っててね、リンダ」。彼女はそう言うと出て行った。まもなく、エレンのためにきれいで暖かそうなショールとフードを抱えて、彼女は戻ってきた。まさに、彼女のような心の持ち主は、天使そのものだと言える。

弟は水曜日にニューヨークへ到着した。ホッパー弁護士は、コネティカット州のストニングトン港経由でボストン入りするよう私たちに勧めた。そのルートなら、南部の旅行者は少ないとのことだった。ブルース夫人は召使いたちに対して、誰に聞かれても、私は以前住んでいたが、もうニューヨークを去ってしまったと伝えるように指示した。

私たちは何事もなく蒸気船ロードアイランド号に乗りこんだ。この船は黒人の乗組員を雇ってはいても、黒人の乗船客には一、二等船室の使用を許可していなかった。私はそのことを知っていたが、夜風に吹きさらされていたくないというだけでなく、人目につきたくないという理由からも、できれば船室に引きこもっていたいと強く願った。ホッパー弁護士が船上で私たちを待っていた。彼は女性旅客係に声をかけ、私たちをきちんと扱うよう特別に頼んでくれた。彼は私に言った。「折をみて、自分で船長のところに行って話しなさい。その時は、お子さんを連れて行くといい。きっと船長は、子供を甲板に寝かせるようなまねはしないでしょう」。親切にこう言って握手を交わすと、彼は立ち去っていった。

船はすぐに出航し、私が安全と安らぎを見出そうとしていた親切な家からたちまちのうちに私を運び去っていった。弟は自分がするより私のほうがうまくやれると考えて、切符の購入は私に任せた。女性旅客係がやってきたので、彼女の要求通りに支払うと、彼女は端を切った切符を三枚私に渡した。私はいかにも世慣れないといった様子で、次のように言った。「あなた様は間違っとりますよ。私はあなた様に船室用の切符をお願いしましただ。幼い娘と一緒に甲板で寝るのは、私らにはどうにもできかねますだ」。彼女は間違いはないと断言した。彼女の言うところに従うと、他のいくつかのルートでは黒人たちに船室で寝るのを許しているが、金持ちの乗船客の多いこのルートでは許していないとのことだった。私は船長室がどこにあるか教えてくれ、と彼女に頼んだ。お茶の時間が済んだら教える、と彼女は言った。時間がきたとき、私はエレンの手を引いて船長のところに行き、甲板ではとても落ち着いて眠れないので、切符を変えてほしいと丁重に頼み込んだ。それは慣例に反するから駄目だが、代わりに船倉の段ベッドなら手配できるがどうか、と船長は言った。また、彼はさらに言葉を継いで、確実とは言えないが、向こうに船が着いたら、私たちのために列車の良い席を確保するよう車掌に話してみると言ってくれた。私は彼にお礼を言い、婦人用一般船室へ戻っていった。船長はその後私の許へやってきて、列車の車掌が船に乗っていたので彼に話してみたところ、車掌は私たちの面倒を見ると約束したと私に伝えた。私はこんなに親切にされて、すっかり驚いてしまった。幼い娘の愛らしい顔つきが彼の心をとらえたのか、女性旅客係がホッパー弁護士の態度から私が逃亡奴隷だと推測し、私のために船長に頼み込んでくれたのか、いまだに私には判断ができない。

船がストニングトン港に着くと、車掌は約束通りに、私たちを機関車に一番近い第一車両へ案内し、入り口の隣の席に座るように言った。しかし、彼が行ってしまった後で、私たちはあえて車両の反対側の端のほうへ移動した。途中で無作法な態度に接することもなく、私たちは無事ボストンに着いた。

到着の翌日は、わが生涯で最良の一日だった。血に飢えた猟犬どもの手から逃れ去ったという気がしたし、二人の子供を一緒に自分の手許に置けたのも、この長い年月で初めてだった。彼らは再び一緒になれたのをとても喜び、楽しそうに笑ったり喋ったりしていた。私は胸がいっぱいでただ彼らを見つめていた。彼らのすべての動きが、私には喜びだった。

私はニューヨークでは安全に暮らせないと思った。そこで、費用を分担しながら家を分け合って住もうという、ある友人の申し出を受け入れた。ホッブス夫人に対しては、エレンは学校教育が必要で、そのためには私のところにいなければならないと申し立てた。エレンは彼女の年齢で読み書きができないのを恥じていたので、ベニーと一緒に学校に行かせる代わりに、中等学校[2]に入れるまでは私が彼女を教えることにした。その冬は楽しく過ぎさっていった。私がせっせと縫い物をしている傍らで、子供たちは自分たちの教科書と懸命に取り組んでいた。

第37章 英国訪問

春になって、悲しい知らせが届いた。ブルース夫人が亡くなったのだ[1]。この世でもう二度と彼女の温和な顔を見ることもなければ、思いやりのあるその声を聞くこともないのだ。私はすばらしい友を失い、幼いメアリーはやさしい母親を失ってしまった。ブルース氏はこの子を英国に連れていって、母親の親戚に会わせたいと思い、ついては私に一緒に来て彼女の面倒をみてくれないかと言った。母親を失ったこの幼い子供は、私になつき、私を慕っていた。見知らぬ人に世話されるよりも、私に世話されたほうが、彼女には幸せだと思った。また、私もそのほうが縫い物よりたくさんのお金を稼ぐことができた。そこで、私は手に職をつけさせるためベニーを徒弟奉公に出し[2]、エレンは私の友人と一緒に家に残して、学校に通わせることにした。

私たちはニューヨークを出航し[3]、十二日間の楽しい航海の末にリヴァプールに到着した。そして、そのままロンドンに直行し、アデレード・ホテルに宿をとった。夕食はアメリカのホテルのものより豪勢とは思えなかったが、私のおかれた状況は言葉に言い表せないほど快適だった。私は生まれて初めて、肌の色ではなく自分の品行に応じて処遇される場所に身をおいていた。大きな石臼が、私の胸から取り除かれたような感じだった。快適な部屋で、大事に世話をしている子供と二人きりになったとき、私はこれが純粋で混じりけなしの自由なんだという心の沸き立つような喜びを感じながら、頭を枕に横たえた。

私は子供の世話に追われどおしだったので、この大都会の珍しいものを見る機会はほとんどなかった。だが、街路に溢れる生活の息吹きを注意して見ていると、それがアメリカ南部の町々の澱んだ雰囲気と奇妙な対照をなしているのに気づいた。ブルース氏は幼いメアリーを連れてオックスフォード・クレセントに行き、そこの子供たちと数日間を過ごさせることにした。当然、私も同行しなければならなかった。私は体系立った英国の教育方法のことをいろいろ聞かされていたので、かわいいメアリーが盛り沢山の行儀作法にたじろぐことなくきちんと対応するよう大いに期待していた。私のほうは、子供の上手なしつけ方を学び取ろうと、彼女の幼い遊び仲間やその乳母たちの様子をしっかりと観察した。子供たちはアメリカの子供たちと較べて血色はよかったが、その他の点ではどこも違ったところはなかった。彼らはすべての子供と同様、時には素直で、時には強情だった。

私たちは次にバークシャー州のスティブントンへ行った。(4) そこは英国の中でも最も貧しいと言われる小さな町だった。男たちは週六シリングか七シリングで畑仕事をし、女たちも一日六ペンスか七ペンス〔一ペンスは十二分の一シリング〕で働き、それで何とか食べていた。もちろん、彼らの生活はぎりぎりまで切り詰められていた。女一人が丸一日働いた賃金で一ポンドの肉も買えないようなところでは、他にどうすることもできなかった。彼らが払える家賃はごく僅かだし、彼らの衣類も一番安手の布地で作られていた。もっとも、布地に関しては、同じ金額なら合衆国のものよりはずっとましだったが。とにかく、私はヨーロッパの貧民に対する抑圧ぶりをこれまでいろいろと聞かされていた。

事実、周囲で目にした人びとの多くは、貧民中の貧民だった。しかし、私が小さな草葺屋根の彼らの家を訪ねてみて感じたことは、そうした彼らのうち最もみじめで、最も無知だとされている者の状況ですら、アメリカにいる最も恵まれた奴隷のおかれている状況よりはるかにいいということだった。彼らの労働は厳しかった。だが、空に星があるうちから労役に駆り出されたり、暑かろうが寒かろうが再び星の輝き出すまで、監督に追い立てられ鞭打たれるということはなかった。彼らの家はとても粗末だったが、法律で守られていた。真夜中に傍若無人な警邏隊がやってきて、好き勝手に彼らを鞭打つことはできなかった。父親は自分の小屋の戸を閉めさえすれば、自分を囲む家族の身は守れると感じていた。主人や監督たちがやってきて、彼の妻や娘たちを連れ去ることなどできなかった。生活費を稼ぎだすために、彼らもやむを得ず離れ離れになることはあるが、両親は自分の子供がどこへ行くかを知っており、手紙で彼らと連絡をとることができた。夫婦や親子の関係はすこぶる神聖なものとされ、国で最も富める貴族ですらそれを侵せば罰せられた。こうした貧しい人びとを啓発しようと、多くのことがなされていた。彼らの居住区に学校が作られたり、さまざまな慈善団体が彼らの状態改善のために精力的に努力していた。彼らに読み書きの学習を禁ずるような法律はなかったし、貧しくて信心深い老フレッドおじさんと私の時がそうだったように、聖書の音読をお互いに助け合っても、三十九回の鞭打ちにあう危険はなかった。私は繰り返し言いたいが、これらの農民のうち最も無知で最も貧しい者ですら、アメリカで最も甘やかされた奴隷より千倍もいい暮らしをしていた。

貧しい人びとがヨーロッパで抑圧されているということは否定しない。私は英国貴族出身のマレー嬢が合衆国の奴隷の状態を描いてみせたように、(5) ヨーロッパの貧しい人びとの状態をバラ色に描くつもりはない。彼女が私のような経験を少しでもしていれば、真実を知る者の目で自分のその本と向きあうことができただろう。彼女がもしその肩書を捨て、上流社会を訪問する代わりに、貧しい家庭教師としてルイジアナやアラバマの農園で暮らしていたら、彼女が見たり聞いたりした事柄はまったく別の物語となったことだろう。

私は英国で強烈な宗教上の感銘を受けた。その点から言えば、私の英国訪問は生涯で忘れることのできない出来事だと言わなければならない。私の故郷の聖餐式で行われている黒人に対する侮蔑的なやり方とか、フリント先生や彼と同じような人間たちが教会員であることとか、さらにまた現職の聖職者が奴隷の売買に手を染めていることとか、こういった諸々のことが相まって、これまでの私は監督教会に対する偏見のかたまりだった。礼拝式のすべてが、私の目には、茶番でありごまかしのように見えていた。しかし、スティブントンで私のいた家は、本物のイエスの弟子と言ってよい牧師の家だった。彼の日々の生活の素晴らしさが、キリスト教の本来の信仰告白に対する信頼の念を私に取り戻させてくれた。心の底から神の恩寵にめざめた私は、本当に謙虚な気持ちで聖餐台の前にひざまずいた。

私は十カ月間海外にいた。それは私が予期していたよりずっと長かった。その間、皮膚の色に対する偏見は、ほんのかすかな気配すら感じたことがなかった。嘘や偽りでなく、アメリカに戻る時がくるまで、私はそれを完全に忘れていた。

第38章 南部への誘い再び

私たちの帰路は、冬の退屈な船旅だった。遠方から眺めやる合衆国は、岸辺に幽霊が立ちはだかっているように見えた。自分の故国を恐れなければならないとは、まことに悲しい限りである。私たちは無事ニューヨークに着いた。私は子供たちを求めてボストンに急行した。エレンは元気で、学校の勉強も進んでいた。しかし、ベニーのほうは私を待っていてはくれなかった。彼は手に職をつけるため、それにふさわしいある場所に預けられていた。数カ月間はすべてが順調に運んだ。彼は主人に気に入られ、徒弟仲間にも人気があった。だが、ある日、偶然のことからそれまで疑いすら持たれなかった一つの事実が判明した。彼が黒人だということが分かったのだ[1]！ このことがたちまち彼を別の存在に変えてしまった。徒弟のうちの何人かはアメリカ人で、他の者たちはアメリカ生まれのアイルランド人だった。「黒ん坊」であることを知っていながら、仲間内に「黒ん坊」をとどめおくというのは、彼らの尊厳を傷つけることだった。まず、彼らは無言の軽蔑で彼をあしらい始めた。だが、彼のほうも同じことをやり返しているのが分かると、彼らはあからさまな侮辱と罵倒という手段に出た。彼は元気のある少年だったので、そうしたことに我慢がならず、その場所を飛びだしてしまった。何かをしながら自活していこうと思ったようだが、助言してくれる人がいなかったので、捕鯨船に乗り込んだ。[2] 彼にまつわるこうした知らせを受け取ったとき、私は流れる涙を抑えることができず、長いあいだ彼を放り出したままにしておいた自分を激しく責めた。しかし、当時の私はそれが最善だと思ってそうしたのだった。いま私にできることと言えば、天なる父に向かって、彼を導きお守りくださいと祈ることぐらいだった。

私が英国から戻ってまもなくのことだが、今は結婚してダッジ夫人[3]と名を変えたエミリー・フリント嬢から、次のような手紙を受け取った。

これを見れば、これがお前の友人であり女主人でもある者の筆跡だというのが分かるでしょう。お前がある家族と一緒にヨーロッパに行ったというのを聞いていたので、手紙を書くにあたっては、お前の帰国の知らせを待っていました。ずっと以前のことですが、お前は私宛てに手紙を送ってくれました。私はその手紙に対して、返事を書かなければいけないと思っていました。でも、その当時の私は父と別の行動ができなかったので、お前に満足のいくことは何もしてやれないと分かっていました。これまでこの地には、お前を買い取り、危険を冒してでもお前を所有したいと思っていた人が、何人もいました。それに対して、私は同意などしたことがありませんでした。私はいつもお前に愛着を持っていたので、お前が他人の奴隷になったり、思いやりのない扱いを受けたりするのを見たくなかったからです。今の私は結婚し、お前を守ってやることができます。私の夫はヴァージニアへの定住を考えて、この春そこへ引っ越す予定です。私はお前が戻ってきて私と一緒に住んでくれたらいいと思っています。もしお前が戻ってきたくなければ、お前は自分自身を購入してもかまいませんが、私としてはお前が一緒に住んでくれることを希望します。もし戻ってくる気があり、そのうえでそうしたいというのであれば、私はお前が一カ月間おばあさんや仲間と一緒に過ごしてもいいと思っています。その後で、ヴァージニア州ノーフォークの私のところにきてくれれば、私のほうはそれで一向に構いません。よく考えて、できるだけ早く返事を書いて、私に結論を知らせてください。お前の子供たちが元気でいることを望んでいます。私は今でもお前の友人であり女主人です。

もちろん、私はこのねんごろな誘いに対して、感謝の返礼など書きはしなかった。私がこんな愛情の告白に引っかかるほどばか者だと思われていることに、屈辱感さえおぼえた。

「私の居間へやっておいで」と蜘蛛が蠅に言った。
「ここはお前が今まで目にしたうちで、一番きれいな居間だよ[4]」

私のヨーロッパ行きを知っているのだから、フリント先生の家族が私の動静に通じているのは明らかだった。私は彼らからさらにもっと苦しめられるだろうと予想したが、これまでうまく逃れてきたのだから、将来も同じようにうまくやれると思っていた。私は自分の稼いだお金で子供たちに教育を受けさせ、彼らのための家を確保してやりたかった。自分を買い戻すために金を使うのは業腹なだけでなく、不当に思えた。私は自分自身を一個の財産だとは見なせなかった。しかも、私は何年間もただ働きをさせられてきたのに加えて、その間の食べ物や衣類に関しては祖母に多くの援助を頼らなければならなかった。私の子供は間違いなく私のものだ。ところが、フリント先生は彼らを養い育てるために少しも金を使っていないのに、彼らをダシにして大金をせしめていた。法律にしたがえば、私は彼の財産であり、彼の娘が私の子供たちの所有権を主張することになるのだろう。私もそれは承知していたが、そんな法律など強盗どもの決まりでしかなく、そんな連中の権利など少しも尊重する義務はなかった。

当時はまだ第二次逃亡奴隷法は通過していなかった。その頃のマサチューセッツ州の判事たちは、正義の庭と呼ばれていた裁判所に入るのに、鎖の下に自らの身を屈するようなことはしなかった。年老いた私の主人が、マサチューセッツ州を敬遠していたことも私は知っていた。私はこの州の自由への愛を頼みにし、この州の土地の上にいれば安全だと思っていた。今になって気づかされているのだが、私はマサチューセッツ州という古い民主政体に分不相応の敬意を表していたことになる(5)。

第39章 告白

二年間、娘と私はボストンで何不自由なく自分たちで生活を支えていた。[1]二年目の終わりになって、弟のウィリアムがエレンを寄宿学校に入れたほうがいいと言いだした。私には身近な人間がとても少なかったので、彼女との別れを承知するのはとても辛かった。私たちの暮らしていた二つの小さな部屋を、いかにも家庭らしく見せていたのは彼女の存在だった。しかし、私の良識が自分本位な感情に打ち勝った。私は彼女の出発の準備に取りかかった。生活をともにしてきたこの二年間、私は何度も彼女の父親のことをある程度は話しておこうと決意したのだが、十分な勇気を奮い起こすことができなかった。話せば、子供の愛情が薄まるのではないかと恐れたのだ。彼女が間違いなくこの問題に関心を抱いていたのは分かっていたが、彼女のほうからは一度も質問をしてこなかった。彼女はいつも私に気を遣って、過去の心労を思い出させるようなことを言うまいとしていた。彼女が私の許を離れようとしているこの段階で私の考えたことは、もし彼女が戻ってくる前に私が死ぬようなことにでもなれば、事情を何も知らない人間から彼女は私の過去を聞くことになるかもしれないということだった。その場合、彼女がこのことについて何の知識も持っていなければ、彼女の繊細な神経は手ひどい打撃を受けることになるだろう。

その夜、私たちが床につこうとしていたとき、彼女は言った。「母さん、ここに母さん一人を残すのかと思うと、あたしはとても辛いわ。そりゃ勉強はしたいけど、行かずに済ませられるものなら、ほとんどそうしたいと思うの。でも、母さんはあたしにしょっちゅう手紙を書いてきてくれるわよね、そうでしょう、母さん？」

私は彼女を抱きしめもせず、答えようともしなかった。その代わり、精一杯の努力をして、静かで荘厳な調子で言った。「いいかい、エレン。お前に言っておかなければならないことがあるの！」私は奴隷だった若き日の苦しみを事細かに描写し、それらがほとんど私を押し潰してしまいそうだったと彼女に語った。それから、それらがどんなふうに私を大きな過ちへ追い込んでいったかを話そうとしたとき、彼女は両腕で私を抱きしめて叫んだ。「ああ、やめて、母さん！　どうかそれ以上何も言わないで」

「でも、エレン、お前の父さんのことを知っておいてもらいたいんだよ」と私は言った。

「そのことなら、あたしはすべてを知っているわ、母さん」と彼女は答えた。「あたしという人間はあたしの父さんにとって何物でもないし、あたしの父さんもあたしにとっては何物でもないの。あたしが愛しているのは母さんだけよ。あたしはワシントンで父さんと五カ月間一緒にいたけど、父さんは一度もあたしを愛してくれたことはなかったわ。父さんは幼いファニーに話しかけるみたいに、あたしに話しかけたことなどなかった。あたしはずっとあの人があたしの父さんだってことを知っていた。だって、ファニーの乳母がそうだって教えてくれたんですもの。でも、彼女は誰にもそのことを話しちゃいけないって言ったから、あたしは誰にも話さなかった。あたしは父さんがファニーにするみたいに、あたしを抱いてキスしてくれたらいいなといつも思っていた。また、彼女に笑いかけるみたいに、ときどきあたしにも笑いかけてほしいと思っていた。もしあの人があたしの父さんだったら、あたしのことを愛しているはずだと考えていた。その頃のあたしは幼い女の子だったから、まだよく分からなかったのよ。でも、今はもう父さんのことなど何も考えてはいないわ。あたしが愛しているのは母さんだけなの」。話しながら、彼女は私をしっかりと抱きしめた。私があれほど伝えるのを恐れていた事柄を知っても、エレンの愛情が少しも削がれることのなかったのを、私は神に感謝した。彼女が私の過去のあの部分のことを知っているなんて、私は考えてもみなかった。もしそうと知っていたら、私はずっと前に彼女に話していたことだろう。なぜなら鬱積した私の感情は、いつも誰か信用できる人にはけ口を求めていたのだから。しかし、不幸な母親に示してくれたこのこまやかな心遣いのおかげで、私はこのいとしい娘をもっと深く愛するようになっていった。

翌朝、彼女とその叔父は、学校のあるニューヨーク州の村へと旅立っていった[2]。まるで太陽の光がすべて消え去ったかのように思われた。私の小さな部屋は恐ろしいほどひっそりとしてしまった。私をいつも雇ってくれていたある婦人から、彼女の家に来て数週間縫い物をしてほしいとの依頼がきたとき、私はありがたいと思った。帰ってみると、ウィリアムから一通の手紙がきていた。彼はロチェスターに奴隷制反対運動のための読書室を開き、そこで同時に本や文房具も売ろうと考えて、私に一緒にやろうと言ってきたのだ。私たちはそれを精一杯やってみたが、成功しなかった[3]。ロチェスターには奴隷制に反対する心豊かな友人たちがいたとはいえ、弟が考えだした施設を維持できるほどにまで、そうした考え方が一般的になっていたというわけではなかった。私はアイザックとエイミー・ポストの家庭でほとんど一年間を過ごした。[4] 人間はみな同胞というキリスト教の教義を実践的に信奉していたポスト夫妻は、人間の価値を肌の色でなくその人格で判断していた。この大切な尊敬すべき友人たちの思い出は、私が生きている限り私の胸に残るだろう。

第40章
逃亡奴隷法

事業に失敗した弟は、カリフォルニアに行く決心をした。ベニーも彼と一緒に行くことになった。エレンは自分の学校が好きで、皆からとてもかわいがられていた。学校の人びとは彼女の過去を知らなかったし、彼女のほうも彼らの同情心に付け入ろうという気がなかったので、何も話さずにいた。しかし、たまたま彼女の母親は逃亡奴隷だということが知られると、彼女が皆からもっと受け入れられるよう、また彼女の学費などが割引となるようあらゆる手だてが尽くされた(1)。

私はまた一人になってしまった。お金を稼ぐ必要があったが、できることならば、私を見知っている人びとの間で働くほうがいいと思っていた。ロチェスターから戻ったとき、私はメアリーに会いにブルース氏の家を訪ねた。小さなかわいい赤ちゃんだったメアリーは、私がかつて人間をだれも信用できずに自分の心を荒涼と凍てつかせるままにしていたとき、その氷を溶かしてくれた。彼女は今では背の高い少女に成長していたが、私はいつも彼女を愛していた。ブルース氏は再婚しており、私に生まれたばかりの赤ちゃんの乳母になってほしいと言ってくれた(2)。私にはひとつだけだったが躊躇することがあった。それはニューヨークに住むことの不安で、逃亡奴隷法が通過した今、その不安はますます増大していた。しかし、私はやってみることにした。今回もまた私は雇い主に恵まれた。新しくブルース夫人になった人はアメリカ生まれで、南部の上流社会の影響下に育ち、今でもその中で生活していた。だが、仮に彼女が黒人に対する偏見の持ち主だとしても、私はそのことに一度も気づいたことはなかった。奴隷制というシステムに関して、彼女は本当に心の底から嫌悪感を抱いていた。南部人のどんな奴隷制擁護論も、彼女の目を曇らせて奴隷制のおぞましさを見えなくさせることはできなかった。彼女はすぐれた信条と高貴な精神とを兼ね備えた人だった。私にとっては、あの頃から現在にいたるまでずっと、彼女は真の心やさしい友だった。彼女と彼女の家族に祝福あれ！

私がブルース家に再び雇われた頃、黒人にとってひどい苦痛をもたらす重大な出来事が起こった。新法の最初の犠牲者となった逃亡奴隷ハムリンが、北部の血に飢えたイヌどもによって南部の奴隷所有者に引き渡されたのだ。これが黒人に対する恐怖支配の始まりだった。大都会ニューヨークは自らの喧騒の渦の中を突き進んでいて「貧しい人びとの短くて簡単な年代記」[3]などに注意を払っていなかった。しかし、上流社会の人びとがメトロポリタン劇場で、スウェーデンからやって来た歌姫ジェニー・リンド[4]の心に響く声を聞いていたとき、シオン教会では、助けを求める苦悩の中で情け容赦なく狩りたてられた黒人たちの心に響く声が、神に向かって上げられていた。[5]この都市に二十年も住んできた多くの家族が、今やここから逃げ出していた。[6]身を粉にして働いたすえに、やっと快適な家庭を築きあげた多くの貧しい洗濯女たちが、家具を投げ売りあわただしく友人に別れを告げて、カナダの見知らぬ人びとのあいだに新天地を求めていかなければならなかった。多くの妻たちがそれまで知らなかった秘密、つまり夫は逃亡奴隷であり、自らの身の安全のために彼女の許を去らなければならないということを知った。多くの夫はもっと悪いこと、つまり自分の妻が何年も前に奴隷制から逃げ出してきたために「子供は母親の身分に従う」という規定に縛られて、彼の愛する子供が捕らえられ、奴隷制のもとに連れ去られかねないということを知るはめとなった。いたるところ、こういった慎ましい家々の中に、周章狼狽と激しい苦悩があった。しかし「優勢な人種」を代弁する立法家たちは、自分たちの踏みつけている心臓からほとばしり出る血のことなどいっさい気にもかけなかった。

　弟のウィリアムがカリフォルニアに行こうとしていた日の前夜、私は彼と一緒に過ごしたが、私たちはそのほとんどの時間を、この非道な法律の通過によって被抑圧者にもたらされた苦難について話しあった。私は抑圧者に対して、彼があれほどの激しい感情やあれほどの仮借ない敵意を示したのを、かつて見たことがなかった。彼自身はこの法律の適用から免れていた。なぜなら、彼は奴隷州から逃げてきたわけではなく、自分の主人によって自由州に連れてこられていたからである。しかし、周囲のいたるところにいる何百という聡明で勤勉な人びとと同様、私はその法律の適用の範囲内にいた。私はめったに通りに出なかった。ブルース夫人や家族の誰かの用事のために外出しなければならないような時には、できるだけ裏道や脇道を通るようにした[7]。何らの罪も犯さず、また良心的に自分たちの義務を果たそうと努力している住民たちが、こんなふうに絶えざる恐怖の中で生きることを強いられ、どこにも保護を求めようがないなどというのは、自らを自由の府と呼んでいる都市にとって何という恥ずべきことだろう！　当然、こうした事態に促されて、即席の自警委員会がたくさん組織された。すべての黒人、そしてまた迫害されている人種のすべての友人たちが、油断なく目を見開いて警戒していた。私は毎晩新聞を注意深く見て、どんな南部人がどこのホテルに泊まっているかを調べた。私がこれをしたのは、まずは自分のためだった。というのも、私の若い女主人とその夫がリストの中に載っているかもしれないと思ったからである。だが、必要があれば、他の人びとに情報を提供したいとも考えていた。もし多くの人びとが「動揺して」いるのであれば、「知識を増す(8)」べきだという聖書の教えに従ったわけである。

こうしたこととの関連で、私は南部とつながるひとつの記憶を思い出す。それをここで手短かに物語っておくことにする。私はルカという名前の一人の奴隷と多少顔見知りだった。彼は近所に住むある金持に所有されていた。彼の主人は相続人の息子と娘に莫大な財産を残して死んだ。奴隷たちの分割にあたって、ルカは息子の相続分の中に含み込まれた。この若い息子は「家父長制」に起因する悪徳にどっぷりと浸かっていた。教育を完了すべく北部に行ったとき、彼はこの悪徳を身に携えてでかけた。彼は故郷に連れ戻されたが、そのときの状態は、放蕩が過ぎて手足が自由に使えないといったていのものだった。ルカはこの寝たきりの主人に仕えるよう指示された。身体の自由がきかないというらだちから、主人の横暴癖はますます激しさを増していった。彼は自分のすぐ傍らに牛皮の鞭を置き、ほんの些細な落ち度を見つけては、背中を剥き出しにして寝椅子のそばにひざまずけと付添いのルカに命じ、力が尽き果てるまで鞭をふるった。いつでも鞭打てるように、ルカは何日間もシャツのままでいなければならないこともあった。彼が鞭打たれることなく、一日が過ぎ去るということはめったになかった。少しでも抵抗の身ぶりを示すと、懲罰を加えるため町の治安官が呼ばれた。ルカが身をもって学んだことは、相対的に力の弱い主人の腕より、力強い治安官の腕をいかに恐れなければならないかということであった。暴君の腕はどんどん弱まっていって、最後には麻痺してしまった。そうなると、治安官に年がら年中罰を加えることが要請された。ルカの世話に完全に依存し、幼児のように厄介をかけなければならないという事実は、哀れな奴隷に対して感謝の気持ちを抱いたり同情心を寄せたりする代わりに、ただいらだちと残虐さを増しただけのようだった。男のみじめな残骸でしかない主人は、ベッドで横になっているとき、専制主義の最も奇怪な気まぐれを思いついたりした。ルカが彼の命令に従うのを躊躇したりすると、すぐに治安官が呼びにやられた。こういった気まぐれのいくつかは、あまりに卑猥すぎてここで繰り返すのもはばかられるようなものであった。私が拘束の館から逃げ出したとき、哀れなルカはまだこの残虐で虫酸が走る卑劣漢のベッドのわきに繋がれたままだった。

ある日、私はブルース夫人の用足しにちょっと出かけるよう頼まれ、いつものように裏通りを急いでいた。ちょうどその時、一人の見慣れた顔の若い男がこちらにやってくるのに出会った。その男がさらに近づいた時、それはルカだと分かった。暗黒の地獄から逃げ出してきた人に出会ったり、あるいはそうした人のことを聞いたりするのは、私にはいつも心楽しいことだった。でも、この哀れな同胞のすさまじいまでの苦難はよく覚えていたので、北部をもはや自由な地とは呼べないにしても、この北部の地で彼と出会えたことが格別うれしく感じられた。見知らぬ人のあいだでひとりいるのがどんなに侘びしいかよく分かっていたので、私は彼に近づいていき丁寧に挨拶した。最初、彼は私が誰か分からなかったが、私が自分の名前を言うと、私のことをすべて思い出してくれた。私は逃亡奴隷法のことを彼に伝え、ニューヨークが奴隷狩りの都市になってしまったのを知っているかどうか尋ねてみた。

彼は答えた。「おらの場合はあんたほど危険じゃねえよ。だって、あんたは主人から逃げたが、おらは奴隷商人から逃げたからね。奴隷商人の奴らは、逃げた奴隷を絶対に捕まえられると踏んだときでなきゃ、金を使ってここまで探しにこねえ。それに、おらはそのことについちゃ十分考えて手を打ってあるのさ。あっちではえらく辛い思いをしとるからね、そう簡単にこの黒ん坊さまを捕まえさせるわけにはいかねえんだよ」

そう言うと彼は、自分の受けた忠告とそれに基づいて立てた計画を、私に打ち明けてくれた。カナダに行くだけの十分な金があるかどうか、と私は聞いた。「大丈夫。持っとるよ」と彼は答えた。「そのこともちゃんと考えとった。あのけった糞悪い白人どものためにおらはずっと働いてきたけど、蹴られたり殴られたりするだけで、金は少しも貰えなかった。だから、おらは思ったよ。この黒ん坊さまには、自由州に行けるだけの十分な金を持つ権利があるってね。ヘンリーの旦那は、誰もが死んでほしいって思うくらいまで、生きてた。そいで、奴さんが死んだとき、悪魔が奴さんを自分のものにするってえのが、おらには分かってた。でも、悪魔の野郎は、奴さんに金なんか持ってきてもらわんでもいいんだよ。そこで、おらは奴さんの札束から少し抜き取って、それを奴さんの古いズボンのポケットに入れといたんだ。奴さんが埋葬されるとき、この黒ん坊さまは旦那の古いズボンがほしいって言っただ。あいつらはズボンをおらにくれたよ」。ここで彼は低い声でクスクス笑ってから、付け足した。「あんたには分かるだろうけど、おらは盗んだんじゃねえ。あいつらがおらにくれたんだ。実際のところ、奴隷商人に見つからねえようにするのは、すげえ大変だったよ。でも、奴の手になんか渡しゃしなかった」

これこそ、奴隷制によって道徳的感性がどう教育されるかの良い見本である。ある人間が年がら年中賃金を盗まれ続け、しかも法律がその盗みを認可し強要するようなとき、どうしてその人間に対して強奪者以上の正直さを要求することができるというのか。私も多少は文明化されているとはいえ、あの貧しく無知で手ひどく虐待されてきたルカと同じように、彼には未払い賃金の一部として、あの金を自分のものにする権利があると考えている。彼はその後すぐカナダに向けて出発した。それ以降、私は彼の消息を聞いたことがない。

その年の冬のあいだ、私はずっと不安な気持ちで暮らしていた。新鮮な空気を吸わせようと子供たちを外に連れ出すような時、私は会う人すべての顔にじっと目を注いだ。蛇と奴隷所有者が姿を現わす夏の訪れが、私には怖かった。実際のところ、かつて奴隷州にいた時とまるっきり同じで、ニューヨーク州でも私は奴隷法に縛られた奴隷だった。自由州と呼ばれる州なのに、これでは変だし辻褄が合わないではないか！

春が巡ってきた。私は南部からの警報を受け取った。それによると、フリント先生が元の仕事場へ戻った私の動静を知り、私を捕える準備をしているので用心するようにということだった。後になって知ったのだが、私の服装とかブルース夫人の子供たちの服装などが、北部の奴隷狩りの手先によって事細かに彼に伝えられていたという。こうした手先を奴隷所有者たちは自分たちの卑しい目的のために雇い入れながら、他方ではこうした手合いの強欲さやさもしい下僕根性を大いに嘲り笑っていた。

私はただちに自分の危険な状態をブルース夫人に知らせた。彼女は素早く私のための安全策を講じてくれた。だが、乳母たる私に代わりうる人間がすぐには見つけられなかったので、この寛大で情け深い女性は私が彼女の赤ちゃん[9]を連れて逃げたらどうかと言いだした。その子を一緒に連れて行けることは、私にとっては慰めだった。なぜなら、人の心というものは、愛する対象のすべてから引き離されるのを嫌うものだからである。とはいえ、国の立法者たちが血に飢えた猟犬どもをけしかけて狩り立てている哀れな乳母のために、わが子の一人を逃亡者にすることに同意する母親がどれだけいるだろうか！　私が大事な子供を手放すことになる彼女の犠牲について口にしたとき、彼女はこう答えた。「リンダ、あなたは赤ちゃんを連れていたほうがいいのよ。だって、もしあの人たちがあなたを追い詰めたとしても、あの人たちはこの子を私のところに連れてこなければならなくなるわ。そうしたら、その可能性があれば、私たちはあなたを救えるかもしれないわ」

　この婦人にはとても裕福な親戚がいた。彼はいろいろな意味で情け深い紳士だったが、貴族主義的なところがあり奴隷制擁護論者だった。彼は逃亡奴隷を匿っていることで彼女を非難し、国の法律に違反していると言い、罰則があるのを承知しているかと聞いた。彼女は次のように答えた。「ええ、よく承知しています。投獄と罰金千ドルでしょう。でも、その現状こそわが国の恥です！　私は喜んで罰を受けます。かわいそうな犠牲者が誰であれ、私の家から引き離されて奴隷状態に連れ戻されるくらいなら、私が州の刑務所に入ります」

　何という気高い精神！　何という勇気ある心！　こうして彼女のことを書いている今でも、私の目には涙があふれ出てくる。虐げられている私の同胞に寄せる彼女のやさしい気持ちに、無力な者たちとともにある神様が報いてくださいますように！

　私はニューイングランドに送られ、ある州の州議会上院議員夫人のもとに身を寄せた。[10]彼女のことは、常に感謝の気持ちで思い出し続けることだろう。尊敬すべき上院議員に関して言えば、この紳士は『アンクル・トムの小屋』に出てくるオハイオ州の州議会上院議員と違って、逃亡奴隷法には賛成票を投じなかった[11]。逆に、彼はそれに強く反対していた。しかし、彼はその法律の影響を強く受けていたので、私を自分の家に長時間滞在させるのを怖がっていた。結局、私は田舎に行かされることとなり、赤ちゃんと一緒に一カ月間そこにいた。フリント先生の手先たちが私の足跡を見失い、さしあたっては追跡をあきらめたと思われた頃に、私はニューヨークへ戻っていった。

第41章
ついに自由になる（1）

ブルース夫人とその家の人びとは皆私にとても親切だった。私はそうした自分の恵まれた境遇に感謝していた。だが、いつも陽気な顔をしていることはできなかった。私は害をなしていないだけでなく、かえって逆に、ささやかな仕方であれ、私なりにできるかぎりの善を行っていた。それなのに、心中で怯えることなく天下晴れて堂々と外出することができなかった。これは耐えがたいことに思われた。私の考えでは、文明国ならどこであれ、これがまともな状態であるはずはなかった。

折にふれ、私は年老いたやさしい祖母から便りを受け取った。彼女は字を書けなかったが、他の人に頼んで代筆してもらっていた。次に掲げるものは、晩年の彼女から送られてきた手紙のひとつからの抜粋である――

大事な娘へ。わたしはね、この世で再びお前に会えるとは思っていないが、あの世では一緒にしてほしいって神様にお祈りしているんだよ。あの世では、苦痛がこのか弱い身体を責め苛むようなこともなければ、悲しみや子供たちとの別れもないだろう（2）。もし私たちが最後まで誠実に勤めていれば、神様はそんなふうにするって約束してくださったんだ。わたしは年を取り身体も弱ってしまったので、もう教会には行けない。でも、家にいても神様はわたしと一緒にいらっしゃるんだ。わたしに対するお前の弟のやさしい心遣いには、感謝している。彼によろしく言っておくれ。そして、青春の日々にこそ自らの創造主に心を留め、(3) 神の国でわたしに会えるよう努力してほしいって伝えておいてほしい。エレンとベニーにもよろしくね。ベニーをなおざりにしてはだめだよ。わたしに代わって、良い子でいるよう伝えておくれ。彼らが神の御意にかなう子になるよう、がんばって教えてほしい。神様がお前を守り養ってくださいますように。それがお前を愛する、老いた母の祈りです。

これらの手紙は私を喜ばせもしたが悲しませもした。不幸な青春時代にやさしく誠実に尽くしてくれた老いた身内からの便りは、いつ貰ってもうれしいものだ。しかし、彼女の愛情のこもった便りは、死ぬ前に彼女に会いたいという気持ちを募らせ、それができないという事実を私は嘆いた。ニューイングランドへの逃亡から戻って数カ月後、私は彼女から一通の手紙を受け取った。その中で彼女は次のように書いていた。「フリント先生が死んだよ。(4) 遺された家族は悲嘆に暮れている。かわいそうな男だ！　彼が神様と和解してくれていればいいのだが」

祖母が苦労して稼いだお金を女主人に貸し、それを彼がどのように騙し取ったか、彼女の女主人が約束した自由を彼がどのようにごまかそうとしたか、彼女の子供たちを彼がどのように虐げたか、そうしたことを私は覚えていた。だから、もし彼女が彼を完全に許すことができるとしたら、彼女はキリスト教徒として私よりずっと立派だと認めざるをえなかった。事実、私のほうは、かつての主人が死んだと聞かされても、彼に対する気持ちが和らいだとはとても言えない。墓をもってしても、おおい隠すことのできない悪行というものがあるのだ。生きていたとき、この男は私にとって唾棄すべき存在だったが、今は彼の記憶でさえもが忌わしかった。

この世から彼がいなくなっても、私の危険は減らなかった。彼は自分の死んだ後は相続人たちが私を奴隷として所有するはずだとか、自分の子供が生きている限り私に自由はないなどと言って、私の祖母を脅していた。フリント夫人に関して言えば、子供をすでに数人亡くしているので、彼女が夫を喪ってこれほど深い悲嘆にくれる姿を見せるとは私の予想を上回っていた。しかし、だからといって、私に対する彼女の気持ちが、いささかでも和らいだというような徴候は見受けられなかった。フリント先生は財政的に逼迫した状態で亡くなっていたので、掌中に納めることのできない私という財産を除けば、彼が相続人に遺すものはほとんどなかった。したがって、これから先、フリント家の人びとから何を予期しなければならないか、私には十分に分かっていた。南部から私に用心するようにという警告の手紙がきて、私の恐れていたことは現実のものとなった。フリント夫人が、自分の娘は私のような高価な奴隷を失うことはできない、とはっきり口に出して言っていたからである。

私は新聞を丹念に見て、どんな人がニューヨークへ到着するかに注意していた。だが、ある土曜日の晩、とても忙しかったので、いつも通りに『イブニング・エクスプレス』紙を調べるのを忘れていた。翌朝早くその新聞を探しに居間に下りていくと、小使いの少年がそれで火を点けようとしているところだった。私は彼からそれを取り上げると、到着人名簿を調べた。読者の皆さん、あなた方が奴隷の身でなかったならば、コートランド通りのホテルに宿泊したダッジ夫妻の名前を見出したとき、いかに私が胸に鋭い苦痛の感覚を持ったかとても想像することはできないでしょう。そのホテルは三流のものだった。そのことから推しても、私の聞いていたことが事実だということ、つまり彼らが金銭的に困っており、私という価値を必要としているというのが確信できた。というのも、彼らは私を金銭的に高く見積もっていたからである。私は新聞を手にブルース夫人のところへ急いだ。彼女は常に困っている人に心と手を開いていた。私の心配事にも、絶えず温かい同情の念を寄せてくれた。敵がどれほどの近くにいるのか、私には判断できなかった。私たちが眠っている間に、彼は家の前を何度も行ったりきたりしていたかもしれない。今この瞬間にも、私が危険を冒してドアの外に出ていけば、彼は私に襲いかかろうと待ち構えているかもしれない。私は若い女主人の夫を見たことがなかったので、見知らぬ人びとの間では彼を識別することができなかった。急遽馬車が呼びにやられた。私は顔をベールでしっかりと覆うと、ブルース夫人の後に従って、赤ちゃんを腕にまた流浪の旅へと出ていった。何度も角を曲がったり道を横切ったり、また後戻りしたあとで、馬車はブルース夫人の友人の家で停まった。私はそこで親切に迎えいれられた。ブルース夫人は誰かが私のことを調べにきた場合にそなえて、召使いたちに言うべきことを指示するためにすぐ家に戻っていった。

夕刊が燃やされないうちに到着人名簿を調べる機会が持てたのは、私にとって幸運だった。ブルース夫人が家に帰って間もなく、私を尋ねて何人もの人間がやってきた。一人は私に面会を申込み、別の一人は私の娘エレンの所在を尋ね、さらにもう一人は、本人自らに手渡してほしいと頼まれた祖母の手紙を預かっていると言った。

「彼女はここに住んでいました。でも、出ていって、もうここにはいません」と彼らは告げられた。

「どのくらい前のことなんだい？」

「分かりません」

「どこに行ったか知っているかい？」

「知りません」。その言葉とともに、ドアは閉じられた。

私を自分の所有物だと主張していたこのダッジ氏というのは、もともとは北部出身だったが、南部で行商人をやり、その後店を構えて商人になり、最終的には奴隷所有者となった人間だった。彼はいわゆる上流階級にうまく自分を売り込み、エミリー・フリント嬢と結婚していた。彼と彼女の弟の間にはある争いがもちあがり、弟が彼を鞭で打ちすえたりしたことがあった[5]。こうしたことが原因で家族間の反目が起こり、彼はヴァージニア州に引っ越すと言い出していた。彼には扶養しなければならない妻子がいたのだが、フリント先生は彼に何らの遺産も遺さなかったので、彼の収入源はごく限られたものでしかなかった。こうした事情にある彼が、私を自分のものにしようと必死になっていたのも当然だった。

私には同郷の男性で、絶対的な信頼のおける黒人の友人がいた。私は彼に来てもらい、ダッジ氏夫妻がニューヨークに着いていることを伝えた。その上で彼に頼んだのは、彼らを訪問して、フリント先生の家族がよく知っている南部在住の彼の友人たちの安否を尋ねてもらうことだった。彼はそうすることに何の不都合もないと思ったので、承諾した。彼はホテルに行き、ダッジ氏の部屋をノックした。すると、ダッジ氏本人がドアを開け、無愛想な調子で問いただした。「お前は何をしにここに来たんだ？　俺がニューヨークに来ているのを、どうやって知ったんだ？」

「あんたの到着は、夕刊に出てましたよ、旦那。おらは故郷の友人たちのことをダッジ夫人に聞こうと思って、訪ねてきたんです。それが何か失礼なことだとは思いませんでしたからね」

「俺の妻が所有しているあの黒人娘はどこにいる?」

「どの娘のことですか、旦那?」

「お前にはよく分かっているはずだ。何年か前に医師のフリント先生の農園から逃げ出したリンダのことだ。おそらく、お前は彼女に会ったことがあるだろう。どこにいるかも知っているはずだ」

「ええ、旦那、会いましたよ、居所も知っていますす。彼女はあんたの手の届かないところにいますのさ、旦那」

「彼女がどこにいるか教えてくれ。あるいは、俺のところへ連れてきてくれ。俺は話し合って、彼女に自由を買う機会を与えてやるつもりなんだ」

「そんなことをしても無駄だと思いますよ、旦那。彼女は自分が自由の権利を持っていると思っていますから、自分の自由のためにどんな男や女にも金を払うつもりはない、もし金を払うくらいなら、地の果てまで逃げていくって彼女が言っていたのを聞いたことがありますからね。それに、彼女は子供たちの教育のために自分の稼ぎを使っていますから、たとえ彼女がそうしたくてもできないんですよ」

　これを聞いたダッジ氏は非常に腹を立て、二人のあいだに激しいやりとりが交わされることとなった。友人は私のいるところにやってくるのを警戒していた。だが、その日のうちに私は彼から書き付けを受け取った。私には彼らが冬に、物見遊山のためわざわざ南部から出てきたのでないことは分かっていた。いまや彼らの用向きが何であるかは明白だった。

ブルース夫人が私の元にやってきて、明日の朝ニューヨークから立ち去るべきだと強く主張した。彼女の言うところでは、相手は彼女の家を見張り続けているので、私の居場所を突き止める手がかりを手にする危険性が十分あるというのだ。私は彼女の忠告をなかなか受け入れようとはしなかった。彼女は私の心を動かさずにはおかぬやさしさと熱心さで、私を説得した。しかし、私の気分は重く、鬱屈していた。私は当てもなく逃げ回ることにうんざりしていた。私の人生の半分は、人から追われどおしだった。しかも、その追跡は、決して終わることがないように思われた。私は罪を犯したわけでもないのに、教会で神を誉め称えることも敢えてなさず、この大都会でその場にただじっと座り込んでいるだけだった。午後の礼拝を知らせる鐘の音を耳にしたとき、私は蔑むような皮肉を込めて、次のようなことを口にした。「牧師さんたちは自分の説教に、『捕らわれ人には自由を、つながれている人には解放を告知させよう[6]』という文句を引きあいにだしたりするのだろうか。あるいは『人にしてもらいたいと思うことは何でも、あなたがたも人にしなさい[7]』という文句を説教したりすることがあるのだろうか」。虐げられたポーランド人やハンガリー人は、この都会に安全な避難場所を見出すことができた。また、ジョン・ミッチェルのようなアイルランド系の愛国主義者はシティ・ホールで、「奴隷を十分に備えたプランテーションを持ちたい」というような欲望さえ公言する自由を獲得した[8]。だが、虐げられた一人のアメリカ人たる私は、ただその場に座り込み、敢えて人前に顔を出さないようにしていた。神様、あの安息日に私が暗く辛い思いに耽っていたのを、どうぞお許しください！聖書は「賢者さえも、虐げられれば狂う[9]」と述べているが、まして私は賢者などではなかった。

私はダッジ氏の言葉として、彼の妻は私の子供たちの権利を譲り渡す署名などしたことがないのだから、もし彼が私を手に入れられなければ子供たちを連れていくつもりだ、と言ったというのを聞いていた。(10) 私の心をあれほど激しく動揺させたのは、何よりも彼の発したというこの言葉だった。ベニーは彼の叔父のウィリアムと一緒にカリフォルニアにいたが、私の無邪気な年若い娘は私と一緒に休暇を過ごしにやってきていた。私は自分が彼女と同じ年齢のとき、奴隷制のもとでどんな苦しみを味わったかに思いをいたしていた。私の心は、ハンターが虎の子を捕まえようとしているときの母虎と同じだった。

ああ、親愛なるブルース夫人！　今でも私は、頑固な私の態度にがっくりして立ち去っていったときの彼女の表情を、見る思いがする。自分の忠告が功を奏さないと分かると、彼女は説得のためエレンを寄こした。夜の一時になってもエレンが戻らなかったとき、この用心深く倦むことを知らぬ友は気が焦ってきた。彼女は私の旅行用鞄に荷物をいっぱい詰め込むと、このときまでには私も道理ある言葉に耳を傾けるようになっていると信じて、馬車に乗り込んで私たちのところへやってきた。私はもっと前にそうしているべきだったが、彼女の説得に屈服した。

翌日、赤ちゃんと私は、激しい雪嵐の中を再びニューイングランドに向けて出発した。私は仮名で私宛てに出された「不法の都市」からの手紙を数通受け取った。そのうちの一通はブルース夫人から二、三日後に届いたものだが、彼女はその中で私の新しい主人がまだ私を探しているので、彼女としては私の自由を買い取ってこの迫害を終わりにしたいという意向を伝えてきた。私はそういうことをする気になった彼女のやさしさに感謝したが、その考えそのものは、期待されたほど嬉しくはなかった。精神が啓発されればされるほど、自分を一個の財産とみなすことがますますできにくくなっていったし、私をひどく苦しめてきた人たちに金を払って自由を買うことは、私の苦しみから勝利の栄誉を剥奪するかのように思われた。(11) 私はブルース夫人に感謝の意を表しながら手紙を書き、その中で一人の所有者から別の所有者に売られることはほとんど奴隷制そのものに思えるということ、またそのような大きな債務は簡単に帳消しにすることができないということ、さらに私の意向としてはカリフォルニアにいる弟のところに行きたいということなどを伝えた。

私が知らないうちに、ブルース夫人はニューヨークで人を雇い、ダッジ氏との交渉を開始させた。その紳士がダッジ氏に行った申し入れは、もしダッジ氏が私を売却し、併せてこれ以後永久に私や子供たちに対する請求権の一切を断念すると誓えば、即金で三百ドル支払うというものだった。自分を私の主人だと称していた男は、これほど高価な召使いに対してそんな安値では話にならないと鼻でせせら笑った。それに対して、紳士のほうは次のように答えた。「あなたがその気なら、どうぞお好きになさればいい。ただし、あなたがこの申し出を拒否なされば、あなたは何も獲得できませんぞ。あの婦人には、彼女と子供たちを国外に連れ出してくれる友人たちがついておりますからな」

ダッジ氏は「半分でも何もないよりはましだ」という結論を下し、提示された条件に同意した。(12) 次の郵便で、私はブルース夫人から次のような簡単な文面の手紙を受け取った。「あなたの自由の代価は、すでにダッジ氏に支払われました。このことをあなたに伝える喜びを噛みしめています。明日帰ってきてください。あなたと私のかわいい赤ちゃんに会うのが楽しみです」

この短い手紙を読んだとき、私の頭はくらくらとした。私の傍らにいた紳士が「それに間違いはないですよ。私はこの目でその売買証書を見ましたからね」と言った。「売買証書！」この言葉はまるで強烈な一撃のように私をぶちのめした。そうなのだ、とうとう私は売られてしまったのだ。一人の人間が自由都市ニューヨークで売られたのだ！　その売買証書は記録となって残り、それを通じて未来の世代は、キリスト教という宗教の支配していた十九世紀後半、ニューヨークでは女性たちが商品として売買されていたということを学ぶだろう。今後、合衆国における文明の進展を測定しようとする考古学者たちにとって、それは有益な記録文書となるだろう。私はその紙片がどんな価値を持っていたかよく知っている。だが、私は自由を大いに愛しているとはいえ、それに目を留めたいとは思わない。私はそれを獲得してくれた心の広い友人に、大いに感謝する。だが、正当な所有権などその男にもその家族にも存在しようのないものに対して、金の支払いを要求した卑劣漢を、私は軽蔑する。

　私は自分の自由が売買されることに異議を唱えてきたが、それでもその取り引きが完了したとき、大きな重荷が私の疲れきった肩から取り除かれたような気がしたと告白しておきたい。汽車に乗って家に向かっていたとき、私は最早びくびくしながら顔のベールをとったり、通り過ぎる人びとに目をやったりなどしなかった。もしダニエル・ダッジ氏その人と出会っていたとすれば、私は痛快に感じたことだろう。というのも、私を見て、私を知り、その結果私を三百ドルで売らざるをえなくなった自らの不運な境遇を、彼が嘆くはめになったかもしれないからである。

　私が家に帰りつくと、恩人のブルース夫人はその腕に私を抱きとめた。私たちの涙はひとつに溶け合った。口がきけるようになるや否や、彼女は次のように言った。「ああ、リンダ、本当にうれしいわ。すべてが終わったのよ！　あなたは私宛ての手紙で、自分が一人の所有者の手から別の所有者の手へ移譲されるみたいな気がするって、書いてきたわね。でも、私はあなたを働かせるために買ったわけではないのよ。明日あなたがカリフォルニアに向けて出航することになっていたとしても、同じことをしたと思うわ。少なくとも、あなたが私の許から去ったのは、自由な女性としてだったという満足感が持てますからね」

　私はとても胸がいっぱいになった。まだ私が幼い子供だった頃、貧しい父が私を買い取ろうとどんなに努力していたか、そしてその結果、彼がどんなにがっかりしなければならなかったか、私はそうしたことを思い出した。いま彼の霊魂は、私のことを喜んでくれているはずだと私は思った。やさしい老いた祖母が、年老いてなお私を買い取ろうと、どんなふうに稼ぎを蓄え、そしてその計画がどんなふうに何度も打ち挫かれたか、私はそうしたことを思い出していた。私たちが自由となった今、あの誠実で愛すべき祖母が私と子供たちを見ることができたら、どんなに喜びで胸はずませたことだろう！　身内のものたちの努力は失敗に終わったが、神様は私のために見知らぬ人びとの中から一人の友人を見つけてくださった。その友人が、長年求め続けてきた貴重な宝物を私に与えてくれた。友人！　この言葉は、しばしば気軽に使われるごくありふれた表現だ。他の立派で美しいものと同様、この言葉もぞんざいな使われ方をすれば色が褪せるのかもしれない。しかし、私がブルース夫人を指して私の友人と呼ぶとき、その言葉は聖なる輝きを放っている。

　祖母は私の自由を知って喜んでくれるまで生きていた。しかし、それから程なくして、黒枠のハガキが届いた。彼女は「神に逆らう者も暴れ回ることをやめ、疲れた者も憩いを得る」場所へと旅立っていった[13]。

時が経ち、南部から叔父フィリップの死亡記事を掲載した新聞が私に届いた。[14] 私の知る限り、このような名誉が黒人に与えられたのは、これが最初だった。その記事は叔父の友達の一人が書いたものだが、次のような文言を含んでいた。「死が彼を地に横たえた今になって、人びとは彼のことを善意の人とか有益な市民とかと呼んでいる。しかし、世界はもはや彼の視界に入っていない。そんなときに、この黒人への美辞麗句が何になるというのか。神の国で休息を得るのに、人間の賛辞など必要ではない」。そうなのだ、人びとは一人の黒人を市民と呼んでみせたのだ！　あの地域で口にするには、何と奇妙な言い回しであることか！

　読者の皆さん、私の話は結婚という通常の形で終わるのではなしに、自由とともに終わります。私と子供たちはいま自由です！　私たちは北部の白人と同じ程度に、奴隷所有者の支配から自由です。私の考えでは、北部の白人並みというのは大したことを言ったことになりませんが、私の境遇に照らせば、巨大な進歩を達成したことになります。とはいえ、私の人生の夢はまだ実現されていません。私は子供たちと一緒に自分自身の家の中に座を占めているわけではありません。どんなに粗末でも、私は自分のものだと言える炉辺を切望しています。私自身のためというより、子供たちのためにそれがほしいのです。しかし、神様の定めに従って、いまのところは、友人であるブルース夫人と一緒にいなければなりません。愛と義務と感謝の念などが相まって、私を彼女のそばに結びつける役目を果たしています。虐げられているわが同胞を哀れみ、私と子供たちに自由という計り知れない恩恵を与えてくれた彼女に仕えるというのは、ひとつの特権なのです。

　私が奴隷という身分で過ごしたみじめな年月を思い出すことは、さまざまな意味で私にとって辛いことでした。できれば、喜んでそれらを忘れてしまいたいのです。しかし、過去を思い出すことがまったく慰めのないことかと言えば、必ずしもそうではありません。なぜなら、気の滅入るような思い出とともに、やさしい老いた祖母の心温まる思い出が、暗く荒れた海の上にぽっかりと浮かぶ明るいふわふわした雲のように蘇ってくるからです。

補遺

（Ⅰ）以下の文書は、ニューヨーク州在住のクエーカー教徒として、貧しい人びとや抑圧されている人びとの仲間たちによく知られ、とても尊敬されているエイミー・ポストから寄せられたものである。すでに本文中で述べられているように、本書の著者はエイミー・ポストの家である期間を快適に過ごしていたことがある(1)。

L・M・C

この本の著者は私の非常に尊敬する友人です。もし読者の皆さんが、私と同程度に彼女のことを知っていれば、彼女の物語に間違いなく深い関心を寄せられることでしょう。彼女は一八四九年のほぼ一年間、私たち家族の一員として皆から大事にされていました。彼女を私たちに紹介したのは、優しくて誠実な彼女の弟でした。彼はそれ以前に姉の人生のほとんど信じがたい出来事のいくつかを、私たちに話してくれていました。私は会ってすぐ、リンダに大きな関心を抱くようになりました。というのは、彼女は好感の持てる様子をしていただけでなく、その態度から、とても感性が細やかで素直な考え方をする人だということが伝わってきたからです。

私たちが知り合うようになるにつれ、彼女は折にふれて、奴隷女性として過ごした自分の辛い経験の中から、いくつかの出来事を私に語ってくれました。人間的共感を求める自然な感情に駆り立てられていたとはいえ、個人的な親しい会話の中で私に向かって自分の試練を物語っているときでさえ、彼女は苦痛の洗礼を受けずにはすみませんでした。過去の記憶の苦しみが、生まれつき高潔で洗練された彼女の心に、重くのしかかっていたのです。私はその話をまとめて出版すべきだと言い、何度も彼女に同意を迫りました。なぜなら、彼女の物語の出版は人びとを眠りから呼び覚まして、いまだ魂を打ち砕かれたような状態にあって彼女に耐え難い思いをさせている何百万の人間を奴隷状態から解き放つという、より真剣な仕事に人びとを立ち向かわせることになると考えたからです。しかし、彼女は繊細な精神の持ち主で、自分の話を人目にさらすことをためらっていました。彼女は次のようなことを言いました。「あなたにはお分かりと思いますが、女性は自分の受けたひどい虐待を親しい友人にそっと語り聞かせるほうが、世間の人に読んでもらおうと自分の傷を書き記すよりずっと楽なのです」。私と話しているときでさえ、彼女はたくさんの涙を流しました。その際の精神的な苦痛がひどすぎるように見えたので、こちらからあれこれ質問して彼女から話を引き出すのが嫌になるほど、彼女の物語は神聖なのだという気がしました。そこで私は、好きなだけ話したり、あるいは話さなかったり、彼女の選択に任せていました。それでも、本になるのがどんなに望ましいかを思って、私は彼女の経験を出版するように説き続けました。そして、ついに彼女はその責任を果たそうと決意したのです。

　彼女の人生の大半は奴隷でしたから、彼女は正規の教育を受けたことがありません。また、彼女は自分の労働で生計を立て、自分の子供たちに教育を授けようと、たゆまず働いてきました。さらに、この国の男狩りや女狩りの手から逃れるべく、何回も職場を放棄しなければなりませんでした。しかし、彼女はこれらの障害をものともせず乗り越えてきました。一日の労働を終えてから、真夜中の灯火を頼りに、こっそりと疲れた目をこすりながら、波乱に富んだ人生の真実を記録し続けました。

　ここニューヨーク州は、抑圧されている人びとの避難場所としては、見劣りがします。しかし、不安や混乱や絶望などもありましたが、寛大な友人の尽力によって、この地でリンダとその子供たちはついに自由を手に入れました。彼女はその恵みをありがたいと思いました。だが、自分が買われたという思いは、自分を

「もの」と見なせない精神にとっては、常に理不尽なものです。この重大な出来事の直後に、彼女は私にこう書き送ってきました。「私の自由を、あなたが心から喜んでくださったことに、感謝します。でも、お金で購われる前に持っていた自由のほうが、私にはもっと貴重でした。その自由は神が私に授けてくださったものです。しかし、人びとは神の姿をなぞった人間を、三百ドルという取るに足りない金に見立てたのです。私はヤコブがラケルのために働いたように[2]、私の自由のために誠実に働きました。ヤコブは最後に莫大な財産を手にしましたが、私は勝利を奪われました。私は暴君を追い払うために、冠を諦めなければならなかったのです[3]」

　彼女の物語は彼女自身の手で書かれたものです。必ず読者の関心を引かずにはおかないでしょう。それはこの国の悲しい現状を指し示しています。この国は自らの文明を誇りにしながら、他方で現在の経験を過去のどんな小説よりも奇怪なものとするような法律や習慣を認知しているのです。

　一八五九年十月三十日

ニューヨーク州ロチェスター在住　エイミー・ポスト

（Ⅱ）以下の証言は、現在ボストン市民として非常に尊敬されている、ある黒人から寄せられたものである。

L・M・C

　この物語にはあまりに異常な出来事がいくつも含まれているので、多くの人びとは、これを目にする機会があったとき、これが特別の目的のために大いに潤色されていると簡単に信じ込んでしまうでしょう。しかし、いかに信じがたく見えようと、これがまさに真実に満ちたものだということを、私は承知しています。私は子供時代から著者と親しく交わってきました。物語の中に語られている状況は、完全に私も見知っているものです。彼女の主人から彼女が受けていた取り扱いや、彼女の子供たちが牢屋に入れられたことなど、また彼らの売買のいきさつと彼らの自由の獲得、さらには彼女が七年間隠れ潜んだすえに北部へ逃げたことなどを、私は知っていました。私は現在ボストンの住人ですが、この興味深い物語の真実を保証する生き証人でもあります。

ジョージ・W・ローサー(4)

注

題辞

1――この「ノースカロライナ州出身のある女性」からという引用句に関して、フランシス・スミス・フォスターは論文「抵抗する『出来事』」で、それがアンジェリーナ・グリムケ著『南部のキリスト教徒の女性たちへの訴え』（一八三六年）の中の一節だと指摘している。

2――「イザヤ書」はこの個所に引き続いて次のように警告している。「安んじている女たちよ／一年余りの時を経て／お前たちは慌てふためく。／ぶどうの収穫が無に帰し／取り入れの時が来ないからだ。／憂いなき女たちはおののく／安んじている女たちは慌てふためく。／衣を脱ぎ、裸になって／腰に粗布をまとえ。」

著者の序文

1――一八五四年三月エイミー・ポストに宛てた手紙の中でハリエット・ジェイコブズ（以下、ジェイコブズと表記）は「赤ん坊や子供たちの世話と家事に追いまくられ、考えたり書いたりする時間が少ししか持てません。できるだけのことをしようとしてきましたが、十分ではありません」と書いている。

2――自由黒人として生まれたダニエル・ペイン（一八一一―九三）は、一八四二年アフリカン・メソジスト監督派教会フィラデルフィア協議会に牧師として迎えられ、その年にジェイコブズに会った。五二年、主教に選ばれ、後にウィルバーフォース大学の学長となった。

編者の前書き

1――作家、編集者、奴隷制反対論者として活躍していたL・マリア・チャイルドは、一八六〇年に初めてジェイコブズと会った。『アフリカ人と呼ばれるアメリカ人のある階級を擁護する訴え』(一八三三)で奴隷制廃止を訴えた後は、純文学関係者から仲間はずれにされた。

2――「物語が順序立ち、意見が適切な場所にくるように文章やページを入れ替えるため、あなたの原稿を写しています」(ジェイコブズに宛てた一八六〇年八月十三日付のチャイルドの手紙)。「私はところどころで余分な言葉を省いたり刈り取ったりしたが、全体では五十の言葉も変えていないと思う」(ルーシー・サールに宛てた一八六一年二月四日付けのチャイルドの手紙)。

第1章　子供時代

1――本名はイライジャ・ノックス(?―c.一八二六)。

2――本名はジョン・S・ジェイコブズ(一八一五―七五)。

3――本名はモリー・ホーンニブロー(c.一七七一―一八五三)。

4――一七七五年から八三年のあいだに起こったことと思われる。ジェイコブズの祖母たちは、英国人に占領されていたサウスカロライナ州のチャールストンを、一七八〇年五月から八二年十二月のあいだに離れている。

5――経営者はジョン・ホーンニブロー。ホテルはノースカロライナ州イーデントンにあり、一七七六年以降はホーンニブロー旅館と呼ばれた。

6――モリー・ホーンニブローはその後もずっとパンを売って生計をたてた。

7――ジョン・ホーンニブローの三番目の妻エリザベス・ホーンニブロー（？―一八二七）。
8――モリーの下の息子ジョセフ（一八〇八？―？）。一八一八年一月一日、六百七十五ドルでジョシュア・コリンズに売られた。
9――モリーの三女デリラ（c.一七九七―一八一九）。エリザベス・ホーンニブローから娘のマーガレット・ホーンニブロー（一七九七―一八二五）に遺贈されていた。デリラには、末弟ジョセフ以外に二人の姉ベッキーとベティ（c.一七九四―一八四二）、弟マーク・ラムジー（c.一八〇〇―五八）がいた。
10――マーガレット・ホーンニブローは一八二五年六月三日に死去。
11――本名はメアリー・マティルダ・ノーコム（一八二二―？）。マーガレット・ホーンニブローの姉メアリー・マティルダ・ホーンニブロー・ノーコムの娘で、叔母が亡くなったとき五歳ではなく三歳だった。母親とほとんど同じ名前である。
12――新約聖書「マルコによる福音書」第一二章第三一節。
13――新約聖書「マタイによる福音書」第七章第一二節。

第２章　新しい主人夫妻

1――本名はジェームズ・ノーコム（一七七八―一八五〇）。ペンシルベニア大学医学部卒業。一八一〇年、マーガレット・ホーンニブローの姉メアリー・マティルダ・ホーンニブロー（一七九四―一八六八）と結婚したが、彼のほうは再婚。
2――弟ジョン・Ｓ・ジェイコブズはエリザベス・ホーンニブローに遺贈されていたが、医師ノーコムが自分のオフィスで手伝いとして働かせていた。エリザベスの死後、一八二八年一月一日にノーコムは二百九十八ドル五十セントでジョンを購入している。
3――一八二八年一月一日、モリーはエリザベスの他の財産とともに競売にかけられた。

4――エリザベスの妹ハンナ・プリチャードが、モリーを五十二ドル二十五セントで購入し、一八二八年四月十日に解放した。
5――モリーの娘でジェイコブズの母の姉にあたる。本名はベティ（第1章注9参照）。
6――メアリーの家政管理は、ノーコムの最初の妻が非常にずさんだったのとは対照的だった。ノーコムは離婚訴訟の際、最初の妻が酒飲みで、アヘンに溺れ、奴隷たちがその年の割り当て食糧を七月の半ばには食べ尽くしてしまうのを放っておいたと訴えている。

第3章　奴隷の正月

1――一八二七年の税金申告書にもとづけば、ノーコムの財産は郡部の土地千七百七十エーカー、市内の土地七区画および黒人十九人だった。
2――イーデントンでは奴隷の契約雇用は毎年市場で行われていた。

第4章　人間らしく感じようとした奴隷

1――祖母モリーは、一八三〇年六月二十一日下院議員ガトリンから一ドルでキング通りの家と土地を買った。一八三〇年の国勢調査ではそこに六人が住んでいたと記録されている。
2――「身を慎んで目を覚ましていなさい。あなたがたの敵である悪魔が、ほえたける獅子のように、だれかを食い尽くそうと探し回っています」（新約聖書「ペトロの手紙二」第五章第八節）。
3――十二歳の弟ジョンが十七歳頃のジェームズ・ノーコム・ジュニアと争ったことが、ノーコム家の記録に残っている。
4――「あなたは、兄弟の目にあるおが屑は見えるのに、なぜ自分の目の中の丸太に気づかないのか。自分の目にある丸太を見ないで、兄弟に向かって、『さあ、あなたの目にあるおが屑を取らせてください』

と、どうして言えるだろうか。偽善者よ、まず自分の目から丸太を取り除け。そうすれば、はっきり見えるようになって、兄弟の目にあるおが屑を取り除くことができる」（新約聖書「マタイによる福音書」第七章第三～五節。「ルカによる福音書」第六章第四一～四二節）。

5——ジェイコブズの叔父ジョセフはこのとき十代だったが、若主人のジョシュア・コリンズと争ったものと思われる。コリンズ家はノースカロライナ州三大奴隷所有主の一人で、一八六〇年までは土地四千エーカー、奴隷三百二十八人を所有していた。

6——南北戦争前のノースカロライナ州の刑法では、暴行殴打は法律上の犯罪とはされていなかった。公衆の面前でジョセフを鞭打つというのはコリンズの命令と思われる。

7——一八三〇年の国勢調査によると、モリーの家には、十～二十四歳の奴隷女性一人、二十四～三十六歳の自由黒人女性一人が一緒に住んでいたことになっている。この章の注1参照。

8——ペンシルベニア州生まれのダニエル・マクドウェルのこと。一八二五年にイーデントンに移住。一八四〇年にモリーが遺言書を書いたとき、立会人の一人になった。

9——叔父マーク・ラムジーのこと（第1章注9参照）。彼はイーデントンとニューヨーク間の定期航路で働いていた。

10——一八三二年二月九日、モリーはジョン・M・ロバーツから百ドルを借り受けるとともに、ジョン・コックスに対しても自分の土地と家の信託証書を渡している。彼女はジョセフを買い取ろうとして、この借金をしたと思われる。

11——せっせと働く黒人を見ながら暇をもてあましている白人を描いた当時の戯画に、皮肉を込めて「かわいそうに、あいつらは自分の面倒はみられないのさ」というキャプションがつけられていた。奴隷制廃止論者のこういった戯画は複製されて当時一般に流布していた。

第5章　少女時代の試練

1――医師ノーコムはジェイコブズより実際は三十五歳年上だった。

2――ノースカロライナ州では、複数の法律で奴隷の法的身分を規定していた。彼らは衣服と食糧は与えられることになっていたが、それを要求することはできなかった。奴隷を殺害した者は、殺人に対する普通法の規定で起訴・訴追されることがありえた。奴隷には陪審による裁判を起こす権利や上訴の権利はあったが、白人に対する奴隷の証言は禁止されており、実際上奴隷が訴訟を起こすことは不可能だった。ジェイコブズが主張しているように、システム全体が、性的攻撃や暴力から奴隷女性を守るようにはなっていなかった。奴隷女性に対するレイプは犯罪とみなされず、通常はその所有者への財産侵害とされた。

3――ジェイコブズがここで暗示しているのは、一八五〇年に成立した逃亡奴隷法のこと。これは南部と北部の間で成立した「五〇年の妥協」の一部を成すもので、一七九三年以降では逃亡奴隷を取り戻す権利に関する最も包括的な取り決めだった。

4――一八一〇年十二月十日、ホーンニブロー旅館で起こった喧嘩騒ぎの際、モリーが娘を守ろうとしてピストルを取り出したとの裁判記録が残されている。

第6章　嫉妬深い女主人

1――奴隷制廃止論者は、奴隷制下にある黒人の窮状とジャガイモ飢饉で飢えているアイルランド人の窮状とをよく比較した。

2――ジェイコブズは早くから文字の拾い読みはできたが、文章を書くことは教えられていなかった。

3――エリザベス・ノーコム（一八二六―四九）のこと。

4――ジェイコブズの伯母ベティのこと。彼女がエリザベス・ホーンニブローから娘メアリー・マティルダ・ホーンニブローに遺贈されたのは、メアリーが医師ノーコムと結婚する前である。

5――「律法学者たちとファリサイ派の人びと、あなたたち偽善者は不幸だ。白く塗った墓に似ているからだ。外側は美しく見えるが、内側は死者の骨やあらゆる汚れで満ちている」（新約聖書「マタイによる福音書」第二三章第二七節）。

第7章　恋　人

1――「少し進んで行って、うつ伏せになり、祈って言われた。『父よ、できることなら、この杯をわたしから過ぎ去らせてください。しかし、わたしの願いどおりではなく、御心のままに』」（新約聖書「マタイによる福音書」第二六章第三九節）。

2――ジョージ・ゴードン・バイロン『タッソーの悲歌』より。

3――奴隷の結婚は禁止されているわけではなかったが、民法によって認められてはいなかった。奴隷間の性的関係は同棲か内縁という関係だった。一八三一年以前は、自由黒人と奴隷との結婚には奴隷の主人の同意を必要としたが、正式な結婚ではなかった。一八三一年以降はそのような結婚も禁じられた。

第8章　奴隷たちが北部について教えられていること

1――デラウェア州ならびにメリーランド州とペンシルベニア州との間を分け、一八二〇年のミズーリ協定から一八六五年までは、奴隷州と自由州との境界線とみなされた。

2――「神は、一人の人からすべての民族を造り出して、地上の至るところに住まわせ、季節を決め、彼らの居住地の境界をお決めになりました」（新約聖書「使徒言行録」第一七章第二六節）。

第9章　近隣の奴隷所有者たちのスケッチ

1――この章で述べられている出来事のいくつかは、ジェイコブズの原稿では他の個所にあったが、チャイルドがこのようなかたちに編集した。

2――広大な土地と多くの奴隷を所有していたジョシュア・コフィールドと思われる。暴力的なふるまいで知られ、この兄弟が行った残虐な行為についての実在する記録は、ジェイコブズの記述の正確さを示している。

3――旧約聖書「出エジプト記」第二〇章第一五節。

4――ジョシュア・コフィールドの長兄ジェイムズに関わる出来事と思われる。一八二三年、隣人所有の奴隷二人を、ベーコン、ラード、豚肉を盗んだとして告訴した。

5――三男ウィリアムもやはり残虐だった。一八一九年、彼は女奴隷を鞭打ち、切りつけたとして告訴されると、裁判地の変更を申し出て認められ、無罪となった。

6――死者の目を閉じるために硬貨を置いて重しがわりにするという風習は、イギリス支配下のカリブ海諸島植民地では一般的だった。ノースカロライナ州では今世紀まで実際に残っていたという記録がある。

7――トーマス・キャンベル『希望という喜び』（一七九九）より。

8――ウィリアム・メイソン『エルフリダ』（一七五一）より。

9――「天使は力強い声で叫んだ。『倒れた。倒れた。大バビロンが倒れた。そして、そこは悪霊どもの住みか、あらゆる汚れた霊の巣窟、あらゆる汚れた鳥の巣窟、あらゆる汚れた忌まわしい獣の巣窟となった』」（新約聖書「ヨハネの黙示録」第一八章第二節）。

第10章　奴隷娘の人生の危険な時期

1――モリーと同じキング通りに住んでいた本名サミュエル・トレッドウェル・ソーヤー（c.一八〇〇―

六五）。イーデントン・アカデミー、ノースカロライナ大学で法律を学び、弁護士資格を取って弁護士事務所をイーデントンに開いていた。

第11章　生への新しい絆

1――「青春の日々にこそ、お前の創造主に心を留めよ。苦しみの日々が来ないうちに。『年を重ねることに喜びはない』と言う年齢にならないうちに」（旧約聖書「コヘレトの言葉」第一二章第一節）。

2――ジェイコブズの長男で、本名はジョセフ・ジェイコブズ（一八二九―六三？）。

第12章　反乱の恐怖

1――一八三一年八月二十一日から二十二日にかけて、イーデントンのおよそ四十マイル北西にあるヴァージニア州サザンプトン郡で、ナット・ターナー（一八〇〇―三一）率いる約六十人の武装した奴隷たちが反乱を起こし、女や子供を含む白人五十五人を殺した。ターナーと奴隷二十八人は、投獄、尋問、拷問、裁判の末、九月から十一月にかけて処刑された。反乱後、南部では白人テロが横行し、少なくとも二百人以上の黒人が殺されたと言われている。

2――ジョシュア・コフィールドのこと（第9章注2参照）。

3――一八三一年九月一日、ジムと呼ばれたこの男の虚偽の告白により、十九人の奴隷が投獄され、八人が反乱を企てたとして起訴されたが、後にすべて却下された。十一月十日イーデントンの『レジスター』紙は「陰謀に参加したという事実を証明する証拠は何一つ提示されなかった」と報道している。

4――一八三〇年、奴隷たちに対して計算のほかに読み書きを教えることは、鞭打ち三十九回の刑に価する犯罪とされたので、奴隷たちは聖書を読めなかった。翌年、奴隷たちが集まる祈祷集会で、奴隷や自由黒人が説教したり教えたりすることが犯罪となった。

5――「だが、あなたがたは『先生』と呼ばれてはならない。あなたがたの師は一人だけで、あとは皆兄弟なのだ」（新約聖書「マタイによる福音書」第二三章第八節）。

第13章　教会と奴隷制

1――マサチューセッツ州出身のジョン・アベリイ・D・D。イーデントン・アカデミーの教師として赴任してきたが、セントポール監督教会の教区牧師をつとめた。

2――新約聖書「エフェソの信徒への手紙」（第六章第五節）。

3――パイク氏は黒人文化の慣習を批判している。木などの根っこの入った袋でボールを作ったり、占いにコーヒーを使ったり、呪いにカードを使うのはよく行われていることだった。

4――「ところが、旅をしていたあるサマリア人は、そばに来ると、その人を見て憐れに思い、近寄って傷に油とぶどう酒を注ぎ、包帯をして、自分のろばに乗せ、宿屋に連れて行って介抱した」（新約聖書「ルカによる福音書」第一〇章第三三～三四節）。

5――この歌詞は、奴隷の歌としてアメリカの音楽雑誌に初めて採録された見本と類似している。旧約聖書「イザヤ書」第五七章第一四節および新約聖書「ローマの信徒への手紙」第一四章第一三節と対応。

6――監督教会の牧師アベリイは一八三五年十月五日に退職してアラバマ州の教区牧師になり、代わりに伝道師協会のウィリアム・D・ケアネスが、一八三六年三月に赴任してきた。

7――ジェイコブズは、ケアネスの妻の死とその二カ月後の裕福な未亡人ビッセル夫人の死とを一つにまとめている。自分の奴隷をアメリカ植民協会に遺贈し、彼らをアフリカに送るための資金を提供するというビッセル夫人の遺言は、ケアネス牧師の手で書かれ、彼が証人として署名した。教区民は牧師が奴隷制に対して疑問を抱いていることを知り、非難した。ケアネスは辞職を申し出、受け入れられた。

8――「〝霊〟と花嫁とが言う。『来てください』。これを聞く者も言うがよい、『来てください』と。渇いている者は来るがよい。命の水が欲しい者は、価なしに飲むがよい」（新約聖書「ヨハネの黙示録」第二二章第一七節）。

9――「命の泉はあなたにあり　あなたの光に、わたしたちは光を見る」（旧約聖書「詩篇」第三六章第一〇節）。

10――「すると、別の天使が神殿から出て来て、雲の上に座っておられる方に向かって大声で叫んだ。『鎌を入れて、刈り取ってください。刈り入れの時が来ました。地上の穀物は実っています』」（新約聖書「ヨハネの黙示録」第一四章第一五節）。「あなたがたは、『刈り入れまでまだ四カ月もある』と言っているではないか。わたしは言っておく。目を上げて畑を見るがよい。色づいて刈り入れを待っている。」（新約聖書「ヨハネによる福音書」第四章第三五節）。

11――ボストン、エセックス・ストリート教会の牧師ネヘミア・アダムスが南部から帰り、奴隷制を擁護して『南部から見た奴隷制』と『一八五四年、南部での三カ月』を出版した。

12――アメリカの教会を分裂させていた奴隷制に関する当時の論争については、ハリエット・ビーチャー・ストウの『アンクル・トムの小屋への鍵』などを参照のこと。

第14章　生へのもうひとつの絆

1――「それゆえ、わたしは塵と灰の上に伏し　自分を退け、悔い改めます」（旧約聖書「ヨブ記」第四二章第六章）。

2――売春婦の髪の毛を短く刈るという広く行われていた慣習は、聖書に基づいている。「芳香は悪習となり、帯は縄に変わり　編んだ髪はそり落とされ　晴れ着は粗布に変わり　美しさは恥に変わる」（旧約聖書「イザヤ書」第三章第二四節）。

3――ジェイコブズの墓碑には、娘ルイザ・マティルダは一八三六年十月十一日に生まれ、一九一七年四月五日に死亡したと書かれている。ジェイコブズが一八三五年六月に逃亡した時（第17章）娘は二歳だったとすれば、ルイザ・マティルダの誕生は一八三三年となるはずである。

4――サミュエル・トレッドウェル・ソーヤーの母で、本名はマーガレット・ソーヤー。一八二六年十一月十六日に死去している。

5――ジェイコブズは叔父ジョセフにちなんで息子にジョセフという名をつけた（第1章注8ならびに第11章注2参照）。

6――一八四二年に陪餐者として正式に名簿に記載される前から、モリーは数年間イーデントンのセントポール監督教会の礼拝に参加していた。

7――赤ん坊は医師ノックスの娘の名をとってルイザ・マティルダと名づけられた。

8――父方の祖父は、ノックス農園の近くに住んでいた白人の小農民ヘンリー・ジェイコブズで、一七八〇年代に父イライジャが生まれたと思われる。イライジャの母はノックス家の奴隷ティーナ。

9――「主は、人びとが彼を卑しめて足枷をはめ／首に鉄の枷をはめることを許された」（旧約聖書「詩篇」）第一〇五章第一八節）。

第15章　なおも続く性的迫害

1――「洗って、清くせよ。悪い行いをわたしの目の前から取り除け。悪を行うことをやめよ」（旧約聖書「イザヤ書」第一章第一六節）。

2――ジェームズ・ノーコム・ジュニアは、一八三四年九月二十六日に結婚を予定して四百二十五エーカーのオーバーン農園を父親から譲り受けた。

第16章　農園の光景

1――警邏隊は隊長一人と他の三人から成る。道路を監視し、定期的に奴隷居住区をチェックした。主人か監督の署名した通行証明書を持たずに農園を離れた奴隷は、警邏隊によって即刻罰せられた。

2――ハンナ・プリチャードのこと（第2章注4参照）。

3――旧約聖書「ヨブ記」第三章第一七〜一九節。

4――ジェームズ・ノーコム・ジュニアは、一八三五年五月二十七日にペネロープ・ホスキンズと結婚した。

第17章　逃　走

1――ノーコムはこのような手配書だけでなく、ノーフォークの日刊紙『アメリカン・ビーコン』に八回の広告を出し、ジェイコブズが理由もなく逃げたとして、彼女の容姿や物腰、さらに服装などの詳細を描写するとともに、賞金百ドルを提供すると申し出た。このような新聞広告は、急遽印刷されて周囲に配布された手配書ほどの効果がないことが分かった段階で、ノーコムは報奨金の額を引き下げた。

第18章　危険な数カ月

1――蛇の毒は強い酸性で、灰汁やアンモニアのような強いアルカリで中和される。ネイティヴ・アメリカンは湿らせた灰を塗るか、手足を強い灰汁の中に漬けて治療した。また、蛇の多い場所で鉄道敷設作業に携わる人びとは、解毒剤としてアンモニアを持ち歩いたといわれる。

2――パトリック・ヘンリー（一七三六―九九）の言葉。彼は米国の政治家、雄弁家で、独立革命時の急進派。

3――この婦人はマーサ・ホスキンズ・ロンボー・ブラウントと思われる。一八三五年クイーン通りに住んでおり、モリーとはずっと知り合いだった。ブラウント夫人がその人だとしたら、ジェイコブズの潜伏に自分が関わっていることを明かさないようにと約束させたことや、そうしなければ自分や家族が破滅すると言ったことは彼女の現実的な恐怖を反映している。有力な商人でバプテスト教会の執事であり、郡裁判所の書記でもあった兄エドモンドに一般の敵意が向けられることを、彼女は心配したはずである。

第19章　子供たちが売られる

1――医師ノーコムが一八三五年七月にイーデントンを離れていたことは、彼が息子に宛てた七月九日の手紙で分かる。

2――二年後ノーコムは、ジョセフとルイザ・マティルダの代わりとして二人の奴隷を娘に返済した。

3――J・ハワード・ペイン（一七九二―一八五二）の歌。

第20章　新たな危険

1――ブラウント夫人の弟ベーカー・ホスキンズは、ジェイコブズが農園にいた一八三五年五月十九日に死去した。

2――ジョン・S・ジェイコブズの『奴隷制の本当の話』によれば、伯母ベティの夫で水夫のスティーブンは、ジェイコブズをニューヨークに連れて行こうとしたが、ノーコムの脅しにあって、それを実行に移すことができなかった。ノーコムは、スティーブンが二十年間連れ添ったベティに会うことも禁じた。この後、彼は航海に出ていき、二度と戻らなかった。

3――イーデントンの南西に位置し、アルベマール湾を航海する船からも見える。

第21章　隠れ家の覗き穴

1――英国の詩人ウィリアム・カウパー（一七三一―一八〇〇）の『仕事』の中に次の章句がある。「隠れ家の覗き穴から、このような世界を覗き見るのは楽しいことだ――群集の喧騒の外にいて、彼らの右往左往ぶりを目にしているのだから」。――ここに出てくる「隠れ家の覗き穴」というカウパーの表現を引用したのは、黒人ではジェイコブズが最初ではない。『フリーダム・ジャーナル』のコラム「カーテン」の巻頭辞として一八三八年に使われている。

2――ジョン・S・ジェイコブズは隠れ家を次のように描写している。「祖母の家には、二階に二部屋、一階に五部屋あり、西側にポーチがあった。東側には、家の中心につながるロビーのついた二部屋があった。ロビーを入った左側の部屋は物置として使われており、この部屋の天井は板だった。屋根は板葺きだった。屋根と天井とのあいだの空間は、天辺に向かって高さ三・五から四フィートだった。叔父がこの部屋の一隅に、天辺が天井に届く食器戸棚を作った。食器戸棚の天辺を覆う板の部分を切り取り、落とし戸を作った。その全体がとても小さく、きれいにできていたので、彼女の隠れ場所への入り口になっているなどと考える人は誰もいなかった」（『奴隷制の本当の話』）。

3――ジェイコブズは、西キング通りに面する南側に覗き穴を開けた。ノーコムの自宅はイーデン通りにあったが、オフィスはブロード通りを隔てた東キング通りにあり、一区画と離れていなかった。

4――一八三五～四二年の気象データは残っていないが、一八九六～九七年の一月の平均気温が摂氏約四・四度だったという記録は残されている。

第22章　クリスマスの祝い

1――ジョン・カヌーと呼ばれることもあり、南北カロライナ州やロングアイランド州で年末に行われる仮面をつけた祭り。アフリカのガーナにおける伝統的カーニバルが起源と言われている。

2――デナ・エプスタインは『罪深い旋律と黒人霊歌（スピリチュアルズ）』の中で、この歌に関して「アフリカの嘲笑の歌との類似は明らか」と書き、ローレンス・ラヴィンは『黒人の文化と黒人の意識』の中で「ジェイコブズは、奴隷たちがクリスマス・シーズンにこの歌を歌ってけちな白人をあざ笑ったことを記録している」と書いている。

第23章　なお囚われて

1――当時南部の著名な政治家だったミシシッピー州のアルバート・ガラティン・ブラウンによる、一八五四年二月に開かれたカンザス・ネブラスカ法に関する議会での発言。
2――サミュエル・トムソンが始めた、唐辛子と蒸気風呂で体温を上げて治療する方法。
3――この部分の用語法や精神的な内容は、隠れていたあいだにジェイコブズが聖書を読んでいたことを示している。たとえば「神が裁きを曲げられるだろうか。全能者が正義を曲げられるだろうか」(旧約聖書「ヨブ記」第八章第三節)とか「わたしたちが語るのは、隠されていた、神秘としての神の知恵であり、神がわたしたちに栄光を与えるために、世界の始まる前から定めておられたものです」(新約聖書「コリントの信徒への手紙一」第二章第七節)とか「わたしたちは、今は、鏡におぼろに映ったものを見ている。だがそのときには、顔と顔とを合わせて見ることになる。わたしは、今は一部しか知らなくとも、そのときには、はっきり知られているようにはっきり知ることになる」(新約聖書「コリントの信徒への手紙一」第一三章第一二節)などの章句が対応していると思われる。

第24章　連邦議会議員候補

1――一八三七年八月十日、ソーヤーは第二十五回連邦議会に選出された。
2――連邦議会の第一回会期は一八三七年九月四日に始まった。

第25章　だまし合い

1――一八三五年ジェームズ・ゴードンが発刊した新聞で、黒人と奴隷制廃止論者に反対する立場を公然と表明した。

2――一八二九年にノースカロライナ州生まれのデーヴィッド・ウォーカーによるパンフレット『世界の黒人市民に向けての訴え』がボストンで出版され、一八三一年にウィリアム・ロイド・ギャリソンによって週刊紙『リベレーター』が創刊されて以降、ボストンは反奴隷制運動の中心地となった。一八三二年には、ニューイングランド反奴隷制協会によって、捕獲された黒人を保護する委員会が作られ、一八三六年には、所有者によってマサチューセッツ州に連れてこられた奴隷は自由だという判決が下された。一八三八年には、同州議会で逃亡奴隷は陪審による裁判の権利を持つと議決された。これ以前は、奴隷制廃止論者は少数者だったが、これ以降は州の雰囲気が反奴隷制的となり、確かにひと悶着起きそうだった。

3――旧約聖書「ヨブ記」第三章第一七節。

4――「二階の一部屋は木摺《きず》りを下地にして漆喰を塗ってあった。壁に穴を一つ開け、それを通して彼女は叔父や伯母と話すことができた。また手足が使えなくならないように、ときどき窓を閉め、彼女が階下に下りて部屋の中を歩き回れるようにした」（『奴隷制の本当の話』）。

第26章　弟の人生の重大な時期

1――ソーヤーは連邦議会の会期を終え、一八三八年八月十一日ラビニア・ペイトンとシカゴで結婚式を挙げ、晩秋にイーデントンへ帰ることになっていた。ジョンはソーヤー夫妻に同行し、途中のニューヨークに三、四日滞在しているときにカナダへ逃亡した。

2――『奴隷制の本当の話』の中でジョンは、この隣人がスー・ベントおばさんだと述べている。彼女は一八二六年一月二日に自分の子供二人とともに売られた。

3――「シカゴからの帰途、私たちはカナダへ行った。そこで私はソーヤーから離れようと思った。しかし、故郷では私の姉と友人が奴隷のままだった。（中略）私たちはニューヨークに向けてそこを発った。ニューヨークで三、四日すごした。（中略）ソーヤー夫妻は三時に食事をする。四時半に私はプロヴィデンスに向かう船に乗り込むことになっていた。その時の私は自分では手紙を書く余裕がなかった。しかし、彼を不安のままにさせておきたくなかったので、友人に次のように書いてもらった。『貴下、私はあなたのもとを去ります。二度と戻りません。落ち着いたら謝罪いたします。もはやあなたのものではないジョン・S・ジェイコブズ』。（中略）このメモは翌朝、彼の手に渡るように郵便局に届けられることになっていた。私は彼とその妻の夕食の給仕をした。町の時計が四時を打った。私は部屋を出た」（『奴隷制の本当の話』）。

第27章　子供たちの新しい行き先

1――ソーヤー夫人の妹コーネリアとその夫B・F・ラッセルはシカゴに住んでおり、後に彼らには子供ペイトンが生まれた。

2――ルイザ・マティルダは、ソーヤーの従兄弟でブルックリンの商人だったジェームズ・アイアデル・トレッドウェルのところに送られた。

3――ソーヤーとラビニアとのあいだに生まれた長女ローラ。

4――ソーヤー夫人の姉妹二人がイーデントンを訪れていた。

5――メアリー・マティルダ・ノーコムは一八四〇年四月九日、十八歳になった。

第28章　伯母のナンシー

1――この赤児はジェイコブズの息子ジョセフとほぼ同じ頃に生まれたと思われる。

2――ノーコムの末息子ウィリアム・オーガスタス。

3――流産、幼児のまま死んだ子を含め、モリーには九人の子供がいたが、いまや残っているのはマークだけである。

第29章　脱出の準備

1――ジェイコブズが「隠れ家」を出たのは一八四二年六月中旬。一八三五年八月に入ったので、入っていた期間は六年十一カ月。

2――フィラデルフィア自警団の奴隷制廃止論者ウィリアム・スティルが残している逃亡奴隷に関する証言記録によれば、北部へ脱出するための準備過程として隠れ潜むことは一般的な戦略だった。イーデントンでも、主人の性的迫害から逃れるために隠れていた女性が、ジェイコブズとファニー以外にもいたと記録されている。

3――逃亡奴隷フレデリック・ダグラスは一八四七年、彼の主宰する新聞を『ノース・スター』と名づけた。

4――「そのとき、十二人の一人で、イスカリオテのユダという者が、祭司長たちのところへ行き、『あの男をあなたたちに引き渡せば、幾らくれますか』と言った。そこで、彼らは銀貨三十枚を支払うことにした」（新約聖書「マタイによる福音書」第二六章第一四〜一五節）。

5――実際にはジェイコブズは南北戦争後にイーデントンを訪れ、自分が隠れ潜んでいた「懐かしい屋根裏部屋」に座って手紙などを書いたりした。

第30章　北に向かう

1――通常、イーデントンからフィラデルフィアまでの船賃は約百ドルであった。この場合は、その金額に逃亡奴隷を乗せるために船長が要求した金額が上乗せされていると考えられる。

2――ヴァージニア州南東部からノースカロライナ州北東部にかけて広がっていた大湿原地帯で、ディズマル・スウォンプと呼称されていた。

第31章　フィラデルフィアでの出来事

1――ジェイコブズがフィラデルフィアに到着したのは、一八四二年六月の第三週であった。

2――貨幣に代わる金券のようなもの。アレキサンドリアとフィラデルフィアで使われていた。

3――ベセル教会はアフリカン・メソジスト監督教会の上部に位置する教会。ジェレミア・ダーハム師が実際に所属していたのは、アフリカン・メソジスト監督教会。

4――十九世紀から二十世紀初頭にかけては都市間を汽車が結んでいた。

5――ファニーに援助の手を差し伸べたのは、フィラデルフィア自警団。この団体は奴隷制反対協会とつながりのある独立組織。一八四二年六月九日から九月八日までに百十七人を援助したとの記録がある。

6――北部の鉄道での人種差別は一般的だった。フレデリック・ダグラスやハリエット・タブマンも日常的にそれを経験していた。

7――こうした改善は、黒人と白人の奴隷制廃止論者が長年抗議した結果だった。それにもかかわらず黒人乗客は一等車の切符を買っても、黒人専用車両に入れられることがあった。ニューヨーク市では、黒人市民が法的権利協会を組織して電車の差別に抗議し続けた結果、差別は一八六一年になくなった。しかし、駅の掲示板には、黒人に告げるべく「電車に乗ることは権利ではなく特権である」という一行が残されていた。

第32章　母と娘の対面

1――十九世紀前半の米国ではポンドやシリングなどの英国通貨も使われていた。

2――ブルックリンは一八九八年までニューヨーク市とは別の市だった。また、一八八三年にブルックリン橋ができるまでは、ブルックリンへ行くのにフェリーでイースト川を渡った。

3――本名はメアリー・ボナー・ブラウント。一八二七年イーデントンでトレッドウェルと結婚。

4――フレデリック・ダグラスなど多くの逃亡奴隷がマサチューセッツ州ニューベッドフォードに住み、その地で雇われたり海に出ていったりした。

第33章　働く家が見つかる

1――当時の著名な文人ナサニエル・パーカー・ウィリス夫人のメアリー・ステイスのこと。彼女は一八四二年春、娘イモゲンを出産した。

2――三年半の航海の後、一八四三年二月十六日に帰港したジョンは次のように書いている。「私は急いで上陸し、船主から金を受け取ると、ニューヨークに向かった。乳母としてある家族と一緒にアスター・ハウスに住んでいる姉をやっと見つけ出した。私には、最初彼女は昔どおりに見えなかった。六年十一カ月も天の光から閉め出されていたら、どうして昔どおりに見えようか！」（『奴隷制の本当の話』）。

第34章　またもや旧敵

1――「それは私にどのように生きるかを教えた／それは私にどのように死ぬかを教えた」（ジョージ・ポープ・モリス『母の聖書』）。

第35章　黒人に対する偏見

1――ニューヨーク州の鉱泉保養地サラトガ・スプリングズの豪華ホテル。南部の金持ち連中のお気に入りだった。

2――ブルックリンの南方にあり、大西洋に面したロングアイランドの海浜。

3――本名はジョセフ・ブラウント。メアリー・ボナー・ブラウント・トレッドウェルの次兄で独身だった。

4――一八三三年に建てられ、三十年後に焼失するまで、ロングフェロー、ワシントン・アーヴィングなどの作家が宿泊した。

第36章　間一髪の脱出

1――この段階では、ジェイコブズが逃亡奴隷の事実をウィリス夫人に打ち明けたのは明らかだが、子供の出生にまつわる過去の出来事（性的迫害と二人の私生児誕生）については話さなかったと思われる。

2――ジェイコブズと子供たちがボストンにいた一八四四年頃、ジェイコブズの友人だった反奴隷制運動の黒人活動家ウィリアム・C・ネルは、公立の統合学校建設の要求を掲げて闘っていた。

第37章　英国訪問

1――一八四五年三月二十五日、メアリー・ステイス・ウィリスは死産し自らも死去した。

2――ジェイコブズは息子のジョセフを印刷屋に徒弟奉公に出した。

3――ジェイコブズはナサニエル・P・ウィリスとその娘イモゲンとともにブリタニック号で英国に向かった。

4――ジェイコブズとイモゲンは、故ウィリス夫人の妹とその夫の牧師の住むスティブントン教区牧師館に滞在した。

5――アメリア・マティルダ・マレーは、『アメリカ合衆国、キューバ、そしてカナダからの手紙』（一八五六）の中で、合衆国の奴隷制を好意的に取り上げた。

第38章　南部への誘い再び

1――ボストンの印刷業界は一般的には黒人を閉めだしていた。ギャリソンの『リベレーター』紙とか、いくつかの奴隷制廃止論者の印刷所が黒人を雇ったり、一八三八年にある黒人印刷業者が訓練と雇用のための小さな店を開いたりしたが、これらは数少ない例外だった。

2――この後、ジョセフ・ジェイコブズは一八四九年五月初旬まで戻らなかった。

3――メアリー・マティルダ・ノーコムは一八四六年にダニエル・メスモアと結婚して、メスモア夫人となっていた。

4――メアリー・ホウィットの『蛇と蠅』より。

5――多くの人びとは、マサチューセッツ州の個人の自由に関する法律が一八五〇年の逃亡奴隷法を実質的には無効にする、と考えた。一八五一年、黒人ボストン市民たちが逃亡奴隷を裁判所から奪い返し、世論は新しい法律に反対であるということを示そうとしたが、その直後に逃亡奴隷トーマス・シムズが捕らえられて郡庁舎内の連邦政府の独房に入れられたとき、官憲は救済運動を阻止すべく建物を鎖で囲って守り、シムズを奴隷州に戻した。三年後、アンソニー・バーンズがボストンからヴァージニア州に連れ戻された際も、建物は鎖で囲われた。

第39章　告　白

1――ボストン市住民原簿の一八四九～五〇年の項に「ハリエット・ジェイコブズ、洋服仕立て業」との記載がある。

2――娘のルイザ・マティルダは、奴隷制廃止論者ヒラム・H・ケロッグが創立したニューヨーク州クリントンの女子学校に入学した。この学校は革新的で、理論と実践の統合をはかろうとしていた。一八四八年から五〇年までは男女共学だった。

3――一八四九年三月に弟のジョンと合流したジェイコブズは、一八五〇年九月までニューヨーク州ロチェスターに滞在した。ジョンはマサチューセッツ反奴隷制協会やニューイングランド反奴隷制協会で活動していたが、一八四九年三月から七月まで『ノース・スター』編集部の二階で、姉のジェイコブズに手伝ってもらいながら、反奴隷制運動と結合した読書室の経営に乗り出して失敗する。

4――クエーカー教徒のアイザックとエイミー・ポスト夫妻は反奴隷制運動の熱心な活動家でもあり、彼らの家は逃亡奴隷を助ける地下鉄道の「駅」として知られていた。奴隷制反対や女性の権利擁護の活動などが高じて、彼らはクエーカー教徒であることをやめ、後に心霊主義などを採用した。ジェイコブズはロチェスター滞在中の半分の期間を彼らの家に住み、ポスト夫妻が休暇で家をあけていた折に、エイミーと手紙のやりとりをするようになった。

第40章　逃亡奴隷法

1――ルイザの学費が割引となったのは、創立者ケロッグが黒人学生に対して行っていた割引制度による。一八三九年には、この制度のおかげで、少なくとも四人の黒人学生が学費割引などの援助を受けた。

2――ナサニエル・P・ウィリスは一八四六年十月コーネリア・グリネルと再婚し、四八年四月に二人のあいだに第一子グリネルが生まれた。

3――トーマス・グレイ『故郷の教会墓地悲歌』の中の一節。

4――一八五〇年にソプラノ歌手ジェニー・リンドの合衆国公演ために建立された。

5――一八五〇年十月一日、逃亡奴隷ジェームズ・ハムレットの逮捕に抗議し、彼の自由を買い戻す資金集めのための集会が開かれ、千五百人を超す人びと（ほとんどは黒人）が集まった。ジェイコブズの弟ジョンも集会で演説し、黒人たちに武器をとって闘おうと呼びかけた。この日の集会で八百ドルの資金が集まった。また、ジェームズ・ハムレットをニューヨーク市に取り戻した十月五日の勝利を祝う集会には、数千の人びとが参加した。

6――マンハッタンの黒人人口は一八二〇年から四〇年にかけては増加したが、その後は減少した。

7――エイミー・ポスト宛ての手紙でジェイコブズは「長いあいだ南部からは何の連絡もありません。車に乗って出かける以外は、日中は外に出ません」と書いている。

8――「ダニエルよ、終わりの時が来るまで、お前はこれらのことを秘め、この書を封じておきなさい。多くの者が動揺するであろう。そして、知識は増す」（旧約聖書「ダニエル書」第一二章第四節）。

9――一八五〇年四月二十七日に生まれたウィリスとグリネルの第二子リリアン。

10――ジェイコブズは幼いリリアンとともにニューベッドフォードに住むリリアンの祖父母の家に行った。

11――一八五二年に出版されたハリエット・ビーチャー・ストウの『アンクル・トムの小屋』には、逃亡奴隷法に賛成したオハイオ州の州議会上院議員ジョン・バード夫妻の話が描かれている。自宅にやってきた逃亡奴隷イライザとその息子を憐れと思ったバード夫妻は、法に背いて逃亡奴隷の母子を安全な隠れ場所に逃がしてやる。

第41章　ついに自由になる

1――「おお、ついに自由に、ついに自由に／おお、ついに自由になる」作者不明のスピリチュアルズ（黒人霊歌）より。

2――「彼らの目の涙をことごとくぬぐい取ってくださる。もはや死はなく、もはや悲しみも労苦もない。最初のものは過ぎ去ったからである」（新約聖書「ヨハネの黙示録」第二一章第四節）。

3――旧約聖書「コヘレトの言葉」第一二章第一節。

4――医師ノーコムは一八五〇年十一月九日イーデントンで死去。

5――医師ノーコムはダニエル・メスモアを「どこの馬の骨とも分からぬ、礼儀作法、道徳、教育を欠いた男」と書き記している。メスモアはノーコム家の息子たちと暴力沙汰を起こした上、父親の承諾なしに一八四六年、娘のメアリー・マティルダと結婚した。

6――「主はわたしに油を注ぎ／主なる神の霊がわたしをとらえた。わたしを遣わして／貧しい人に良い知らせを伝えさせるために。打ち砕かれた心を包み／捕らわれ人には自由を／つながれている人には解放を告知させるために」（旧約聖書「イザヤ書」第六一章第一節）。

7――「だから、人にしてもらいたいと思うことは何でも、あなたがたも人にしなさい。これこそ律法と預言者である」（新約聖書「マタイによる福音書」第七章第一二節）。

8――一八五三年にニューヨークへ逃げてきたアイルランド民族主義者ジョン・ミッチェルは、五四年に奴隷制を支持する新聞『シティズン』を創刊し「われわれは、健康な黒人をたくさん備えた良い農園をアラバマ州に持ちたい」と書いて『リベレーター』（一八五四年一月二十七日、二月十日）紙上で大いに論難された。

9――「賢者さえも、虐げられれば狂い　賄賂をもらえば理性を失う」（旧約聖書「コヘレトの書」第七章第七節）。

10――医師ノーコムはジェイコブズの二人の子供を売却したことに関連して、一八三七年同等価格の子供の奴隷二人を娘に返済し、ジェイコブズの子供たちの売買を正当と認めていた。メスモアはジェイコブズがこの事実を知らないだろうと想定していた（第19章注2参照）。

11――「わたしの名誉を奪い／頭から冠を取り去られた」（旧約聖書「ヨブ記」第一九章第九節）。

12――ハリエット購入に際してはニューヨーク植民協会のジョン・B・ピニー牧師が立ち会った。

13──旧約聖書「ヨブ記」第三章第一七節。モリー・ホーンニブローは一八五三年九月四日、イーデントンに葬られた。

14──一八五八年秋、マーク・ラムジー死去。

補遺

1──エイミー・ポストの推薦文はジェイコブズの要請に応じて書かれ、内容の大筋はジェイコブズの提案に沿っている（緒言注1参照）。

2──ヤコブがラケルのために働いたという話は、旧約聖書「創世記」第二九章第二〇節から二八節に出てくる。

3──旧約聖書「ヨブ記」第一九章第九節。

4──自由黒人として生まれ、イーデントンで個人的に教育を受けた。一八三八年ボストンに移り、一八五〇年代にジェイコブズと再会。一八七八年と七九年、共和党員としてマサチューセッツ州議会下院議員に選出される。

図版・地図

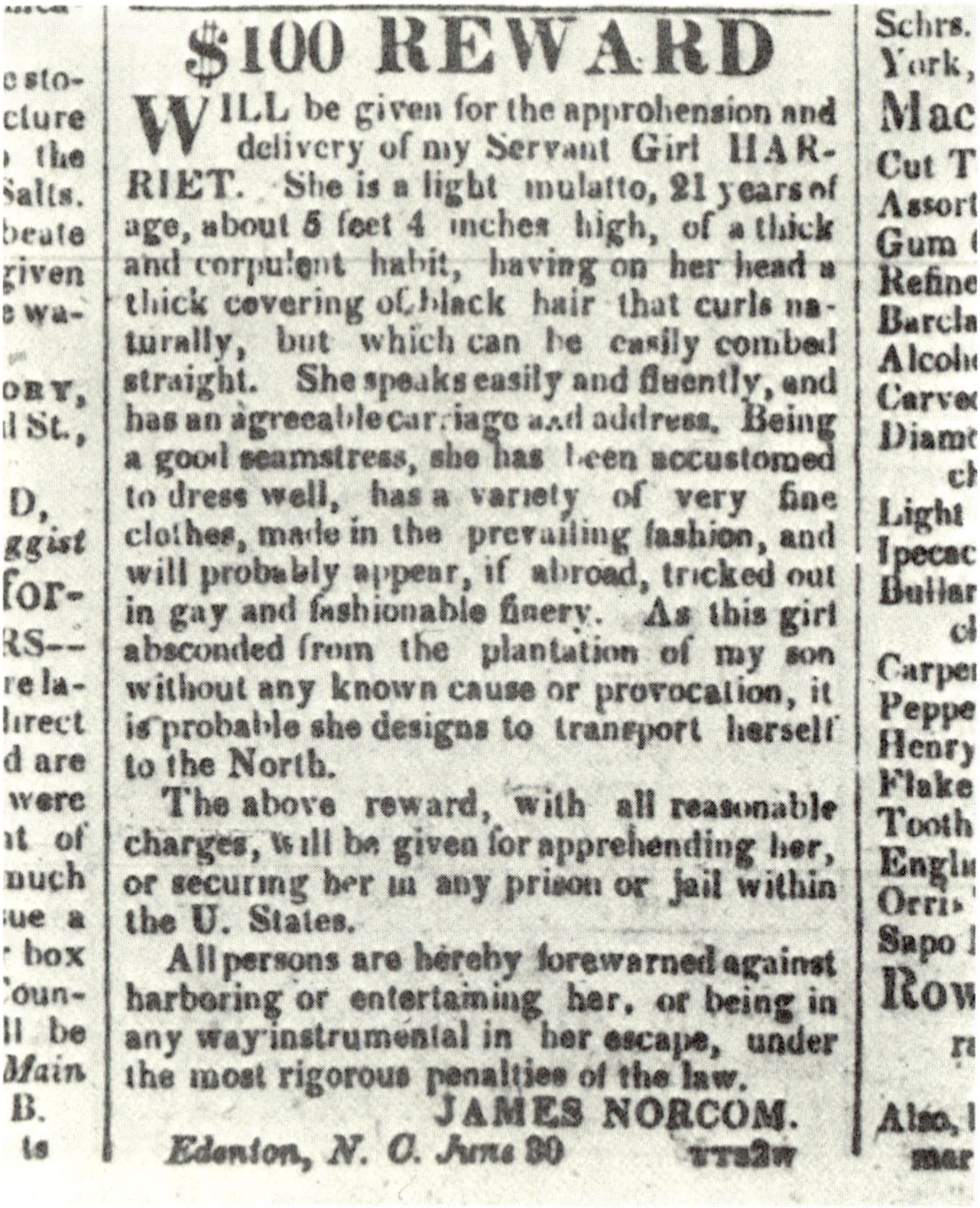

$100 REWARD

WILL be given for the approhension and delivery of my Servant Girl HARRIET. She is a light mulatto, 21 years of age, about 5 feet 4 inches high, of a thick and corpulent habit, having on her head a thick covering of black hair that curls naturally, but which can be easily combed straight. She speaks easily and fluently, and has an agreeable carriage and address. Being a good seamstress, she has been accustomed to dress well, has a variety of very fine clothes, made in the prevailing fashion, and will probably appear, if abroad, tricked out in gay and fashionable finery. As this girl absconded from the plantation of my son without any known cause or provocation, it is probable she designs to transport herself to the North.

The above reward, with all reasonable charges, will be given for apprehending her, or securing her in any prison or jail within the U. States.

All persons are hereby forewarned against harboring or entertaining her, or being in any way instrumental in her escape, under the most rigorous penalties of the law.

JAMES NORCOM.

Edenton, N. C. June 30

Ⓐ

ハリエット・ジェイコブズの逃亡の際に、医師ジェームズ・ノーコムが出した報奨金付き新聞広告（*American Beacon,*1835年7月4日）

出所　Ⓐ：*Incidents in the Life of a Slave Girl*（Harvard版）
　　　Ⓑ：*Edenton–An Architectural Portrait*（The Edenton Woman's Club 刊）
　　　その他は、小林憲二

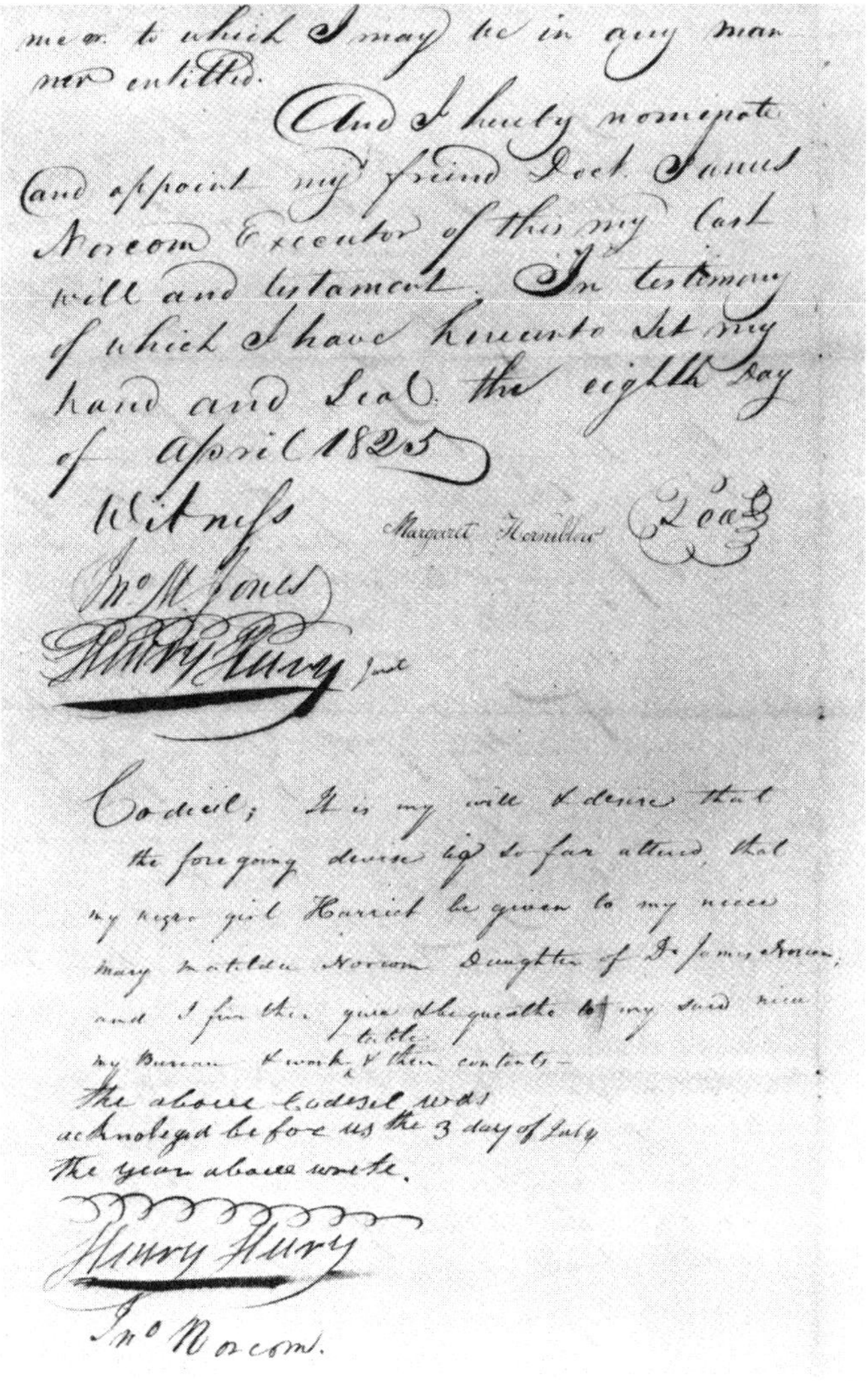
me or to which I may be in any manner entitled.

And I hereby nominate and appoint my friend Doct. James Norcom Executor of this my last will and testament. In testimony of which I have hereunto set my hand and seal the eighth day of April 1825

Witness — Margaret Horniblow (Seal)

Jno M. Jones

Henry Flury Jnr

Codicil; It is my will & desire that the foregoing devise be so far altered that my negro girl Harriet be given to my niece Mary Matilda Norcom daughter of Dr James Norcom, and I further give & bequeath to my said niece my Bureau & work table & their contents —

The above Codesil was acknoleged before us the 3 day of July the year above write.

Henry Flury

Jno Norcom.

Ⓐ

最初の女主人の遺言補足書（1825年7月3日）。「奴隷娘ハリエットを箪笥や仕事机とともに姪へ寄贈する」といった内容が読みとれる。

Dear friend I send you those few lines to let
you know that we are getting along Dear little
Willie made us a visit last Sunday he seemed
much pleased and was a very good boy he loved
Joanna and Jacob more than any one else things
seem to go on smoothly at home and I feel
so happy daily expecting to see my Son I
have not heard from my Brother since he
left went to hear Mr Louis Lecture last night
and I can assure you that he did not forget
to hold up the name of Isac and Amy Post as
the Coloured Man & Womans friend as much
as I love you I am glad that your name is not
too sacred to be held up by a coloured Man I
suppose you know that Louis is out of prison
and his accuser in for the same hail I hope

Ⓐ

ジェイコブズがエイミー・ポストに宛てた手紙（1849年5月）

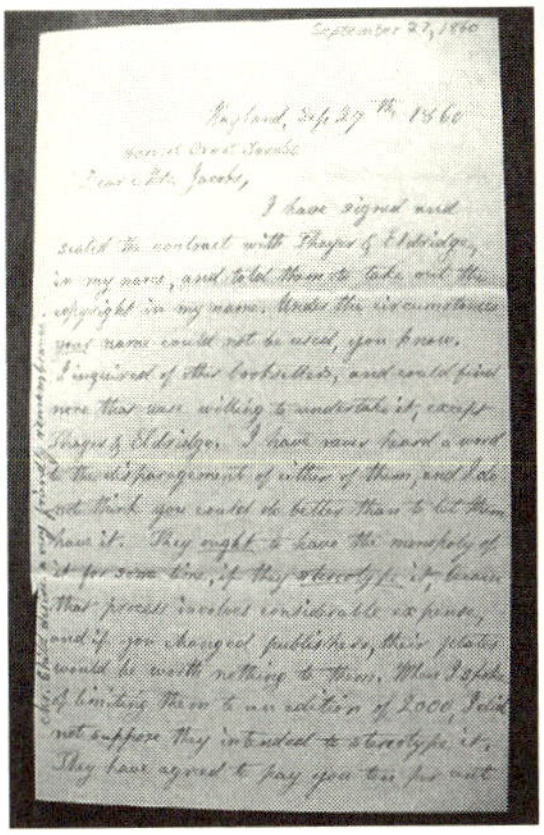

September 27, 1860

Wayland, Sept 27th 1860

Dear Mrs. Jacobs,

I have signed and sealed the contract with Thayer & Eldridge, in my name, and told them to take out the copyright in my name. Under the circumstances your name could not be used, you know. I inquired of other booksellers, and could find none that were willing to undertake it, except Thayer & Eldridge. I have never heard a word to the disparagement of either of them, and I do not think you could do better than to let them have it. They ought to have the monopoly of it for some time, if they stereotype it, because that process involves considerable expense, and if you changed publishers, their plates would be worth nothing to them. When I spoke of limiting them to an edition of 2000, I did not suppose they intended to stereotype it. They have agreed to pay you ten per cent

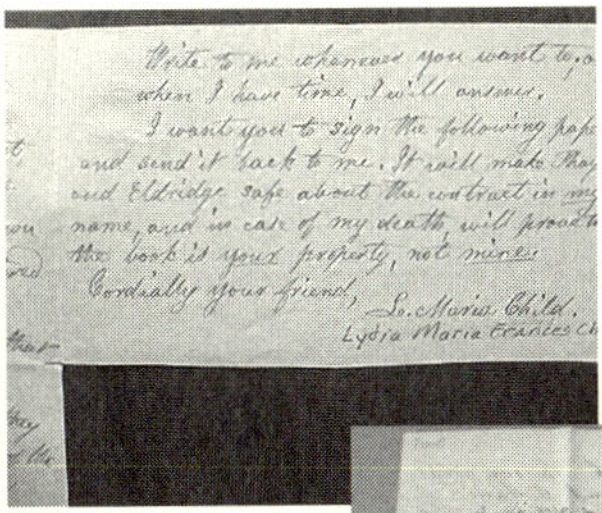

Write to me whenever you want to, and when I have time, I will answer.

I want you to sign the following paper and send it back to me. It will make Thayer and Eldridge safe about the contract in my name, and in case of my death, will prove the book is your property, not mine.

Cordially your friend,

L. Maria Child.

Lydia Maria Francis Ch

L・マリア・チャイルドがジェイコブズに宛てた手紙（1860年9月27日）

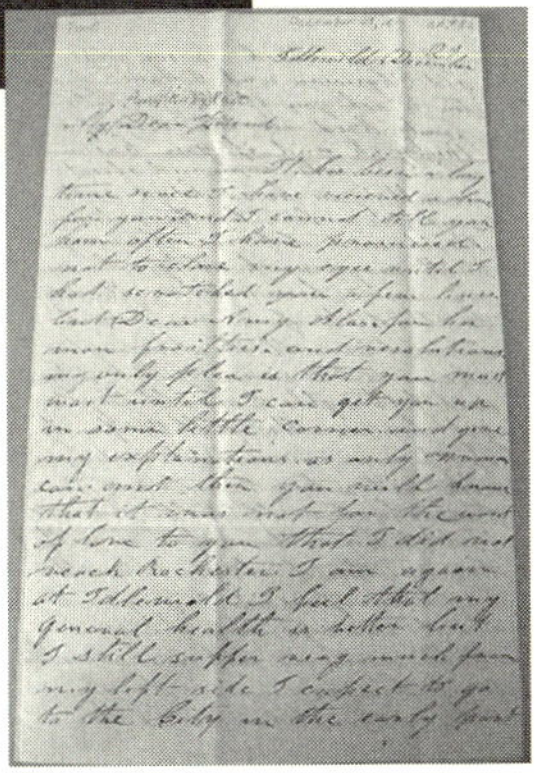

ジェイコブズがエイミー・ポストに宛てた手紙（18？年12月21日）

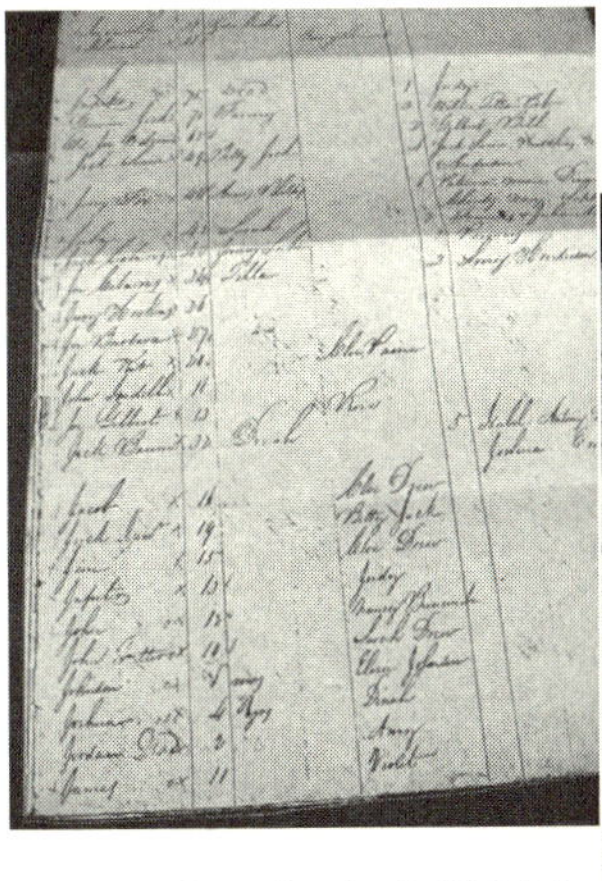

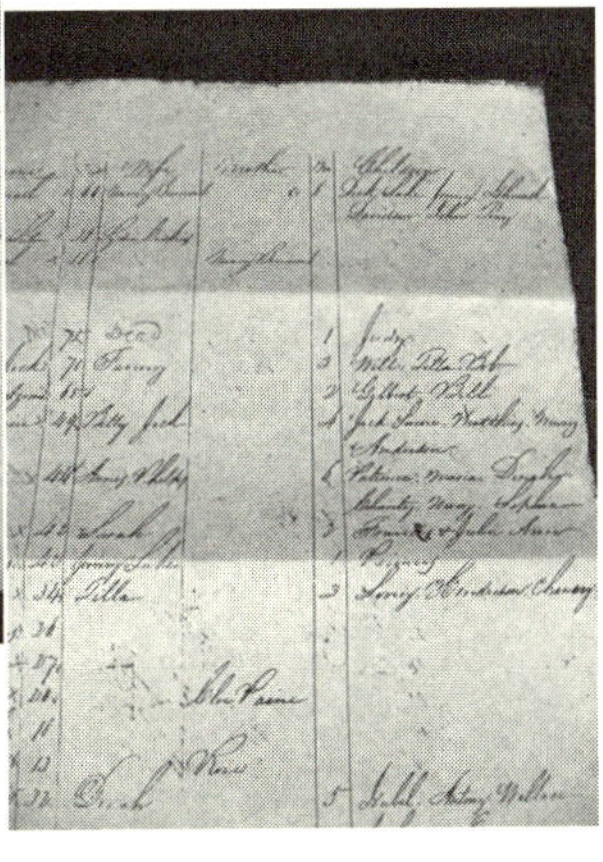

ソマーセット・プレイスに所有されていた奴隷に関する記録。母親の名前と年齢が記されている。

ジェイコブズの叔父ベンジャミンが売られたジョシュア・コリンズ家所有のプランテーション・ハウス、ソマーセット・プレイス。

ソマーセット・プレイスで発掘・復元された奴隷小屋。

医師ノーコムが使用していたオフィス。

ノーコムの長男が所有していたオーバーン農園あと。ジェイコブズは子供たちに会うため、深夜６マイルの道を往復した。

蛇の湿地帯。

イーデントン埠頭。

地図1　イーデントン市内（1813～42年）

1．モリー・ホーンニブローの家
2．サミュエル・トレッドウェル・ソーヤーの家
3．医師ジェームズ・ノーコムの家
4．ノーコムのオフィス
5．ホーンニブロー旅館
6．郡裁判所と牢獄
7．マーサ・ホスキンズ・ロンボー・ブラウントの家
8．セントポール監督教会
9．公設市場
10．埠頭

セントポール監督教会（1857年）

地図2 ノースカロライナ州とヴァージニア州南東部

地図3 アメリカ合衆国大西洋岸（ミシシッピー川以東）

1880　＊10月：L・マリア・チャイルドはマサチューセッツ州ウェイランドで死去。ウェイランド墓地に埋葬される（享年78歳）。
1881　＊ダグラス『フレデリック・ダグラスの生涯と時代』出版。B・T・ワシントンによるタスキーギ大学（黒人の職業訓練をめざしたもの）の設立。
1883　＊最高裁は1875年の公民権法を違憲と判定。ダグラス夫人（アンナ・マレー）の死去。
1884　＊ダグラスは白人女性ヘレン・ピッツと再婚。
1888　＊メルヴィル『ジョン・マーと他の水夫たち』（詩集）自費出版。
1889　＊ダグラスはハイチ共和国への公使並びに総領事に任命される（～1891）。
1890　＊国勢調査局がフロンティア・ラインの消滅を報告。ミシシッピー州憲法が黒人の選挙権行使を困難にする条項を挿入（以後、黒人の選挙権の行使を制限する州法が南部諸州に広がる）。
1891　＊9月：メルヴィルはニューヨーク市の自宅で死去。ブロンクス区のウッドローン墓地に埋葬される（享年72歳）。
1892　ハリエット（79歳）はイーデントンの祖母の家と土地を売却する（425ドル）。
＊この年、合衆国のリンチ数が最高を記録（白人100人、黒人155人）。
1895　＊2月：ダグラスはワシントンDCで死去。ニューヨーク州ロチェスターのマウント・ホープ墓地に埋葬される（享年77歳）。B・T・ワシントンがアトランタで演説（「現在位置でバケツを下ろせ」）。
1896　ルイザ・マティルダ・ジェイコブズは、全米黒人女性連合のワシントンDC大会開催に協力する。
＊プレッシー対ファーガソン訴訟公判に対する最高裁の判決「分離はすれど平等」。7月：ハリエット・B・ストウはコネティカット州ハートフォードで死去。マサチューセッツ州アンドーヴァー・チャペル墓地に埋葬される（享年85歳）。
1897　3月7日：ハリエットがワシントンDCで死去。ケンブリッジのマント・オバーン墓地の弟の隣に埋葬される（享年84歳）。
1898　＊アメリカ・スペイン戦争（キューバの独立運動をきっかけに開戦。この戦争の結果、合衆国はフィリピン、グアム、プエルトリコを支配下におく）。

（享年59歳）。

1865　10月：ハリエット（52歳）はイーデントンを訪問する。11月：ルイザ・マティルダと共にジョージア州サヴァンナへ行き、市内やプランテーションで救援活動に従事する。

＊3月：連邦政府内に解放黒人局設置。4月：南軍リー将軍の降伏調印で、南北戦争終結。4月14日：リンカーン大統領の暗殺。5月：合衆国憲法修正第13条（奴隷制の全面廃止）成立。L・マリア・チャイルド『解放された人々の本』出版。

1866　7月：ハリエット（53歳）とルイザ・マティルダは北部へ戻る。

＊メルヴィルはニューヨーク港の税関に雇われる（～1885）。

1867　5月：ハリエット（54歳）はまたイーデントンへ行き、衣類や種子などを配る。

＊L・マリア・チャイルド『共和国のロマンス』出版。ワシントンDCにハワード大学（黒人大学）創設。

1868　3月：ハリエット（55歳）とルイザ・マティルダはロンドンへ行き、ジョージア州サヴァンナに孤児と老人のための施設を作る資金1,000ポンドを募る。しかし、KKK活動の激化にともない、この施設の建設は最終的に断念する。

＊合衆国憲法修正第14条（黒人の市民権を認める）成立。

1869　＊1月：ダグラスは全米黒人市民会議の議長となる。ハリエット・B・ストウ『古い町の人々』出版。

1870　マサチューセッツ州ケンブリッジで寄宿舎を経営する。

＊合衆国憲法修正第15条（黒人の選挙権を認める）成立。

1871　＊ハリエット・B・ストウ『妻と私』出版。

1873　＊マーク・トウェインとC・D・ウォーナー共著の小説『金メッキ時代』出版（これにちなんでこの時期の合衆国社会を「金メッキ時代」と呼ぶ）。

1875　マサチューセッツ州に戻ってきていた弟ジョンが死去。ケンブリッジのマント・オバーン墓地に葬られる（享年60歳）。

＊包括的な公民権法の成立。

1876　＊メルヴィル『クラレル』出版（叔父ピーター・ガンズヴォートが金を出し、何とか出版にこぎつける）。

1877　ハリエット（64歳）とルイザ・マティルダはワシントンDCに移住する。ルイザ・マティルダはハワード大学で教えたりする。

＊南部での北軍の軍政（南部再建時代の支柱）終結。白人優越主義の復活。

へ逃げる（1860年４月まで）。ハリエット・Ｂ・ストウ『牧師の求愛』出版後、３回目のヨーロッパ旅行に行く。

1860 『自伝』の原稿をボストンの別の出版元サイヤー＆エルドリッジに送りつけたところ、Ｌ・マリア・チャイルドのような高名な反奴隷制運動の活動家が序文を書けば出版するとのことだった。そこで、チャイルドと親交のある黒人活動家ウィリアム・Ｃ・ネルに仲介の労をとってもらって草稿の編集をチャイルドに依頼する。しかし、この出版元もステロ版の型を作ったところで破産の憂き目にあう。

＊大統領選挙で共和党のリンカーン当選。12月：サウスカロライナ州が連邦離脱。ホーソーン『大理石の牧神』出版。

1861 １月：ハリエット（48歳）はステロ版の型を自分で買いとり「著者出版」というかたちでボストンの印刷所から『ハリエット・ジェイコブズ自伝』を『ある奴隷娘の生涯で起こった出来事』というタイトルで出版する。２月：当時英国に滞在してロンドン奴隷解放会議のメンバーとして活動していた弟のジョンが、ロンドンの『レジャー・アワー』という雑誌に「奴隷制の本当の話」を４回に分けて掲載する。

＊Ｌ・マリア・チャイルドはハリエットの『自伝』に序文を書く。
４月：南軍がサムター要塞を攻撃し南北戦争が始まる。

1862 弟ジョンの反奴隷制運動の活動仲間の援助もあって、『自伝』の英国版が『さらに深刻な悪行』というタイトルで出版される。９月：南北戦争の最中、ハリエットはワシントンＤＣへ赴き、南部諸州で解放されながらも食うや食わずで難民化して北軍についてまわっていた元奴隷たちの救援活動に携わる。

＊ハリエット・Ｂ・ストウ『オア島の真珠』出版。

1863 １月：フィラデルフィアとニューヨークのクエーカー教徒たちからの支援を得て、ハリエット（50歳）はヴァージニア州アレクサンドリアで元奴隷難民たちの教育活動や衣服・医薬品などの供給活動に携わる。11月：娘のルイザ・マティルダがアレクサンドリアにいるハリエットに合流する。オーストラリアにいる息子ジョセフの頼みで400ドルの送金をするが、それ以後息子からの音信は完全に途絶えてしまう。

＊１月１日：奴隷解放宣言の実施。８月：ダグラスは北軍内の黒人兵士の地位問題等の件でリーカーン大統領と会見。

1864 ハリエット（51歳）は娘と協力して、アレクサンドリアに解放黒人のためのジェイコブズ学級を開く。

＊５月：ホーソーンはニューハンプシャー州プリマスで死去。マサチューセッツ州コンコードのスリーピー・ホロー墓地に埋葬される

たいと思っていたところ、ストウ夫人のほうでは『アンクル・トムの小屋の鍵』の一部に証言として組み入れて使うつもりしかないこと、またハリエットの秘密を明かしたエイミー・ポストの私信をストウ夫人が勝手に他人に見せて確証を求めたり、娘のルイザ・マティルダに関連して侮辱的な言辞を弄したりしたことなどもあって、自分の手で自分の物語を書き上げたいと考えるようになり、最終的にはストウ夫人に自分の物語を『アンクル・トムの小屋の鍵』の中に使うことを拒否して、2人の関係は途絶する。6～7月：『ニューヨーク・トリビューン』紙に少なくとも2回の投稿を行い、南部奴隷制の残酷な実情を読者に広く訴えながら、併せて自らの文章修業ともする。9月：祖母のモリーがイーデントンで死去（享年82歳）。

＊ハリエット・B・ストウは『アンクル・トムの小屋への鍵』を書き終えたのち、英仏独などヨーロッパ各国への旅行に出かける。ホーソーンはピアス大統領就任にともなって英国リヴァプール領事の職に就く（～1857）。ダグラス「英雄的な奴隷」発表（1841年のクリオール号船上の奴隷反乱を題材とした短篇小説）。

1854 ＊カンザス・ネブラスカ法（両州の奴隷制については住民投票にゆだねると規定している）の成立。共和党結成。

1855 ＊ダグラス『わが束縛とわが自由』出版（2カ月で1万,5000部売れる）。

1856 ＊ハリエット・B・ストウ『ドレッド』出版後、2回目のヨーロッパ旅行に行く。メルヴィル『ピアツァ・テールズ』出版後、岳父レミエル・ショーの財政的援助を受けて、ヨーロッパ（聖地エルサレムを含む）へ旅立ち、途中リヴァプールでホーソーンを訪問したりする（帰国は1857年5月）。

1857 ＊最高裁のドレッド・スコット判決（合衆国憲法は白人のためのものである）。メルヴィル『信用詐欺師』出版。

1858 45歳のこの年『ハリエット・ジェイコブズ自伝』の草稿を書き終える。娘のルイザ・マティルダが草稿を清書する。ボストンへ行き、海外の反奴隷制運動の活動家たちへの紹介状を書いてもらったあと、5月に英国へ行き本の出版元を探すが成功せず、秋口に帰国する。イーデントンで叔父のマーク・ラムジーが死去。

1859 ボストンの出版元フィリップ&サンプソンが『自伝』の出版を引き受けたものの、その後破産してしまい出版の話もご破算となる。

＊10月：ジョン・ブラウンのハーパーズ・フェリーの襲撃。11月：ジョン・ブラウンに連座したとの嫌疑をかけられたダグラスは英国

1850 「50年の妥協」の結果、強化された逃亡奴隷法が施行され、ジョンと一緒にそれに怒るとともに脅える。９月：弟ジョンと息子ジョセフは金鉱での一攫千金を夢見てカリフォルニアに赴く。ハリエット（37歳）はニューヨークに戻り、ナサニエル・パーカー・ウィリスの後妻コーネリア・グリネルの子供たちの乳母となる。11月：医師ノーコムがイーデントンで死去。

＊合衆国の南北間で「50年の妥協」が成立（カリフォルニア州は自由州、メキシコ戦争の結果領有することになった領土の奴隷制に関しては住民投票で決定、逃亡奴隷取締法は強化して全米に適用、ワシントンＤＣでの奴隷売買禁止など。なお、この年の黒人人口は363万8808人で総人口の15.7％、このうち11.9％にあたる43万4495人が自由黒人。黒人人口の11.2％は混血。南部白人の76％は奴隷を所有せず、白人のわずか 7％が奴隷の75％を所有していた）。ホーソーン『緋文字』出版。ホーソーンはセイレムを去ってレノックスに移り住み、ローウェルやオリヴァー・ウェンデル・ホームズらの文人と親しく交わる。近くのピッツフィールドに住むメルヴィルとも知り合う。８月：メルヴィル「ホーソーンと苔」発表。

1851 ＊メルヴィル『白鯨』、ホーソーン『七破風の家』出版。ダグラスは合衆国憲法が奴隷制擁護の文書だという見解に反対の態度を表明し、ギャリソンらと鋭く対立する（『ノース・スター』と『リバティ・パーティ・ペーパー』とを合体して『フレデリック・ダグラス・ペーパー』とする）。

1852 ２月：元の所有者であったメアリー・マティルダの夫メスモアが、ハリエット（39歳）を捕獲しにニューヨークへやってくる。雇い主の勧めでハリエットはマサチューセッツへ逃げる。雇い主のコーネリア・グリネル・ウィリスが、ハリエットの知らぬうちにメスモアと話をつけ、300ドルを支払ってハリエットの自由を「買い」とる。

＊ハリエット・Ｂ・ストウ『アンクル・トムの小屋』出版（一年間で30万部売れ、1853年までに英米で100万部流布したと言われている）。メルヴィル『ピエール』、ホーソーン『ブライズデール・ロマンス』出版。なお、ホーソーンはこの年に民主党大統領候補ピアス（ボウドイン大学の学友で14代大統領）のために選挙用の伝記を執筆。

1853 エイミー・ポストが以前から勧めていたということもあって、自らの奴隷体験記の執筆・公表について真剣に考えはじめる。しかし、それにあたって最初は『アンクル・トムの小屋』のストウ夫人に手伝ってもらい語』出版（逃亡の事実を公表したことで、捕獲されることを懸念したダグラスは、この年の８月にボストンから英国に旅立ち、1847年４月まで１年８カ月間アメリカを離れる。この間に英国の友人たちが金を出してダグラスの自由を買いとる）。ホーソーンと親交のあった編集者ジョン・オサリバンが『デモクラティック・レビュー』誌上で、テキサスの併合は神の意志に添うものであるという意味を込めて、アメリカ合衆国の「明白な運命」という表現を使う。L・マリア・チャイルド『ニューヨークからの手紙』（新聞・雑誌に発表した文学と時事問題の評論集）出版。

1846 英国から帰国しボストンに戻ったハリエット（33歳）に対して、元の法律上の所有者メアリー・マティルダ・ノーコム（今は結婚してメスモア夫人）が彼女の所有権を主張して悩ませる。息子ジョセフは、ハリエットの英国滞在中に見習い印刷工をやめ、捕鯨船に乗り組んでアメリカを離れてしまっていたことが分かる。

＊米・メキシコ戦争（～1848。この結果、合衆国はアリゾナ、ニューメキシコ、カリフォルニアを領有）。ホーソーンは『旧牧師館からの苔』（第二短編集）を出版し、セイレム税関の検査官になる（～1849）。メルヴィル『タイピー』出版。ハリエット・B・ストウは10年間に５人の子供を生んで、すっかり神経と肉体を病み、15カ月間ヴァーモント州ブラットルボロに篭もって「水療法」に専念する。

1847 ＊メルヴィル『オムー』を５月に出版し、８月にマサチューセッツ州最高裁判事レミエル・ショーの娘エリザベスと結婚する。ダグラスはギャリソンらの反対にもかかわらず、ニューヨーク州ロチェスターを本拠地として反奴隷制運動の週刊紙『ノース・スター』の創刊に踏み切る。

1848 ＊ニューヨーク州セネカ・フォールズでルクレティア・モットやエリザベス・スタントンらが「婦人の権利」大会を開く（ロチェスター在住のエイミー・ポストも『宣言』署名者の一人）。

1849 弟ジョンの勧めで、娘ルイザ・マティルダをニューヨークの女学校で寄宿生活を送らせるべく、自分の手元から離す。３月：ハリエット（36歳）はボストンを去ってロチェスターに行き、弟ジョンの事業（反奴隷制運動関係の専門書店経営で、フレデリック・ダグラスの『ノース・スター』編集部の２階にあった）を手伝うが、この事業は時代を先駆けすぎていて失敗に帰す。ロチェスター滞在中は、元ヒックサイト派クエーカー教徒（宗教活動と社会活動を両立させようとする一派）で反奴隷制や女性運動の活動家でもあったエイミー・ポストと親しく交わる。

1841 ＊L・マリア・チャイルドは『全米反奴隷制運動戦旗』（ニューヨークに基盤をおく反奴隷制運動の機関紙）の編集者となる（～1843）。1月：メルヴィルは捕鯨船アクシュネット号に乗り組む（1842年7月脱走）。8月：ダグラスはナンタケット島で開催されたマサチューセッツ反奴隷制大会で、大勢の聴衆を前に奴隷体験を語る。奴隷船「クリオール」号の反乱。ホーソーンはボストン税関の職を辞した後、8カ月間ほどマサチューセッツ州のブルック農場でユートピア的共同生活を送る。

1842 伯母ベティが死ぬ。6月：ハリエット（29歳）は北部への脱出に成功する。途上のフィラデルフィアで、アフリカン・メソジスト監督教会のジェレミア・ダーハム師夫妻の助力を得る。ニューヨークのブルックリンで娘と会う。ボストンに弟ジョンを探しにいくが、ニューベッドフォードへ移り捕鯨船に乗り込んだことを知る。ニューヨークへ戻り職探しをした結果、当時の著名な文人ナサニエル・パーカー・ウィリスの妻でイギリス人のメアリー・ステイスに気に入られ、彼女の赤ん坊イモゲンの乳母となる。

＊ホーソーンはセイレム育ちのソファイア・ピーボディと結婚し、超絶主義者エマソンの親戚がコンコードに所有する旧牧師館で新居を構える。

1843 2月：長い捕鯨航海の旅を終えた弟ジョンが、ニューヨークのハリエットを探して訪ねてくる。10月：元の奴隷所有者ノーコムによる探索・捕獲を恐れてニューヨークを一時去り、今やボストンで反奴隷制運動の活動家となっているジョンのところに身を寄せる。まだ祖母のもとにいた息子ジョセフを呼び寄せ、弟に息子の身柄を預けて自分はまたニューヨークへ戻る。

＊ハリエット・B・ストウ『メイフラワー』（短編集）出版。

1844 再び奴隷狩りの捕獲を恐れて、娘ルイザ・マティルダとともに弟ジョンの手引きでボストンへ逃げる。息子と娘とともにボストンで裁縫仕事をしながら細々と暮らす。

＊10月：メルヴィルがボストンに帰港する（マルケサス諸島、タヒチ島、ハワイ諸島などを巡り、最後は合衆国海軍所属のフリゲート艦に乗り組んだ4年近くの長旅だった）。

1845 3月：元の雇い主メアリー・ステイス・ウィリスが急死する。寡夫となったナサニエル・パーカー・ウィリスの懇請で、前にずっと面倒を見ていた彼の娘イモゲンの乳母として英国へ行き、10カ月間滞在する。

＊ダグラス『アメリカの奴隷フレデリック・ダグラスの人生の物

ノーコムがハリエットの2人の子供を「調教」と称して彼女のいるプランテーションに送り込んでくるという情報を得て、かねてからの逃亡計画を実行に移し、友人たちの家に隠れる。腹いせにノーコムは、自分の奴隷として所有していた伯母ベティ、弟ジョンとハリエットの2人の幼子を牢獄にぶち込む。奴隷商人を隠れ蓑にして、子供たちの父親ソーヤーが弟ジョンと2人の子供を購入する。ソーヤーは購入した3人が祖母の家で暮らすことを許可する。8月：友人（奴隷所有主である白人の女主人）の家が危険になったので、最初はイーデントン近辺の湿地帯に隠れたが、その後は祖母の家に付属する物置の屋根裏に移り、子供たちには知らせず彼らのそばで約7年間隠れ潜みながら生活する。

1836 ＊ハリエット・B・ストウは、父ライマンが校長をつとめるシンシナティのレイン神学校教授カルヴィン・ストウと結婚する。

1837 8月：ソーヤーが連邦議会下院議員に選出され、弟ジョンを伴って首都ワシントンＤＣへ赴くが、ソーヤーはハリエットの子供たちにまだ自由を与えない。

＊ホーソーン『トワイス・トールド・テールズ』（短編集）出版。

1838 8月：ソーヤーは従者として弟ジョンを伴ってワシントンＤＣからシカゴへ行き、その地でラビニア・ペイトンと結婚する。晩秋：旅先のニューヨークで弟ジョンはソーヤーのもとから逃亡し自らの手で自由を獲得する。

＊9月：ダグラスは自由黒人の女友達アンナ・マレーの助けもあって、奴隷制のくびきを脱して逃亡に成功する。ニューヨーク市でダグラスとアンナは結婚し、マサチューセッツ州ニューベッドフォードに新居を構える。

1839 8月：逃亡後のジョン・ジェイコブズは最初マサチューセッツ州ニューベッドフォードに新天地を求めたが、昼に働き夜に独学で勉強するのは困難と分かり「最善策は読みたい本を携えて航海に出ることだと考え」て、捕鯨船フランシス・ヘンリエッタ号に乗り組み、1843年2月の帰国まで3年6カ月間アメリカの地を離れる。

＊メルヴィルはキャビンボーイとしてリヴァプール行きの商船ローレンス号に乗り込む（6～10月）。ホーソーンはボストン税関に勤める（～1841）。奴隷船「アミスタッド」号の反乱。

1840 娘ルイザ・マティルダは、ソーヤー夫妻とその赤ん坊と一緒にワシントンＤＣへ行く。5カ月後、ルイザ・マティルダはソーヤーの従兄弟でニューヨーク州ブルックリンで商売を営んでいたジェームズ・トレッドウェルの家に送られる。

ニブローの死にともない競売にかけられる。死者の娘婿である医師ノーコムが弟ジョンを正規に購入する。さまざまな経緯の末に祖母モリーは自らの自由を獲得しただけでなく、上の息子マーク・ラムジーの自由も購入する。下の息子ジョセフは彼の主人を殴って逃亡するが、鎖につながれて連れ戻され6カ月間投獄された上でニューオーリンズに売り飛ばされる。彼はニューオーリンズで再び逃亡し、たまたまニューヨークで兄のマークと再会する偶然などもあったが、その後は行方知れずとなる。

＊L・マリア・チャイルドは弁護士・ジャーナリストのデヴィッド・リー・チャイルドと結婚。ホーソーン『ファンショー』自費出版。

1829　16歳のハリエットは自らが愛した自由黒人の青年と結婚することを禁じられただけでなく、彼女の主人である医師ノーコム（51歳）から肉体関係を迫られる。窮余の策として、弁護士で独身の白人青年サミュエル・トレッドウェル・ソーヤー（29歳）と性的関係を持って妊娠する。ノーコム夫人（35歳）はハリエットが夫の子供を身ごもったと信じ込む。その結果、ハリエットは祖母の家に移り住み長男ジョセフを出産する。

＊ボストン在住の自由黒人デヴィッド・ウォーカーの戦闘的な奴隷制告発の書『訴え』出版。

1831　ナット・ターナーの反乱。舞台となったヴァージニア州サザンプトン郡は、ハリエットが生まれ育ったノースカロライナ州イーデントンから約40マイル（64キロメートル）のところである。

＊1月：ウィリアム・ロイド・ギャリソン『リベレーター』（ボストンに基盤をおく奴隷解放運動の機関紙）創刊。8月：ヴァージニア州サザンプトン郡で、ナット・ターナーを首謀者とする奴隷反乱（子供や女性を含めて55人の白人が殺される）。11月：ナット・ターナーの絞首刑。

1832　＊メルヴィルは13歳の時、父の死去に伴って、正規の学校教育（1825～31）をやめ、さまざまな仕事につく。

1833　ハリエット（20歳）とソーヤーとの間の二番目の子である長女ルイザ・マティルダが誕生する。

＊L・マリア・チャイルド『アフリカ人と呼ばれるアメリカ人のある階級を擁護する訴え』出版。アメリカ反奴隷制協会（初代会長はニューヨークの商人アーサー・タッパン）創立。

1835　22歳のハリエットは医師ノーコムからまた肉体関係を迫られるがはねつけ、イーデントンから6マイル（約10キロメートル）のところにあるノーコムの息子が経営するプランテーションへ送り込まれる。6月：

定される。デンマーク・ヴィシーの奴隷反乱計画がサウスカロライナ州チャールストンで発覚（35人の奴隷が処刑）。

1824　＊ハリエット・B・ストウ（13歳）は長姉キャサリン・ビーチャーの創設したハートフォード女子学院で学び始め（～1827）、後にハートフォードとシンシナチの女学院で教鞭をとるようになる（1827～36）。

1825　女主人マーガレット・ホーンニブローが死ぬ。その遺言で12歳のハリエットは女主人の姪メアリー・マティルダ・ノーコム（3歳）の所有となる（奴隷としての主従関係から言えば、女主人マーガレット・ホーンニブローは伯母ベティ、母デリラ、叔父マーク、それにハリエットと弟ジョンの5人を奴隷として所有していた。死ぬ3カ月前に作成された遺言書では、すでに死亡していた母デリラを除く4人の奴隷全員の遺贈先は女主人の母エリザベス・ホーンニブローとなっていたのだが、死の直前の遺言書補遺でハリエットの遺贈先だけが女主人の姪へと変更された)。この結果、ハリエットと弟ジョンの2人はメアリー・マティルダ・ノーコムの父で医師のジェームズ・ノーコムの屋敷に移り住むこととなる。

＊L・マリア・チャイルド『ホボモク』出版。この年にナット・ターナーは次のようなヴィジョンを持つ。「白い精霊と黒い精霊が戦い、太陽は黒ずむ。天には雷が轟き、血が奔流となって流れる」。

1826　父イライジャが死ぬ（「祖母の穏和さと父の気性の激しさのあいだには大きな違いがあったが、父のために弁護するとすれば、その気性の激しさは奴隷制に起因していた。権威を剥奪されている父親、夫でありながら自分の妻も守れない立場、つまり男であって男でないもの、それこそ暗黒中の暗黒の運命である。これが私の父の現状であったし、合衆国のすべての奴隷の現状である。〔中略〕父は私に奴隷制を憎むことは教えてくれたが、憎しみを包み隠す術は教えるのを忘れていた。私はしばしば父が心に鬱積した苦悶を必死で押し隠そうとしながら、隠しきれずにいる様子を見て取ることができた。自分が奴隷であり、自分の子供も奴隷であるという認識は、父の人生を耐え難いものにしていた。しかし、そうであるがゆえに、父はますます私たちを愛してくれた」（ジョン・S・ジェイコブズ『奴隷制の本当の話』）

1827　＊ダグラス（9歳）は前年からボルティモアのヒュー・オールドの家で働く。ヒューの妻ソファイアに読み書きの手ほどきを受けるが、ヒューに禁止される。

1828　弟ジョンと祖母モリーらが、彼らの法律上の女主人エリザベス・ホーン

年）。
1808 ＊合衆国で奴隷貿易の禁止（この年から1860年まで密貿易での奴隷輸入数は推定25万人）。
1811 ＊6月：ハリエット・ビーチャー・ストウがコネティカット州リッチフィールドで牧師ライマン・ビーチャーと妻ロクサーナの七番目の子供として誕生。
1813 秋：ハリエット・ジェイコブズがノースカロライナ州イーデントンに誕生する（「マサチューセッツ州ケンブリッジのマント・オバーンにある墓碑銘には生年が『1815年』と刻印されているが、現存するさまざまな証拠から推測して1815年以前に生まれたと推定」ジーン・ファガン・イェリン）。母デリラは女主人マーガレット・ホーンニブローの奴隷であり、父イライジャは医師アンドリュー・ノックスの奴隷だったが、母の死までは家族は同じ屋根の下で暮らした。イライジャは腕のいい大工として知られ、1808年頃に医師ノックスが同じ州内のニクソントンへ移住した際はイーデントンに留まることを許され、1816年の医師ノックスの死後、ノックス夫人の許可を得て自分と家族全員の自由購入をめざしていたが、1824年にノックス夫人が死んだ後は、その娘婿ジェームズ・コフィールドの所有となり自由購入の道を断たれる。
1814 ＊L・マリア・チャイルド（12歳）はメドフォードの初等女子教育学院に入るが一年でやめ、以後は長兄コンヴァースの指導で古典などを読みあさる。
1815 弟ジョン・S・ジェイコブズが誕生する。
1817 ＊アメリカ植民協会の設立（自由黒人をアフリカへ送還するのが目的）。
1818 ＊2月：フレデリック・ダグラスがメリーランド州タルボット郡で奴隷の母ハリエット・ベイリーの四番目の子供として誕生。
1819 母デリラが死ぬ。6歳のハリエットは女主人マーガレット・ホーンニブローの家に引き取られ、読み書き裁縫などを女主人から教わる。
＊8月：ハーマン・メルヴィルがニューヨーク市で輸入商アラン・メルヴィルと妻マリアの三番目の子供（次男）として誕生。
1820 ＊ミズーリ協定（ミズーリ州を奴隷州、メーン州を自由州とする。これ以後北緯36度30分以北に奴隷州は置かない）。スペイン領の奴隷貿易禁止。
1821 ＊ホーソーン（17歳）がメーン州のボウドイン大学に入学（～1825）。
1822 ＊ナット・ターナー（20歳）とチェリー・ターナーが結婚したと推

年代誌

ハリエット・ジェイコブズの生涯と
＊合衆国19世紀の社会と文化

1771 この頃ハリエット・ジェイコブズの祖母モリー・ホーンニブローが生まれる。

1776 ＊アメリカ合衆国による独立宣言（「われわれは自明の真理として、すべての人は平等に造られ、造物主によって一定の奪われがたい天賦の権利を賦与され、その中に生命、自由および幸福の追求の含まれることを信じる」）。

1788 ＊合衆国憲法の発効（第１条第２節第３項「いわゆる５分の３条項と言われるもの」、第１条第９節第１項「この規定で1808年までは奴隷貿易を禁止できなくなる」、第４条第２節第３項「逃亡奴隷法の原型」）。

1790 ＊最初の国勢調査（合衆国の黒人総数は75万7,363人で総人口の19.3％、このうち自由黒人は５万9,466人、黒人奴隷は69万7,897人）。

1791 ＊仏領サンドマング（現在のハイチ）で黒人奴隷の反乱。

1797 この頃ハリエット・ジェイコブズの母デリラがモリー・ホーンニブローの多分三番目の子供として生まれる。

1800 ＊ガブリエル・プロッサーの奴隷反乱計画がヴァージニア州リッチモンドで発覚（27名の奴隷が処刑）。10月：ナット・ターナーがヴァージニア州サザンプトン郡でベンジャミン・ターナーの奴隷として誕生。

1802 ＊２月：リディア・マリア・チャイルドがマサチューセッツ州メドフォードでデヴィッド・コンヴァース・フランシスと妻スザンナの七番目の子供として誕生。

1804 ＊７月：ナサニエル・ホーソーンがマサチューセッツ州セーレムで船長ナサニエル・ヘイソーンと妻エリザベスの二番目の子供（長男）として誕生。

1807 ＊英国で奴隷貿易の禁止（英国領で奴隷制が廃止されるのは1833

Written by Herself." Charles T. Davis and Henry Louis Gates, Jr., eds. 262-282.

——. "Introduction." *Incidents in the Life of a Slave Girl*. Cambridge: Harvard University Press, 1987. Xiii-xxxiv.

——. "Legacy Profile: Harriet Ann Jacobs (c.1813-1897)." *Legacy* 5 (Fall 1988): 55-61.

——. *Women & Sisters: The Antislavery Feminists in American Culture*. New Haven: Yale University Press, 1989.

——. "Harriet Jacobs's Family History." *American Literature* 66, no.4 (December 1994): 765-767.

——. "*Incidents* In The Life of Harriet Jacobs." *The Seduction of Biography*. Ed. Mary Rhiel and David Suchoff. New York: Routledge, 1996. 137-146.

——. "Through Her Brother's Eyes: Incidents and 'A True Tale'." *Harriet Jacobs*. Ed. Deborah M. Garfield and Rafia Zafar. 44-56.

Yellin, Jean Fagan, and Cynthia Bond, eds. *The Pen Is Ours: A Listing of Writings by and about African-American Women before 1910*. New York: Oxford University Press, 1992.

Zafar, Rafia. *We Wear the Mask: African Americans Write American Literature, 1760-1870*. New York: Columbia University Press, 1997.

（2000年12月30日作成）

New York and London: W.W. Norton, 1984.
Tate, Claudia. *Domestic Allegories of Political Desire: The Black Heroine's Text at the Turn of the Century.* New York: Oxford University Press, 1992.
Tatsumi, Takayuki　巽孝之「屋根裏の悪女——ハリエット・アン・ジェイコブズの自伝と奴隷体験記の伝統」(『ニュー・アメリカニズム』青土社，1995年:217-246)
Taylor, Yuval, ed. *I Was Born A Slave: An Anthology of Classic Slave Narratives.* Chicago: Lawrence Hill Books, 1999.
Titus, Mary. "Groaning Tables and 'Spit in the Kettles': Food and Race in the Nineteenth Century South." *Southern Quarterly* 30 (Winter-Spring 1992): 13-21.
——. "'This Poisonous System': Social Ills, Bodily Ills, and *Incidents in the Life of a Slave Girl.*" *Harriet Jacobs.* Ed. Deborah M. Garfield and Rafia Zafar. 199- 215.
Walter, Krista. "Surviving in the Garret: Harriet Jacobs and the Critique of Sentiment." *ATQ* (September 1994): 189-210.
Warhol, Robyn R. "'Reader, Can You Imagine? No, You Cannot': The Narratee as Other in Harriet Jacobs's Text." *Narrative* 3 (January 1995): 57-72.
Warner, Anne Bradford. "Harriet Jacobs's Modest Proposals: Revising Southern Hospitality." *Southern Quarterly* 30 (Winter-Spring 1992): 22-28.
——. "Carnival Laughter: Resistance in *Incidents.*" *Harriet Jacobs.* Ed. Deborah M. Garfield and Rafia Zafar. 216-232.
——. "Santa Claus Ain't a Real Man: *Incidents* and Gender." *Haunted Bodies: Gender and Southern Texts.* Ed. Ann Goodwyn Jones and Susan V. Donaldson Charlottesville: University Press of Virginia, 1997. 185- 200.
Washington, Mary Helen, ed. "Introduction." *Invented Lives: Narratives of Black Women 1860-1960.* New York: Doubleday, 1987. 3-15.
Wesley, Marilyn C. "A Woman's Place: The Politics of Space in Harriet Jacobs's *Incidents in the Life of a Slave Girl.*" *Women's Studies* 26 (1997): 59-72.
White, Deborah Gray. *Ain't I a Woman?: Female Slaves in the Plantation South.* New York: W. W. Norton, 1985.
Wilson, Charles E. Jr. "'Everyday Use' and *Incidents in the Life of a Slave Girl*: Escaping Antebellum Confinement." *Southern Mother: Fact and Fictions in Southern Women's Writing.* Ed. Nagueyalti Warren and Sally Wolff. Baton Rouge: Louisiana State University Press, 1999. 169-181.
Yellin, Jean Fagan. "Written By Herself: Harriet Jacobs' Slave Narrative." *American Literature* 53 (November 1981): 479-486.
——. "Text and Contexts of Harriet Jacobs' Incidents in the Life of a Slave Girl:

York: Routledge, 1994.

Rosenberg, Warren. "'Professor, Why Are You Wasting Our Time?': Teaching Jacobs' s *Incidents in the Life of a Slave.*" *Conversation: Contemporary Critical Theory and the Teaching of Literature*. Ed. Charles Moran and Elizabeth F. Penfield. Urbana, Illinois: National Council of Teachers of English, 1990. 132-148.

Sanchez-Eppler, Karen. *Touching Liberty: Abolition, Feminism, And The Politics Of The Body.* Berkeley: University of California Press, 1993.

Sartwell, Crispin. *Act Like You Know: African-American Autobiography & White Identity.* Chicago & London: The University of Chicago Press, 1998.

Sekora, John, and Darwin T. Turner, eds. *The Art of Slave Narrative: Original Essays in Criticism and Theory.* Macomb: Western Illinois University Press, 1982.

Sherman, Sarah Way. "Moral Experience in Harriet Jacobs's *Incidents in the Life of a Slave Girl.*" *NWSA Journal* 2(Spring 1990): 167-185.

Skinfill, Mauri. "Nation and Miscegenation: *Incidents in the Life of a Slave Girl.*" *Arizona Quarterly* 50(Summer 1995): 63-79.

Smith, Sidonie. "Resisting the Gaze of Embodiment: Women's Autobiography in the Nineteenth Century." Ed. Margo Culley. *American Women's Autobiography: Fea(s)ts of Memory.* Madison, WI: The University of Wisconsin Press, 1992. 75-110.

Smith, Stephanie A. "The Tender of Memory: Restructuring Value in Harriet Jacobs's *Incidents in the Life of a Slave Girl.*" *Harriet Jacobs*. Ed. Deborah M. Garfield and Rafia Zafar. 251-274.

Smith, Valerie. *Self-Discovery and Authority in Afro-American Narrative.* Cambridge: Harvard University Press, 1987.

——. "'Loopholes of Retreat': Architecture and Ideology in Harriet Jacobs's *Incidents in the Life of a Slave Girl.*" Henry Louis Gates, Jr., ed. 212-226.

——. "Introduction." *Incidents in the Life of a Slave Girl.* New York: Oxford, 1988: xxvii-xl.

Sorisio, Carolyn. "'There is Might in Each': Conceptions of Self in Harriet Jacobs's *Incidents in the Life of a Slave Girl, Written by Herself.*" *Legacy* 13, No.1(1996) :1-18.

Starling, Marion Wilson. *The Slave Narrative: Its Place in American History.* Washington, D.C.: Howard University Press, 1988.

Stepto, Robert B. *From Behind the Veil: A Study of Afro-American Narrative.* Urbana: University of Illinois Press, 1979.

Sterling, Dorothy, ed. *We Are Your Sisters: Black Women in the Nineteenth Century.*

Life of a Slave Girl." *American Literature* 64 (June 1992): 255-272.
Morgan, Winifred. "Gender-Related Difference in the Slave Narratives of Harriet Jacobs and Frederic Douglass." *American Studies* 35 (Fall 1994): 73-94.
Mullen, Harryette. "Runaway Tongue: Resistant Orality in *Uncle Tom's Cabin, Our Nig, Incidents in the Life of a Slave Girl*, and *Beloved.*" *The Culture of Sentiment: Race, Gender, and Sentimentality in Nineteenth-Century America.* Ed. Shirley Samuels. New York: Oxford University Press, 1992. 244-265.
Nelson, Dana D. *The Word in Black and White: Reading 'Race' in American Literature 1638-1867.* New York: Oxford University Press, 1993.
Niemtzow, Annette. "The Problematic of Self in Autobiography: The Example of the Slave Narrative." John Sekora and Darwin T. Turner, eds. 96-109.
Nudelman, Fanny. "Harriet Jacobs and the Sentimental Politics of Female Suffering." *ELH* 59 (1992): 939-964.
Nüssler, Ulrike. "'Across the Black's Body': Herman Melville's 'Benito Cereno' and Harriet Jacobs's *Incidents in the Life of a Slave Girl*—A Critical Collage." *Blurred Boundaries: Critical Essays on American Literature, Language, and Culture.* Ed. Klaus H. Schmadt and David Sawyer. Frankfurt am Main: Peter Lang, 1996. 55-79.
Okuda, Akiyo　奥田暁代「二人の女性の新・奴隷体験記」（巽孝之・渡部桃子編著『物語のゆらめき——アメリカン・ナラティヴの意識史』南雲堂、1998年：197-211）
——.「歴史の再構築と再記憶——奴隷体験記に見る黒人男性ナラティヴと黒人女性ナラティヴの相違」（笹田直人ほか編著『多文化主義で読む英米文学』ミネルヴァ書房、1999年：30-45）
Olney, James. "'I Was Born': Slave Narratives, Their Status as Autobiography and a Literature." Charles T. Davis and Henry Louis Gates, Jr., eds. 148-175.
Painter, Nell Irvin. "Introduction." *Incidents in the Life of a Slave Girl.* New York: Penguin Books, 2000. Ix-xxxiii.
Peterson, Carla L. "*Doers of the Word*"*: African-American Women Speakers and Writers in the North (1830-1880).* New Brunswick, NJ: Rutgers University Press, 1995.
Plasa, Carl, and Betty J. Ring, eds. *The Discourse of Slavery: Aphra Behn to Toni Morrison.* New York: Routledge, 1994.
Pryse, Marjorie, and Hortense J. Spillers, eds. *Conjuring: Black Women, Fiction, and Literary Tradition.* Bloomington: Indiana University Press, 1985.
Roberts, Diane. *The Myth of Aunt Jemima: Representations of Race and Region.* New

Theory and Practice. Ed. Judith Kegan Gardiner. Urbana: University of Illinois Press, 1995. 280-301.

Katz, William Loren. *Flight from the Evil: Six Slave Narratives*. Trenton, NJ: Africa World Press, 1994.

Knott, Robanna Sumrell. "Harriet Jacobs: The Edenton Biography." Unpublished Ph. D. dissertation, University of North Carolina at Chapell Hill, 1994.

Lester, Julius, ed. *The Negro Caravan: Writings by American Negroes* selected and edited by Sterling A. Brown, Howard University; Arthur P. Davis, Virginia Union University; and Ulysses Lee, Lincoln University. Revised Edition. New York: Arno Press, 1970.

Levander, Caroline. "'Following the Condition of the Mother': Subversions of Domesticity in Harriet Jacobs's *Incidents in the Life of a Slave Girl.*" *Southern Mothers: Fact and Fictions in Southern Women's Writing*. Ed. Nagueyalti Warren and Sally Wolff. Baton Rouge: Louisiana State University Press, 1999. 28-38.

Levine, Lawrence W. *Black Culture and Black Consciousness: Afro-American Folk Thought from Slavery to Freedom*. New York: Oxford University Press, 1977.

Levy, Andrew. "Dialect and Convention: Harriet A. Jacobs's *Incidents in the Life of a Slave Girl.*" *Nineteenth Century Literature* 45 (September 1990): 206-219.

Lindgren, Margaret. "Harriet Jacobs, Harriet Wilson And the Redoubled Voice in Black Autobiography." *Obsidian II: Black Literature in Review* 8 (Spring-Summer 1993): 18-38.

Lovell, Thomas B. "By Dint of Labor and Economy: Harriet Jacobs, Harriet Wilson, and the Salutary View of Wage Labor." *Arizona Quarterly* 52, No.3 (Autumn 1996): 1-32.

MacKethan, Lucinda L. "Mother Wit: Humor In Afro-American Women's Autobiography." *Studies In American Humor* (Spring/Summer 1985): 51-61.

McKay, Nellie Y. "The Girls Who Became the Women: Childhood Memories in the Autobiographies of Harriet Jacobs, Mary Church Terrell, and Anne Moody." *Tradition and the Tales of Women*. Ed. Florence Home. Urbana: University of Illinois Press, 1991. 105-124.

Matterson, Stephen. "The Slave Narratives of Frederick Douglass and Harriet Jacobs." *Soft Canons: American Women Writers and Masculine Tradition*. Ed. Karen L. Kilcup. Iowa City: University of Iowa Press, 1999. 82-96.

Meltzer, Milton, Patricia G. Holland, and Francine Krasno, eds. *Lydia Maria Child: Selected Letters, 1817-1880*. Amherst: University of Massachusetts Press, 1982.

Mills, Bruce. "Lydia Maria Child and the Endings to Harriet Jacobs's *Incidents in the*

University of New York Press, 1993. 143-155.

Hunsaker, Steven V. "Exceptional Representatives." *Revista/Review Interamericana* 23 (Spring/Summer 1993): 7-18.

Jackson, Blyden. *A History of Afro-American Literature: The Long Beginning, 1746-1895*. Baton Rouge: Louisiana State University Press, 1989.

Jacobs, Harriet A. *Incidents in the Life of a Slave Girl.* Ed. Jean Fagan Yellin. Cambridge: Harvard University Press, 1987.

——. *Incidents in the Life of a Slave Girl*. Ed. Valerie Smith. New York: Oxford University Press, 1988.

——. *Incidents in the Life of a Slave Girl.* Ed. Myrlie Evers-Williams. New York: Signet Classic, 2000.

——. *Incidents in the Life of a Slave Girl.* Ed. Nell Irvin Painter. New York: Penguin Putnam Inc., 2000.

——. "Letter from a Fugitive Slave. Slaves Sold under Peculiar Circumstances." *New York Tribune*, June 21, 1853, 6. Rpt. In Jean Fagan Yellin. "Legacy Profile." 60-61.

Jacobs, John S. "A True Tale of Slavery." *The Leisure Hour: A Family Journal of Instruction and Recreation*. London. No.476(1861): 85-87, 108-110, 125-127 and 139-141. Rpt. In Jean Fagan Yellin. Revised Edition. *Incidents in the Life of a Slave Girl.* 207-228.

Johnson, Charles, and Patrician Smith, and the WDBH Series Research Team. *Africans in America: America's Journey through Slavery.* San Diego, New York and London: A Harvest Book, 1998.

Johnson, Yvonne. *The Voices of African American Women: The Use of Narrative and Authorial Voice in the Works of Harriet Jacobs, Zora Neale Hurston, and Alice Walker.* New York: Peter Lang, 1999.

Jones, Anne Goodwyn. "Engendered in the South: Blood and Irony in Douglass and Jacobs." *Haunted Bodies: Gender and Southern Texts*. Ed. Ann Goodwyn Jones and Susan V. Donaldson. Charlottesville: University Press of Virginia, 1997. 201-219.

Karcher, Carolyn L. *The First Woman in the Republic: A Cultural Biography of Lydia Maria Child*. Durham, N.C.: Duke University Press, 1994.

Kaplan, Carla. "Narrative Contracts and Emancipatory Readers: *Incidents in the Life of a Slave Girl.*" *Yale Journal of Criticism* 6:1(1993): 93-119.

——. "Recuperating Agents: Narrative Contracts, Emancipatory Readers, and *Incidents in the Life of a Slave Girl.*" *Provoking Agents: Gender and Agency in*

Deborah M. Garfield and Rafia Zafar. 156-178.

Goddu, Teresa A. *Gothic America: Narrative, History, and Nation.* New York: Columbia University Press, 1997.

Goldman, Anita. "Harriet Jacobs, Henry Thoreau, and the Character of Disobedience." *Harriet Jacobs*. Ed. Deborah M. Garfield and Rafia Zafar. 233-250.

Goldsby, Jacqueline. "'I Disguised My Hand': Writing Versions of the Truth in Harriet Jacobs's *Incidents in the Life of a Slave Girl* and John Jacobs's 'A True Tale of Slavery'." *Harriet Jacobs.* Ed. Deborah M. Garfield and Rafia Zafar. 11-43.

Gunning, Sandra. "Reading and Redemption in *Incidents in the Life of a Salve Girl.*" *Harriet Jacobs*. Ed. Deborah M. Garfield and Rafia Zafar. 131-155.

Gwin, Minrose C. *Black and White Women of the Old South: The Peculiar Sisterhood in American Literature.* Knoxville: University of Tennessee Press, 1985.

——. "Green-eyed Monsters of the Slavocracy: Jealous Mistresses in Two Slave Narratives." Marjorie Pryse and Hortense J. Spillers, eds. 39-52.

Hauss, John. "Perilous Passages in Harriet Jacobs's *Incidents in the Life of a Slave Girl.*" Carl Plasa and Betty J. Ring, eds. 144-165.

Hedrick, Joan D. *Harriet Beecher Stowe: A Life.* New York: Oxford University Press, 1944.

Herndl, Diane Price. "The Invisible (Invalid) Woman: African-American Woman, Illness, and Nineteenth-Century Narrative." *Women's Studies* 24 (1995): 553-572.

Herrera, Andrea O'Reilly. "'Herself Beheld' : Marriage, Motherhood, and Oppression in Brontë's *Villette* and Jacobs's *Incidents in the Life of a Slave Girl.*" *Family Matters in the British and American Novel.* Ed. Andrea O'Reilly Herrera, Elizabeth Mahn Nollen and Sheila Reitzel Foor. Bowling Green, Ohio: Bowling Green State University Popular Press, 1997. 55-77.

Hewitt, Nancy A. *Women's Activism and Social Change: Rochester, New York, 1822-72.* Ithaca, NY: Cornell University Press, 1984.

Hooks, Bell. *Ain't I a Woman: Black Women and Feminism.* Boston: South End Press, 1981.

Hull, Gloria T., Patricia Bell Scott, and Barbara Smith. *All the Women Are White, All the Blacks Are Men, But Some of Us Are Brave: Black Women's Studies.* New York: The Feminist Press, 1982.

Humphreys, Debra. "Power and Resistance in Harriet Jacobs' *Incidents in the Life of a Slave Girl.*" *Anxious Power: Reading, Writing, and Ambivalence in Narrative by Women.* Ed. Carol J. Singley and Susan Elizabeth Sweeney. Albany: State

——. *Within the Plantation Household: Black and White Women of the old South.* Chapel Hill: The University of North Carolina Press, 1988.

——. "My Stature, My Self: Autobiographical Writings of Afro-American Women." *The Private Self: Theory and Practice of Women's Autobiographical Writings.* Ed. Shari Benstock. Chapel Hill: The University of North Carolina Press, 1988. 63-89.

Franklin, H. Bruce. *The Victim As Criminal And Artist: Literature from the American Prison.* New York: Oxford University Press, 1978.

Franklin, John Hope. *From Slavery to Freedom: A History of African Americans.* New York: Alfred A. Knopf, 1947.

Fukuda, Chizuko　福田千鶴子「フェミニズムの書としての奴隷体験記——ハリエット・ジェイコブズの『ある奴隷少女の人生に起きた出来事』」(関口功教授退任記念論文集編集委員会『アメリカ黒人文学とその周辺』南雲堂フェニックス、1997年:210-224)

Furomoto, Junko　風呂本惇子「ハリエット・ジェイコブズ——自画像とその周辺」(『立命館産業社会論集』立命館大学産業社会学部、1997年:5-15)

Garfield, Deborah M. "Earwitness: Female Abolitionism, Sexuality, and *Incidents in the Life of a Slave Girl.*" *Harriet Jacobs.* Ed. Deborah M. Garfield and Rafia Zafar. 100-130.

——. "Speech, Listening, and Female Sexuality in *Incidents in the Life of a Slave Girl.*" *Arizona Quarterly* 50(Summer 1994): 19-49.

Garfield, Deborah M., and Rafia Zafar, eds. *Harriet Jacobs and* Incidents in the Life of a Slave Girl: *New Critical Essays.* New York: Cambridge University Press, 1996.

Gates, Henry Louis, Jr., ed. *Reading Black, Reading Feminist: A Critical Anthology.* New York: Meridian, 1990.

——, ed. "Introduction." *The Classic Slave Narratives.* New York: Mentor, 1987. Ix-xviii.

——. "To Be Raped, Bred or Abused." *The New York Times Book Review,* November 22, 1987: 12.

Gelder, Ann. "Reforming the Body: 'Experience' and the Architecture of Imagination in Harriet Jacobs's *Incidents in the Life of a Slave Girl.*" *Inventing Maternity: Politics, Science, and Literature 1650-1865.* Ed. Susan C. Greenfield and Carol Barash. Lexington: The University Press of Kentucky, 1999. 252-266.

Gibson, Donald B. "Harriet Jacobs, Frederick Douglass, and the Slavery Debate: Bondage, Family, and the Discourse of Domesticity." *Harriet Jacobs.* Ed.

Doriani, Beth Maclay. "Black Womanhood in Nineteenth-Century America: Subversion and Self-Construction in Two Women's Autobiographies." *American Quarterly* 43, no.2 (June 1991): 199-222.

Ernest, John. "Motherhood Beyond the Gate: Jacobs's Epistemic Challenges in *Incidents in the Life of a Slave Girl*." *Harriet Jacobs*. Ed. Deborah M. Garfield and Rafia Zafar. 179-198.

——. "Qualified Knowledge: Douglass and Harriet Jacobs." *Approaches to Teaching* Narrative of the Life of Frederick Douglass. Ed. James C. Hall. New York: The Modern Language Association of America, 1999. 110-116.

Evers-Williams, Myrlie. "Introduction." *Incidents in the Life of a Slave Girl*. New York: Signet Classic, 2000. V-xiii.

Fisher, Dexter, and Robert Stepto, eds. *Afro-American Literature: The Reconstruction of Instruction*. New York: The Modern Language Association of America, 1979.

Fleischner, Jennifer. *Mastering Slavery: Memory, Family, and Identity in Women's Slave Narratives*. New York: New York University Press, 1996.

——. *I Was Born A Slave: The Story of Harriet Jacobs*. Brookfield, CT: Millbrook Press, 1997.

Foreman, P. Gabrielle. "The Spoken and the Silenced in *Incidents in the Life of a Slave Girl* and *Our Nig*." *Callaloo* 13, no.2 (Spring 1990): 313-324.

——. "Manifest in Signs: The Politics of Sex and Representation in *Incidents in the Life of a Slave Girl*." *Harriet Jacobs*. Ed. Deborah M. Garfield and Rafia Zafar. 76-99.

Foster, Frances Smith. *Witnessing Slavery: The Development of Ante-bellum Slave Narrative*. Madison: The University of Wisconsin Press, 1979.

——. "'In Respect to Female': Differences in the Portrayals of Women by Male and Female Narratives." *Black American Literature Forum* 15 (1981): 66-70.

——. *Written By Herself: Literary Production by African American Women, 1746-1892*. Bloomington: Indiana University Press, 1993.

——. "Harriet Jacobs's Incidents and the 'Careless Daughters' (and Sons) Who Read It." *The (Other) American Tradition : Nineteenth-Century Women Writers*. Ed. Joyce W. Warren. New Brunswick, NJ: Rutgers University Press, 1993. 92-107.

——. "Resisting Incidents." *Harriet Jacobs*. Ed. Deborah M. Garfield and Rafia Zafar. 57-75.

Fox-Genovese, Elizabeth. "To Write My Self: The Autobiographies of Afro-American Women." *Feminist Issues in Literary Scholarship*. Ed. Shari Benstock. Bloomington: Indiana University Press, 1987. 161-180.

Burgett, Bruce. "Obscene Publics: Jesse Sharpless and Harriet Jacobs." *Genders* 27 (1998): 26 paragraphes.

Burnham, Michelle. "Loopholes of Resistance: Harriet Jacobs' Slave Narrative and the Critique of Agency in Foucault." *Arizona Quarterly* 49(Summer 1993): 53-73.

Carby, Hazel V. *Reconstructing Womanhood: The Emergence of the Afro-American Woman Novelist.* New York: Oxford University Press, 1987.

——. "'Hear My Voice, Ye Careless Daughters': Narratives of Slave and Free Women before Emancipation." William L. Andrews, ed. 59-76.

Castronovo, Russ. "Incidents in the Life of a White Woman: Economies of Race and Gender in the Antebellum Nation." *American Literary History* 10(1998): 239-265.

Connor, Kimberly Rae. *Conversions and Visions in the Writings of African-American Women.* Knoxville: University of Tennessee Press, 1994.

Cutter, Martha J. "Dismantling 'The Master's House': Critical Literacy in Harriet Jacobs' *Incidents in the Life of a Slave Girl.*" *Callaloo* 19(1996): 209-225.

Dalton, Anne B. "The Devil and the Virgin: Writing Sexual Abuse in *Incidents in the Life of a Slave Girl.*" *Violence, Silence, and Anger: Women's Writing As Transgression*. Ed. Deirdre Lashgari. Charlottesville: University Press of Virginia, 1995. 38-61.

Daniel, Janice B. "A New Kind Of Hero: Harriet Jacobs's 'Incidents'." *The Southern Quarterly*(Spring 1997): 7-12.

Davie, Sharon. "'Reader, my story ends with freedom': Harriet Jacobs's *Incidents in the Life of a Slave Girl.*" *Famous Last Words.* Ed. Alison Boott. Charlotteville: University Press of Virginia, 1993. 86-109.

Davis, Charles T., and Henry Louis Gates, Jr., eds. *The Slave's Narrative.* New York: Oxford University Press, 1985.

Deck, Alice A. "Whose Book Is This?: Authorial Versus Editorial Control of Harriet Jacobs' *Incidents in the Life of a Slave Girl.*" *Women's Studies International Forum* 10(1987): 33-40.

De Vita, Alexis Brooks. "Escaped Tricksters: Runaway Narratives As Trickster Tales." *Griot* 17(Fall 1998): 1-10.

Diedrich, Maria. "'My Love Is Black As Yours Is Fair': Premarital Love and Sexuality in the Antebellum Slave Narrative." *Phylon* 47(1986): 238-247.

Doherty, Thomas. "Harriet Jacobs' Narrative Strategies: *Incidents in the Life of a Slave Girl.*" *Southern Literary Journal* 19(1986): 79-91.

——. *The Journey Back.* Chicago: University of Chicago Press, 1980.

Barbeito, Patricia Felisa. "'Making Generations' in Jacobs, Larsen, and Hurston: A Genealogy of Black Women's Writing." *American Literature* 70(1998): 365-395.

Barrett, Lindon. "African-American Slave Narratives: Literacy, the Body, Authority." *American Literary History* 17(1995): 415-442.

Bartholomaus, Craig. "'What Would You Be?' Racial Myths And Cultural Sameness In *Incidents In The Life Of A Slave Girl.*" *CLA Journal* 39(1995): 179-194.

Becker, Elizabeth. "Harriet Jacobs's Search for Home." *CLA Journal* 35(1989): 411-421.

Beer, Henry A. *Nathaniel Parker Willis.* Boston: Houghton, Mifflin and Co., 1892.

Berlant, Lauren. "The Queen of America Goes to Washington: Harriet Jacobs, Frances Harper, Anita Hill." *American Literature* 65(1993): 549-574. Rpt. In *Feminism: An Anthology of Literary Theory and Criticism.* Ed. Robyn R. Warhol and Diane Price Herndl. New Brunswick, NJ: Rutgers University Press, 1997. 933-950.

Bland, Sterling, Jr. "Plain Truth And Narrative Design In Harriet Jacobs's *Incidents In The Life Of A Slave Girl.*" *CLA Journal* 43(1999): 149-166.

Blassingame, John W. *The Slave Community: Plantation Life in the Antebellum South.* New York: Oxford University Press, 1972.

——, ed. *Slave Testimony: Two Centuries of Letters, Speeches, Interviews, and Autobiographies.* Baton Rouge: Louisiana State University Press, 1977.

Bontemps, Arna, ed. *Great Slave Narratives.* Boston: Beacon Press, 1969.

Braxton, Joanne M. "Harriet Jacobs' *Incidents in the Life of a Slave Girl*: The Redefinition of the Slave Narrative Genre." *Massachusetts Review* 27(Summer 1986): 379-387.

——. *Black Women Writing Autobiography: A Tradition Within A Tradition.* Philadelphia: Temple University Press, 1989.

——. "Ancestral Presence: The Outraged Mother Figure in Contemporary Afra-American Writing." *Wild Women in the Whirlwind: Afra-American Culture and the Contemporary Literary Renaissance.* Ed. Joanne M. Braxton and Andrée Nicola McLaughlin. New Brunswick: Rutgers University Press, 1990. 299-315.

Braxton, Joanne M., and Sharon Zuber, eds. "Silences in Harriet 'Linda Brent' Jacobs's *Incidents in the Life of a Slave Girl.*" *Listening to Silences: New Essays in Feminist Criticism.* Ed. Elaine Hedges and Shelley Fisher Fishkin. New York: Oxford University Press, 1994. 146-155.

Brent, Linda [Harriet A. Jacobs]. *Incidents in the Life of a Slave Girl.* Ed. Walter Teller. New York: Hartcourt Brace & Co., 1973.

参考文献一覧

配列は著者、編者のアルファベット順とした。欧文の場合、イタリック体は単行本や雑誌や新聞を示す。また、“　”は短編や論文であることを示す。邦文の場合、『　』は単行本または雑誌を示す。また、「　」は短編または論文であることを示す。

Accardo, Annalucia and Alessandro Portelli. “A Spy in the Enemy's Country: Domestic Slaves as Internal Foes.” *The Black Columbiad: Defining Moments in African American Literature and Culture.* Ed. Werner Sollors and Maria Diedrich. Cambridge: Harvard University Press, 1994. 77-87.

Accomando, Christina. “‘The Laws were laid down to me anew’: Harriet Jacobs and the Reframing of Legal Fictions.” *African American Review* 32(1998): 229- 245.

Andrews, William L. *To Tell a Free Story: The First Century of Afro-American Autobiography, 1760-1865.* Urbana and Chicago: University of Illinois Press, 1986.

——. “Novelization of Voice in Early African Narrative.” *PMLA* 105(January 1990): 23-34.

——. “The Changing Moral Discourse of Nineteenth-Century African American Women's Autobiography: Harriet Jacobs and Elizabeth Keckley.” *De/Colonizing the Subject: The Politics of Gender in Women's Autobiography.* Ed. Sidonie Smith and Julia Watson. Minneapolis: University of Minnesota Press, 1992. 225-241.

—— , ed. *African American Autobiography: A Collection of Critical Essays.* Englewood Cliffs, NJ: Prentice Hall, 1993.

Ara, Konomi.　荒このみ「否定されるブラック・マリア——ハリエット・ジェイコブズの物語」（海老根静江・竹村和子編著『女というイデオロギー』南雲堂、1999年：87-104）

——.『アフリカン・アメリカンの文学——「私には夢がある」考』（平凡社、2000年）

Baker, Houston A., Jr. *Blues, Ideology, and Afro-American Literature: A Vernacular Theory.* Chicago: University of Chicago Press, 1984.

【編訳者紹介】
小 林 憲 二（こばやし　けんじ）
1942年生まれ。立教大学名誉教授。東京大学修士課程修了。
著書：『アメリカ文化のいま』（ミネルヴァ書房、1995年）
『文学と批評のポリティクス』（大阪教育図書、1997年、共著）
『アメリカ文学の冒険』（彩流社、1998年、共著）
『カリブの風』（鷹書房弓プレス、2004年、共著）
『ホーソーンとその時代』（立教大学アメリカ研究所、2006年）
『変容するアメリカ研究のいま』（彩流社、2007年）
『アンクル・トムとその時代』（立教大学アメリカ研究所、2008年）
『英語文学とフォークロア』（南雲堂フェニックス、2008年、共著）
『作家マーク・トウェインへの道』（立教大学アメリカ研究所、2009年）
翻訳：ヒューストン・A・ベイカー・ジュニア著
『モダニズムとハーレム・ルネッサンス』（未来社、2006年）
ハリエット・ビーチャー・ストウ著
『新装版 新訳 アンクル・トムの小屋』（明石書店、2017年）

ハリエット・ジェイコブズ自伝
——女・奴隷制・アメリカ

2001年２月28日　初版第１刷発行
2021年２月28日　初版第２刷発行

著　者　ハリエット・ジェイコブズ
編訳者　小 林 憲 二
発行者　大 江 道 雅
発行所　株式会社 明石書店
〒101-0021　東京都千代田区外神田6-9-5
電　話　03（5818）1171
ＦＡＸ　03（5818）1174
振　替　00100-7-24505
https://www.akashi.co.jp/

組版／装丁　明石書店デザイン室
印刷／製本　モリモト印刷株式会社

（定価はカバーに表示してあります）　ISBN 978-4-7503-1381-8